U0565027

敬　启

尊敬的各位老师：

　　感谢您多年来对中国政法大学出版社的支持与厚爱，我们将定期举办答谢教师回馈活动，详情见我社网址：www. cuplpress. com 中的教师专区或拨打咨询热线：010 – 58908302。

　　我们期待各位老师与我们联系

法学专业民商法学方向课程与技能课程系列教材

总主编 高在敏
李少伟

破产法理论与实务

主　编　王延川

撰稿人　（以撰写章节先后为序）

王延川　马　宁

党海娟　杨春平

中国政法大学出版社

编写说明

民商法是市场经济的基本法。民法学、商法学和民事诉讼法学是高等学校法学专业的核心课程。西北政法大学民商法学院根据教育部《全国高等学校法学专业核心课程教学基本要求》,先后编写并出版了《民法学》、《商法》和《民事诉讼法学》等教材。在此基础上,根据我院课程设置的需要和教材建设规划,在总结多年课程教学经验、吸收教学改革成果的基础上,组织学术水平较高、教学经验丰富的教师编写并推出"法学专业民商法学方向课程与技能课程系列教材"。编写此"系列教材"的目的在于:其一,深化民商事实体法学和程序法学的教学内容,扩展和丰富课程类型;其二,体现理论与实务的结合,培养学生的法律专业技能或实务操作能力。

首批编写和出版的教材有:《侵权责任法理论与实务》、《民事案例评析》、《商事案例评析》、《证券法理论与实务》、《票据法理论与实务》、《破产法理论与实务》、《亲属法学》、《民事强制执行法》、《仲裁法学》。

这套系列教材的出版既是我院教学改革阶段性成果的体现,更是一种新的尝试,其中难免有欠妥之处,诚望同仁和读者不吝指正。

编　者

2007 年 8 月

说　明

　　按照我校新的本科生教学规划的要求,从 2007 年开始,我校为法学学科的学生开设破产法选修课。由于新破产法刚刚颁布实施,国内新出版的破产法教材并不多,而且这些新的破产法教材,要么只注重对新法以及相关司法解释做注释性的讲解,缺乏基本原理的阐述与说明;要么只注重讲解法理,不能反映我国破产法的最新发展与实际操作的需要。因此,有必要编写一本理论与实务有机结合的破产法教材,以满足我校破产法课程的用书需要。

　　本教材的编写由王延川担任主编。初稿完成后,由王延川统稿与定稿。民商法学院 2007 级研究生周颖、曹冬媛、王菲三位同学在校对方面做了大量的工作,在此对他们表示感谢。

　　各章撰写分工如下:

　　王延川　第一章第一节,第三章;

　　马　宁　第一章第二、三、四节,第二章,第四章,第五章;

　　党海娟　第六章;

　　杨春平　第七章。

编　者

2009 年 2 月

|目　录|

第 *1* 章

破 产 概 述

【内容摘要】 破产是一种古老的解决债务危机的法律制度。破产得以成立的最主要的条件是破产人资格的拥有和破产原因的满足。破产法确定了破产申请、受理、宣告、债务清偿等一系列完整的程序，以规范企业的破产清算和加强破产预防工作，使无可救药的企业及时进行破产清算，尽可能地保护债权人、债务人与企业职工的合法权益。当代破产法的基本理念是从破产还债向企业重生转变，即通过和解、重整手段防止具有挽救希望的企业被破产清算，帮助其起死回生、焕发生机，重新走上发展之路。

第一节　破产与破产法

【基本理论】

一、破产的意义

据英美学者的考证，"破产"是由 14 世纪的意大利语"banca rotta"派生出来的，翻译成英文就是"broken bench"，其中文意思是"摊位被毁"。"banca rotta"的来历是这样的：在中世纪的意大利，手工业者与商人们总是沿着街道摆摊设点，进行商品生产和交易。如果他们无力支付到期债务，那么其债权人则群起而攻之，将其摊点全部砸烂，以向人们昭示：此人是资不抵债者。这就是所谓的"摊位被毁"的习俗，久而久之，从中就衍化出了"破产"的概念。[1]

关于破产的概念，有一元和二元之分。所谓一元是指从一个角度对破产进行界定，比如我国有学者认为，破产主要指一种法律状态，"是债务人不能清偿

---

[1] Pamela K. Webster, *Bankruptcy Law for Paralegals*, p. 3, 转引自汤维建："破产概念新说"，载《中外法学》1995 年第 3 期。

到期债务时所处的一种客观状态"。[1] 所谓二元是指从两个角度对破产进行界定，比如日本学者石川明认为，所谓破产有状态意义和程序意义两种：[2] 状态意义的破产是指"某人经济出现窘迫，其所有财产不能清偿全部债权者的债务之状态"，或者"债务者因资金缺乏，对应即时清偿的债务，不能作全面、持续的清偿之客观状态"；程序意义的破产是指通过将债务者的全部财产进行变价，在全部债权者中公平进行分配之程序。

我们基本上同意二元的破产概念，因为只有对破产进行多角度的透视，才能够抓住其本质，进而从法律上对其进行科学的规制。综合上述关于破产概念的界定，我们认为，所谓破产是指当出现债务人不能清偿全部债务的状态时，为了消灭债务人的商事人格，对全体债权人进行公平清偿，将债务人的全部财产关系进行清算或者债务人寻求和解与重整的程序活动。

通过对破产概念的解析，我们可以对破产的特征做如下的总结：

1. 破产是市场信用体系的一个环节，其目的是为了保护交易安全。破产意味着债务人已经出现了资信不足的状态，如果任由其继续经营只会损害债权人的利益，危害交易安全与交易秩序。但是，在市场交易中，资信的有无与多少有时很难认定，在这种情况下，保持一份谨慎的心态是必要的，同时也需要对债务人的资信考察辅以严格的程序，以决定其是否还具有经营能力。在对债务人的资信进行考量的基础上，破产问题得以产生。

2. 破产是一种债务清偿的机制。一般意义上的债务清偿只需要适用普通的民商事法律即可，但在债务人不能清偿全部债务而债权人又众多的情况下，普通的民商事法律制度就不够用了，这时就需要制定特殊的债务清偿制度。破产正是要保证在债务人丧失清偿能力时债权人利益的公平实现，以解决债权人多数与债务人财产有限之间的矛盾。因为破产要最大程度地实现债权人的利益，使其债权得以清偿，因此，在破产程序活动中，最为核心的便是对破产财产的清算。债务人有义务保证破产财产不会流失，破产管理人有义务保证破产财产维持现状或者有所增加。

3. 法院在破产过程中充当的是引导与监督的角色。破产法虽然属于私法，但它具有特殊性，其中最主要的是破产的整个过程都必须符合严格的程序，而在这些程序活动中，发挥引导与监督作用的是法院。

〔1〕 柴发邦：《破产法教程》，法律出版社1990年版，第1页。

〔2〕 ［日］石川明：《日本破产法》，何勤华、周桂秋译，中国法制出版社2000年版，第4页。

第
一
章

二、破产法的性质

（一）破产法属于公法还是私法

对此问题，国内学界有两种观点：一种认为我国的破产法兼具民商法和经济法双重性质；[1] 另一种认为破产法属于私法。[2]

主张破产法具有公法性质的学者是这样认为的：破产法最初的目的的确是为了保护债权人的利益，但随着社会的发展，破产不再仅仅是保护债权人利益的问题，它还涉及他人利益乃至社会整体利益，尤其是公用企业、金融企业、超大型企业的破产，会影响到社会公众的利益，产生严重的失业等社会问题。这就使得破产法的立法宗旨从"债权人本位"向"债权人与债务人的利益平衡本位"以及"社会利益本位"转变。为了维护社会利益，破产就必须从社会本位角度引入经济法的理念，且需要国家的适当介入，这样才能完成现代破产法的历史使命。[3]为此，破产法中开始出现一系列强制性措施，比如对重整制度的设置，尤其是允许法院在部分利害关系人反对的情况下强制批准重整计划；当事人达成的破产和解，须经法院许可后生效；对特别行业，如金融、电信、铁路交通、城市公共交通等公用行业企业的破产能力予以限制或排除，如美国破产法规定，保险公司、银行、作为公共承运人的铁路公司等不适用破产法；对破产人公法、私法上的资格、权利的限制；对债务人破产后的剩余债务强制予以豁免等。[4]

然而，我们认为，破产法在本质上属于私法，理由如下：①破产法的对象还是作为私人的商主体，而非国家公权力机关；②破产的提起主要还是依靠债权人与债务人的意愿，而非国家强制；③在破产程序的进行过程中，虽然法院具有监督与引导功能，但破产法整体上奉行的还是债权人自治的理念。无论是破产清算，还是和解与重整，债权人始终起着决定性的作用，债权人组成债权人会议，通过该组织的民主运作来实现所有债权人的利益。

至于说破产法中有太多的强制性规范，这是一个事实。但是商法作为保护交易安全与债权人利益之法，本身就比民法具有更多的强制要素，因为通过强制，可以使规则标准化，进而减少交易人预测的成本支出，而强制性的规范并不能改变商法的私法特性。另外，对众多利害关系人利益的保护与社会责任的倡导也不能成为破产法"公法化"的理由，因为这些"众多的利害关系人"在

---

〔1〕　王欣新："论破产立法中的经济法理念"，载《北京市政法管理干部学院学报》2004 年第 2 期。

〔2〕　李永军："重申破产法的私法精神"，载《政法论坛》2002 年第 3 期。

〔3〕　王欣新："论破产立法中的经济法理念"，载《北京市政法管理干部学院学报》2004 年第 2 期。

〔4〕　王欣新："论破产立法中的经济法理念"，载《北京市政法管理干部学院学报》2004 年第 2 期。

第一章

本质上仍然属于债权人的范畴。

(二) 破产法属于实体法还是程序法

破产法可分为实体法律规范与程序法律规范，二者相辅相成，共同承担保护债权的任务。因此，可以说破产法兼具实体法与程序法双重性质。破产法中的实体性法律规范主要有破产原因、破产财产、破产债权、取回权、别除权、抵销权、撤销权、破产费用等内容；这些实体性法律规范，主要源于民法中债权、物权制度的有关规定。破产法中的程序性法律规范主要有破产申请与受理、管辖、破产宣告、债权人会议、破产管理人、破产财产的清理及变价与分配、和解与重整、破产程序的终结等内容；除了特别规定之外，程序性规范原理大部分来源于民事诉讼法中的民事诉讼和执行程序。目前我国的破产立法并没有严格将破产的实体性与程序性内容分开，而是以规定破产程序为主，将有关的实体内容融入其中。[1]

关于破产程序的性质，学界有多种观点，但主流观点有两种：一种认为破产程序是一种特殊的诉讼程序或审判程序；[2] 另一种认为破产程序是非讼程序。[3] 通说认为破产程序是非讼程序。所谓非讼程序，是指法院用以解决民事非讼案件的程序。非讼程序是相对于通常诉讼程序而言的，具有"特别法"的性质，应当优先适用，只有在非讼程序没有规定的情况下，才适用民事诉讼法的一般程序规定。新破产法第4条规定："破产案件审理程序，本法没有规定的，适用民事诉讼法的有关规定。"从这句话中，我们也可以得出破产程序属于非诉程序的结论。

三、破产法的任务

破产是一种机制，其目的在于对利害相关人的利益进行平衡。罗马人认为法律是平衡的艺术，破产法也是如此。在破产的整个运行过程中，先后出现的利害相关人有债务人本人及其股东、投资者、雇员，还有消费者、供货商、银行等各种债权人，如果再扩大范围，还有社区以及政府等。破产法正是通过各种不同层次的制度设计，对这些人的利益进行平衡。美国学者沃伦（Elizabeth Warren）、维斯特布鲁克（Lawrence Westbrook）认为：凡是受到企业破产的消极影响的所有利害关系主体的利益，均在破产制度设计的考虑之列。[4]

我国旧破产法将"促进全民所有制企业自主经营，加强经济责任制和民主

---

〔1〕 高在敏等：《商法》，法律出版社 2006 年版，第 406 页。
〔2〕 顾培东主编：《破产法教程》，法律出版社 1995 年版，第 3 页。
〔3〕 陈计男：《破产法论》，三民书局 1992 年版，第 12 页。
〔4〕 韩长印："企业破产立法目标的争论及其评价"，载《中国法学》2004 年第 5 期。

管理，改善经营状况，提高经济效益"等与破产法无关的社会目标列为立法目的之首位，这一方面使得破产法缺乏操作性，另一方面也影响了法律的稳定性，受到了学界与实务界的批评。2006 年修订后的新破产法在这方面有很大的突破与改进，其第 1 条规定："为规范企业破产程序，公平清理债权债务，保护债权人和债务人的合法权益，维护社会主义市场经济秩序，制定本法。"第 6 条规定："人民法院审理破产案件，应当依法保障企业职工的合法权益，依法追究破产企业经营管理人员的法律责任。"从这几个条文中，我们可以看出破产法正在逐渐回归其私法本位，并且从立法技术上来看，破产法也开始更切实地保护作为债权人与债务人的每个现实的人的利益，这是一种立法上的进步。

（一）人格消灭与人格维持

1. 人格消灭的原因以及现实基础。霍布斯曾言："人的安全是至高无上的法律"，在市场交易中尤其如此。现代社会，经济交易已呈现出高度的网络化，所谓"牵一发而动全身"用在商事交易场合再合适不过了。"任何交易都不过是无数交易者所组成的买卖长链中的一环。无论在哪儿出现一次障碍，整个链条都会发生震荡。因此，面对这种影响极大的障碍，法律交往的安全性也就关系到交易的成败。"[1] 一旦市场交易的整个链条中出现了资信不足的主体，则债权人的利益将无法保障，交易安全也将受到威胁，为了避免上述结果的发生，就要让资信不足的交易主体退出交易领域，而退出交易领域也就是其人格消灭的过程。

2. 人格维持的原因及现实基础。商主体经过破产后人格消灭，这也许会产生难以预料的社会问题，于是破产法开始产生了商主体人格维持这个作用。因为经营者、职工以及一部分次债务人有动机希望债务人的人格得以维持，维持有其重要意义：一方面可以避免市场的低迷与社会的动荡；另一方面可以使债权人得到完全的清偿。

商主体人格维持在破产法上的突出表现就是破产重整制度。学者们认为，作为与破产清算、破产和解并列的三大破产制度之一的破产重整制度，是 20 世纪 70 年代以来破产改革运动的产物，是一种积极拯救债务人并促使其复兴的破产预防制度。它的出现使破产法的价值观念由自然人本位向社会本位转变，标志着破产制度由清算型向真正意义上的再生型转变。[2] 法国在 1985 年破产法的大规模改革中，将破产法的任务明确地规定为挽救破产企业、维持就业和处理债务。法国 1985 年 1 月 25 日通过的第 85 - 98 号《困境企业司法重整和司法清

---

〔1〕 ［德］拉德布鲁赫：《法学导论》，米健等译，中国大百科全书出版社 1997 年版，第 74 页。
〔2〕 ［日］宫川知法："日本倒产法的现状与课题"，载《外国法译评》1995 年第 2 期。

算法》（后纳入《法国商法典》第六卷第二编，称为"企业的重整和司法清算"）第 1 条规定："为使企业得以保护，企业的活动及就业得以维持，企业的债务得以清偿，设立司法重整程序。司法重整按照在观察期结束后由司法判决裁定的方案实施。该方案或规定企业继续生存，或规定该企业实施转让。企业已停止一切活动或重整已明显不可能时，得不经观察期宣布进行司法清算。"[1]

我国破产法在修订的过程中新引入了破产重整程序，其目的即在于使面临困境但有挽救希望的商事主体避免破产清算，恢复生机。

这里需要注意的是，无论是人格消灭还是人格维持，都需要严格的程序作保障。对于债务人的"准出"必须具备条件，并通过正当的程序进行，否则可能会损害债务人及其经营者的利益。

（二）债权实现

美国学者杰克森（Thomas H. Jackson）、白耶德（Douglas G. Baird）强调债权人利益的最大化是破产法的目标，他们将债权人利益得到满足的程度作为判断破产程序正当与否的唯一标准。[2] 破产是要支出成本的，花费成本就是要实现正义，破产法中的正义就是债权人的公平受偿。因为多个债权人的存在是破产产生的前提，如果债务人只有一个债权人的话，就没有必要适用破产程序。正是因为多个债权人的存在，才有可能导致一部分债权人得到了清偿，而另一部分债权人得不到任何清偿的状态，为杜绝此种状况发生，才有适用破产程序并保护每个债权人的必要，即使花费成本，也在所不惜。

这里需要注意的是，破产法并不是抽象地保护债权人的利益，而是保护每一个具体的债权人的利益。破产法作为私法，可以说是一个集体清偿的机制，它使每一个债权人在破产程序中得到公正、公平的清偿，并追求有效率的结果。所以，破产法可以说是一个在司法框架下受程序约束的有秩序的商业性安排制度。

理论上，破产法对债权人利益的保护是通过以下制度来实现的：

（1）全体债权人按照其占全部债权的比例受清偿，同一次序的债权人受清偿的数额确定。

（2）破产程序一旦开始，所有的未到期债权即视为到期，以避免个别债权人的利益落空。

（3）严格执行破产债权申报程序，即破产公告、通知不知的债权人申报债权。

（4）破产程序一经开始，对于破产财产的其他民事执行程序必须中止，以

---

[1] 《法国商法典》（中译本），金邦贵译，中国法制出版社 2000 年版，第 293 页。

[2] 韩长印："企业破产立法目标的争论及其评价"，载《中国法学》2004 年第 5 期。

避免个别清偿。

（5）禁止债务人对债权人为个别清偿，以保护所有债权人公平受偿。

（6）破产程序设立破产管理人制度，即由一个特别的机构来替代债务人管理、处分其财产，以避免债务人从事有损债权人利益的行为。

（7）对破产程序开始前的一定时间内债务人所为的有害债权人利益的财产性行为进行有条件的否定（无效制度和可撤销制度），以避免债务人先转移财产或者放弃权利再申请破产的恶意行为。

（8）通过规定破产犯罪，对那些不诚实的债务人进行刑事惩罚，例如违反说明义务、诈欺破产等。

（三）保护市场经济秩序

保护市场经济秩序在这里并不具有独立的可操作性，如果上述两项任务能得以实现，那么保护市场经济秩序的任务就可以当然实现。

（四）保护职工利益

关于对职工利益的总括性保障，新破产法第6条规定："人民法院审理破产案件，应当依法保障企业职工的合法权益，依法追究破产企业经营管理人员的法律责任。"

关于对职工在债权清偿方面的保障，新破产法第113条规定："破产财产在优先清偿破产费用和共益债务后，依照下列顺序清偿：①破产人所欠职工的工资和医疗、伤残补助、抚恤费用，所欠的应当划入职工个人账户的基本养老保险、基本医疗保险费用，以及法律、行政法规规定应当支付给职工的补偿金；……"新破产法第132条规定："本法施行后，破产人在本法公布之日前所欠职工的工资和医疗、伤残补助、抚恤费用，所欠的应当划入职工个人账户的基本养老保险、基本医疗保险费用，以及法律、行政法规规定应当支付给职工的补偿金，依照本法第113条的规定清偿后不足以清偿的部分，以本法第109条规定的特定财产优先于对该特定财产享有担保权的权利人受偿。"

关于对职工在债权申报方面的保障，新破产法第48条第2款规定："债务人所欠职工的工资和医疗、伤残补助、抚恤费用，所欠的应当划入职工个人账户的基本养老保险、基本医疗保险费用，以及法律、行政法规规定应当支付给职工的补偿金，不必申报，由管理人调查后列出清单并予以公示。职工对清单记载有异议的，可以要求管理人更正；管理人不予更正的，职工可以向人民法院提起诉讼。"

关于对职工在企业破产程序中的知情权、参与权和表决权的保障，新破产法第59条第5款规定："债权人会议应当有债务人的职工和工会的代表参加，对有关事项发表意见"；第67条第1款中规定："债权人委员会由债权人会议选任的债权人代表和一名债务人的职工代表或者工会代表组成"。

【**资料链接**】　　*破产法的历史发展与现状*

一、从罗马到近代：破产法价值的转变

据史料显示，关于破产的最早规定出自《汉谟拉比法典》，该法典第 117 条规定："若自由民负有债务，则将其妻子、儿女出卖，或者交出充作债奴。他们在其买者或者债权者家中服役期限为 3 年，到第 4 年便应恢复自由。"但直到古罗马晚期的"概括执行"（cessio bonorum）制度出现，破产法制度才真正得以产生。古罗马诉讼程序中的"财产委付"是破产制度的集中体现，即当债务人无力清偿债务时，经二个以上有执行名义的债权人申请，或者经债务人本人作出委付全部财产供债权人分配的意思表示，裁判官则谕令扣押债务人的全部财产，交由财产管理人悉数变卖，以价金公平分配给债权人。[1] 与《汉谟拉比法典》中严重的人身罚色彩不同，罗马法中有关的破产制度是以维护自然人利益而非所谓的社会利益为己任的。

从中世纪开始一直到近代，破产制度的理念有所变化，在近代人们确立了保护公共利益的破产法精神，破产法也被认为是一部"惩罚"债务人之法。比如，直到 19 世纪中期之前，破产还被看做是犯罪，在英格兰，某些破产类型的债务人甚至将被处以死刑，因此，自愿破产在当时是不存在的。[2] 这时的破产法还有另外一个特点就是自力救济。比如，15 世纪以前的德国，债权人为保全其权利，可以拘禁债务人，并扣押债务人的财产，在债权人有数人的情形下，先行进行假扣押的债权人可以优先于其他债权人获得清偿。

但随着商业的繁荣、社会的进步，尤其是自然人自由的扩张，破产法逐渐从人身责任法向财产责任法、从私力救济法向公力救济法转变。对于债务人，他们不再受到各种残酷的惩罚，相反，他们的利益也开始得到保护。在破产法的制度设计中，有关债务人利益的保护措施主要有：[3]①通过设立免责制度，对于诚实和不幸的债务人来说，只要他将全部财产交出，并积极地协助破产程序的进行，则在破产程序终结后，就不再对剩余债务负清偿责任。这一制度虽然有被滥用的危险，但积极的作用和价值要超过其负面影响，所以，世界上大多数国家的破产法采取免责制度。②通过自由财产制度，保障自然人债务人的生

---

〔1〕 邹海林：《破产程序和破产法实体制度比较研究》，法律出版社 1995 年版，第 24 页。

〔2〕 韩长印："美国破产立法的历史变革及现实走向"，载《上海交通大学学报》（哲学社会科学版）2004 年第 6 期。

〔3〕 李永军："重申破产法的私法精神"，载《政法论坛》2002 年第 3 期。

活和工作需要。所谓自由财产是指归破产自然人所有的、不受破产分配的财产。[1] 这种对自由人财产的豁免制度，越来越为人们所关注，有些学者认为，自由财产的目的不是保障最低的生活，而是保障宪法所要求的"健康而富有文化性的最低生活"，必须使破产人作为健全的市民有重新起步的可能。破产法院、破产管理人在考虑自由财产的范围时，应慎记此目的。[2]

二、近代以后：破产立法的新发展

近代以后，立法盛行，破产法也不例外。即使像英国、美国这些判例法国家，法律主要以不成文法为主，但是奇怪的是，在这些国家破产法却均表现为成文立法。比如，英国在1542年就颁布了成文的破产法，并且采纳一般破产主义，适用于商人和非商人。美国国会在效仿英国的基础上，于1800年颁布了第一部成文的破产法。

破产法立法开始都比较简单，但随着社会经济的变化，破产法变得更加复杂，出现了从合并立法向单独立法、单一立法向综合立法过渡的趋势。

合并立法就是将破产法规定在商法典中，这主要是因为这些国家奉行商人破产主义。如1673年颁布的《法国商事条例》第九章至第十一章就包含了破产的有关规定，在此基础上，1807年的《法国商法典》第三卷规定了破产法，标志着近代法国破产法的形成。1985年，法国曾制定了《困境企业司法重整和司法清算法》，一度改采单独立法模式，但由于法国人浓厚的法典情节，不久之后就又将新破产法整体纳入《法国商法典》第六卷，从而重归合并立法模式。单独立法就是将破产法以单行法的方式制定，其主要原因是这些国家采纳一般破产主义，认为破产法放在商法典中过于狭隘。由于现代国家的破产法都倾向于采纳一般破产主义，所以单独立法模式逐渐成为一种趋势。单独立法模式的代表是德国和英美法系国家，德国1861年颁布的《德国普通商法典》并没有规定破产法事项，而其在1877年单独颁布了《帝国破产法》，并于1879年施行。英国在1542年就颁布了成文的破产法，适用于商人和非商人，美国则于1800年首次颁布《联邦破产法》。

单一立法向综合立法的转变，说明破产法的内容一直处于增加状态，关于现代破产法由单一立法向综合立法发展的趋势，我们以美国破产法为例加以说明。美国1800年的破产法，只适用于商人，没有规定债权人自愿申请破产的程序。1841年，美国国会又通过了第二部破产法，这部破产法适用于所有的债务

[1] 李永军：《破产法律制度》，中国法制出版社2000年版，第231页。
[2] ［日］伊藤真：《破产法》，刘荣军等译，中国社会科学出版社1995年版，第91页。

人，并且允许债务人自愿申请破产，并确立了破产免责主义。1867 年，美国国
会颁布了第三部破产法，这部破产法在采用一般破产主义的同时，承认了商人
的自愿破产，同时还对债权人表决同意的免责作出了限制性规定，也即债务人
若要获得免责需得到简单多数的债权人同意，还特别引进了破产程序中的和解
制度。上述三部破产法最终均在实施后不久被废止。到 1898 年，美国国会颁布
了第四部破产法。新破产法共十四章，对破产程序的所有方面都予以了详细的
规定，扩大破产法适用于所有的自然人和法人。新破产法所适用的破产程序和
使用的术语，基本上来源于英国破产法，只在个别方面作了适合美国国情的变
通。1938 年，美国国会通过坎特勒法，对 1898 年破产法进行了全面的修正并在
众多方面对其予以发展和完善，尤其是强化了法院监督破产程序的权力，以保
证债权人的利益和兼顾债务人的利益。此外，在这部法案中，重整作为破产预
防的一种重要方式在破产制度中得到了确立。

三、当代各国破产法基本情况

1. 美国。美国现行破产法制定于 1978 年，对于破产程序分别规定了 8 章内
容，第一章为一般条款及定义和规则；第三章为案件管理；第五章为债权人、
债务人及破产财产；第七章为清算；第九章为市政债务的调整；第十一章为重
整；第十二章为有固定年收入的家庭农场主的债务调整；第十三章为有固定收
入的自然人的债务调整。新破产法分别就清算程序和重整程序作了规定，并于
1984 年至 2007 年间作过多次修改。最重要的是 2005 年 12 月，第 119 届国会通
过了预防破产滥用与保护消费者法案，将破产法作了重大修改，其主要内容是
对破产免责作了严格限制。

2. 英国。英国现行破产法制定于 1986 年，共 19 章，分三大部分：第一部
分为第一章至第七章，规定了公司破产程序；第二部分为第八章至第十一章，
具体规定了自然人破产程序；第三部分为第十二章至第十九章，规定了与破产
相关的其他内容，主要涉及公司及自然人破产中的优先债务，公共管理，附属
规定和针对债务逃避的规定以及解释和附则。英国破产法规定的破产程序包括
四种，即公司自愿安排、管理令（重整）、接管和清算程序。新破产法在 1989
年至 2007 年间作过多次修改。

3. 德国。德国现行破产法是 1999 年 10 月 1 日生效的，它取代了 1877 年制
定的《破产法》和《和解法》。新破产法（我国译为《支付不能法》）共 11 编
335 条。内容分别为，第一编通则；第二编破产程序的开始、包括的财产、诉讼
参与人；第三编破产程序开始的效力；第四编破产财团的管理与变价；第五编
债权清偿及破产程序的终结；第六编重整方案；第七编自行管理；第八编剩余

债务的免除；第九编消费者破产程序与其他小型程序；第十编特种破产程序；第十一编生效。新破产法规定的程序分别包括清算程序和重整程序。

4. 法国。法国现行破产法的基础是 1985 年 1 月 25 日通过的第 85-98 号法律，即《困境企业司法重整和司法清算法》，该法共 8 编 241 条。各编内容为：第一编司法重整的一般制度，包括观察程序、企业继续经营或转让的方案、企业资产、劳动合同产生债权的清偿；第二编适用于某些企业的简易程序，包括开始司法重整程序的判决和观察期、企业重整方案的制定、企业重整方案的执行；第三编司法清算，包括司法清算判决、资产的变卖、债务的清偿；第四编救济途径；第五编对法人及其领导人的特别规定；第六编自然人破产及其他禁止措施；第七编欺诈破产罪等违法行为；第八编附则。法国现行破产法规定的程序也包括重整和清算两种。2001 年法国将该法整体纳入《商法典》第六卷"困境企业"，将之作为该卷第二编，重新命名为"企业的重整和司法清算"。2005 年其又对该编作了一次重大修改，主要是重申劳动债权优先地位；取消了和解程序，而代之以调解程序，并仿照美国重整程序的模式引进了维持程序，以加强企业破产预防工作。

5. 日本。日本破产法律制度原包括五个部分，亦称为"倒产五法"，其中主要是指借鉴德国和奥地利法律于 1922 年制定的《破产法》（即《破产清算法》，共 20 章 366 条）和《和解法》，还有另外"三法"指的是 1938 年修改商法时在商法第二编"公司"编增设的《会社整理法》和《特别清算法》以及 1952 年制定的《会社更生法》，后三部法律仅适用于株式会社（股份公司）。1998 年至今，日本对其"倒产五法"进行了大幅度修改。其于 2000 年 4 月颁布《民事再生法》以代替 1922 年的《和解法》，《民事再生法》主要适用于中小企业的重整，原《和解法》被废止。同年，日本还参照美国《破产法》第十三章，颁布了作为"民事再生法特则"的《小规模再生法》，主要适用于债务总额为 3000 万日元以上的自然人。其后日本又颁布了《工薪阶层自然人再生法》、《负有房屋抵押债务的自然人再生法》。以上三法均于 2001 年 4 月生效，同时施行的还有《关于外国倒产处理程序的承认援助法》。2002 年其又借鉴美国《破产法》第十一章修订了《会社更生法》，新法主要适用于股份公司的重整。其后，日本又开始修订 1922 年《破产法》。2005 年 1 月，新制定的《破产法》生效，取代了 1922 年《破产法》。新破产法共 277 条，包括 8 条附则。与美国破产法的修改方向相反，日本破产法的主要变动在于放宽了自然人免责的条件，废除了强制和解制度。这一系列法律的制定与修订，使日本的破产制度更加完善，并符合当前破产程序的要求。

6. 俄罗斯。俄罗斯独立后，先后制定了三部破产法：第一部破产法颁布于

1992 年 11 月 19 日；第二部破产法颁布于 1998 年 1 月 8 日；现在施行的破产法颁布于 2002 年 10 月 26 日。现行破产法的出台标志着俄罗斯市场经济体制下破产法律制度的正式确立。该部破产法共 12 章 233 条。第一章为总则，主要是对该破产法作整体性介绍；第二章为破产宣告与庭前整顿；第三章为仲裁法院对破产申请的审理程序；第四章为观察程序；第五章为财务整顿程序；第六章为外部管理程序；第七章为（处理债务人财产的）清算程序；第八章为和解协议；第九章为单独范畴的法人债务人破产；第十章为自然人企业、私人农场主等公民自然人破产；第十一章为破产简易程序；第十二章为终结条款与过渡性规定。俄罗斯现行破产法规定的程序包括观察程序、财务整顿程序、外部管理程序、清算程序及和解协议程序。

四、我国破产法立法状况

(一) 我国破产法的历史演进

在我国历史上，一方面由于重农抑商的政策，另一方面由于父债子还的传统，因此，在当时破产法没有存在的必要。近代以来，随着商业的发展和独立人格、自己责任的推行，破产法也开始被提上了议事日程。1906 年，修律大臣沈家本起草了《破产律》，共 69 条，主要适用于商人的破产。后来由于种种原因，该《破产律》于 1908 年被废止。

1933 年，国民党政府制定颁布了《债务清理暂行条例》，共 68 条。该条例采纳了强制和解制度，即在和解不成时，使债权人利用清理程序，迅速实现其权利，但仅适用于商人。1934 年，国民党政府开始起草破产法草案并于同年颁布《破产法》，分总则、和解、破产、罚则 4 章 10 节，共 159 条。这是我国第一部生效实施的破产法，这部破产法参考借鉴了大清《破产律》、北京法律修订馆的破产法草案及《债务清理暂行条例》，吸收借鉴了西方破产法通行的规则。1949 年该破产法在祖国大陆被废止。

新中国成立之后，尤其是改革开放之后，为适应社会主义有计划的商品经济发展和经济体制改革的需要，促进全民所有制企业自主经营，改善经营状况和提高经济效益的需要，我国于 1986 年颁布了《中华人民共和国企业破产法（试行）》（下文简称旧破产法），该法主要适用于全民所有制企业的破产活动。由于旧破产法有种种弊端，从 1994 年 3 月开始，全国人大常委会开始对其进行修订，2006 年 8 月 27 日，第十届全国人民代表大会常务委员会第二十三次会议审议通过了修订后的《企业破产法》（下文简称新破产法）。

(二) 新破产法的结构与主要内容

新破产法共 12 章 136 条，除总则和附则外，对破产申请及其受理、管理人、债务人财产、破产费用与共益债务、债权申报、债权人会议、重整、和解、破产清算和法律责任等问题分章作了规定，各章内容分别是：

1. 总则。内容主要包括：立法宗旨；适用范围；破产原因；破产申请管辖；对民事诉讼法的适用；跨境破产；以及人民法院审理破产申请时依法维护职工合法权益，依法追究破产企业经营管理人员责任等。

2. 申请与受理，即关于破产申请的提出和受理程序的规定。内容主要包括：申请破产的原因、申请人提出申请应当向人民法院提交的文件和内容以及有关证据；人民法院接受申请后的裁定程序；受理案件法院通知债务人的义务；债务人接到受理通知时应提交的文件；法院决定不受理申请时的处理；受理案件后法院通知已知债权人以及发布公告的义务；对债务人和债务人的有关人员的义务的规定；以及受理破产申请相关问题的处理等。

3. 管理人，即有关管理人的地位和职责，以及工作原则的规定。内容涉及：管理人的产生办法；债权人会议对管理人有异议时提请更换的权利；指定管理人与确定其报酬的办法；管理人的权限及职责与对管理人的监督；担任管理人的机构与人员范围；自然人担任管理人应购买执业责任保险；管理人征得法院许可后方能实施的行为；管理人的辞职等。

4. 债务人财产，即关于债务人所拥有的财产被申请破产后的归属与管理的规定。内容涉及：债务人财产的构成；对破产申请受理前债务人从事的有关财产处分行为的撤销、无效和追回财产的规定；债务人的出资人未履行出资义务的补缴；债务人董事、监事或者高级管理人员利用职权从企业获取的非正常收入和侵占企业的财产的追回；管理人通过清偿债务或者提供为债权人接受的担保，取回质物、留置物；债务人合法占有的他人财产的所有权人取回该财产以及有关抵销权的行使等。

5. 破产费用与共益债务，即关于破产费用与共益债务的规定。内容包括：破产费用与共益债务的范围及支付原则。

6. 债权申报，即关于债权人债权申报的具体规定。内容包括：债权人在破产程序中行使权利的原则；申报债权期限及其计算方法；未到期债权、附条件与附期限及诉讼仲裁未决债权的申报；破产企业所欠职工的工资和欠缴的基本社会保险费用及其他相关费用的免于申报；债权人对所申报债权的数额及其有无担保应提交证据并作出说明；连带债权的申报、未申报债权的补充申报；债权表的编制与核查及裁定确认；对债权异议的诉讼等。

7. 债权人会议，即关于债权人会议与债权人委员会组成与运行的规定。内容主要包括：债权人会议的组成；债权人的表决权；债权人会议的职权；债权人会议的召集与通知；债权人会议讨论事项的议决方法；债权人委员会的组成与职权；管理人实施的应报债权人委员会的行为种类等。

8. 重整，即对陷入破产困境但仍有挽救希望的企业进行重整，使之摆脱困境的一种破产预防程序。内容主要涉及：重整的申请和重整期间；重整期间的营业；重整期间管理人的职权；债务人的担保权人等当事人的权利限制与恢复行使；重整期间债务人自行管理财产与破产事务；重整计划的编制及内容要求；重整计划的审议与分组表决；法院对重整计划的裁定批准；重整计划的执行与执行人；重整计划的执行监督及监督期满的监督报告；重整计划不执行或不能执行时裁定终止重整程序并同时宣告破产等。

9. 和解，即债权人与债务人就债务清偿达成协议以终止破产申请的程序。内容主要涉及：和解申请的提出、和解申请的裁定认可、债权人会议对和解协议的议决；法院对和解协议的裁定认可；和解协议未通过或违反法律时法院裁定债务人破产；和解协议对债务人和债权人的约束力；和解协议的执行、不执行与不能执行的处理等。

10. 破产清算，即对无可挽救的企业通过破产宣告，进行清算后终止其营业，解散其组织，消灭其人格的程序。其内容包括：破产宣告及其通知、公告；破产清算人及其职责；清算人的报酬、执行清算职务所需费用；破产财产的变价和分配方案、清偿顺序及不足清偿时的处理；破产申请的终结；破产企业的注销登记；未领取财产等的提存；破产财产的追加分配等。

11. 法律责任，即对违反破产法规定所应承担法律后果的规定。内容主要包括：在破产案件审理中各当事人从事违反破产法规定的行为所应承担的民事、行政和刑事等责任。

12. 附则，即对破产法实施有关问题的规定。内容包括：破产人在破产法公布之日前所欠职工的工资等费用在第一顺序不足清偿时的处理方法；破产法施行前国务院所规定的期限和范围内的国有企业实施破产的特殊事项的处理；商业银行、证券公司、保险公司等金融机构达到破产界限的重整或者破产清算申请等；其他法律规定企业法人以外组织破产清算对破产法规定程序的参照适用，以及新破产法的施行日与旧破产法废止的规定。

第二节　破产能力

【基本理论】

一、破产能力的界定

无论在债权人申请的场合还是在债务人自行申请的场合，申请（被申请）

破产的债务人都必须具备破产能力。所谓破产能力是指民事主体依法能够适用破产程序而被宣告破产的资格。破产能力的取得有赖于法律的规定。就破产能力规定的法律意义而言主要是限定破产人的范围，亦即只有具备破产能力的债务人才能够被法院宣告破产。没有破产能力的债务人，法院不能宣告其破产。

破产能力作为一种资格能力，与民事权利能力存在密切的联系。在市场经济下，法律赋予民事主体享有民事权利和承担民事义务的资格，基于此种法定的民事权利能力，民事主体能依意思自治的原则与其他民事主体进行平等的经济活动。在此过程中，因经营交易风险的存在，民事主体的财产、资金面临着增值扩大或亏损萎缩的双重可能，而一旦发生了亏损并积累到相当程度，导致民事主体不能对外清偿债务，就会形成经济上可破产的客观状态。为平衡因此产生的多数债权人的利益，维护市场正常经济秩序和债务人合法利益，法律作为公力救济的手段有必要介入破产领域，并通过规定哪些民事主体具有破产能力的方式，将其纳入破产程序，以保证上述目的的实现。

目前各国关于破产能力有两种立法模式：一是商人破产主义；二是一般破产主义。[1] 商人破产主义主要是将商人作为一种特殊的社会主体看待，认为只有商人才具备破产资格，其他主体不能进行破产宣告，意大利、比利时破产法和法国旧法采此立法主义；一般破产主义将商主体与其他社会主体等同看待，起码在资信方面，认为不分民事、商事主体，均有破产能力，德国、日本、英美法系国家均采此立法主义。由于商人破产主义认为只有商人才有破产资格，所以，采该种立法主义的国家一般将破产法列入商法典之中，而采一般破产主义的国家则将破产法单独立法。

在破产法的发展过程中，有从商人破产主义发展到一般破产主义的历史趋势。商人破产主义起源于中世纪的意大利，1807 年颁布的《法国商法典》是其典范。一般破产主义起源于 13 世纪的西班牙，后来主要为英美法系国家和一部分大陆法系国家相继采用，在此影响下，原先采用商人破产主义的国家比如法国后来也改采一般破产主义。但在一般破产主义的框架下，如果对大、小商人，商事主体与普通民事主体适用相同的程序，那么未免成本过高，因此，很多国家和地区在破产程序中设立了区别对待的制度。

比如香港《破产条例》规定，在破产案件中，如果法院掌握的证据或破产管理官向法院提出的报告表明债务人的资产不超过 1 万港币，则视为小额破产，

---

[1] 也有学者认为在商人破产主义与一般破产主义之外，还有一种折衷破产主义。所谓折衷破产主义，是指商人和非商人均可被宣告破产，只是商人适用的程序与非商人适用的程序不同，西班牙、丹麦、挪威等国采此立法主义。折衷破产主义也通常被认为是一般破产主义的特殊表现形式。

从而采用一系列简化程序以节省时间和费用。[1]

还有的国家，如德国就直接对自然人破产者规定了许多优惠措施：①自然人破产者可以适用简易程序。这一程序包括三个步骤：第一步，债务人必须在破产方案的基础上正式要求与债权人庭外和解。第二步，如果和解失败，债务人必须在6个月内提起破产还债程序。债务人破产还债请求书中还必须包括一个原有的或新制定的解决债务的方案。破产法院将这一方案转交给债权人并征求他们的意见。第三步，如果在法院指导下双方仍达不成和解协议，则需要进入第三个步骤，即简化的破产程序。这一程序要比正常破产程序简单得多，主要是因为没有报告会，只有一个听证会。另外，该程序中受托人法律上的权限也较小，而非全权受托人。②自然人破产时可以适用破产预防的自行管理（eigenverwaltung）制度。自行破产管理制度是指破产程序开始后，不任命破产管理人，而任命破产监督人，在监督人的监督下，把企业管理处分权委托给破产债务人行使的破产预防制度。自行管理程序与一般破产程序的本质区别就在于债务人的管理处分权不由破产管理人而由债务人继续行使。

二、我国关于破产能力的相应规定

我国旧破产法只适用于国有企业法人，而原民事诉讼法"企业法人破产还债程序"适用于非国有企业法人，自然人与合伙均没有破产能力。因此，在新破产法的起草过程中，对于应否采取一般破产主义，赋予自然人与合伙等主体以破产能力曾出现过较大的争论，各方观点主要有以下几种：

1. 应赋予所有民事主体破产能力。该观点的理由是：在市场经济条件下，所有民事主体都可能出现破产问题，因此破产法应适用于所有的民事主体，包括自然人与合伙。根据该观点，新破产法的名称应定为破产法，而非企业破产法，以与旧企业破产法相区别。

2. 仅赋予商事主体破产能力。此意见认为，目前破产法要适用于所有民事主体并不现实，因为在现实生活中，大多数民事主体并不从事商事营业，也很少有借贷关系。因此新破产法应调整所有从事商事活动的主体的破产，特别是各类企业与全国2300多万户个体工商户的破产。

3. 应赋予消费信贷借款人破产能力。持此观点的学者基本同意上述第二种意见，但主张还应将消费信贷，特别是大宗消费品与房地产信贷中借款方的破产纳入新破产法。其主要理由是：全国此种信贷额已达上万亿元，且已有部分

〔1〕　李春霖、赵桥梁："香港与大陆地区破产制度若干问题的比较"，载《新疆社会经济》1998年第1期。

信贷到期，实践中已出现了借款人不能归还到期债务的现象，对此需要依法进行破产还债，否则会在很大程度上影响商业银行的经营和资产质量。

在研究了上述三种意见后，新破产法草案采纳了赋予所有企业，包括合伙企业与自然人独资企业及依法设立的其他营利性组织破产能力的方案。根据该草案第2条第1款的规定，新破产法适用于下列主体：①企业法人；②合伙企业及其合伙人；③自然人独资企业及其出资人；④其他依法设立的营利性组织。显然，该草案既未赋予普通民事自然人，也未赋予商自然人破产能力。确定这一调整范围的理由据称主要是考虑到目前我国财产登记制度与自然人信用制度尚处于初建阶段，难以有效防范自然人利用破产逃债的问题，故目前新破产法不宜适用于自然人破产。同时，对合伙企业和自然人独资企业破产因无限责任可能要追究到合伙人与自然人投资者的责任，并导致其破产，而这属于合伙企业与自然人独资企业破产连带到的自然人破产，并不属于直接适用新破产法的破产，而且对自然人破产也需要有一个小范围试点，再由点到面的过程。为此，立法者在草案中确立了这样的调整范围。

在全国人大常委会对草案进行审议的过程中，有意见认为：自然人消费信贷在现实中已普遍出现，自然人消费信贷有可能出现因贷款自然人资产的变化不能按期归还而导致其破产的情况，建议将新破产法规定的破产主体范围扩大到自然人。还有意见认为：将自然人消费性破产排除在新破产法规定的破产主体范围之外是可以的，但随着市场经济的发展，个体工商户、农村承包经营户已经成为市场主体的重要组成部分，这"两户"应纳入新破产法的调整范围。还有委员则建议将资产和经营规模较大的个体工商户纳入新破产法的调整范围。

总结这些意见，正式出台的新破产法第2条对破产法的调整范围作了以下规定："企业法人不能清偿到期债务，并且资产不足以清偿全部债务或者明显缺乏清偿能力的，依照本法规定清理债务。企业法人有前款规定情形，或者有明显丧失清偿能力可能的，可以依照本法规定进行重整。"第135条还规定："其他法律规定企业法人以外的组织的清算，属于破产清算的，参照适用本法规定的程序"。这表明，新破产法不调整以下破产关系：①自然人破产（包括个体工商户的破产）；②自然人消费信贷破产；③合伙企业与自然人独资企业投资人的破产。除上述内容外，新破产法限定的破产为企业法人破产，即所有企业法人的破产均要适用新破产法规定。对于法律规定实行破产的企业组织可以依据新破产法规定的程序进行破产。

【法律链接】　　国外破产法关于破产能力的相关规定

当今各国破产法大都采一般破产主义，规定所有企业法人和自然人均具有破产能力，但具体做法各有不同，下面对此作一简要介绍。

一、美国

根据美国《破产法》第 101 条的规定，在美国居住或在美国有住所地、营业场所或财产的自然人、公司和合伙等债务人都具有破产能力，可以适用美国《破产法》，被宣告破产。该法第 109 条规定，市政当局、铁路运输部门、国内保险公司、银行、储蓄银行、合作银行、信用合作社、住房贷款协会、信贷协会或工业银行、股票经纪人和商品经纪人，或依《联邦存款保险法》第 3 条第 9 款规定的投保银行等类似机构的破产可适用《破产法》。但上述主体除市政当局以外，只能适用破产重整程序。这表明，美国破产法采一般破产主义，其调整范围涉及多种法人与自然人的破产。

二、德国

根据 1999 年生效的德国现行破产法，该法适用于自然人、法人及无权利能力社团的财产；无法律人格的合伙或公司的财产以及遗产、延续共同财产关系中的共同财产和共同财产关系中由夫妻双方共同管理的财产。其中，无权利能力的社团视同于法人；无法律人格的合伙或公司，包括无限公司、两合公司、自由职业者和合伙、民事合伙、航运企业、欧洲经济利益集团。该法第 12 条第 1 款规定："对于下列财产，不得开始破产程序：①联邦或州政府的财产；②受州监督的公法人的财产，但以州法有此种规定的为限。"这表明德国破产法也采一般破产主义，并统一适用于法人与自然人的破产。

三、法国

《法国商法典》"企业的重整和司法清算"编第 2 条规定："司法重整与司法清算适用于所有商人、手工业者、农业生产者以及所有私法法人。雇员不超过 50 人、不含税营业额低于法定限额的自然人和法人，适用破产法第二编规定的简易程序。不含税营业额的法定限额由征求最高行政法院意见后制定的法令确定。"该编"自然人破产及其他禁止性措施"部分第 185 条规定："在开始进行司法重整或司法清算程序的情况下，本规定适用于下列人员：①商人、手工业者或者农业耕作者等自然人；②从事经济活动的法人、法律或者事实上的自然人；③上述第 2 项所指法人的法定代表人和自然人的事务执行人。"法国虽对自然人与法人破产适用不同程序，但也采一般破产主义，承认自然人有破产能力，并由同一部法律加以规范。

四、日本

日本有关破产制度的法律主要有六部，分别为《破产法》、《民事再生法》、《会社更生法》、《小规模再生法》、《工薪阶层自然人再生法》、《负有房屋抵押债务的自然人再生法》，这六部法律规定的适用范围涉及所有企业和自然人的破产。其中，2000 年 4 月颁布的《民事再生法》主要适用于中小企业的重整，而《小规模再生法》主要适用于债务总额为 3000 万日元以上的自然人。2002 年修订的《会社更生法》则主要适用于股份公司的重整。上述立法表明，日本破产法也承认所有民事主体，包括自然人都具有破产能力，但对于不同主体要适用不同的法律与程序。

【实务操作】　有价证券与证券对破产能力相应规定的实务分析

根据新破产法的规定，其目前只调整企业法人破产。所谓企业法人破产，是指企业法人因经营管理不善、市场变化等因素导致不能清偿到期债务，依据法律规定的程序予以破产宣告，清理其债权债务，使企业终止经营，解散组织并归于消灭的行为或对其进行重整、和解以使其摆脱困境的行为。依据有关法律，我国企业法人分为若干不同的类别：①按传统标准划分的国有企业、集体企业、具有法人资格的私营企业、外商投资企业；②实行市场经济体制以后新设立的公司法人与非公司法人。这样一来，新破产法第 2 条规定的企业法人就包括国有企业、集体企业、私营企业的一部分、外商投资企业与现代公司，这些法人企业的破产即要依据新破产法规定的程序与内容来进行。

一、国有企业的破产

国有企业，即由国家授权投资机构或国有资产经营机构投资设立的企业，包括《公司法》生效前设立的传统国有企业（含《全民所有制工业企业法》所规范的企业）。在建国以后的很长一段时间内，我国实行计划经济体制，企业完全由国家投资设立，这类企业原称国营企业，后改称国有企业。改革开放后，许多国有企业已转变为有限责任公司或股份有限公司。但目前仍有约 15 万多家国有企业未完成公司制的改制。实行市场经济体制后，部分国有企业因机制及相关条件的限制，难以适应市场变化，从而导致经营亏损，不能偿付到期债务，需要依法进行破产。根据新破产法的规定，新破产法适用于所有企业法人的破产，国有企业属于依法设立的企业法人，故应适用新破产法。但在过去的几十年中，相当一部分国有企业承担了为国家进行积累和参与建设的责任，企业收入全部上交。这些企业目前面临经营内容难以适应市场变化，大量职工老化，实行关闭破产又难以承担职工安置等费用的情况。根据这一情况，国家对部分大型的、资源枯竭的以及军工性质的企业的破产实行某种特殊政策，即对过去国家无偿划拨给企业使用的土地使用权允许其予以变现优先安置职工等。在今后一段时期内，这一政策仍需适用下去，故法律规定对部分国有企业仍将适用这种特殊政策。适用这种政策的企业要按国务院在新破产法实施前限定的范围与时间来确定。据此，国有企业的破产从总体上说要适用新破产法，但对新破产法生效前国务院确定的范围和期限内的国有企业破产的特定问题，则需按国务院确定的有关政策办理，而对于其中的一般问题，如程序性内容则要适用新破产法的规定。

二、集体企业的破产

集体企业，即集体所有制企业，指由劳动群众集体投资，共同占有企业财产的生产经营组织，是计划经济条件下我国企业的一种重要组织形式。实行市场经济体制后，这类企业组织已不再新设立，但原有的集体企业仍有相当数量。由于集体所有制企业是适应计划经济体制要求设立的，且有相当一部分的经营模式难以适应市场经济体制的要求，故在实行市场经济体制以来，除有一部分集体企业已按股份制要求改组为现代公司外，也有一部分由于难以适应市场经济的需要而需进行破产清算。集体企业破产即指这类企业依法解散组织、终止经营、清理债权债务或进行重整、和解等情形。这类企业的破产亦应适用新破产法。

三、三资企业的破产

所谓三资企业，即依据我国《中外合资经营企业法》设立的中外合资经营企业、依据《中外合作经营企业法》设立的中外合作经营企业，以及依据《外资企业法》设立的外资企业。三资企业都是依据我国法律设立的企业，其中合营与外资企业完全属于法人企业，合作企业的大部分属于法人企业，个别属于非法人企业。三资企业破产即这类企业中的某个企业因不能清偿到期债务，资产不足以清偿全部债务或明显不具有清偿能力，依据法律规定的程序所进行的破产。按照新破产法第2条规定，三资企业中除不属于法人的企业破产外都应适用新破产法。

四、公司的破产

公司的破产即依据公司法设立的有限责任公司与股份有限公司因不能清偿到期债务，资产不足以清偿全部债务或明显不具有清偿能力，依据法律规定的程序所进行的破产。《公司法》第191条规定："公司被依法宣告破产的，依照有关企业破产的法律实施破产清算。"由于两类公司均属于企业法人，依照该条与新破产法第2条规定，这类公司企业的破产应适用新破产法。

五、私营企业中属于公司类企业的破产

对私营企业中属于公司类企业的破产，《私营企业暂行条例》规定，私营企业分为以下三种：①独资企业；②合伙企业；③有限责任公司。在三类企业中，只有公司属于企业法人，另两类企业属非法人企业。按照新破产法第2条规定，私营企业中的公司类企业的破产应依新破产法进行。而合伙企业与自然人独资企业的破产则要依有关法律规定参照适用新破产法规定的程序。

六、法人企业以外的企业组织对新破产法规定的程序的参照适用

由于新破产法只规定了法人企业的破产清算，而在法人企业以外还有多种非法人企业形式以及其他经营性组织。这些主体由于多方面的原因也可能需要进行破产清算，这就出现了一个问题，即这类非法人企业如何适用新破产法？

新破产法第135条规定："其他法律规定企业法人以外的组织的清算，属于破产清算的，参照适用本法规定的程序。"对此规定，我们认为可作如下理解：

1. 有关立法明确相关企业机构实行破产清算的，这类企业的破产即可参照适用新破产法。例如《合伙企业法》规定，合伙企业不能清偿到期债务的，除可向普通合伙人追究无限连带责任外，可以进行破产清算。此外，其他法律对于相关企业机构有此规定的，同样可以参照适用新破产法。

2. 参照适用新破产法规定的，只能是破产清算。企业组织的清算包括一般清算与破产清算两种，一般清算要以资产大于负债为前提，这种情形无需对债务人进行免责；而破产清算则在债务人财产不足以清偿全部债务时，需要依法对未清偿的债务给予免责。因而，对于一般清算可依照有关法律规定进行，而参照适用新破产法的只能是破产清算。

3. 参照适用新破产法的只是程序性内容。新破产法是一部程序性法律，但任何程序性法律也都会规定一些实体性内容。根据该法第135条的规定，允许其他组织参照适用新破产法的只是程序性内容，故对于一些实体性内容，或者对于这类组织不方便适用的内容，不能适用。至于哪些内容可以参照适用，哪

第
一
章

些不能适用，这有待于最高人民法院作出相关的司法解释。

【评析】 我国的破产能力制度

从我国修订后的新破产法第 2 条的规定可以看到，新破产法的适用范围扩大至所有的企业法人，包括国有企业与法人型私营企业、三资企业，上市公司与非上市公司，有限责任公司与股份有限公司，甚至金融机构。遗憾的是，新破产法草案中虽然规定了商自然人可以适用破产，但最后颁布的新破产法删去了关于个体工商户以及自然人独资企业等商自然人的破产能力规定，因此，这些商自然人在我国没有破产能力。但我国有学者主张应该承认自然人的破产能力。[1]

我国新破产法与修订后的《合伙企业法》顺应历史潮流，承认了合伙企业的破产能力。《合伙企业法》第 92 条规定："合伙企业不能清偿到期债务的，债权人可以依法向人民法院提出破产清算申请，也可以要求普通合伙人清偿。合伙企业依法被宣告破产的，普通合伙人对合伙企业债务仍应承担无限连带责任。"据此，合伙企业的破产应当参照适用新破产法规定的程序。

关于特殊商业主体金融机构的破产，新破产法第 134 条规定："商业银行、证券公司、保险公司等金融机构有本法第 2 条规定情形的，国务院金融监督管理机构可以向人民法院提出对该金融机构进行重整或者破产清算的申请。国务院金融监督管理机构依法对出现重大经营风险的金融机构采取接管、托管等措施的，可以向人民法院申请中止以该金融机构为被告或者被执行人的民事诉讼程序或者执行程序。金融机构实施破产的，国务院可以依据本法和其他有关法律的规定制定实施办法。"这条规定在旧破产法和金融机构破产的相关法规之间起到了一定的衔接作用，它确认了金融机构可以依法破产，为实践中不断发生的金融机构破产案件起到了原则性、概括性的指引作用；明确了国务院金融监督管理机构对金融机构提出重整或破产申请的权利，有利于金融风险的化解和破产程序的启动；确认了司法实践中的"三中止原则"，即国务院金融监督管理机构采取接管、托管等措施的，可以向人民法院申请中止以该金融机构为被告或者被执行人的民事诉讼程序或者执行程序；同时，也明确了国务院关于金融机构破产实施办法的制定权。

---

[1] 汪世虎、李刚："自然人破产能力研究"，载《现代法学》1999 年第 6 期。

第三节 破产原因

【基本理论】

一、破产原因的概念

所谓破产原因，又称破产条件或破产界限，是指某一主体得受破产宣告的事实依据。当债务人或者债权人进行破产申请后，法院就会对该债务人是否已经达到资不抵债并已威胁到债权人的债权的清偿进行判断，若存在上述情形，则法院需宣告债务人破产，否则就驳回破产申请。因此，可以说破产原因是破产宣告的前提和实质要件，是债务人资信情况的法律表现，破产原因始终是破产理论与立法的重点。

二、破产原因的立法模式

关于破产原因，世界上共有两种立法模式：一是英美法系国家采取的列举主义模式；二是大陆法系国家采取的概括主义模式。

所谓列举主义模式，是指把债务人丧失清偿能力的行为一项一项地列举出来，只要发生这些行为，马上认定丧失清偿能力，就可以宣告破产。比如英国1914年《破产法令》第1条规定了八种破产行为：①债务人将与全体债权人利益有关的、位于英格兰或他处的财产让与或委付于一个或多个委托管理人；②债务人将财产的全部或部分进行欺诈性的交付、转让、赠与或移转；③将财产之全部或部分为任何让与或移转，或于其上设置抵押以造成欺诈性的优先权（如将原来无担保债权变为担保债权，意在损害他人利益）；④为逃避债权人的追索而离开英格兰或逗留国外或居家不出，即取消债权人的会见权；⑤任何法院依任何程序通过扣押和变卖动产而对该债务人进行的执行已经开始，或者司法执行官已对动产扣押和持有达21天；⑥向法院表明无力清偿债务或者向法院提出了破产申请；⑦债务人接到债权人根据终审判决要求法院发出的破产通知书，但一定期限仍不能清偿债务的；⑧债务人通知任何债权人他已停止或将停止支付欠债的。[1] 列举主义具有容易识别和适用的优点，但是当产生列举情形以外的"破产事实"时，就会出现"无法可依"的状况。

所谓概括主义模式，是指把债务人丧失清偿能力的种种行为概括为法律上

---

[1] Kenneth Smith and Denis Keenan, *Mercantile Law*, Pitmun, 1982, pp. 338~341, 转引自韩长印："破产原因立法比较研究"，载《现代法学》1998年第3期。

一个特定的抽象性原因加以规定。比如德国、日本破产法除将支付不能作为破产原因外，还将企业法人的债务超过也视为破产原因。所谓支付不能，是指债务人因丧失偿付能力，对于已届清偿期的债务在债权人请求时全部或大部分不能清偿的客观财产状况，支付不能实质上就是无力偿债。所谓债务超过，又称资不抵债，是指企业会计报表所显示的企业资产数额小于企业负债数额。

三、我国破产法对破产原因的规定

1986年通过的《企业破产法（试行）》第3条对企业破产原因作了如下规定："企业因经营管理不善造成严重亏损，不能清偿到期债务的，依照本法规定宣告破产。"这一规定确定的企业破产原因有两项：一是企业因经营管理不善造成严重亏损；二是不能清偿到期债务。其中"因经营管理不善造成严重亏损"即一般理解的资不抵债。但这种资不抵债较一般的资不抵债更难以掌握。一方面，所谓的严重亏损没有一个严格的数量界限，难以判断；另一方面，这种亏损还须是因经营不善所造成的，这里的经营不善同样难以把握。故2006年修订的新破产法将破产原因规定为：企业法人不能清偿到期债务，并且资产不足以清偿全部债务或者明显缺乏清偿能力的，依照新破产法规定清理债务。企业法人有前款规定情形的，或者有可能丧失清偿能力的，可以依照新破产法规定进行重整。根据这一规定，我国新破产法规定的破产原因有两个：①支付不能而且资不抵债；②支付不能且明显缺乏清偿能力。同时新破产法对申请重整的条件除规定上述破产原因外，还增加了一个重整条件，即有可能丧失清偿能力。

【**法律链接**】 国外立法对破产原因的相关规定

一、美国

按照美国破产法，其清算程序对自愿破产和强制破产规定了不同的原因。对于债务人申请的案件，法律没有规定任何实质要件，只要债务人提出的清算申请符合法律规定，并被法院所接受，清算申请本身即构成破产宣告。同时，法院可以下列原因驳回申请人提出的申请：①申请文件不全；②未交申请费；③其他程序问题。在债权人提出强制清算申请时，法院首先需要通知债务人，使债务人有机会进行答辩，然后才能决定是否作出破产宣告。

二、德国

德国除将不能清偿到期债务作为一般的破产原因外，对于公司法人，其又增加了"债务超过"（即资产不足以清偿其债务）作为条件。1999年实施的德国新破产法第17条规定："无力偿债是开始破产程序的一般原因。债务人不能清偿其到期债务的，视为无力偿债。债务人已停止支付的，一般应推定为无力偿债。"新破产法第19条又规定："债务超过也是公司开始破产程序的原因。债务人拥有的资产不足以偿付其现有债务的，即存在债务超过。"也就是说，在德国新破产法中，破产原因有两个：一是无力偿债（即支付不能）和停止支付；二是债务超过。支付不能着重的是现金流量表标准，而债务超过则着重资产负债表标准，两者结合构成德国破产法规定的破产原因。

三、法国

《法国商法典》"企业的重整和司法清算"编第3条界定了企业的破产界限，即"不能以其可支配的资产偿还到期债务"。此规定表明法国破产法是以"支付不能"作为破产原因的标准，而不是"资不抵债"。即纵然企业的资产总额大于负债总额，只要其无法清偿到期债务即可申请破产。

四、日本

《日本破产法》第126条规定："债务人不能支付时，法院因申请而裁定宣告破产。债务人停止支付时，推定为不能支付。"第127条规定："法人不能以其财产清偿其债务时，亦可对其宣告破产。"

五、俄罗斯

俄罗斯破产法规定的破产原因区分公民和法人的身份而略有不同。对于公民，其破产原因为：现金债务及必须履行的其他支付，到期3个月而未支付；公民的债务额超过其自然人的财产价值。对于法人，破产原因仅为现金债务及必须履行的其他支付，到期3个月而未支付。即俄罗斯破产法对自然人破产申请条件规定较严，而对法人组织的申请规定较宽。

【实务操作】

一、对破产原因的具体分析

1. 不能清偿到期债务。具体是指债务人所负债务的履行期限已经届满，债权人提出了清偿请求，但债务人并未实际履行该债务的情形。对于这一标准，最高人民法院《关于审理企业破产案件若干问题的规定》第31条将"不能清偿到期债务"具体解释为：①债务的履行期限已届满；②债务人明显缺乏清偿债务的能力。实践中，债务人停止清偿到期债务并呈连续状态，如无相反证据，

第
一
章

则可推定为"不能清偿到期债务"。

2. 资产不足以清偿全部债务，亦称资不抵债。它是指企业因经营不善、市场变化等原因出现亏损，导致其企业会计报表中的资产负债表上的企业资产数额小于企业负债数额。但需注意的是，对某一资产的评估是在静态下进行的，若将之放在实际竞买过程中，则很难估计买方能出价多少，即资产的账面价值与市场实际价值可能存在较大差距。如有些企业的账面资产很多，特别是一些设备，在购置时可能价值不菲，但因技术进步，该设备购进不久就已属于市场淘汰产品，则该设备当前的市场价值实际上是极小的。因此，资产不足以清偿全部债务应与不能清偿到期债务的状况一并作为判断债务人是否达到破产原因的标准，而不能单独作为判断标准。

3. 明显缺乏清偿能力。即指债务人的资产状况表明其明显不具有清偿全部债务的能力，实践中表现为债务人多次拖欠他人债务长期不予归还，资产多体现为积压产品，以及只能以某种实物物品偿付债务等。明显缺乏清偿能力不能单独作为破产原因，它与资产不足以清偿全部债务构成选择条件，债务人具有不能清偿到期债务的情形，并且明显缺乏清偿能力的，才可以作为申请破产的依据。

4. 有可能丧失清偿能力。即债务人遭遇的一种困难情形，指其资产状况表明虽然目前尚未出现不能支付、资产不足以清偿全部债务的情况，但有证据表明在近期即有可能出现丧失清偿能力的情形。这种情形包括但不限于以下情形：

（1）债务人的现有清偿能力不是建立在债务人的正常经营上，而是建立在债务人以新债还旧债上。

（2）债务人的正常经营即将受到严重影响，如债务人的产品不符合新出台的质量标准，可能无法继续经营。

（3）因债务人对外担保，其主要资产被法院查封，虽然该资产目前仍可继续使用，但日后将被拍卖偿债。

（4）债务人任意增加企业管理费用或盲目增加投资，或不合理地高买低卖，严重影响企业效益。

对于上述情况，新破产法第 2 条第 2 款规定，企业法人有前款规定情形（即不能清偿到期债务，并且资产不足以清偿全部债务或者明显缺乏清偿能力的），或者有明显丧失清偿能力可能的，可以依照新破产法规定进行重整。重整可以扭转亏损或者支付不能的局面，以防止困难局面的继续恶化，进而防止出现破产清算的后果。

当然，新破产法第 2 条规定的既是判断企业是否达到破产界限的标准，也是法院确定是否受理申请人提出的债务人破产申请的依据。而对于债权人来说，由于他不可能全面了解债务人的有关情况，所以该法第 7 条第 2 款规定，只要依据债务人不能及时清偿其债务的事实，债权人即可向法院提出宣告债务人破产的申请，此即停止支付。但问题是实践中对停止支付如何理解？它与不能清偿到期债务又是何种关系呢？

二、停止支付与支付不能的关系

停止支付是债务人停止向债权人履行债务，它与债务人的清偿能力虽不是同一概念，但却有密切的联系。当债务人缺乏清偿能力时，其外部特征即表现为停止支付，但是，并不是在任何情况下，债务人停止支付均表明债务人无清偿能力。停止支付是一种主观状态，而无清偿能力则是一种客观状态。有时，债务人停止支付系因主观原因，而非客观不能，例如，误认为自己无财力而向债权人拒绝清偿，或基于恶意逃避债务的目的而不愿履行等，这两种行为在民法上属于非不能履行的其他债务不履行样态。停止支付虽不必然表明债务人无清偿能力，但它却在一定程度上反映了债务人的财务状况，在破产程序中，对债权人来说意义重大。在申请对债务人开始破产程序时，若要求债权人证明债务人客观上无清偿能力是极其困难的，债权人不可能全面了解债务人的财务情况，这就为债权人申请债务人破产设置了障碍，使债权人难以保护自己的权利。对债权人来说，极易证明的便是债务人停止向其履行债务的事实。而且，当债务人无法律规定或当事人约定的抗辩事由而停止向债权人履行债务时，债权人便有理由认为债务人已无清偿能力，便可据此向法院申请对债务人开始破产程序。但是，如上所述，债务人停止支付并不必然表明其无清偿能力，故若仅据此停止支付的事实便对债务人开始破产程序，则对债务人十分不利。正因为如此，各国破产法均将停止支付规定为推定原因。所谓推定原因，即指可以用事实与证据推翻的原因。当债权人以债务人停止支付为由申请债务人破产时，债务人若欲主张自己无破产原因而摆脱被宣告破产的厄运，则必须就自己仍有清偿能力予以举证，以推翻对其无清偿能力的推定。否则，他将被宣告破产。

【案例分析】

[案情]　被申请人甲公司，由其主管部门——某市贸易公司于 1999 年 3 月 18 日开办设立，注册资金为 400 万元人民币，企业性质为国有，经营范围是渣土运输、建筑材料、日用品等。该公司在 2001 年下半年停止经营活动，法定代表人去向不明，公司财务及其经营管理人员都离职自谋生路。该公司的资产净值 300 多万元被某中级人民法院另案查封，其主管部门——某市贸易公司的

法定代表人也下落不明。2002 年 1 月 6 日，甲公司的债权人某工贸公司以甲公司不能履行到期债务为由，向乙区人民法院申请甲公司破产还债。申请人某工贸公司向受案法院提供的"关于甲公司 2001 年 8 月 31 日资产负债、所有者权益的鉴定审计报告"表明，甲公司账面资产总计 554 万元、负债 261 万元，有 5 笔账外银行借款 1030 万元去向不明。账上既未反映债务情况，也未反映借入资金的使用情况。乙区人民法院受理以后，通知债权人申报债权，共有 20 余家债权人申报，申报的债权总额是 2344 万元。其中银行债权是 1786 万元（包括去向不明的 1030 万元在内），其他企业和个人债权 558 万元。2002 年 5 月 21 日，乙区人民法院主持召开了第一次债权人会议，由某市合作银行等 5 家银行在内的12 家债权人参加会议。该 5 家银行的债权数额占总债权额的 60% 以上，债务人甲公司及其主管部门某市贸易公司的法定代表人都下落不明，没有法定代表人列席债权人会议。经过介绍有关甲公司的审计报告，账外资金去向不明和甲公司不能履行到期债务等情况，申请人要求宣告甲公司破产还债，到会的 12 家债权人中的 7 家（包括 5 家银行）债权人认为，债务人甲公司除了审计报告中所说的 1030 万元借款去向不明外，还有不少债务没有列入审计报告，对这些情况债务人应当给一个明确的说法。如果是非经营性亏损而挪作他用，那么，不仅债权人的合法权益得不到保护，并且国有资产将严重流失。现在，债务人及其上级主管部门既不出面清算债权债务，又没有人对公司资金去向作出合法的解释，所以债务人甲公司目前尚不具有破产还债的条件，7 家债权人建议法院终结破产还债程序，并且通过公安部门追查账外资金的去向。债权人会议据此决议不同意甲公司破产。

根据以上内容，乙区人民法院认为：占债权人会议表决权半数以上的债权人不同意债务人甲公司破产还债，同时，债务人去向不明的资金占其企业资金的相当比例，并且其法定代表人至今下落不明，目前对债务人实施破产不利于保护债权人的合法权益。根据有关法律的规定，法院在 2002 年 7 月 31 日作出如下裁定：终结甲公司破产还债程序，本案移送某公安分局处理。

[问题]　　根据新破产法的规定，被申请人甲公司是否应当被宣告破产？

[分析]　　根据新破产法的规定：企业法人是否应当被宣告破产，要看其是否具有法定破产原因。因此我们需要从以下两个方面来判断：①被申请人甲公司是否不能清偿到期债务；②被申请人甲公司的资产是否不足以清偿全部债务或明显缺乏清偿能力。

我们先来看第一个方面，被申请人甲公司是否不能清偿到期债务，根据最高人民法院《关于审理企业破产案件若干问题的规定》第 31 条对于不能清偿到期债务的解释，所谓不能清偿到期债务指的是债务的履行期限已经届满，并且债务人明显缺乏清偿债务的能力；如果债务人停止清偿到期债务，并且呈连续状态，没有相反证据，则推定其为不能清偿到期债务。所以，本案中，如果被申请人甲公司构成不能清偿到期债务的事实，就必须满足以下三个条件：①债务的清偿期限已经届满，并且债权人要求清偿。债务的清偿期限未满，不发生债务人的清偿义务，故不能够认定其不能清偿债务。已到期的债务，债权人请求清偿才会有债务人不能清偿的情形。部分债务没有到期，并不影响对债务人能否清偿到期债务能力的考察。如果债务人的债务已经到期，而债权人没有要求清偿的，也不构成不能清偿到期债务。②债务人明显缺乏清偿能力。债务人是否具有清偿的能力，是与其财产状况、信用程度、知识产权拥有的情况等多种因素相关的，对此不能仅仅以其拥有的财产数额来认定，应当对债务人进行综合评价。比如，有的企业信用程度好，虽然资产数额小于负债，但是凭借其良好的信用，足以使资金快速的周转来应付各种债务的清偿，所以不构成不能清偿到期债务。③债务人不能清偿到期债务，处于连续状态。债务人不能清偿到期债务，必须是一种连续状态，而不能够是暂时的、短期的不能清偿。企业在经营过程中，受到各种因素的影响，有时候会发生短期的资金周转不灵的状况，这只是一种暂时的财务困境，随着企业运转状况的好转，这种暂时的财务困难也会逐步得到解决，这种情形不构成不能清偿到期债务。本案例中，被申请人甲公司的账面资产是554万元，而申报的债权总额是2344万元，被申请人甲公司的账面资产不足以清偿全部债务，也就是资不抵债。另外，被申请人甲公司的债务都已到期，并且债权人也都主张了权利。但是，尽管案件中的被申请人出现了停止支付的客观事实，可是由于申请人某工贸公司向法院提供的审计报告表明，债务人有1030万元的账外资金去向不明，且债务和资金的使用情况都没有能够在账上得到反映，这说明这些账外资金还有被收回的可能性，例如通过追查该企业法定代表人和其他管理人的责任，追回其贪污或者是挪作他用的资金。也就是债务人可能还有债务清偿的能力，所以不能够直接认定该案中的被申请人甲公司不能够清偿到期债务。

我们再来分析第二个方面，即被申请人甲公司的资产是否不足以清偿全部债务或者甲公司明显缺乏清偿能力。资不抵债是债务人的资产和负债相比较而言的，所以也是一种客观经济状况，但是又不同于债务人不能清偿到期债务的客观状况。由于资不抵债只是根据债务人资产的多少和负债多少来计算，只是单纯地从财产因素上来判断，而没有综合考虑债务人的其他状况，所以不能简单地凭此认定债务人破产。而债务人缺乏清偿能力指的是债务人在客观上没有能力清偿全部债务，不能够以其财产、信用等任何方法清偿债务，而不是暂时停止清偿债务或者是拒绝清偿债务。结合本案，被申请人甲公司有554万元的账面资产，明显低于申报的债权总额 2344 万元，这说明被申请人甲公司已经达到了资不抵债的状况。但如前所述，申请人某工贸公司向法院提供的审计报告表明，债务人有 1030 万元的账外资金去向不明，并且资金的使用情况没有在账上得到反映，这些账外资金还有可能被追回。所以不能够就此认为被申请人甲公司明显缺乏清偿能力，其可能只是暂时缺乏清偿能力。

总结以上两方面，我们可以得出如下结论：本案中的被申请人甲公司虽然从账面上显示已经出现资不抵债的事实，但是，由于其并没有构成不能清偿到期债务，因此不具备新破产法第 2 条规定的破产原因，法院应当驳回申请人某工贸公司的破产申请。

第四节　破产过程中对职工权益的保护

【基本理论】

一、破产企业职工权益的内容

企业职工即企业根据生产经营需要，通过签订劳动合同招用的从事生产加工等工作的人员，包括短期与长期、固定与不固定的工作人员。企业职工以各种劳动为社会提供产品和服务，使各种资源得以结合而满足市场需要，使企业的经营成果得到市场承认而转化为现实财富，正是企业职工的劳动为企业创造价值，促进了企业的发展。因此，国家通过一系列政策、法律对企业职工的合法权利与利益加以保护。在企业破产程序中，由于企业经营已陷入困境，职工的合法权益必然受到一些影响，但根据法律规定，即使在破产程序中，职工的下列权益也是必须受到保护的：

1. 企业继续生产经营时的劳动保护与工资权益。在企业破产程序中，如企业为履行合同，进行重整等需要而继续经营，要求职工参与生产活动的，职工仍可一如既往地享受相关的劳动保障条件并有权及时领受相应的劳动报酬。

2. 拖欠工资等费用的求偿权。在企业生产经营中，一些企业因各种原因拖欠职工工资，致使不少企业在进入破产程序后尚欠大量职工工资。在破产期间，职工有权要求企业向其支付所欠工资及相关劳动报酬。与拖欠职工工资相关的还有企业拖欠职工的医疗、伤残补助，抚恤费用，这些费用都是企业职工依法所应享受的利益。

3. 要求支付有关社会保险金。这种保险金主要包括两大方面：①企业职工基本养老保险金；②基本医疗保险金。上述基本养老保险和医疗保险，以及其他应支付的法定保险金，如因企业方面的原因未予以及时支付的，在企业破产程序中也属于职工合法权益。如果企业不按期支付，那么职工到期即难以依法享受相关的保险待遇。

4. 企业关闭破产应支付给职工的补偿金。即企业因关闭破产而解除劳动合同应支付给职工的补偿金。对于国有企业政策性破产的职工补偿问题，国务院及有关部门制定的实施办法有专门规定，这类企业的关闭破产即应按这些规定执行。

5. 其他有关权益。这类权益因企业情况不同而有所区别，主要包括企业向职工收集的集资款、向职工发行的债券、向职工募集的股份等。对于这些权益，应分不同的情况予以处理，有些权益需要进行区别对待。

二、我国法律关于职工权益保护的具体规定

我国是公有制占主导地位的社会主义国家，劳动者是国家的主人翁。随着社会主义市场经济的进一步发展，企业承担社会责任的要求也越来越明确。迄今为止，我国已经有 49 家组织和企业通过了社会责任国际（SAI）SA8000 体系认证。通过 SA8000 体系认证的企业和组织，意味着将依照《国际劳工组织宪章》、《联合国儿童权利公约》和《世界人权宣言》等国际条约的要求，在使用童工、强迫性劳动、健康与安全、劳动时间、工资、管理体系等各方面承担与发达国家企业一样的社会责任。要求企业在正常经营运转中承担社会责任，目的之一是保护劳动者权利，当企业面临清算破产时，当然更加不能忽视劳动者的权利。对此，社会主义国家的破产立法尤其要予以充分重视。正是在国际和国内形势不断发展的大背景下，1986 年旧破产法将企业的有效资产从破产财产中别除出来，优先清偿有担保债权，而任凭劳动者的合法权益得不到保护的立法模式，必然难以继续。有鉴于此，2006 年新破产法规定了一系列保护职工合法权益的具体措施。这些措施概括起来主要包括以下方面：

1. 根据新破产法第 6 条规定，人民法院审理破产案件，应当依法保障企业职工的合法权益，依法追究破产企业经营管理人员的法律责任。

2. 根据新破产法第 8 条第 3 款规定，债务人提出（破产）申请的，还应当向人民法院提交财产状况说明、债务清册、债权清册、有关财务会计报告、职工安置预案以及职工工资的支付和社会保险费用的缴纳情况。

3. 根据新破产法第 48 条第 2 款规定，债务人所欠职工的工资和医疗、伤残补助、抚恤费用，所欠的应当划入职工个人账户的基本养老保险、基本医疗保险费用，以及法律、行政法规规定应当支付给职工的补偿金，不必申报，由管理人调查后列出清单并予以公示。职工对清单记载有异议的，可以要求管理人更正；管理人不予更正的，职工可以向人民法院提起诉讼。

4. 根据新破产法第 59 条第 5 款规定，债权人会议应当有债务人的职工和工会代表参加，对有关事项发表意见；根据新破产法第 67 条规定，债权人会议可以决定设立债权人委员会。债权人委员会由债权人会议选任的债权人代表和一名债务人的职工代表或者工会代表组成。

5. 根据新破产法第 82 条第 1 款第 2 项的规定，应将债务人所欠职工的工资和医疗、伤残补助、抚恤费用，所欠的应当划入职工个人账户的基本养老保险、基本医疗保险费用，以及法律、行政法规规定应当支付给职工的补偿金作为一个独立的债权分组，使这类债权人作为一个独立的债权人表决组，对重整计划草案进行讨论表决。

6. 根据新破产法第 113 条的规定，债务人所欠职工的工资和医疗、伤残补助、抚恤费用，所欠的应当划入职工个人账户的基本养老保险、基本医疗保险费用，以及法律、行政法规规定应当支付给职工的补偿金作为第一清偿顺序以破产财产清偿。在规定第一清偿顺序的基础上，新破产法将破产人欠缴的除列入第一清偿顺序以外的社会保险费用与破产人所欠税款列入第二清偿顺序，而优先于其他债权的清偿。

7. 根据新破产法第 132 条的规定，新破产法施行后，破产人在本法公布之日前所欠职工的工资和医疗、伤残补助、抚恤费用，所欠的应当划入职工个人账户的基本养老保险、基本医疗保险费用，以及法律、行政法规规定应当支付给职工的补偿金，依照该法第 113 条的规定清偿后不足以清偿的部分，对已设定担保的特定财产优先于对该特定财产享有担保权的权利人受偿。

【资料链接】　国际上关于破产企业职工权益保护的规定

在新破产法的立法过程中，越来越多的立法者开始接受职工权益破产保障的优先地位，甚至接受了职工权益优先于有担保债权的理念。导致这一立法理念重大变化的，除了上述国情与现实原因外，日益强化的职工权益破产保护的国际趋势也起到了重要作用。自 20 世纪 90 年代起，国际上对职工权益的破产保护呈现日益强化的态势，深刻影响着世界各国的破产立法。1992 年，国际劳工组织通过的第 173 号《雇主破产情况下保护工人债权公约》（以下简称《公约》），已于 1995 年生效，我国也已批准参加。《公约》第 3 条第 1 项明确要求，凡批准本公约的成员国，应当承诺……以优先权手段保护工人债权的义务；第 5 条进一步要求，（在雇主无偿债能力的情况下）国家法律或条例给予工人债权的优先权等级需高于其他绝大部分优先债权，特别是国家和社会保障制度拥有的优先债权。该《公约》强调在雇主支付困难的情况下对员工的保护，反映了国际上对职工破产保护的基本要求。虽然《公约》没有直接规定在雇主破产的情况下，职工权益与其他债权的具体优先顺序，但《公约》明确要求给予职工债权的优先等级"需高于其他绝大部分优先债权"，因此，该《公约》不可避免地对包括担保优先权在内的所有优先权产生冲击，深刻影响着各国的破产立法。

　　2006 年，联合国贸易法委员会发布了《破产法立法指南》（以下简称《指南》），旨在通过比较、总结当今世界各主要国家和不同法系的、较为成功的破产法律制度，从中提炼出一些共同或基本达至共识的破产立法经验，以供各国立法参考。《指南》第二部分之第五点——程序的管理第 63 条指出："有些破产法对担保债权人并不给予第一优先权。对担保债权人的偿付可能排在下述债权之后：破产管理费用和诸如未付工资债权、税收债权、环境损害赔偿债权和人身伤害赔偿债权等根据破产法被赋予优先权保护的其他债权。"《指南》属于联合国贸易法委员会制定的指导性规范，不具有强制效力，第 63 条指出有些国家的破产法"对担保债权人的偿付可能排在……未付工资债权"之后的做法，反映了在对待职工债权破产保护上，各国立法存在不同选择。在破产程序中各种优先权利的排序，各国无论作何种选择，只要符合《指南》倡导的立法价值，都是合理的。至于《指南》倡导的立法价值，正如该部分第 70 条所指出的："在确定……对任何特定债务类别给予优先地位时，可能相关的因素包括：履行国际条约义务，例如员工债权的义务；兼顾私人权利和公共利益；有无必要采取奖励措施以促进债权人有效率地管理信贷……"。遵循《指南》所倡导的立法价值要求，在充分考量了这些"相关因素"的基础上，不同国家的破产立法，可以"在哪几种债权将享有优先权和被给予什么样的优先权问题上，有多种不同的做法"。《指南》给各国破产立法的启示是：①破产优先权的确定及其顺序没有统一的"国际惯例"，只有应当充分考量的"相关因素"，各国立法机关可以在充分考量这些"相关因素"的基础上进行立法选择；②在确定破产优先权及其顺序时首先要考虑的是履行国际条约的义务，比如《公约》，然后是兼顾私人权利和公共利益以及促进债权人有效率地管理信贷等各种因素，要注意轻重缓急。事实上，当今发达国家在破产立法上正是像《指南》指出的那样，进行着不同的立法选择。比如，在职工债权优先权和担保优先权上，美国采取的是担保权利人享受别除权，职工债权通过社会保障解决；而法国则在商法中直接规定劳动债权优先于担保债权受偿。

【实务操作】　对我国法律关于职工权益保护规定的分析适用

　　如上所述，新破产法，规定了一整套保护职工合法权益的措施，实践中，对这些规定具体可作如下理解：

一、程序保障机制

（一）制定职工安置预案

新破产法规定，除依债权人申请启动的破产案件外，债务人在提出破产申请时，必须向法院提交职工安置预案。这是立法机关在总结各地政府和法院处理企业破产案件经验的基础上，结合我国国情作出的重要规定。如上所述，在企业破产程序启动之前，如果能够合理制定职工安置方案，并确保将安置方案落到实处，则为职工权益的破产保护打下了坚实的基础。

债务人向法院申请破产需要一并提交职工安置预案的做法，开始仅限于国有企业，特别是列入国家政策性破产计划的国有企业，后来通过最高人民法院的司法解释扩大到了所有债务人，新破产法从立法角度肯定了破产实践中的这一做法。但是，职工安置预案的内容与预案的制定、落实，因企业性质不同仍然存在区别。

国有企业、集体企业以及国有控股企业等公有制或公有制占主导的企业，职工安置预案的内容主要是职工安置渠道和安置费用来源，以及职工再就业安排。这类企业需要安置的职工范围广泛，既包括在职职工，也包括离退休职工，因公伤残、致病职工，因公死亡职工遗属等。安置渠道包括一次性安置和再就业安置等多种形式。职工安置预案的制定、落实，原则上由企业主管部门负责，例如工业企业由经济贸易委员会负责等。列入国家计划破产的国有企业职工安置预案的制定、落实，则由政府设立的企业兼并、破产协调领导小组全权负责，领导小组的负责人必须由一名政府负责人担任。因此，公有制或公有制占主导的企业的职工安置预案由政府制定，政府负责落实，政府承担着沉重的工作压力。在这项工作中，重中之重是落实职工安置费用，确保职工工资、各项社会保险费、安置费有着落，并通过整体出售（即将企业资产和职工一并转让的做法，近似于企业兼并）、转业培训、生产自救、介绍就业、劳务输出等方法，妥善安排职工再就业，保障职工在重新就业前收入能满足基本生活需要。

私营、民营等非公有制企业破产职工安置预案，在内容上仅限于落实职工权益，包括拖欠职工工资和各项社会保险费用的落实，以及因企业破产解除劳动合同的补偿，但不包括职工安置费用和安排职工再就业的内容。

（二）规定职工债权确认与异议解决程序

与1986年旧破产法相比，新破产法在职工债权的确认和异议的解决程序上，有了重大进步。新破产法不仅明文规定职工债权豁免申报，而且明文规定职工对债权"清单记载有异议的，可以要求管理人更正；管理人不予更正的，职工可以向人民法院提起诉讼"。

　　新破产法规定职工债权在破产程序中不需要申报，是因为职工债权具有确定且易清算的特点，争议少，甚至没有争议，区别于其他破产债权。如果要求每一位职工都申报债权，意义不大且非常繁琐，还难以避免出现个别职工因疏忽大意未按期申报债权而遭受到意外损失的情况。法律在规定职工债权申报豁免的同时，也就赋予了破产管理人特殊的职责，即破产管理人应当根据企业职工债权构成及时制作职工债权清单，必要时可以请社会保障部门配合制作。管理人应当及时公布职工债权清单，供职工查询；应当及时根据职工提出的意见对债权清单进行完善，确保清单内容准确。总之，破产管理人对于职工债权要做到及时确认，力求准确，必要时可以借助国家相关管理部门的力量，尽可能减少在职工债权上的争执。职工债权如果确有疏漏或错误，无论职工是否对此提出过异议，均应视为破产管理人工作失误；如果造成职工权益受损的，破产管理人要依法承担民事赔偿责任。另外，由于职工债权申报豁免，新破产法第45、56、57条关于债权申报的相关规定，对职工债权均不适用。

　　职工债权一旦发生争议，按照新破产法的规定，职工可以通过提出更正和进行诉讼两种途径，对自身权益予以救济。职工债权一般有确定的计算方法，因而争议较少或者没有争议，但一旦出现争议，则往往不易调解，因此需要一套充分、有效的程序调和矛盾，保障职工合法权益。按照新破产法的规定：①职工对债权清单记载有异议的，可以向破产管理人提出，破产管理人应当及时审查；如果异议成立，管理人应当及时更正债权清单。②如果破产管理人认为异议不成立，而职工坚持己见的，职工可以向法院提起诉讼，由人民法院通过诉讼程序依法裁判。需要注意的是，职工债权异议之诉依其性质属于劳动债权争议之诉，应当按照其性质确定管辖法院和诉讼程序。破产法属于特别法，职工在破产程序中提起劳动债权之诉，不需要以劳动仲裁作为诉讼的前置程序；职工或破产管理人对裁判不服的，可以提起上诉，启动二审程序。职工提起诉讼要以企业为被告，而破产管理人则作为被告的负责人参加诉讼。新破产法规定，破产管理人对职工提出的更正要求"不予更正的，职工可以向人民法院提起诉讼"。从文义上理解，职工向破产管理人提出更正要求，是向法院提起诉讼的"前置程序"；职工直接向法院提起诉讼的，法院应当向职工进行解释，告知职工先向破产管理人提出更正要求。如果职工坚持起诉，法院不宜直接驳回职工起诉，可以将职工的诉讼请求和理由等转交破产管理人，要求破产管理人在一定期限内审查答复（建议在7日内），破产管理人在期限内不予更正的，法院应当直接受理职工提起的民事诉讼。

　　（三）参加债权人会议

　　职工如何参加债权人会议以及如何表决，1986年旧破产法中未作规定，因此形成了职工参加债权人会议的人数难以把握的难题。新破产法规定"债权人会议应当有债务人的职工和工会的代表参加,对有关事项发表意见",明确了职工参加债权人会议的方式是派职工代表参加,解决了职工在债权人会议上表达意愿的方式和途径问题,同时有效排除了职工全体参加债权人会议反而不能及时准确反映职工意愿的负面作用。职工代表由全体职工会议或职工代表会议选举产生,工会代表在债权人会议上可以代表职工利益,但不能取代职工参加债权人会议。参加债权人会议的职工代表人数,法律未作规定,考虑到职工代表与其他债权人一样要行使表决权,而且代表全体职工的债权额,因此宜以1人为限。职工代表如果不能胜任,应当按照选举程序,由职工大会或职工代表大会进行罢免、撤换。

二、实体保障机制

(一)职工权益一般优先权与特别优先权

新破产法对职工权益实体保障的核心是规定了职工权益在破产分配中的优先权(可称为一般优先权)和特殊情况下的优先权(我们把后者暂且称为特别优先权),二者可合称为职工权益优先权。该优先权规定在新破产法第113条,即破产财产在优先清偿破产费用和共益债务后,首先清偿破产人所欠职工的工资和医疗、伤残补助,抚恤费用,所欠的应当划入职工个人账户的基本养老保险、基本医疗保险费用,以及法律、行政法规规定的应当支付给职工的补偿金,然后清偿"破产人欠缴的除前项规定以外的社会保险费用和破产人所欠税款"。

1. 职工权益一般优先权。该权利在新破产法中分为第一顺位优先权和第二顺位优先权,均排在普通债权之前,体现了其在破产财产分配中的优先地位。第一顺位的一般优先权是"职工的工资和医疗、伤残补助、抚恤费用,所欠的应当划入职工个人账户的基本养老保险、基本医疗保险费用,以及法律、行政法规规定应当支付给职工的补偿金",这是职工的"活命钱",其排在税款和普通债权之前;第二顺位的一般优先权是"应当划入职工个人账户的基本养老保险、基本医疗保险费用"以外的社会保险费用,指统筹部分的基本养老保险、基本医疗保险费用和失业、工伤、生育保险费用,这些费用排在普通债权之前,与税款属于同一顺位。

2. 职工权益特别优先权。该权利规定在新破产法第132条,即规定破产人在新破产法公布之日前所欠职工的工资和医疗、伤残补助、抚恤费用,以及应当划入职工个人账户的基本养老保险、基本医疗保险费用和法律、行政法规规定的应当支付给职工的补偿金,在无担保的破产财产不足以清偿时,以特定的担保财产优先受偿。特别优先权的特别之处在于,符合新破产法第132条规定条件的职工权益，不仅排在普通债权、税款前优先清偿，而且排在有担保债权前优先清偿。

职工权益特别优先权的范围与第一顺位的职工权益优先权范围相同，必须给予充分保障，当破产财产中的无担保财产不足以清偿这些"活命钱"时，新破产法规定以破产财产中的担保财产清偿。特别优先权保护的是职工的"活命钱"，无论在直接提起的破产清算程序中，还是在破产重整和破产和解程序中，破产管理人都要尽快估算出职工"活命钱"的大致数额，如果发现债务人的无担保财产不足以清偿这些"活命钱"时，必须立即在破产财产分配方案、重整计划、和解协议中制订方案，对其予以充分保障。尤其值得注意的是，在职工权益未落实之前，不得开始清偿有担保债权。此外，特别优先权是有条件的，必须是"新破产法公布之日前"所欠的职工"活命钱"，才能优先于有担保债权受偿，不能突破。对合法债权，尤其是对有担保的合法债权的保护，直接关系到投资信心、交易安全和社会信用程度的评判，可以说，没有对合法债权的保护，市场经济就不会存在，因此，在破产程序中保护职工权益，也必须在法律限定的范围、条件内，如果突破了法律的限制，就从合理合法地追求公平正义走向了侵害债权、破产逃避的歧途。

值得注意的是：①职工权益的核算，基本上以法律、政策为标准。核算职工权益的各项数额标准，一般以国务院和各省、市、县颁布的政策作为依据，所以必须准确把握政策，避免在核算中出现偏差，导致不必要的劳动争议产生。在法律标准范围内的补偿属于一般优先权或特别优先权的保障范围，超出的部分仍然属于职工债权，但不属于优先债权，可以参加破产分配，但不能参加优先分配。②破产费用和共益债务优先于职工权益优先权，这在破产程序中必须加以控制，否则容易形成有限的破产财产不能支付破产费用和共益债务，致使职工权益优先权落空的局面，影响破产程序的有序进行。控制破产费用的关键在于精确核算破产费用的大致数额，如果破产财产不足以支付破产费用的，应当及时提前终结破产程序，避免发生破产费用挤占职工权益的情况。控制共益债务的关键在于提高破产管理水平，真正做到共益债务对全体债权人"共同有益"，确保以破产财产支付的共益债务有利于破产财产的保值增值，收到利大于弊的效果，避免出现不当共益债务，损害债权人的利益。

（二）破产管理人、企业管理层和直接责任人员的民事赔偿责任

新破产法规定，破产管理人、企业管理层和直接责任人员违反忠实勤勉义务，造成债务人破产、损害债权人利益的，依法承担民事责任。这是我国破产法律制度第一次对破产程序中的民事责任作出规定，也是对包括职工在内的破产债权人的实体权利给予保障的重要举措。1986 年旧破产法仅规定了破产企业

法定代表人的行政责任和刑事责任，没有规定民事责任。而民事责任对弥补债权人损失具有不可代替的作用。2002 年最高人民法院有关破产法的司法解释规定，破产企业法定代表人和其他直接责任人员违反忠实义务，造成企业实际损失的，清算组可以提起诉讼，要求其承担民事赔偿责任。这是司法解释首次对在破产程序中应当有民事责任的明确表态，对保护包括职工在内的债权人的权益意义重大。

企业管理层的民事责任规定在新破产法第 125 条和第 128 条，分为两种情形：①企业董事、监事或者高级管理人员违反忠实、勤勉义务，致使所在企业破产的，依法承担民事责任；②债务人存在违反法律、法规和公司章程规定，侵害债务人责任财产的行为，损害债权人利益的，债务人的法定代表人和其他直接责任人员依法承担赔偿责任。从民事责任承担者的角度分析，企业法定代表人、董事、监事和高级管理人员属于企业高管人员，他们违反对企业负有的忠实、勤勉义务，应依法承担企业高管人员民事责任；企业直接责任人员在执行职务过程中侵害企业责任财产，损害债权人利益的，应依法承担侵权责任。从保护债权人利益角度看，企业高管人员承担的民事责任和直接责任人员承担的民事责任，都是民事赔偿责任，都是以自然人（指担任企业高管人员的自然人）的财产来赔偿企业受到的损失，使债权人再从企业获得的赔偿中依法获得赔偿份额。从赔偿程序分析，在破产程序中，破产管理人应当根据企业高管人员和直接责任人员的具体侵权行为，依法对其提起赔偿要求，直至提起诉讼，请求受理破产案件的人民法院进行裁判。破产管理人怠于行使权利，造成债权人损失的，债权人可以对破产管理人提起民事诉讼，按照新破产法第 130 条的规定，要求破产管理人承担赔偿责任。

破产管理人的民事责任规定在新破产法第 130 条，即"管理人未依照本法规定勤勉尽责，忠实执行职务的，人民法院可以依法处以罚款；给债权人、债务人或者第三人造成损失的，依法承担赔偿责任"。体现对包括职工在内的债权人利益给予保护的，是该条中规定的破产管理人的民事赔偿责任，这是过去的法律所没有规定的。破产管理人承担的民事赔偿责任，发生在其管理债务人企业期间，因为其身份是债务人的代表人，赔偿责任的基础是其违反对债务人负有的"忠实、勤勉"义务，责任范围是对"债权人、债务人"造成的损失，因此，破产管理人在破产程序中发生的民事赔偿责任，与债务人的高管人员在管理债务人企业期间发生的民事责任性质相同，都属于侵害债务人企业权益的侵权责任，破产管理人以自己的财产赔偿债务人，债权人可依法从中获得相应的赔偿份额。由于破产管理人可以是自然人，也可以是组织，因此区别于企业高管人员民事责任的地方是，破产管理人承担民事责任的财产可以是自然人的财产（自然人的情形），也可以是组织的财产（组织的情形）。破产管理人承担民事赔偿责任的形式，一般是从参加的执业保险中赔偿或者从预交的保证金中赔偿，不足的部分，再按照法律规定进行追偿。

新破产法对破产管理人、企业管理层和直接责任人员民事赔偿责任的规定，对职工权益的保护，不仅体现在职工可以从这些赔偿中获得应有的赔偿份额，而且体现在这些规定可以对破产管理人、企业管理层和相关人员侵害债务人利益起到警示作用。这些有关民事责任的规定如果能够进一步起到防止企业走向破产的作用，那无疑能对保护职工权益产生更大的意义。

【评析】

一、如何确定破产人所欠的应当划入职工个人账户的基本养老保险、基本医疗保险费用，以及法律、行政法规规定应当支付给职工的补偿金的范围？

（一）基本养老保险

根据1997年国务院发布的《关于建立统一的企业职工基本养老保险制度的决定》规定，企业缴纳基本养老保险费（以下简称企业缴费）的比例，一般不得超过企业工资总额的20%（包括划入个人账户的部分），具体比例由省、自治区、直辖市人民政府确定。个人缴纳基本养老保险费（以下简称自然人缴费）的比例，要达到本人缴费工资的8%。按本人缴费工资11%的数额为职工建立基本养老保险个人账户，个人缴费全部记入个人账户，其余部分从企业缴费中划入。随着个人缴费比例的提高，企业划入的部分要逐步降至3%。个人账户储存额只用于职工养老，不得提前支取。职工调动时，自然人账户全部随同转移。职工或退休人员死亡，个人账户中的个人缴费部分可以继承。基本养老金由基础养老金和个人账户养老金组成。退休时的基础养老金月标准为省、自治区、直辖市或地（市）上年度职工月平均工资的20%，个人账户养老金月标准为本人账户储存额除以120。个人缴费年限累计不满15年的，退休后不享受基础养老金待遇，其个人账户储存额一次性支付给本人。

（二）基本医疗保险

根据1998年国务院发布的《关于建立城镇职工基本医疗保险制度的决定》规定，基本医疗保险费由用人单位和职工共同缴纳。用人单位缴费率应控制在职工工资总额的6%左右，职工缴费率一般为本人工资收入的2%。随着经济发展，用人单位和职工缴费率可作相应调整。该决定要求建立基本医疗保险统筹基金和个人账户。基本医疗保险基金由统筹基金和个人账户构成。职工个人缴纳的基本医疗保险费，全部计入个人账户。用人单位缴纳的基本医疗保险费分为两部分，一部分用于建立统筹基金，一部分划入个人账户。划入个人账户的比例一般为用人单位缴费的30%左右，具体比例由统筹地区根据个人账户的支付范围和职工年龄等因素确定。统筹基金和个人账户要划定各自的支付范围，分别核算，不得互相挤占。要确定统筹基金的起付标准和最高支付限额，起付标准原则上控制在当地职工年平均工资的10%左右，最高支付限额原则上控制在当地职工年平均工资的4倍左右。起付标准以下的医疗费用，从个人账户中支付或由个人自付。起付标准以上、最高支付限额以下的医疗费用，主要从统筹基金中支付，个人也要负担一定比例。超过最高支付限额的医疗费用，可以通过商业医疗保险等途径解决。统筹基金的具体起付标准、最高支付限额以及在起付标准以上和最高支付限额以下医疗费用的个人负担比例，由统筹地区根据以收定支、收支平衡的原则确定。

（三）应支付给职工的补偿金

根据劳动部"关于印发《关于贯彻执行〈中华人民共和国劳动法〉若干问题的意见》的通知"中关于解除劳动合同的经济补偿的规定，用人单位解除劳动合同，应当按照《劳动法》和劳动部《违反和解除劳动合同的经济补偿办法》支付劳动者经济补偿金。按照该办法的规定，对劳动者的经济补偿金，由用人单位一次性发给。用人单位克扣或者无故拖欠劳动者工资的，以及拒不支付劳动者延长工作时间工资报酬的，除在规定的时间内全额支付劳动者工资报酬外，还需加发相当于工资报酬25%的经济补偿金。用人单位支付劳动者的工资报酬低于当地最低工资标准的，要在补足低于标准部分的同时，另外支付相当于低于部分25%的经济补偿金。经劳动合同当事人协商一致，由用人单位解除劳动合同的，用人单位应根据劳动者在本单位工作年限，每满1年发给相当于1个月工资的经济补偿金，最多不超过12个月。工作时间不满1年的按1年的标准发给经济补偿金。劳动合同订立时所依据的客观情况发生重大变化，致使原劳动合同无法履行，经当事人协商不能就变更劳动合同达成协议，由用人单位解除劳动合同的，用人单位按劳动者在本单位工作的年限，工作时间每满1年发给相当于1个月工资的经济补偿金。用人单位濒临破产进行法定整顿期间或者生产经营状况发生严重困难，必须裁减人员的，用人单位按被裁减人员在本单位工作的年限支付经济补偿金。在本单位工作的时间每满1年，发给相当于1个月工资的经济补偿金。用人单位解除劳动合同后，未按规定给予劳动者经济补偿的，除全额发给经济补偿金外，还须按该经济补偿金数额的50%支付额外经济补偿金。按照该办法规定，经济补偿金的工资计算标准是指企业正常生产情况下劳动者解除合同前12个月的月平均工资。用人单位解除劳动合同时，劳动者的月平均工资低于企业月平均工资的，按企业月平均工资的标准支付。

二、整体评价

2006 年 8 月 27 日第十届全国人大常委会第二十三次会议通过的《中华人民共和国企业破产法》，是在 1986 年 12 月 2 日第六届全国人大常委会第十八次会议通过的《中华人民共和国企业破产法（试行）》试行整整 20 年后面世的。一部法律试行 20 年并不常见，事实上新破产法的起草工作在 1995 年即由立法机关启动，但直至 2006 年方获得通过，历时 12 年，过程可谓漫长。究其原因，主要是在很长一段时间内，立法者无法找到一个能够被各方接受的职工权益破产保障机制，破产程序中的职工权益和其他权利之争成了阻碍新破产法顺利面世的重要因素。就在新破产法草案于 2004 年提交给全国人大常委会审议后，立法机关又在职工权益破产保障机制的构建上花费了两年的时间。目前，业已通过的新破产法系统地构建了职工权益破产保障的完整机制，包含了程序保障和实体权利保障的重要内容。这一机制是立法者集体智慧的结晶，反映了不同的利益诉求，应该是各方都比较满意的机制，值得我们认真解读。

第二章

第 2 章

破 产 预 防

【内容摘要】　　如果说破产制度在自由资本主义时期是一种清理自然人债权债务关系的有效制度的话，那么到了 19 世纪后期，随着大量新型经济活动的主体——公司法人出现后，破产制度却有了很大的局限性。其中最大的不足是，当债务人不能支付到期债务时，简单地对其进行破产清算而将其淘汰，往往造成极大的社会震动——生产力浪费、职工失业等。正是认识到这一问题后，人们纷纷开始寻找解决的办法。破产预防程序能给债务人带来避免破产清算的益处，给债务人创造再生的客观条件。而债务人的再生又能避免因公司破产而导致的员工失业、资源闲置、税收减少等消极后果，因此，破产预防制度对社会经济秩序的稳定意义重大。

第一节　破产和解制度

【基本理论】

一、和解制度概述

（一）和解的概念与特征

破产和解制度是 19 世纪后期出现的一种债务纠纷处理制度。在英国破产程序法首次引进破产和解后，世界范围内便逐步兴起了一场变革破产只能采取清算方式的观念的立法运动，且一直延续至今。和解制度既是对有复苏希望的债务人的一种挽救，也是对破产可能引起的某些消极效应的一种预防。它的出现促成了从单一价值目标的传统破产法向价值目标多元化的现代破产法的历史性转变。

所谓破产和解，是指当债务人不能清偿到期债务时，通过法院组织主持，经与债权人会议磋商谈判，达成一揽子谅解协议解决债务危机以图复苏，从而避免债务人受破产宣告及破产分配的程序制度。在大多情形下（未特别区分时），它专指"强制和解"。其之所以称为"强制和解"，是因为按照破产法规定的程序，在表决通过和解协议时，采取的是少数服从多数的表决机制，经多数人表决通过的和解协议对所有债权人均有约束力。和解具有以下几方面的特征：

1. 和解要以债务人向法院提出和解申请为前提。根据新破产法的规定，和解申请不能由债务人以外的任何人提出。即使法院也不得依职权启动和解程序。但其排除了债务人和全体债权人自行和解的情形。债务人提出的和解又分为两种情形：①债务人直接向法院申请，由法院主持而进行的和解；②在债务人或债权人已申请清算程序后，债务人向法院申请而转入和解程序。

2. 和解的成立以债权人的多数表决通过为基础。和解的基本要求是要得到债权人的认可，这就依赖于债权人会议的决议。只有符合法定要求的表决，才能达成和解。

3. 和解的成立要经法院裁定认可。和解的目的在于结束已经开始的破产程序，避免破产清算。它具有程序法上的效力。而法院的审判机关地位决定着破产程序的进行，因此只有法院认可的和解，才能发生法律效力。

4. 和解有优先于破产清算的效力。在清算程序开始前成立的和解，能够阻止法院宣告债务人破产；而在清算程序进行中成立的和解，则导致清算程序的中止。但和解失败的，则终止和解程序，并转入清算程序。

5. 和解协议无强制执行力。虽然和解协议对债务人和债权人具有约束力，但若债务人迟延或不履行协议规定的义务，债权人仅能申请法院宣告债务人破产，不得请求法院强制执行和解协议。此时债权人在协议中作出的让步也失去效力。

（二）和解制度的性质

当今理论界对破产和解制度的性质，大致有下列四种学说：[1]

1. 和解契约说。此说认为破产和解主要由要约（债务人提出和解申请）和承诺（债权人会议讨论通过和解申请）两个环节构成，同民法上的合同十分接近，因而属于民事契约的范畴。但是此学说难以解释民事契约为何要经过法院的认可才能生效以及民事契约为何对那些不同意和解的少数债权人也能产生约束力这两个问题。

2. 和解裁判说。此说认为破产和解能否产生法律效力，关键在于法院的审查与认可。当事人双方提出的和解协议是一种诉讼材料，法院正是据此作出裁

---

[1] 徐德敏、梁增昌：《企业破产法论》，陕西人民出版社 1990 年版，第 152 页。

判。但是这种学说不恰当地高估了法院在破产和解过程中的作用，而忽略或淡化了当事人在破产和解中所起到的主导的、能动的作用。

3. 和解权利说。此说认为和解是债务人在破产程序中享有的权利。债务人行使此种权利，可以达到延期清偿债务或减额清偿的目的；债务人放弃这种权利，也不会产生其他不利后果。此说试图脱离和解的形成过程来界定其性质，未免流于抽象而失之偏颇。

4. 和解特殊行为说。此说认为破产和解，既不是单纯的民事契约，也不是单纯的诉讼裁判，而是一种兼具二者特征的特殊法律行为。它是债务人的申请行为、债权人会议的决议行为和法院认可行为的结合。此说为目前学术界的通说。

（三）和解的种类

破产法上的和解有两种类型：①破产程序开始前的和解，指债务人有破产原因时，其在申请破产前主动向法院申请和解，待法院许可后，同债权人会议协商并达成和解协议的程序。这种和解可以有效地避免债权人向法院申请宣告债务人破产。②破产程序开始后的和解，指法院开始破产程序后，债务人提出申请并获得法院许可，同债权人会议达成和解协议，中止或者终结破产程序的制度，如英美法系各国破产法所采用的和解制度。我国新破产法对这两种类型的和解都有规定。（新破产法第 95 条第 1 款）

（四）和解制度的功能

和解制度的确立，标志着破产制度的保障目标开始由单纯地保障债权人利益向亦注重保障债务人利益的转变，破产法的功能开始由一元走向多元化。破产和解作为一种消极的债务清偿方式，在协议执行以后，可供清偿的财产价值将会大于破产财产的清算价值，更有益于实现债权利益的最大化。这样既切实有效地维护了债务人的资产价值，又为债权人充分实现其债权创造了更好的条件。此外，破产和解制度为调和债权人与债务人之间的冲突、维护债务人和债权人的个体利益以及社会的整体利益提供了一种较为稳妥且温和的解决方式。这是因为和解使债务人获得了复兴和发展的机遇，缓解了以往的债务负担，从而有可能利用重新经营所得的利润最大限度地向债权人清偿债务，同时避免了大中型企业破产所带来的职工失业、社会恐慌等消极影响。[1]

---

[1] 王艳梅、孙璐：《破产法》，中山大学出版社 2005 年版，第 209～210 页。

二、我国破产和解的适用

（一）破产和解的启动

新破产法第 95 条规定："债务人可以依照本法规定，直接向人民法院申请和解；也可以在人民法院受理破产申请后、宣告债务人破产前，向人民法院申请和解。债务人申请和解，应当提出和解协议草案。"这一规定表明：①债务人可以在具备破产原因，即不能清偿到期债务，或者资产不足以清偿所有债务时，直接向人民法院申请和解；②债务人可以在破产程序开始后，即被申请进入破产清算程序后向法院申请和解。债务人申请和解，是请求人民法院主持，以与全体债权人达成协议的方式解决债务纠纷，无论在直接申请和解，还是在破产程序开始后申请和解，都应当向人民法院提交和解申请书。和解申请书应当载明下列事项：①债务人的基本情况；②申请和解的目的；③申请和解的事实和理由；④人民法院认为债务人应当记载的其他事项。和解申请书为债务人申请和解的形式要件。没有和解申请书，人民法院应要求申请人予以补正，否则可不予受理和解申请。

除向法院提交和解申请书外，债务人申请和解，还应当提交相关证据。债务人直接向人民法院申请和解的，申请时，应当向人民法院提交企业法人营业执照（副本）、法定代表人身份证明、和解协议草案、财产状况说明、债务清册、债权清册、有关财务会计报告、企业职工情况和安置预案、职工工资和社会保险费用支付情况以及说明企业在和解后具备向债权人清偿的能力的证据。债务人在破产申请受理后申请和解，若破产申请是债务人自己申请的，则在申请和解时，只需提交和解协议草案即可；若破产申请是债权人提起的，且债务人尚未依照新破产法的规定提交有关证明材料，则应当在申请和解时，向人民法院提交企业法人营业执照（副本）、法定代表人身份证明、和解协议草案、财产状况说明、债务清册、债权清册、有关财务会计报告、职工工资和社会保险费用支付情况以及说明和解要求的相关证据。

（二）和解协议草案

和解协议草案是债务人在申请和解时，说明和解意图及有关具体议案的法律文件。和解申请经法院裁定许可后，协议草案要经债权人会议讨论，得到认可的，即成为双方执行和解的依据。对于债务人提交的和解协议草案，新破产法未对其内容或基本条款作出限制性或者提示性的规定。一般而言，这种草案应当包括以下内容：①和解债务人的财产状况；②和解债权的总额；③清偿和解债权的方式、比例、时间；④执行和解协议的担保等。如果和解协议希望就减免债务提出建议的，还应包括这方面的内容。

依据新破产法第 95 条第 2 款的规定，债务人申请和解，应当提交和解协议草案。但上述规定并没有要求债务人在申请和解的同时向法院提交和解协议草案。故债务人申请和解时未提交和解协议草案的，法院不得以此为由裁定不许可债务人和解。和解协议草案的内容并非法院许可债务人和解时必须审查的事项，但和解协议草案本身却是法院许可债务人和解时必须审查的事项，因此，法院可限定其在一定期限内补交，否则有权不予许可。

（三）法院对和解申请的审查与裁定许可

人民法院对和解申请应当进行审查。新破产法第 96 条第 1 款规定："人民法院经审查认为和解申请符合本法规定的，应当裁定和解，予以公告，并召集债权人会议讨论和解协议草案。"经审查认为和解申请符合新破产法规定是指人民法院对债务人提交的和解申请文件经形式审查认为：和解申请人为有破产原因的债务人，具有新破产法规定的破产能力（即申请人为法人企业），和解申请书和证明材料齐备，并附有和解协议草案。债务人直接申请和解的，收到和解申请的人民法院还应当具有破产申请管辖权。

此外，人民法院还应当审查债务人申请和解是否提供了齐备的证明材料和书面的和解申请。齐备的证明材料，包括企业法人营业执照（副本）、法定代表人身份证明、和解协议草案、财产状况说明、债务清册、债权清册、有关财务会计报告、职工工资和社会保险费用支付情况等。和解申请书记载有：申请人（债务人）的基本情况、申请和解的目的、申请和解的事实和理由、人民法院认为债务人应当记载的其他事项。人民法院收到债务人的和解协议草案后，在审查期间还有必要将和解协议草案的副本转交给破产管理人，并适当听取破产管理人的意见。

经审查认为和解申请符合法律规定的，应当裁定许可债务人和解。人民法院裁定许可债务人和解的，和解程序正式开始。由于和解申请分两种情况，故裁定许可的情形也有一定区别：①对于债务人直接申请和解的，人民法院应当在收到和解申请后 15 日内裁定是否受理。人民法院依照新破产法第 8 条规定的期限裁定受理和解申请的，即构成裁定许可债务人和解，和解程序开始，其还应当依照新破产法第 13 条同时指定管理人。于此情形，法院应自裁定作出之日起 5 日内将裁定送达债务人；并应当自裁定作出之日起 25 日内通知已知债权人，并发布公告。②对于债务人在破产程序开始后申请和解的，由于上述规定没有说明人民法院审查裁定是否许可债务人和解的期限，亦没有规定裁定许可债务人和解后的送达事项，我们认为债务人在破产程序开始后申请和解的，人民法院应当及时审查，裁定是否许可债务人和解；裁定许可和解的，应当自裁定作出之日起 5 日内将裁定送达债务人，并将裁定予以公告。自人民法院裁定许可债务人和解之日起，破产程序转变为和解程序。

（四）召集债权人会议

依照新破产法第 96 条的规定，人民法院经审查认为和解申请符合新破产法规定的，应当裁定和解，予以公告，并召集债权人会议讨论和解协议草案。召开债权人会议讨论和解协议草案的决定，应当在裁定许可债务人和解的公告中予以载明。人民法院公告召集债权人会议可分两种情形：①债务人直接申请和解。债务人自行直接申请和解的，和解协议草案应当在第一次债权人会议上予以讨论。于此情形下，人民法院裁定许可债务人和解的，应当自裁定作出之日起 25 日内通知已知债权人，并发布公告。通知和公告中应当载明第一次债权人会议召开的时间和地点，并载明会议议程包括讨论和解协议草案。②债务人在破产程序开始后申请和解的，应当及时召开债权人会议讨论和解协议草案。依照规定，于此情形下，人民法院裁定许可债务人和解的，应当发布公告，公告中应当载明召开讨论和解协议草案的债权人会议的时间和地点。

（五）债权人会议通过和解协议草案

债权人会议讨论和解协议草案后，应付诸表决。新破产法第 97 条规定："债权人会议通过和解协议的决议，由出席会议的有表决权的债权人过半数同意，并且其所代表的债权额占无财产担保债权总额的 2/3 以上。"依照此规定，债权人会议通过和解协议的决议，一是要由出席会议有表决权的债权人的过半数通过；二是同意协议的债权人所代表的债权额，应当占已确定的无财产担保的债权总额的 2/3 以上。所谓有表决权的债权人，是指依法申报债权并得以确认的债权人。有表决权的债权人可以参加债权人会议就和解协议草案进行表决。但依法申报债权的债权人，若其债权已有债务人的特定财产担保，则该债权人就担保物行使权利不受和解程序的约束，其参加债权人会议表决和解协议草案并无意义，故有财产担保的债权人，不能行使和解协议草案的表决权；除非其债权不能就担保物获得足额清偿或者其自愿放弃担保权益。

债权人会议表决通过和解协议草案的，应当作成通过和解协议草案的决议。

（六）法院对和解协议的裁定认可

债权人会议通过和解协议草案后，债权人会议主席应当将债务人和债权人会议达成的和解协议报人民法院认可。新破产法第 98 条规定："债权人会议通过和解协议的，由人民法院裁定认可，终止和解程序，并予以公告。管理人应当向债务人移交财产和营业事务，并向人民法院提交执行职务的报告。"根据这一规定，人民法院收到和解协议后，应当及时进行审查。人民法院在审查债务人和债权人会议达成的和解协议时，可以听取管理人的意见。经审查认为和解协议的内容符合法律规定，债权人会议表决和解协议的程序合法，和解协议具有执行的可行性的，人民法院应当裁定认可和解协议。自法院裁定认可之日起和解协议正式生效。

法院裁定认可和解协议的，应当同时裁定中止破产程序。认可和解协议和中止破产程序的裁定，要及时通知债务人、管理人和债权人，并发布公告。至此破产程序中止，债务人取得自行管理财产和营业事务的权利，管理人自收到人民法院通知后应当停止执行职务，向债务人移交财产和营业事务，并向人民法院报告其职务中止前的职务执行情况。

（七）和解协议未通过或违反法律的处理

和解协议草案在债权人会议讨论中，多数情况能够获得通过，这也是债务人和多数债权人所希望的结果。但在实践中，也确有不少协议不能通过的情形。而且根据法律规定，债权人会议通过的和解协议不能违反法律，但在实践中也可能发生相反的结果。这便产生了一个协议不能通过或通过的协议违反法律如何处理的问题。对此新破产法专设"和解"一章分别作了规定。

1. 债权人会议未能通过和解协议的处理。和解协议未能通过即指和解协议对债务改造的安排或债务人提出的有关要求违反大多数债权人的利益，而在债权人会议审议表决协议时未获过半数或代表 2/3 以上债权的债权人通过的情形。对此，新破产法第 99 条规定："和解协议草案经债权人会议表决未获得通过，或者已经债权人会议通过的和解协议未获得人民法院认可的，人民法院应当裁定终止和解程序，并宣告债务人破产。"

达成和解协议是债务人避免被宣告破产的前提。能否达成和解协议，除债务人的意思外，还要取决于债权人是否有作出让步的意愿。债权人会议，除决定交由债务人修改和解协议草案外，均应当将和解协议草案付诸表决。经表决，若同意和解协议草案的债权人不足出席会议的债权人的半数，或者同意和解协议草案的债权人所代表的债权额不足全部无财产担保债权额的 2/3 的，均构成未通过和解协议草案。债权人会议主席应当将会议表决结果，报告人民法院。人民法院应当立即裁定宣告债务人破产。

2. 和解协议草案违反法律、行政法规的处理。新破产法第 103 条第 1 款规定："因债务人的欺诈或者其他违法行为而成立的和解协议，人民法院应当裁定无效，并宣告债务人破产。"和解协议是债务人和债权人之间就债权债务清理进行妥协所作出的安排。双方达成协议，即反映债务人和全体债权人的共同意思。如果这种意思表示是由于欺诈或违反法律、行政法规的规定做出的，即构成和解协议违法。从理论与实际操作来看，和解协议违法主要表现为：和解协议的内容违反法律、行政法规的强制性规定，违反社会公共利益和善良风俗，债权人会议通过和解协议的程序违反法律规定，以及和解协议以合法形式掩盖非法目的等。

和解协议是否违法，应由人民法院依照职权进行审查。这种审查为实质性审查，不论利害关系人是否请求，法院在裁定认可前，均应当依职权进行审查，必要时可以传唤有关的当事人。经审查认为和解协议违反法律、行政法规的，法院即应当裁定不予认可，同时宣告债务人破产，进行破产清算。

（八）和解协议的执行

和解协议的执行，即债务人根据和解协议规定的清偿条件清偿债务。对此，新破产法第 102 条规定："债务人应当按照和解协议规定的条件清偿债务。"根据本条规定，债务人不得违反和解协议规定的条件给予个别和解债权人以额外利益而损害其他和解债权人的利益。

和解协议规定的清偿债务的条件是经债务人与债权人会议协商确定的债务履行条件，包括清偿债务的数额、方式、时间、地点、担保等条件。有无按照和解协议清偿债务是衡量债务人是否履行和解协议的重要标准。债务人应按照和解协议规定的条件履行和解协议，而无需和解债权人催告，否则即构成对和解协议的违反，和解债权人可以请求法院宣告债务人破产。

和解协议规定的清偿债务的条件，对于每个和解债权人应是相同的。债务人不得违反和解协议规定的条件给予个别和解债权人特殊利益，否则就会损害其他和解债权人的清偿利益。债务人违反和解协议规定的条件给予个别和解债权人额外利益的，个别和解债权人所取得之额外利益，不得对抗其他和解债权人。

【资料链接】　破产和解立法例分析

一、关于形式上的立法例

关于和解，大致有两种不同的立法形式：①将和解制度（包括破产宣告前的和解与破产宣告后的和解）规定于一部统一的破产法中，如美国破产法及我国台湾地区"破产法"即是如此；②将破产宣告前的和解单独立法，称为"和解法"，而将破产宣告后的和解规定于破产法中，如日本旧破产立法、韩国破产立法均采此方式。在此问题上，德国新破产法与旧破产法有较大的不同，旧法采取日本式的立法体例，即在破产法之外，尚有和解法，而新的破产法将和解融于其中。正如德国学者所指出的那样，新的德国破产法提出了适用于所有案件的统一的法律规定，即将迄今为止在德国破产法和和解法分开规定的解决手段统一起来。在日本，多种破产程序分开规定的方式也受到许多学者的批评。因此，日本于 2000 年 4 月颁布《民事再生法》，代替 1922 年的《和解法》，废除了强制和解制度。这体现出将和解法与破产法统一起来的立法体例已是现代破产立法的趋势。

二、关于内容上的立法例

关于和解的内容，从大多数国家（地区）的立法上看，基本是一致的。但在具体规定上，又各有特色。前已论及，韩国将破产宣告前的和解单独立法，而将破产宣告后的和解规定于破产法中。这两种和解只是在申请开始的条件上有所不同，实质内容是一致的。美国破产法将和解制度与其适用的主体一并规定，将和解适用于有固定收入的且债务金额较小的自然债务人。我国台湾地区"破产法"颇具特色，它不仅将破产宣告前的和解称为"法院的和解"，而且将破产宣告后的和解称为"调协"，还规定了"商会的和解"。其中"商会的和解"是其他国家和地区的破产法所没有的内容，故有特别介绍的必要。根据我国台湾地区的学者的解释，商会的和解并非一般债务人所能请求进行的程序，只限于债务人为商人者才能请求。主持和解的机关为商会而非法院，故称为商会的和解。商会和解的进行程序及法律效果，除有特殊规定者外，其余与法院的和解并无不同，故商会和解多准用法院和解的规定。商会和解的立法理由是：由于我国历史上有商会这一组织，在支付不能的情况下，商人请求当地商会进行和解为历来的习惯，此一习惯应予以保存，立法对此应特加注意，故在破产申请前，除允许债务人向法院为和解申请外，增设商会和解制度。

【实务操作】　破产和解协议的几个问题

一、和解协议生效后会发生何种法律效果？

（一）对债务人发生法律约束力

债务人为和解协议的一方，自然受和解协议的约束，主要体现在：①重新取得自行管理其财产和营业事务的权利；②依和解协议取得相对免责利益，免除即时清偿所有到期债务的责任，免于承担债权人在和解协议中已让步债务的清偿责任，但免责利益不及于债务人的保证人和其他连带债务人；③应当严格无条件地执行和解协议，不得延缓清偿期限或附加条件；④在未完全执行和解协议前，不得对个别债权人给予和解协议以外的利益，防止在债权人之间产生不平等，影响和解协议的正常执行。

（二）对债权人发生法律约束力

和解协议生效后，即对所有无财产担保、放弃担保权益或者担保权未能足额获偿的债权人发生法律效力。不论其是否申报债权或同意和解协议，均受和解协议的约束。该约束力具体包括以下几个方面：①个别债权人不得向债务人追索债务，不得进行请求企业给付财产的民事诉讼、民事执行程序以及相关的诉讼保全措施；②债权人应当按照和解协议的规定接受清偿，不得向债务人要求和解协议约定以外的任何利益；③只要债务人没有出现法定的、应予终结和解程序、宣告破产的事由，任何债权人均不得超越和解协议的约定实施干扰债务人正常生产经营和清偿活动的行为。

值得注意的是，和解协议对于在和解协议生效后发生的新债权不生效力。因为在和解协议生效后，债务人重新获得了对财产的支配权，为再生的需要，他必然要与他人发生新的交易，产生新的债权人。和解协议对这些新的债权人不产生任何效力，新债权人可以在和解协议外请求法院个别执行，债务人不能清偿债务的，甚至可以向法院申请债务人破产。

（三）不影响债权人对债务人的保证人和其他连带债务人的权利

债务人的保证人和其他连带债务人是对债务人履行债务承担保证责任的人。他们对和解债权人承担连带清偿责任。债务人受破产程序约束的，债务人的保证人和其他连带债务人仍得对债权人承担清偿责任，他们可以其对债务人的将来求偿权，申报债权参加破产程序，但其对债权人的清偿责任，不受破产程序的约束。

二、债务人违反和解协议如何处理？

债务人违反和解协议包括不按和解协议及不能按和解协议规定的条件清偿债务。不按和解协议规定的条件清偿债务，是指债务人拒绝按照和解协议清偿债务，或者清偿债务不符合和解协议规定的条件；不能按和解协议规定的条件清偿债务是指债务人的财务状况发生变化，不能按和解协议规定的条件清偿债务。新破产法第104条规定："债务人不能执行或者不执行和解协议的，人民法院经和解债权人请求，应当裁定终止和解协议的执行，并宣告债务人破产。人民法院裁定终止和解协议执行的，和解债权人在和解协议中作出的债权调整的承诺失去效力。和解债权人因执行和解协议所受的清偿仍然有效，和解债权未受清偿的部分作为破产债权。前款规定的债权人，只有在其他债权人同自己所受的清偿达到同一比例时，才能继续接受分配。有本条第1款规定情形时，为和解协议的执行提供的担保继续有效。"根据新破产法的规定，对于债务人违反和解协议行为的处理有以下几种情况：①和解债权人可以请求人民法院宣告债务人破产，法院经审查认定债务人违反和解协议的，应终止和解程序，并宣告债务人破产；②人民法院宣告债务人破产的，和解债权人因债务人执行和解协议所受的清偿仍然有效，但有效清偿仅限于债务人按照和解协议规定的条件所为的清偿，和解债权人未受偿的部分债权，在法院宣告债务人破产后，作为破产债权；③在此情况下，和解债权人所受清偿部分的比例超出其他和解债权人所受清偿比例的，只有在其他债权人同自己因和解清偿所受的清偿达到同一比例时，才能继续接受破产分配。

三、债务人违反和解协议时第三人为和解提供担保的效力如何确定？

第三人即债务人与债权人以外的其他当事人。在和解协议中，第三人可以应债务人的请求，在债务人和债权人会议达成和解协议时为和解协议的执行提供担保。这种担保，包括物的担保和保证。第三人所提供的担保，对于增强债权人对债务人执行和解协议的信任以及确保债务人执行和解协议，具有积极意义。在和解协议执行中，债务人违反协议被人民法院宣告破产时，和解协议失去效力，与此同时便产生第三人为和解协议的执行提供的担保是否继续有效的问题。在债务人因违反和解协议被宣告破产的情形中，债务人在和解协议中承诺的清偿和解债务的责任并没有免除，故第三人提供担保的和解债务仍应存在，而且，若第三人担保因法院宣告债务人破产而失效，则和解程序中第三人担保制度的存在价值就会受到质疑。为此，新破产法第104条第4款规定："有本条第1款规定情形的，为和解协议的执行提供的担保继续有效。"即在债务人不能执行或者不执行和解协议时，人民法院经裁定终止和解协议的执行，宣告债务人破产情形的，无论是债务人本人或者第三人为和解协议的成立和执行提供的担保继续有效。债权人可以就此向债务人或者第三人主张权利。

【评析】

各国破产法对强制和解制度均有规定，因为与破产制度相比，和解制度有其显著的优点，在许多情况下更能为债务人和债权人双方所接受。这种优点主要表现在以下三方面：①和解制度成本较小。由于破产程序时间长、耗资巨大、程序成本较高，往往在程序进行到实质性阶段，即财产分配时，实际上能够供债权人分配的财产已所剩无几了。而和解制度成本低，往往能够使债权人得到比适用破产程序更多的清偿。而且由于和解能够给债务人带来再生的希望，债务人的再生也会给债权人带来更多的清偿，故为债权人所接受。②债务人可避免因破产宣告带来的公私法上的限制。破产宣告前的和解，能够避免债务人受破产宣告，从而避免因破产宣告给其带来的公法与私法上的限制，甚至包括商业信誉的完全丧失。即使是破产宣告后的和解，债务人也能因破产程序的终结而摆脱公私法上的限制，而且还会因和解给债务人带来避免清算的益处，从而在客观上给债务人创造一个再生的条件。故在许多情况下，债务人有要求和解的原动力。③有利于社会经济秩序的稳定。和解能够给债务人带来再生的希望，而债务人的再生对社会经济秩序的稳定有重大意义。它能够避免因债务人的破产而发生的连锁反应，当债务人为法人时，还会避免因企业破产而导致的员工失业给社会带来的不利影响。正因如此，各国破产法均规定和解具有优先于破产程序的法律效力。

但实际上，和解是否成立，取决于债权人对自己利益的计算，只有债权人认为和解能够使其得到比清算更多的清偿时，才会同意和解。如果相反，债权人则不会赞成和解。从这一意义上说，和解的主动权掌握在债权人手中，它仅仅是给债务人提供了一个喘息的机会，其直接目的并非为了债务人的再生，它对于债务人的挽救是有限度的。因此，这种缺陷促使人们进一步思考，并创造出了一种更有效的挽救债务人、预防其破产的制度——重整制度。

第二节 破产重整制度

【基本理论】

一、重整的意义

重整，英文称做 reorganization，是指不对无偿付能力债务人的财产立即进行清算，而是在法院的主持下由债务人与债权人达成协议，制订重整计划，规定在一定的期限内，债务人按一定的方式全部或部分地清偿债务，同时债务人可以继续经营其业务的制度。

重整制度是一种再建型债务清理制度。一般主要适用于企业无力偿债的情况，即为了使企业摆脱困境，继续营业，按照法律规定的重整程序，对企业的债务及经营事务进行调整和整理，实现企业的复兴。它是世界各国公认的预防企业破产最为积极有效的法律制度。

重整的特点如下：

1. 对象特定化。因重整程序以暂时牺牲债权人的利益为代价，达到最终保护社会整体利益的目的，故这种企业拯救制度的社会价值巨大，且整治力度大、费用高，适合规模较大、困难严重的企业。对自然人及规模较小的企业而言，即使破产清算也不会给社会造成太大的危害，若为保护债务人的利益实施重整，成本将大于收益，对债权人来说是不公平的。因此，世界上大多数国家将重整的对象限制在较小的范围内，如日本的《会社更生法》仅适用于股份有限公司（《会社更生法》第 2 条），我国台湾地区"公司法"将重整对象限制在公开发行股票或公司债券的股份有限公司（"公司法"第 202 条），我国新破产法将重整程序的范围限定于企业法人（新破产法第 2 条）。而从司法实践看，由于重整程序复杂、费用高昂、耗时较长，所以通常仅适用于大型企业，如发行证券的股份有限公司，尤其是上市公司。

2. 原因宽松化。重整原因指的是法律规定的可对重整对象开始重整程序的事实状态。它同破产原因或和解原因在法律机理上如出一辙，均属于破产程序开始的事实要件。但是它们也有较多的区别，最显著的差别在于破产原因或和解原因可成为重整原因，但重整原因则要宽松得多，即只要企业发生财务困难，而无需达到破产所要求的不能清偿到期债务的条件，利害关系人就可申请重整。其中有许多启动重整的情形均不能反向地成为破产原因或和解原因。重整原因并不要求债务人一定要达到支付不能的状态，在债务人即将支付不能时，就可以向法院申请对企业进行重整。新破产法第 2 条规定，不仅在债务人已经发生破产原因时可以适用重整程序，而且在其可能发生破产原因时就可以申请适用重整程序。

重整制度对重整原因规定得如此宽松，这是与重整制度的价值取向分不开的。重整制度将社会利益放在第一位，牺牲重整企业债权人的利益以换取整个社会的稳定和生产力的持续发展。因此，挽救企业的时机需大大提前。

3. 启动主体多元化。根据新破产法的规定，不仅债务人、债权人可提出重整申请，债务人的股东也可在一定条件下提出重整申请（新破产法第 70 条规定），国务院金融监督管理机构也可以向人民法院提出对金融机构进行重整的申请。重整程序呈现出启动主体多元化的状态。

4. 重整措施多样化。债务人可以灵活运用重整程序允许的多种措施以达到恢复经营能力、清偿债务、重组再生的目的。其不仅可采取延期偿还或减免债务的方式；还可采取无偿转让股份，减少或增加公司注册资本，将债权转化为股份，向特定对象定向发行新股或公司债券，转让营业、资产等方法，并设立重整人负责公司的重整活动，设置监督程序保障债权人的利益。重整程序的目的在于维持公司之事业，而不必是公司本身，故必要时还可以采取解散原有公司，设立新公司，或将企业整体出让、合并与分立等方法。

5. 重整程序优先化。重整程序优先于破产程序，只要企业尚有再生的希望，则应先进行重整，其目的是挽救企业。重整程序一经开始，不仅正在进行的一般民事执行程序，而且正在进行的破产程序和和解程序均应中止。

6. 担保物权非优先化。在重整程序中，物权担保债权人的优先受偿权受到限制，这是重整程序与破产法上其他程序的重大不同之处。限制担保物权的目的，是为防止因担保财产的执行而使企业丧失再生的物质基础，进而影响债务人经营与重整的进行。这充分体现了重整程序将社会利益放在首位的价值取向。

7. 参与主体多元化。债权人（包括有物权担保的债权人）、债务人及债务人的出资者（股东）等各种利害关系人均可参与重整程序，这是重整制度的重要特征。此外，新破产法引入了美国法上"占有中的债务人"制度，新破产法第73条规定："在重整期间，经债务人申请，人民法院批准，债务人可以在管理人的监督下自行管理财产和营业事务。有前款规定情形的，依照本法规定已接管债务人财产和营业事务的管理人应当向债务人移交财产和营业事务，本法规定的管理人的职权由债务人行使。"这样既可以减少债务人，债务人的出资者、董事、高管人员对重整的抵制情绪，又可以维护其正当的既得利益，利用其经验丰富和熟悉企业状况的优势，充分发挥其积极性，推动重整计划的制定与实施，更好地达到挽救企业的目的。

二、重整与相关制度的比较

在早期的破产立法中，只有破产清算一种制度。由于它存在无法满足现代社会发展要求的内在缺陷，使得对传统破产法的变革成为必然。在现代破产法的发展史上，破产和解和破产重整制度的确立，分别完成了对传统破产法的第一次和第二次革命。这两种制度的有机结合，从根本上动摇了破产法的传统框架，促进了破产法律价值观的历史性变化，使之朝着有利于债务人和社会经济秩序的方向转化，更鲜明地刻上了现代社会的内在要求。[1]

（一）与破产清算制度的比较

破产清算是指在债务人无法清偿到期债务时，法院依法强制将债务人的全部财产依一定程序变价及公平分配，使全部债权人的债权得到满足的程序。它是整个破产程序中三种具体程序的一种，也是处理债务纠纷的最终手段。但与破产重整相比，它却存在先天无法避免的缺陷。对这一问题的分析，必须从二者的差异入手：

1. 设立宗旨不同。破产清算旨在对债权人进行公平的清偿，以债务人的现有财产及时了结债务；而破产重整的目的是使资不抵债的企业免于破产，避免公司解体可能造成的社会动荡。

2. 价值功能不同。破产清算体现的是对破产财产进行重新分配的功能，消极地公平分配债务人的财产；而破产重整则是积极地预防债务人破产，体现使破产企业财产增值的功能。

3. 影响范围不同。破产清算影响的范围广泛，除了债权人、债务人及其投

〔1〕　沈达明、郑淑君：《比较破产法初论》，对外贸易出版社1993年版，第235页。

资人以外，还涉及企业的职工、与债务人有交易往来或利益关系的其他企业、国家的财政税收和社会保障负担等；而破产重整则仅涉及债权人、股东及其他利害关系人与重整企业的利益关系。

4. 具体措施不同。破产清算时要对破产财产进行变价分配，主要有拍卖、强制变卖、折价出售等措施，这些措施无疑会使企业财产的价值大打折扣；而重整则采取一些保护性的措施，对企业的财产、债务及经营事务进行必要的整合，包括追加投资、对债务履行的合意推迟和减免、企业的合并与分立等。

5. 债权人获得的实际利益不同。破产清算中，债权人只能以债务人现有财产为限而受清偿，而且财产变价可能使企业损失巨大，债权人最终能从破产财产中获得的清偿极为有限。[1] 此外，破产财产在破产过程中实际处于闲置状态，债权人并不能利用其经济价值。而破产重整力图使债务人复兴，保留并提高企业的财产及营运价值，债权人自然能获得更大的清偿利益。

（二）与破产和解制度的比较

和解制度指通过债务人与债权人全体达成的和解协议，依协议清偿债务，从而避免债务人破产的制度。由于它只是从外部关系上调整以达到消极地避免债务人被宣告破产，并未解决债务人不能偿债的内部根本性问题，所以不能积极地预防破产。因此，它只能看作是破产制度向重整制度发展的过渡阶段。

1. 二者之间的相同点：

（1）程序目的相同。如果说破产和解是对传统破产法的第一次否定，那么破产重整则是对传统破产法在更高层次上的背离和重塑。其目的均系在破产清算程序之外，引进破产预防的程序机制，从而使破产法在更大系统上臻于完善。因而从法律部门的性质上看，破产和解法与破产重整法皆属破产预防法的组成部分。

（2）程序性质相同。作为预防破产的法律程序，二者均在非讼的前提和状态下伸展和延伸，因而均属非讼事件范畴，均采取当事人申请主义的程序启动原则，在破产法律规范不敷使用时，均可准用民事诉讼法的规定。

（3）均以意思自治原则为程序推进的基础。尽管在和解与重整中，法院行使司法裁量权的能动性及其比重大小有所区别，但和解之能否达成、重整之能否进行，无不以当事人及其他利害关系人的意思自治和共同合意为基础。这部分取决于其非讼性质，是基于他们所调整的对象均属私权关系。

2. 二者之间的不同点：

（1）直接目的不同。尽管预防破产为二者所共同的终极目的，但在直接目

---

〔1〕 [日] 石川明：《日本破产法》，何勤华、周桂秋译，上海社会科学出版社1995年版，第9页。

的上二者有明显区别。破产和解是通过债权债务关系的再调整来维持债务企业的法人人格，从而实现预防破产的目的，具有消极性和外在性的特点；破产重整的目的则更深入，不仅在于积极地维持债务企业的法人人格，而且在于深入企业内部，寻找其深层"病因"，采取有效对策，从而使债务企业重获健全的营业能力，达到治标与治本的双重功效，因而具有积极性和内在性的特点。

（2）适用对象不同。破产和解的适用对象与破产清算的范围一致，较之破产重整更为宽泛。而除美国等极少数国家的破产重整，不仅包括公司，而且还包括合伙与自然人外，多数国家的重整制度均以公司为对象，严格控制其适用范围。

（3）程序开始的原因不同。和解程序是因债务人不能清偿到期债务而开始的；重整的开始原因则较为宽松，即债务人已经不能或即将不能清偿到期债务的，均可提出重整申请。

（4）申请人不同。尽管二者同样采取当事人申请主义，但一般只有债务人才能成为和解申请权人，而重整则不同，理论上除债务人之外，具备一定条件的股东和债权人也有申请权。

（5）申请提出的时间不同。重整申请仅可在破产宣告前提出；而和解申请则既可在破产宣告前提出，也可在破产宣告后提出。

（6）合意的性质和地位不同。和解与重整均以当事人的合意为基础，但和解程序是在债权人和债务人对立的状态下进行的，合意乃是二者之间成立的集体性和强制性契约，性质上属于合同行为；重整程序是在债权人和债务人同心协力的状态下进行的，合意则是由债权人、债务人和其他利害关系人立于同一立场，统筹兼顾各方利益，本着同一目标作出的意思表示，性质上属于共同行为。

（7）程序中所采取的措施不同。和解的措施主要是债务人与债权人达成分期、延期支付或减免债务的妥协；而重整的措施则非常广泛，包括企业的整体出让、合并、分立、追加投资等一切以实现挽救企业为目的的措施。

（8）担保债权的实现方法不同。和解协议虽有强制力，但不影响有财产担保或者享有优先权的债权人实现其别除权；而在重整程序中，所有的债权，无论其性质如何皆一律平等，别除权的行使均告停止，担保债权人或优先债权人若不参加重整程序则不得实现其权利。

（9）程序的优先性不同。和解程序优先于一般民事执行程序和破产程序；重整程序优先于和解程序、一般民事执行程序和破产程序。当和解申请和重整申请同时提出时，法院应优先受理重整申请。

（10）效力不同。重整的法律效力高于和解。和解程序开始后，可以转而开始重整程序；重整程序开始后，则不得转而开始和解程序，而且正在进行的和解程序亦即告终止。

三、重整计划的制定

（一）重整计划的概念

重整须有重整计划，以便债务人按重整计划要求进行具体的重整活动。重整计划是重整程序中的一个特殊概念，指由重整人或其他利害关系人拟订的，以清理债务、复兴企业为内容并经关系人会议表决通过和法院认可的程序性法律文书。重整计划在性质上属于一种特殊的规范文件，它含有一定的行为规则，并对各方关系人或利害关系人的权利义务作了总体安排和具体设定。若有一方擅自违背它，则会影响重整程序，产生相应的法律后果。因此，重整计划是一个具有法律拘束力的法律文件。

（二）重整计划的特点

重整计划的特点如下：

1. 预防性。即预防债务人被破产清算。重整计划主要是对债务企业实施拯救。计划成功与否，检验的唯一标准就是它是否切合债务企业的实际情况，是否有利于企业的复兴。

2. 过渡性。当重整失败后，债务企业被宣告破产，重整程序由此进入清算程序。重整计划因此而变得无效，清算方案将取而代之，并且不受重整计划的影响，完全独立实施。

3. 拘束性。重整计划虽名为"计划"，却是具有法律效力的程序性文件。重整计划对各方利害关系人均有拘束力，无论他们在表决过程中是否表示同意。

4. 实体性。重整计划虽属于破产程序范畴，但却具有实体性。这体现在两方面：①它是对各方利害关系人实体权利义务关系的概括性安排；②它是指经过多方论证而完成的拯救性的经营方案，其中含有多方面的挽救困境企业的"良方"。

（三）重整计划与相关概念的区别

1. 与清算方案的区别。清算方案重在对破产财产的变价、分配和其他各种善后处置，仅涉及破产财产如何配置给各类债权人；但重整计划则要使债务人起死回生，是对各方关系人（债权人、债务人等）之间权利义务关系的重新设定与安排。

2. 与和解计划的区别。和解计划仅停留于债权债务关系的重新安排，而该安排的最终实现途径及方法则不在其强调范围之内；而重整计划侧重于设计出各种拯救债务企业的措施和对策，力求避免企业破产清算。可见，重整计划更像是经济计划，而和解计划仅是法律条款的设定。

重整须有重整计划，以便债务人按重整计划要求进行具体的重整活动，而制定重整计划主要涉及两个问题，即重整计划的提出和重整计划的内容。

（四）重整计划的提出

重整计划既然具有如此重要的意义，那么，对重整计划的孕育、出台和执行就必须有一个严格的程序规制。作为程序的起点，重整计划的提出是首要的环节。如果重整计划没有适当的主体提出，则重整计划就无从产生。为此，重整计划的提出主体对于计划的拟订具有重要意义。根据国外立法规定，对重整计划提出者的规定主要有以下几种做法：

1. 以债务人为主，其他人为辅提出重整计划。美国即采取这种立法例。美国《破产法典》第1121条规定，在法院作出重整救济命令后的120天内，只有债务人才能提出重整计划。由债务人提出重整计划是一项基本原则，也是债务人的基本程序权利。

因债务人熟悉企业经营状况，对企业经营存在哪些问题，这些问题如何解决十分了解，故由债务人提出重整计划能将企业方方面面的情况考虑进去，制定的重整方案更加符合实际；而且对公司债务进行整理，债务人也最了解情况。债务人对债权债务关系作出妥善安排后，提出的重整计划一般比较切合实际，能够针对各种类别债权人的特点，分别对待，有助于计划的顺利通过。

2. 以管理人为主，其他人为辅提出重整计划。日本采用这种立法例。日本《会社更生法》第189条规定："重整计划应由财产管理人在更生债权和更生担保权申报期间截止后法院规定的期间内向法院提出。"该法第190条同时规定："债务公司、已进行申报的更生债权人和更生担保人及股东，也可向法院提出重整计划。"所不同的只是前者为法律义务，后者属法律权利。法院根据相关人的请求或者依职权，可以延长上述期间。如果财产管理人不能在法定期间内提出重整计划草案，则必须向法院提出不能提出带案事由的报告书。之所以规定由财产管理人提出重整计划草案，是与日本的重整程序的体制结构有关系，日本的重整程序与美国不同，重整只能由管理人主持进行，这与美国原则上将重整程序交由债务人操作的做法不同。

3. 完全由重整人提出重整计划草案。我国台湾地区即采用这种做法。我国台湾地区"公司法"第303条规定："重整人应拟定重整计划，连同公司业务及财务报表，提请第一次关系人会议审查。重整人经依第290条之规定另选者，重整计划应由新任重整人于1个月内提出。"此外，别无任何法律主体有权拟定和提出重整计划。这种使执行人与拟定人一致化的做法，我国台湾地区学者评论为"殆可切合实际，且收驾轻就熟、责无旁贷、水到渠成之功效"。不过，根

第二章

据我国台湾地区"公司法"规定，重整人原则上由公司董事担任，只有在法院认为不适当时，才可从债权人或股东中选任。这种规定与美国有类似之处，而与日本有重大差异。虽然日本《会社更生法》确定了上述第2种做法，但2000年4月实施的《民事再生法》却规定，民事再生债务人在民事再生程序开始后，拥有公司的业务经营权以及财产管理与处分权。这一做法即与《会社更生法》有所不同，按此做法，重整计划草案的提出主体就与美国相仿。

4. 由债务人或者管理人提出重整计划。我国新破产法采用的即是这种做法。根据新破产法的设计，在重整期间，经债务人申请，人民法院批准，债务人可以在管理人的监督下自行管理财产和营业事务。如果债务人获准自行管理财产与营业事务即自行成为重整人，未获批准则要由管理人作为重整人。在确定重整人后，重整人就有责任提出重整计划草案。

由上述做法可见，在重整计划草案的拟定和提出主体上有两种典型做法：一是多元制；二是统一制。多元制的优点是引入监督和竞争机制，这样可以督促债务人尽快提出重整计划草案，而且它所提出的重整计划草案也要接受对立方案的挑战和考验，这对优化重整方案是有益的。一元化的做法在理论上有助于提高效率，但存在外在压力不足的弊端。因此，比较而言，采用多元制的立法例更值得借鉴。重整计划应是群策群力、反复比较的集体智慧的结晶，其拟定与提出以主体多元化更为有利。

（五）重整计划的内容

一般而论，衡量重整计划科学与否的指标有三个：一是公平合理；二是切实可行；三是科学周详。这三项指标必须落实到具体内容中。重整计划的内容可以分为两个部分：①立法规定的必备内容，相当于合同法对合同所要求的必要条款；②任意性内容，该部分内容根据案件的具体情况决定。通常而言，第一部分的内容包括：债权人和股权持有人以及其他权益拥有者的分组；不受影响的债权和股权等；受影响的债权和股权等的待遇；重整计划实施的方案和措施。第二部分内容主要包括：待履行合同的终止或确认；债务人对抗第三方的权利的行使或调整；破产财产的运用；任何其他与重整计划有关的重要问题。

1. 国外重整计划内容比较。

（1）美国。美国《破产法典》第1123条规定了"重整计划的内容"。据此规定，作为重整计划应当包括以下内容：①对各种请求权或者权益进行分组，具体指明没有受到损害的请求权或权益小组。②具体指明受到损害或不利影响的请求权或权益小组的待遇。③除非特定的请求权或权益享有者同意受到较低待遇，重整计划应当规定对特定权益小组实施同等对待。④对重整计划的实施，规定足够的手段：比如债务人对破产财产部分或全部的保留；将破产财产中的部分或全部转让给一个或更多个经济实体，无论该实体是在重整计划确认后成立的还是在此前成立的；债务人与一个或更多主体进行合并或联合；将破产财产的全部或部分予以出售，既可以保留抵押权也可以免除抵押权，还可以将破产财产的全部或部分在对之享有权益的主体之间进行分配；对抵押权的满足或者修改；对公司债券或者类似权益的取消或者修改；对任何缺席者的弃权处理或者补救；对证券兑现日期的延展或者对其获益率或者其他条件予以改变；对债务人的章程予以修改；发行债务人证券；等等。⑤在公司章程中规定，禁止发行无表决权的衡平证券。⑥对公司官员、董事或者受托人及其承继者的选任方式作出规定，这种规定要符合债权人、衡平证券持有者以及公共政策的利益。⑦除上述内容外，重整计划可以对任何组别的请求权作出有影响或无影响的安排，无论它们是否具有担保。⑧对可执行的合同规定前提条件，或者拒绝履行，或者对履行作出安排。⑨对属于债务人或破产财产的任何权益作出和解或调整。债务人、受托人或者为此目的所设定的破产财产代表人，可以保留这些权益，也可以执行这些权益。⑩对破产财产的全部或者实质部分予以销售，并将销售所得分配给权益享有者。除此以外，重整计划中还可以包括与破产法规定不相一致的相应条款。如果破产重整涉及的是自然人，则除非债务人同意，不得对债务人的受豁免的自由财产进行销售、使用或者租赁。

（2）日本。日本《会社更生法》第七章专门规定了"更生计划的条款"。该章从第 211 条到第 231 条所规定的均是重整计划的内容。具体包括：①对全部或部分更生债权人、更生担保权人或股东的权利变更，以及对共益债权的偿还；关于债务的偿还资金的筹措方法，以及计划中超过预计数额的收益的用途。②关于营业或财产的转让、投资或出租、事业经营的委任、章程的变更、董事或董事长或监事的变更、资本的减少、新股票或公司债券的发行、合并或解散或新公司的设立等。③可以规定将公司的事业经营和财产管理以及处分的权利赋予董事。④如果更生债权人、更生担保权人或股东的权益不受更生计划的影响，则必须明确该人的权利。⑤债务的期限。⑥担保的提供和债务的负担。⑦未确定的更生债权。⑧已偿还的更生债权。⑨共益债权。⑩纷争无结果的权利等。可见，日本《会社更生法》对重整计划法定内容的规定，也是非常详尽的。

2. 我国法律对重整计划内容的规定。根据我国企业重整的要求，并借鉴国外做法，新破产法第 81 条规定："重整计划草案应当包括下列内容：①债务人的经营方案；②债权分类；③债权调整方案；④债权受偿方案；⑤重整计划的执行期限；⑥重整计划执行的监督期限；⑦有利于债务人重整的其他方案。"

这一内容与我国台湾地区相关"法律"相比，所规定的内容大体差不多。

但是，与美国、日本的做法相比，我国立法关于重整计划的内容规定就比较简单了。这种简单化处理方式，一方面固然可以因其开放性体系而设定具体内容，从而更加切合企业重整的实际需要，但是，另一方面又要看到，立法要给实践以适当指导，过于简略的内容设定，不利于重整计划合法、及时、全面地构建，从而会影响其有效性和可操作性。同时，重整计划法定内容的简化，也可能导致重整计划的反复设计，进而影响效率。因此，我国破产法中关于重整计划法定内容的规定，有待于在实践中进一步完善，从而更有利于操作。

四、重整计划的表决

重整计划草案提出后，并不立即产生效力，要使重整计划草案变为正式的重整计划，从而产生法律效力，还需要经过两个关键环节：一个是经过有关利害关系人的表决程序；另一个是经过法院的审查批准程序。这两个程序，对重整计划的效力形成具有不可或缺的意义。其中，将重整计划草案交付关系人会议表决，是重整计划产生效力的第一步。

（一）重整债权人的分组

为了对重整计划进行表决，首先有必要按照一定的标准，对各种利害关系人进行分组，将利害关系相同或相类似的主体编为同一个小组，然后分组进行表决。为什么要分组表决，而不是笼统地合在一起表决？原因在于：①各种类型的利害关系人对于债务企业要不要进入重整程序的态度是不同的。如果合在一起按人数表决，会影响大债权人或优先受偿权人的利益；如果按照债权数额或者债权性质表决，则会影响小额债权人或普通债权人的合法权益。②重整计划可以对不同组别的债权人或利益享有者作出区别对待。这种区别对待的根据就是它们分属于不同的组别。③对于同一组别的债权人应当作出相同的对待，这是平等原则的作用。分组以后，是否平等就显而易见了，同时对使他们接受不平等的重整方案也有说服力。比如，同样是普通的无担保债权人，重整计划可以将所有的小额债权人分为一组，并规定凡小额债权人可以获得全部清偿；与此同时，可以规定将超过一定数额的债权人归入一组，他们的清偿比例可以是80%。重整计划作出这样的区别对待，对合理安排重整程序是有利的。因为小额债权人的特点是人数多、份额小，如果减少其清偿份额，他们会不同意重整方案而希望进入清算程序。这样，先行满足小额债权人的债权，会减少通过重整计划草案的障碍，减少进入实质层面的表决人数。有优先受偿权的债权人也是如此，他们对重整计划的通过比例与其他组别应有所区别；对法院强行通过重整计划的影响也有所不同。因此，按照不同的利害关系人类别，分别进行表决，可以更加准确地探明各种债权人或权益享有者的态度，从而更加周到地保护他们的合法权益。

将各种利害关系人分门别类，分别表决，是各国破产重整制度的通例。问题在于：①如何对债权人或利害关系人进行分类？②哪些人根本没有资格进入分类表决的行列？对于这些问题，各国破产法都有相关规定。日本《会社更生法》第 159 条规定，更生债权人、更生担保权人和股东，按照下列顺序进行分组：①更生担保权人；②有一般先取特权及其他一般优先权债权的更生债权人；③前号和次号所列的更生债权人以外的更生债权人，也就是普通债权人；④有劣后债权的更生债权人；⑤持有关于剩余财产分配的优先种类内容股票的股东；⑥前号所列的股东以外的股东。可见，日本破产法分类的特点是：①将担保债权人放在首位考虑，其他优先受偿权都要位于担保债权之后；②规定了劣后债权人小组；③不仅规定了股东组，而且将股东作为两个组别加以规定。

我国台湾地区"公司法"第 298、302 条也规定了关系人会议的分组表决制度。依其规定，债权人分为以下组别：①优先重整债权人；②有担保重整债权人；③无担保重整债权人；④股东。重整债权人的表决权，依其债权的金额比例确定；股东表决权则根据公司章程的规定确定。

美国破产法则将债权人首先分为担保债权人和无担保债权人。担保债权人是单独的一大类，他们将各自独立享有自己持有担保权益的那些担保物。如果这些担保物不足以偿付他们的债权，未得到清偿的部分将作为无担保债权进行清偿。另一类便是无担保债权人，无担保债权人也包括未从担保物中获得充分清偿的担保债权人的债权。在无担保债权人之间，又分为 9 个等级。其中最后一个等级称为普通无担保债权人，位于此前的 8 个等级则被称为优先无担保债权人。8 个等级之间也有先后顺序。只有前一顺序获得充分清偿后，才能清偿后一阶别的债权人。美国《破产法典》第 1124 条还规定了"受损害的请求权或权益"；与之相对应，则有一个"未受损害的请求权或权益"。这种分类是建立在前一种分类的基础上的，对于法院强制性通过重整计划具有重要意义。

我国新破产法第 82 条将重整计划中的债权分类规定为以下四种：①对债务人的特定财产享有担保权或者法律规定的优先权的债权；②企业所欠职工的工资和基本社会保险费用，以及法律、行政法规规定应当支付给职工的补偿金；③企业所欠税款；④普通债权。这一债权分组与国际上的通行做法大致相同，只是问题在于对于普通债权未作出更加细致的分类。另外一个问题是，对于股东要不要作为一个表决组参与重整的表决，对此问题在起草中存有争议：肯定者认为，股东是公司的投资者，在公司消灭前，股东都有合法权益需要保护，公司是否进入重整程序，以及如何进行重整，这些问题应听取股东意见；否定者认为，进入重整程序后，债务人在大多数情况下都处于资不抵债状态，股东

第二章

事实上已不具有权益，听取股东的意见可能不利于重整程序的进行，因为股东不会从公司利益出发，更不会从债权人利益出发，他们更多的是从自身利益能否获得补救这个角度出发考虑问题。而这种考虑在客观上会损害债权人的利益，甚至会损害公司的利益，由于对此存在争议，新破产法最后的文本对此未作规定。

（二）重整计划的表决及相关程序

重整计划的成立与生效是两个不同的概念。前者指重整计划经关系人会议的表决，其结果符合法律规定的肯定性要求，例如至少有一组以上表示赞成等；后者则是在重整计划业已成立的前提下，经过法院的审查与认可。只有后者，才能成为重整程序进行的有效根据，但前者是形成后者的必备要件和必经环节，否则，重整程序的民主性和私权性则无从体现。

1. 表决方法。重整计划的表决是由一系列方法、步骤和程序组成的。概括起来，主要由四大推定法则和三大表决规则组成。四大推定法则是指：①指程序前后意思表示一致的推定。如果在重整程序开始前，债权人或股东曾就债务人提出的整顿方案表示过接受或拒绝，那么，在重整程序开始后，若重整计划未曾变化，债权人或股东也不再表示新的意思，并且符合破产法有关"披露说明"的规定，则推定该债权人或股东接受或拒绝重整方案。②未受损的债权人小组或股东小组，推定为接受重整计划。③没有分到任何财产的债权人小组或股东小组，推定为拒绝接受重整计划。④修改前后意思一致的推定。如果债权人或股东对修改后的重整计划未在法院确定的时间内表示改变意见，则其修改前的拒绝或接受的意思推定为存续。

重整计划表决的三大表决规则具体指：①担保债权组的表决规则。对担保债权组的权益保障较之其他组更为重要，因而其表决规则要求较高。日本破产法规定，在更生担保权人的小组中，对于规定更生担保权缓期的计划草案，应由行使表决权的更生担保权人的表决权总额的 3/4 以上的有表决权者同意；若以更生担保权的减免及其他缓期以外的方法影响其权利，则该更生计划草案应由行使表决权的更生担保权人的表决权总额的 4/5 以上的有表决权者同意；如果更生计划草案以清算为内容，则应由行使表决权的更生担保权人全体同意。②普通债权组的表决规则。美国法采取了双重多数的表决制，即应由行使表决权的一半以上债权人同意，且其债权额占总额的 2/3 以上。日本破产法则仅要求有表决权总额的 2/3 以上的同意即可。③股东组的表决规则。对于股东组的表决，美国法要求有占表决权总额的 2/3 以上的股东同意；日本破产法则仅要求有占表决权总额的过半数的股东同意即可。

2. 新破产法关于重整计划表决的程序规定。根据新破产法的规定，对重整计划草案的表决，在程序上分为以下步骤：

（1）召开债权人会议。新破产法第 84 条第 1 款规定："人民法院应当自收到重整计划草案之日起 30 日内召开债权人会议，对重整计划草案进行表决。"可见，重整计划草案首先应当报送人民法院；人民法院在收到重整计划草案后，应当按期召开债权人会议。召开债权人会议的目的就是要对重整计划草案进行表决。

（2）作出说明。即在债权人会议讨论重整计划时，由草案拟订人就草案内容作出说明。新破产法第 84 条第 3 款规定："债务人或者管理人应当向债权人会议就重整计划草案作出说明，并回答询问。"作出说明，是重整计划草案表决程序中的一个环节，这个环节是不可缺少的。所谓"作出说明"，就是由债务人或管理人对重整计划草案中的各项内容作出适当的解释，并且就债权人会议出席者提出的各种问题，给予解答。因为债务人或管理人是重整计划草案的设定者或拟定者，他们对其中的内容及其含义最为了解和熟悉，由他们来作出说明是最为适当的。如果不作出适当的说明，债权人和其他利害关系人可能不能完全理解重整计划草案的含义和价值所在，难以判断公司或债务人企业的重整前景，从而难以清醒地予以表决。

在美国，破产法规定，在制定重整计划的同时或之后，必须准备一份关于重整计划的说明书，目的是向债权人和股权持有人介绍债务人的背景和未来前景，以帮助债权人和股权持有人对重整计划进行表决。此种说明书必须在重整计划付诸表决前分发给债权人和股权持有人。

（3）分组表决。重整程序中的表决不同于对其他债权人会议事项的表决，后者是概括表决，前者是分组表决。分组表决不一定要在空间和时间上实际分开进行。分组表决强调的是分别计算表决票数，然后根据不同组别的表决情况，统计确定每一个组别是否已经通过重整计划草案。每一个组别是否通过重整计划草案，在实际要求上可以是一致的，也可以是不一致的。新破产法采用一致原则。新破产法第 84 条第 2 款规定："出席会议的同一表决组的债权人过半数同意重整计划草案，并且其所代表的债权额占该组债权总额的 2/3 以上的，即为该组通过重整计划草案。"这种表决比例要求，实际上与通过和解协议是一致的。这种一致性规定，与美国法律的差异性规定是有区别的。在美国，对债权人而言，要同意一项重整计划，必须同时达到破产法要求的债权数额和债权人人数的规定，涉及股权持有人时只有股权数额限制，没有人数限制。此外，美国破产法规定，在计算结果时，法院有权宣布某些参加投票的人不具有投票资格。这通常是由于法院发现这些人在投票过程中有不正当的行为。这些人被排除后，该组的表决结果要重新计算，但不需要重新表决。在美国，由于多个主体可以同时提出重整计划，因此，多种重整计划可以同时交付债权人会议表决。每组债权人和股权持有人均可表决通过一个以上的重整计划，并可就这些重整计划表明先后顺序。如果有一项以上的重整计划交给法院批准，法院应优先考虑最受欢迎的重整计划。例如，只要存在可以通过正常批准的计划，就不应该批准那些需要作出强制性批准的计划。对这样的内容，我国新破产法尚无规定。

（4）协商。债权人会议对重整计划的讨论表决，一般产生三种结果：①各表决组都通过重整计划草案；②各表决组都没有通过重整计划草案；③部分表决组通过重整计划草案，部分表决组没有通过重整计划草案。如果属于第一种情形，法院一般应当批准重整计划草案；如果属于第二种情形，法院一般不应当批准重整计划草案；如果属于第三种情形，是否批准重整计划草案，通常由法院斟酌决定。如果有任何组别没有通过重整计划草案，法院在采取相应的决定之前，应当允许债务人或者管理人同未通过重整计划草案的表决组协商。对此，新破产法第87条第1款规定："部分表决组未通过重整计划草案的，债务人或者管理人可以同未通过重整计划草案的表决组协商。该表决组可以在协商后再表决一次。双方协商的结果不得损害其他表决组的利益。"经协商后，该表决组可以再次表决。如果表决同意，重整计划草案则进入法院批准程序；否则则进入法院斟酌决定是否强行批准的阶段。这个协商阶段在重整计划表决程序中也是很重要的。协商的内容无非是调整重整计划有关某组别人员的权益保护。由于其他组别已表决通过草案，因此，协商以不损害其他表决组的利益为原则。

重整计划表决后，要经法院批准。法院在批准重整计划草案前，要进行审核。为了更好地进行这种审核，国外有些立法规定法院可以举办听证会。如美国法律规定举办听证会是必经程序。听证会由法院举办，参加听证会的人员除各种利害关系人外，还可以包括有关的机关或人员，比如工会代表、证券管理机构的代表等。参与听证会的各方均可自由发表意见。一般认为，任何一方均不得对与它们的利益没有直接关系的问题提出反对意见；同时法院也有职责主动审查一项重整计划，看其是否符合法律要求。听证会并不产生任何决议或有约束力的方案，只是给法院提供在批准重整计划时需要考虑的因素。法院在批准一项重整计划时，可以接纳也可以拒绝利害关系人提出的任何意见。目前我国新破产法对于听证会未作规定，有待于破产实践的进一步探索。

五、重整计划的批准

重整计划分组表决后，要经法院审查批准。法院的批准有两种：一是正常批准；二是强制批准。

（一）正常批准

新破产法第 86 条规定："各表决组均通过重整计划草案时，重整计划即为通过。自重整计划通过之日起 10 日内，债务人或者管理人应当向人民法院提出批准重整计划的申请。人民法院经审查认为符合本法规定的，应当自收到申请之日起 30 日内裁定批准，终止重整程序，并予以公告。"

据此规定，并参考国外的实践经验，法院在批准重整计划时，除在程序上要经过债务人或管理人的申请外，在实体上要符合以下要求：①重整计划必须在各方面都符合新破产法要求。比如债权人的分类和分组要符合破产法的要求，并且重整计划须包括破产法所要求的内容。②提出重整计划必须遵循破产法所规定的相关程序。如新破产法要求提出重整计划的人对重整计划作出相关说明。③制定重整计划的人在主观上必须是善意的，符合诚信原则。比如，在重整计划中，不存在任何财务陷阱，重整计划的实施具有可能性。④重整计划应当对必要的开支作出具体的交待。⑤重整计划必须对负责经营债务人业务的有关人员作出说明，这些人员包括董事会成员和总经理等高管人员。在债务人充当管理人的重整程序中，这一点是至关重要的。重整计划的一个重要任务就是说服法院认同债务人具有重整的实际能力和水平，否则法院便不会批准重整计划。⑥如果债务人属于行政机关特别管制的行业，或者在我国属于特殊的国有企业，那么重整计划必须首先得到其上级主管部门的批准或认可，否则法院也不会批准该计划。在美国，公用服务公司不能随意提高服务价格，如果债务人要提高服务费用，法院必须首先获得有关政府机构对重整计划中提价条款的认可。⑦重整计划必须具有获得成功的可能性。法院从维护债权人和其他权益享有者的角度出发，对重整计划的成功胜算要加以特别考虑。如果成功可能性低，尽管债权人或者其他权益享有者对重整计划非常满意，法院也可以不予批准。正因如此，法院在批准前一般要召开听证会，听取局外人、尤其是专家的意见。⑧重整计划必须对法院费用的支付作出安排。破产费用应当优先拨付，对重整案件法院也要收费。法院收费可以等到重整结束之后，但重整计划中必须安排好交给法院的费用。⑨符合债权人最大利益。法院在批准重整计划草案时除考虑上述因素外，还要考虑任何一个反对重整计划草案的个别债权人，其最大利益是否在重整计划中得到了充分考虑？因为各个组别都是按照多数票或份额而通过重整计划草案的，这并不意味着每一个债权人都同意该项重整计划草案。此时，法院就要特别考虑这些不同意重整计划草案的债权人在其中的利益最大化问题。重整计划符合以上各点要求的，法院就应予以正常批准。

（二）强制批准

强制批准是指，法院基于多数债权人或利害关系人利益以外的因素考虑，在违背多数利害关系人意愿的情况下，强制性地批准重整计划，从而强制性地开始重整程序。可见，强制性批准重整计划，法院更多考虑的是社会公益或其他利益。为了使强制性批准具有正当性，立法对此予以高度重视。立法对法院强制性批准重整计划草案，应当设定一些基本条件。这些条件一般分三个方面：①最少限度组别同意；②符合公平补偿原则；③符合绝对优先原则。

1. 最少限度组别同意。即规定至少有一组债权人或利害关系人同意，法院才能强制性批准重整计划草案。但新企业破产法对此未作规定。也就是说，法院在任何情况下，都可依据有关原则强制性地批准重整计划。

2. 公平补偿原则。所谓公平补偿原则，意指如果一组债权人或股权持有人反对一项重整计划，那么该项重整计划就要保证这些持反对意见的组别获得公平对待。新破产法第87条第2款对此作出了具体规定，其内容主要如下：①如果不同意重整计划草案的组别为担保债权人或其他享有优先权的人，则该重整计划草案能够满足其全部受担保债权，因延期清偿所受的损失将得到公平补偿，并且其担保权或者优先权并没有受到实质性损害；②如果反对重整计划通过的组别为企业职工或者是税务机关，则该重整计划能够全额清偿其债权；③如果属于普通债权，则该重整计划能够保证普通债权人所获得的清偿，不少于按照清算所能获得的清偿比例。可见公平补偿原则就其实质而言乃是弥补不同意者的全部损失，或者是重整程序的进行较之立即进行清算更加优惠。在这种情形下，不同意重整计划的组别经过协商后依然拒绝接受该计划，是没有太多道理的。惟一的担心就是：如果重整失败，其受偿的实际比率会有所减少。但为了使债务企业能够在兼顾多方利益的基础上重新振作，法院直接批准重整计划草案，债权人或其他权益享有者可能要冒一点风险，但这是法律所允许的，这也是重整制度的社会价值所在。

3. 绝对优先原则。绝对优先原则则是平衡利害关系人相互之间利益的原则。它的含义是指，在清算程序中处在优先顺序中的组别，如果它不同意重整计划草案，则它在重整计划中的受偿应当优先于位于其后的组别。比如，担保债权人不同意重整计划，而普通债权人同意重整计划，根据重整计划草案，普通债权人能够获得清偿，则重整计划草案对担保债权人或其他优先权人所设定的清偿比例，就必须达到100%。这就是清算顺序在重整计划中的运用。重整计划如果获得优先债权人的同意，则不受清算顺序的制约。可见，绝对优先原则具有两个相联系的内容：①任何一组债权人或股权持有人反对一项重整计划，该重整计划就必须保证在这个组别获得充分清偿后，在优先顺序上后于这个组别的其他组别才可以开始获得清偿；②重整计划必须保证，在这个组别获得充分清偿之前，清偿顺序中处在优先地位的组别所获得的清偿不能高于100%。由此来看，绝对优先顺序原则的宗旨在于，破产法对清算程序所规定的先后顺序，在重整程序中对那些持反对意见的组别也必须同样适用。

【法律链接】　各国破产重整立法概况

20 世纪 70 年代以来，世界范围内出现了一股破产法改革风潮，首先是美国于 1978 年颁布了新的联邦破产法，取代了实施近百年的 1898 年破产法。随后，法国于 1985 年制定了《困境企业司法重整和司法清算法》，基本取代了 1967 年破产法。其后，英国制定了《无力偿债法》，由此带动英联邦成员国破产与公司立法改革。德国于 1994 年颁布新破产法（于 1999 年施行）。日本与我国香港地区也陆续进行了这类改革。这场破产法改革风潮，主要包括三方面内容：①适应生产社会化的发展，建立和完善以企业复兴为目标的再建型债务清理制度；②应付消费者债务急剧膨胀的情况制定专门的债务清理和免责制度；③顺应市场国际化的趋势，创设国际破产程序和推动破产领域的国际合作。建立重整制度即是各国在这次改革中所取得的一项重要成果。随着破产实践的发展，世界各国越来越重视对企业的重整，有的国家制定了专门立法对此予以规范，但多数国家都在破产法中加以规定。

一、美国

美国破产法中的重整制度是在 20 世纪逐渐发展起来的。原来美国 1898 年破产法，除清算内容外，只有和解的规定。人们在实践中逐步认识到，这种规定只能解决简单的债务和解案件。为适应复杂案件的处理，美国逐步建立了临时接管制度，并施行多年。1929 年，美国国会修改破产法，在保留和解协议内容的情况下规定了"延期偿还"的内容，即《美国破产法典》第 74 条，但这条仅适用于自然人债务人，在通过了第 74 条一年后，又制定了第 77 - B 条，规定了企业重整。此后，各类企业债务人纷纷对这一条文加以利用，随之产生了大量诉讼。1938 年，国会对破产法进行全面修正，在此基础上，形成了由第十章"公司重整"和第十一章"偿债安排"组成的一般企业重整制度。20 世纪五六十年代美国国会又对第十一章作过四次重大修订。1970 年，美国国会组织破产法委员会研究破产法改革问题；1971 年，布鲁金斯研究所发表题为《破产：问题，进程，改革》的研究报告；1973 年，破产法委员会发表包含新破产法建议稿的报告；1978 年，卡特总统正式签署颁布破产改革法。美国新破产法第十一章即"重整"，是在 1898 年破产法第十、十一、十二章和第 8、77 条的基础上，经过整理、修正和补充，重新编排而成的，不仅吸收了旧破产法重整制度的经验，而且注入了新的概念和规则。修改后的第十一章既适用于自然人，也适用于法人和合伙。该章规定的程序包括以下五个步骤：①使债务人步入破产法庭；②营业的进行；③财务复兴计划的制定；④债权人对该计划的接受；⑤法院对该计划的批准。新破产法施行后，向法院提出重整申请的案件迅速增加：美国新破产法生效的 1979 年，重整案件为 3042 件，1980 年增至 5302 件，1982 年增至 14 059 件，1982 年至 1988 年平均每年 20 357 件，为 1979 年的近 7 倍，而同期的破产清算案件增长率仅为 167%。

二、英国及英联邦司法管辖区

英国一向实行自然人破产程序与公司破产程序分立体制，破产法只适用于自然人，公司破产适用公司法。1986 年，英国国会颁布了《无力偿债法》，此法是既适用于企业又适用于自然人的统一破产法，其中涉及企业拯救与再建的是第一章"公司自愿偿债安排"和第二章"管理命令"。由于自愿偿债规定对于未表示同意的担保权人和优先权人无约束力，并且没有暂停对公司进行诉讼和执行程序的规定，它对债务人的吸引力有限。第二章"管理命令"的内容实际上是一套重整程序，其基本框架是：陷入债务困境的公司可以向法院申请管理命令；命令发出后，有担保和无担保的债权人均不得向公司追索债务；公司在法院任命的管理人管理下继续营业；管理人提出自愿偿债安排建议，交债权人会议审议通过，并报法院批准。此制度出台后受到普遍欢迎。此后的第一年，英国法院发出管理命令的案件有 131 起，同一期间适用自愿偿债安排程序的案件仅 21 起。作为配套立法，同年英国颁布了《1986 年公司董事资格取消法》和《1986 年无力偿债规则》。前者规定了公司董事以及破产法上的清算人、管理人违反义务时的资格取消和对他们的处罚；后者实际上是无力偿债法的实施细则。英国《无力偿债法》第二章对英联邦成员的立法有着重要的影响，澳大利亚《1992 年公司法改革法》、加拿大《1992 年破产及无力偿债法》和爱尔兰《1990 年公司法（修订）》，都在较大程度吸收英国《无力偿债法》第二章内容的基础上，建立了类似的重整制度。

三、法国

法国在 1967 年的破产法改革中，曾在破产程序的范围内采取过一些保护困境企业的措施，但收效有限。1984 年，法国制定了 84 - 148 号法律以修改公司法有关规定，设立了内部预警与和解清理程序，前者旨在使企业及时发现财务危机预兆并采取措施防止恶化，后者旨在使企业与主要债权人达成延期偿还和削减债务的协议。1985 年，法国制定了《困境企业司法重整和司法清算法》，全面修改破产法，将规范重心转向再建型债务清理制度。该法第 1 条规定，其立法目的在于"拯救企业，维持生产经营和职工就业，以及清理债务"。该法关于观察程序，重整计划，企业营业的继续或转让，债务人、债权人和职工在程序中的地位以及法院作用的规定，都体现了这一思想。新法在制度设计上有两个重大突破：①实行重整前置，即在破产程序中，原则上应首先使用重整程序，只有当企业没有重整可能时才转入清算程序；②实行社会本位，即把社会利益置于优先地位，并扩大法院的权力，如规定重整计划可无需债权人同意而由法院直接予以批准。

四、德国

德国于 1916 年和 1935 年两次制定和解法，但提供的程序不能用于现代企业的再建。1994 年 10 月德国颁布了新破产法，在第六编设立了一套程序，规定破产申请开始后，债务人或者管理人可以提出偿债计划，交债权人会议分组表决；偿债计划分"陈述"和"形成"两部分，前者用于说明有关事实，后者用于设定债务清偿方案，包括清偿顺位安排、清偿条件调整等；经表决通过的偿债计划由法院批准生效。同时，德国新破产法第七编规定，在程序进行期间，债务人可以管理和占有财产，并在监督人的监督下从事营业。

以上几国重整制度的构建表明，建立重整制度拯救困境企业，是当代破产法改革的趋势。这一趋势已得到各国普遍重视，成为破产法改革的一个亮点。

【**实务操作**】 债务人的出资人的重整申请权分析

重整是债权人、债务人及其出资人等多方主体之间的利益协调与博弈过程。立法对任何一方主体的权益设置都可能影响到重整程序的进程，需要慎重考虑。我们认为，我国新破产法对债务人的出资人在重整程序中积极作用的发挥及其权益保护的规定仍有待加以明确、细化与完善。新破产法第 2 、7 条规定，债务人出现破产原因或者"有明显丧失清偿能力可能的"，债务人或者债权人可以依法申请重整。第 70 条第 2 款规定："债权人申请对债务人进行破产清算的，在人民法院受理破产申请后、宣告债务人破产前，债务人或者出资额占债务人注册资本 1/10 以上的出资人，可以向人民法院申请重整。"第 134 条第 1 款规定："商业银行、证券公司、保险公司等金融机构有本法第 2 条规定情形的，国务院金融监督管理机构可以向人民法院提出对该金融机构进行重整或者破产清算的申请。"据此，重整程序可由债务人方面（包括其出资人）提起，也可由债权人提起，在特定情况下，还可由国务院金融监督管理机构对金融机构提出重整申请。在此，需特别提出的是债务人的出资人的重整申请权问题。

一般来讲，债务人是否提出重整申请，应当由其权力机构（如公司的股东会）以会议决议的形式做出意思表示。但在实践中，可能出现债务人的部分出资人希望申请企业重整，而在其他出资人控制下的债务人权力机构却坚持不申请重整的现象。为协调出资人之间的利益关系、保护少数出资人的权益，新破产法第 70 条第 2 款作出持有注册资本额 1/10 以上的出资人可以提出重整申请的规定。根据这一规定，债务人的出资人提出重整申请受到两点限制：①出资额须占债务人注册资本额的 1/10 以上；②仅在债权人对债务人提出破产清算申请并为人民法院受理后，才能提出重整申请。此外，提出申请的最迟时间应在"宣告债务人破产以前"，由于提出重整申请就是为避免破产宣告，所以此乃不言而喻的要求。对出资人行使重整申请权，许多国家或地区的立法规定有最低持股比例的限制。如日本《会社更生法》规定，持有债务人已发行股本 10% 以上的股东可以提出重整申请。我国台湾地区"公司法"规定，连续 6 个月持有债务人已发行股本 10% 以上的股东可以提出重整申请。在我国新破产法立法过程中，也确立了要对出资人提出重整申请的资格从持股比例方面加以一定限制的原则。起草工作组中曾有人建议规定，单独或合并持有债务人注册资本总额 1/3 以上的出资人，才有权提出重整申请。还有人曾建议，对上市公司可考虑其股权存在流通股与非流通股区别的状况，按照股东所持股份的不同性质，分别设定各类股东提出破产重整申请的比例标准，而不作"一刀切"式的规定，同时在流通股与非流通股之间通过评估建立适当的折算制度。从我国现在的实际情况看，将重整申请人的持股比例规定为 1/3 以上，显然有些过高，不利于发挥出资人行使重整申请权的积极效用；而且目前上市公司已经实行了股权分置的改革，流通股与非流通股的区别将不复存在，所以立法也不必再考虑此因素。于是，新破产法最终作出如上规定。

在对这一规定进行理解时，首先，应当明确，立法关于"出资额占债务人注册资本 1/10 以上"的规定，应当包括多人出资额的合并计算；其次，需要进一步明确和协调破产法与公司法在"最低出资比例"限制方面的相关规定。新破产法将出资人提出重整申请的出资比例下限规定为"占债务人注册资本的 1/10 以上"，而《公司法》第 183 条规定有权提出解散公司申请的是"持有公司全部股东表决权 10% 以上的股东"，由于公司在解散后必须进行的清算也可能会是破产清算，所以两者应相互协调。这两个规定乍看相似，实际上却有区别。因为公司的出资人即股东可分为普通股股东和优先股股东，而优先股股东一般是无表决权的。由此可能会出现出资人的（合计）出资比例达到了破产法规定的限额，但其中存在不具有表决权的出资人，甚至全部都是无表决权出资人的现象。这时是否允许其提出重整申请，如允许其提出重整申请是否会影响与公司法规定的协调，是否会出现利用两法间规定的差异规避法律限制的现象，对这些问题需要进一步加以研究确定。

另外需要重点提出的是，债务人出资人可行使重整申请权的时间。新破产法规定，债务人的出资人只能在债权人提出破产申请并为人民法院受理后申请重整，这恐怕有考虑不周之处。人民法院受理破产清算的申请，是以企业已经发生破产原因为前提的，这时才允许出资人提出重整申请，往往为时已晚，使企业丧失重整复苏的最佳时机，甚至可能因此使这一规定本身失去实际意义。在其他国家的立法规定中，也未发现设置这种限制的先例。此外，这与公司法的规定也可能产生不协调。《公司法》第 183 条规定："公司经营管理发生严重困难，继续存续会使股东利益受到重大损失，通过其他途径不能解决的，持有公司全部股东表决权 10% 以上的股东，可以请求人民法院解散公司。"既然持有一定比例表决权的股东可以独立申请解散公司，而公司解散后必须进行的清算也可能会是破产清算，那么无论是从法律解释学的类推原则出发，还是从立法的合理性角度考虑，不允许持有相同出资份额的出资人在债务人、债权人未申请重整的情况下及时提出重整申请，恐怕是不妥的。之所以需要放宽对债务人的出资人行使重整申请权时间的限制，不仅是为保护少数股东的利益，在一些情况下也是对多数股东正当权益的保护。根据《公司法》第 38、100 条的规定，对公司合并、分立、变更公司形式、解散和清算等事项作出决议，属于股东会的职权。根据《公司法》第 44、104 条的规定，对上述事项作出的决议属于特别决议，必须由股东所持表决权的 2/3 以上通过。对申请公司重整事项如何作出决议，公司法尚无明确规定，但其申请事项的性质显然与法律规定的其他特别决议同等重要，甚至更为重要，所以也应当由股东所持表决权的 2/3 以上通过。也就是说，按照目前的法律规定，只要有 1/3 的股东表决权反对申请重整，即使是出资额占大多数的股东也无法以股东会决议的方式在债权人申请破产之前提出重整申请，这将使多数股东的权益失去保障。因此，我们认为，立法应允许债务人的出资人在债务人、债权人未申请重整的情况下申请重整。但考虑到出资人与债务人权力机构的关系，此时出资人行使申请权应受到一定的限制，如应履行一定的前置救济程序，证明其已要求债务人权力机构提出重整申请，但遭到拒绝或者超过合理期限未获答复等。

【**案例分析**】　郑百文破产重整案

[案情]　1999 年，郑百文亏损 9.8 亿元，到了关门歇业的边缘。1999 年 4

月27日，郑百文被列为 ST，实行特别处理。其股价也从 1998 年初的最高每股 17.32 元惨跌到每股 4 元左右。1999 年 12 月，公司截止到 1999 年 9 月 20 日的贷款本金及应付利息共计 19.36 亿元，由中国建设银行转让给中国信达资产管理公司。次日，公司设立资产重组委员会，作为董事会下设的临时机构，开始对资产重组的可能性进行研究，争取获得债务与资产重组的机会。然而，郑百文与传统的零售企业有很大不同，它没有太多的固定资产，1999 年中期，其固定资产净值仅为 2.93 亿元，83.68% 的总资产被潜亏风险巨大的流动资产所占用。这使得债务重组困难重重。

2000 年 3 月，郑百文最大的债权人中国信达资产管理公司向郑州市中级人民法院提出郑百文破产还债的申请。此时，郑百文的债务总额为 20.99 亿元，固定资产 25 000 万元，流动资产 61 686 万元。流动资产中，应收账款和存货两项为 52 526 万元。郑百文股票的每股净资产为 -6.81 元，股东权益为 -134 580 万元，未分配利润 -182 093 万元。

破产重整方案的制定：在中国信达资产管理公司（以下简称信达）向郑州市中院提出郑百文破产的申请后，郑百文开始筹划重组。2000 年 12 月 3 日，信达、中和应泰管理顾问公司、山东三联集团（以下简称三联）和郑州市政府代表四家单位在北京宣布了 ST 郑百文的重组方案。其主要内容包括：ST 郑百文将其全部资产、债务和人员、业务从上市公司退出，转入其母公司郑州百文集团有限公司（百文集团）进行整顿；信达与三联签订《债权转让协议》，信达将它对郑百文的 144 734 万元债权转让给三联，三联向信达支付 3 亿元受让款；三联通过债权和股权的交换而减少郑百文的负债，三联以取得郑百文已发行股票的 50% 为条件而"豁免"郑百文的 144 734 万元的负债。ST 郑百文全体股东，包括非流通股和流通股股东需将所持本公司的约 50% 股份过户给三联集团。

2000 年 12 月 31 日，郑百文股东大会通过重组方案，其中，50% 的郑百文股份的转让是重组计划的核心。2002 年 4 月 29 日，郑百文获得 9 个月的宽限期申请批复。2002 年 6 月 25 日，中国证券登记结算有限责任公司办理了郑百文股份过户手续，将 67 610 个股东持有的 83 938 776 股郑百文股份，过户至"三联集团郑百文重组专用账户"。同时，中国证监会也豁免了三联集团公司因持有郑百文股份超过其已发行股份的 30% 而应履行的要约收购义务。

2003 年 7 月 18 日，PT 郑百文（600898）恢复上市，股票简称改为"郑百文"，开盘价 9.96 元，首日不设涨跌幅限制，当日涨幅达 81.75%。

［分析］ 时至今日，伴随着新破产法的出台，我们暂时不再从《公司法》、《证券法》的角度去评论和探讨这个曾经引起过轩然大波的案例，仅仅从破产法的视角去审视郑百文费尽周折的重组过程，同样会得到很多有益的启示，毕竟

郑百文从本质上说是一个挣扎在破产边缘而最终通过重组获得新生的债务人主体。郑百文在面临破产威胁时，积极地谋求重组自救，从商业的角度讲本无可厚非，但是，这样的方案却从开始出台到最后实施一直受到社会各界的口诛笔伐。长期以来我们的市场退出机制存在严重缺陷，在郑百文重组时，法律规定中根本找不到公司重组程序和有关权利界定的明确、具体、系统的规定，这使得重组完全是在一种规则不到位的情形下进行的探索，这也让众多的批评者抓住了很多把柄。假设郑百文被申请破产发生在新破产法颁布实施以后，当事人很有可能接受在法院的监督和控制之下的重整程序，尽管郑百文仍可逃过破产，但是由于有了规范化的依据，至少不会招惹来那么多的是是非非。

考察重整制度，我们可以发现重整制度具有如下一些特点：

（1）重整制度的目的是拯救濒于破产的债务人企业，其根本宗旨是维护秩序，保障安定，避免因企业解体造成激烈的社会动荡。现代社会经济结构显示出整体化、规模化和社会化的特征，一家企业破产可能会造成连锁反应，而且会带来大量工人、职员失业，给社会造成沉重的就业负担。

（2）当事人的私权受到限制，自治程度较低。不仅担保物权的优先行使受到限制，普通债权人也有可能为实现重整而作出重大让步，甚至股东也被要求削减股权。重整程序对于私权的限制，其实也是现代民法避免私权绝对化，限制私法自治和个人财产权利的一种体现。

（3）以法院为代表的公权力介入程度很高。重整程序涉及众多的利益主体，要实现其所追求的宗旨有相当大的难度，因此，以法院为代表的公权力的介入，对于重整的进行有着现实的可能和必要。

对照重整制度的这些特点，我们会发现，其实郑百文的重组方案在实体方面的设计是很到位的。通过债权人减让债务、股东削减股权、引入大量资金、改变股权结构等方式，可以使已经处于事实上破产状态的郑百文起死回生，并实现证监会所要求的届期盈利的目标。然而，郑百文的重组毕竟是在法院外达成的和解，而不是真正的重整，欠缺必要的法律规制和法院的监督，正是这一重大缺陷使得其重组引发了诸多问题，招致各方面的非议与指责，历经重重困难，险些"胎死腹中"。究其原因在于以下三个方面：

（1）郑百文重组方案建立在各方当事人合意和自愿接受的基础之上，没有经过法院的审查和确认，对当事人的约束力不强。而在重整制度中，不仅重整申请需要法院审查，债权人和股东表决通过的重整计划还要经过法院的批准。重整计划一经法院批准，对所有关系人都有约束力。

（2）郑百文通过自行和解达成的重组方案，并非是所有利害关系人参与的结果，这使得重组的公正性受到了怀疑。在郑百文重组的过程中，我们只看到了郑百文最大的债权人——信达及其代表中和应泰管理顾问公司、虚假出资的大股东——郑州市政府、重组的战略投资方——三联集团的身影,其他债权人和股东只能被动地接受这三方安排好的重组方案,对方案无法施加任何影响。相比之下,新破产法则明确规定重整计划是债务人、债权人和其他利害关系人在协商基础上就债务清偿和企业拯救作出的安排,并围绕重整计划的制定、通过、批准、执行、变更和终止的一系列规定,形成了一个由法律规制和有法院参与的多边协商机制。这就使所有的利害关系人都能获得参与重整过程的机会,从程序上保证了重整的公正性和权威性。

(3)郑百文的重组计划从本质上说只是一种债务清偿方案,它只涉及了债权调整和债务清偿方面的问题,并没有涉及郑百文公司治理结构的调整以及郑百文经营方式等可能影响公司未来经营的因素。新破产法规定,重整计划中除了债权调整方案和债权清偿方案以外,还应该包括重整企业的经营方案。这不仅可以提高方案的可行性和可信度,而且若操作得当则能收到对企业治标又治本的功效。

总之,重整制度的设置是新破产法的一大亮点,这使我国的破产法立法真正走向了现代化,它弥补了我国1986年旧破产法救济手段单一的缺陷,完善了破产预防制度,最重要的是重整制度为像郑百文这样的上市公司的重整提供了法律支撑和依据,使破产重整成为在法院的主持下相关利益方达成的商业安排,提高了重整的公正性和效率,减少了重整过程中的争议和障碍。有了这样一条渠道,一方面,上市公司在面临破产时可能不会再出现那么多的难堪局面;另一方面,需承认郑百文的重组方案在实体上是一个很好的示范,假设郑百文一案可以按照新破产法的重整程序来操作的话,过程可能会更加顺利。

【评析】

加强破产重整已成为各国破产立法的趋势,究其原因,主要是重整制度能最大限度地减少债权人因债务人破产清算所造成的受偿利益的损失,减少企业破产对社会整体以及公司职工等特定人群造成的消极影响,具有其他制度无法比拟的实践与理论价值。

1. 破产重整实现了债务清偿与企业经营的相互结合,即通过改善企业的经营,解决无法清偿债务或者更好地清偿债务的问题。当债务人无力清偿到期债务时,如何在债务人现有的财产范围内,实现多数债权人之间的公平分配?在破产清算制度中,只是根据债务人的财产与债务总额简单地进行财产分配并了结债务。在和解制度中,债务人与债权人团体达成有关债务减免、延期或分期清偿的协议,清理其债权债务关系,以暂时缓解债务人的偿债压力,消极地避免债务人被宣告破产。而在重整中，则要对陷入困境的企业，进行从资本结构到内部管理、经营战略等多方面的调整和变更，使之恢复经营，进而使债权人的利益得到更好的维护。因此，重整制度把清理债务与拯救企业紧密结合在一起。一方面，重整把债权人权利的实现建立在企业复兴的基础上，力图使企业的营运价值得以保留，使债权人得到比在破产清算情况下更为有利的清偿；另一方面，重整积极地预防债务人破产，通过债务调整，消除破产原因，使企业摆脱困境、获得重生。对重整制度中债务清理和企业拯救这两个目标而言，后者是主要的，即重整的首要任务是实现企业复兴。[1]

2. 破产重整实现了私权本位与社会本位的相互调和。重整制度打破了私法与公法之间的传统界限，它把企业置于中心地位，它不仅关注企业各方当事人的利益，而且着眼于企业在经济生活中的地位及其兴衰对社会生活的影响。[2]重整制度的目标是促进债务人公司的重生，使债务人"资产"最大化，避免债务人被破产清算，鼓励利害关系人就债务人的财务困境达成一致解决方案，最终避免公司解体可能造成的社会动荡，有利于保护就业、税源、资源等各种经济连带关系，提高经济效率和维护社会公平。

3. 破产重整将程序法和实体法相融合。为了实现企业拯救，重整要采取一些保护措施，以维护企业继续营业，但面对债权人的"索债"以及企业无力偿债且从事营业所面临的自身困难，这些保护措施不仅需要程序法上的安排，还得借助实体法上的措施。因此，重整制度对债务人企业的营业保护本着重实际、讲实效的精神，将各种有用的程序规则和实体规则融为一体。

4. 破产重整是多种法律事实及法律效果的相互聚合。重整制度本着私权保护和社会利益保护的双重目的，沿着债务清理和企业拯救两条主线，借助程序和实体两种法律规制方法，引起一系列法律关系的发生、变更和消灭。而多种法律关系的存在，形成了多种当事人介入重整程序的局面。重整是引起法律关系发生、变更或消灭的概括性的法律事实（包括一系列的行为和事件），也是一个由多种法律事实和法律效果聚合而成的法律关系变动过程，其包含了对多种法律关系的调整。这主要有：债权关系、投资关系、劳动关系、特权关系以及某些经济行政关系，如商业登记、不动产登记、抵押登记等。考虑到破产重整所具有的上述理论价值，我国新破产法毅然采纳了此一制度，但理论上的巨大价值能否最终体现于实践之中还需要时间去证明，制度的缺陷同样也仅能由实践提出。因此，在该项制度被大量实践之前，我们很难对其优劣作出评判。

---

〔1〕 参见常怡主编：《比较民事诉讼法》，中国政法大学出版社 2002 年版，第 714 页。
〔2〕 王卫国：《破产法》，人民法院出版社 1999 年版，第 228 页。

第3章

破产程序

【内容摘要】　　破产程序是解决债务人无力偿还债务状况的一种特殊的法律程序，是指当债务人无力偿还债务时，为了保护全体债权人的合法权益，按比例清偿的原则以及法定清偿顺序，将债务人的全部财产，在全体债权人中间进行公平分配的法定程序。[1] 破产法虽然属于私法，但它具有特殊性，其中最为主要的是破产的整个过程都必须符合严格的程序，而在这些程序活动中，发挥引导与监督作用的是法院。破产程序主要包括破产申请、破产受理、破产宣告和破产终结。

第一节　破产案件的管辖

【基本理论】

一、破产案件的管辖及管辖法院

所谓破产案件的管辖，是指某一法院受理，审理破产案件的范围与权限。破产案件的管辖涉及管辖法院，以及属地管辖、级别管辖、移送管辖等许多方面。我们先来看破产案件的管辖法院。国外立法对破产案件的管辖法院主要有三种模式：①由专门法院管辖，即设立专门法院受理破产案件，如美国破产法规定破产案件由联邦法院审理，在联邦法院下共设有 93 个地区破产法院（庭），并在 11 个联邦巡回审判区设置破产上诉法院；②由普通法院管辖，英国、意大利、德国等国家采此模式；③以破产人是否具备商人身份而分别由商事或民事法院管辖，比如 1967 年前的法国，对于商事主体的破产由商事法院管辖，非商人破产案件由民事法院管辖。我国一直奉行民商合一的传统，因此，未设置专门的破产法院或破产法庭，破产案件一般是由民事法庭来审理。当然，也有一

---

〔1〕　陈正云、孙福全：《企业破产与破产操作》，法律出版社 1998 年版，第 141 页。

些发达地区为了应对破产这个特殊诉讼，一般会在中级人民法院里设置破产法庭。

二、破产管辖的类别

关于破产案件的管辖类别，共有三种，分别是地域管辖、级别管辖和移送管辖。所谓地域管辖，即根据地域确定的人民法院对破产案件进行管辖。所谓级别管辖，是指由不同级别的法院受理不同破产案件的管辖原则。所谓移送管辖，是指在法院受理破产案件后，发现本法院对该案无管辖权，依照法律规定将案件移送给有管辖权的法院审理的制度。

（一）地域管辖

新破产法第 3 条规定："破产案件由债务人住所地人民法院管辖。"何为债务人的住所地，学理上历来存在争议。有学者认为，债务人的住所地应指债务人的主营业地。该营业地不以章程所规定为限，是指与法人的经营活动有实际密切联系的营业地。由主营业地人民法院管辖，便于查清债权债务，清理债务人的财产及便于清算组进行必要的民事活动。[1]另有学者认为，债务人所在地是法人章程所规定的主要营业地，故章程所规定的主要营业所所在地的人民法院有管辖权。[2]

司法实践中如何理解"债务人住所地"？最高人民法院《关于审理企业破产案件若干问题的规定》第 1 条对此作了具体解释，其规定债务人住所地即指"债务人的主要办事机构所在地"而非"法人的主要营业地"。这样规定的主要原因在于实践中对主要营业地的判断存在着一定的困难，如一个公司破产，其在多个地方设有分公司，究竟何为主要营业地，难以判断，且容易产生不必要的争议。主要办事机构所在地则相对比较容易判断，通常是指该企业的法人机关所在地。债务人企业有多个办事机构的，以其主要办事机构所在地为住所地；只有一个办事机构的即以该机构所在地为住所地。该规定进一步明确，"债务人无办事机构的，由其注册地人民法院管辖"。

（二）级别管辖

我国破产法并未规定级别管辖，但最高人民法院《关于审理企业破产案件若干问题的规定》却确立了级别管辖的规则。该规定第 2 条规定："基层人民法院一般管辖县、县级市或者区的工商行政管理机关核准登记企业的破产案件；中级人民法院一般管辖地区、地级市（含本级）以上的工商行政管理机关核准

---

[1]　柯善芳：《破产法概论》，广东高等教育出版社 1988 年版，第 81～82 页。
[2]　谢邦宇：《破产法通论》，湖南大学出版社 1987 年版，第 170 页。

登记企业的破产案件；纳入国家计划调整的企业破产案件，由中级人民法院管辖。"可见，我国是以企业法人进行工商登记的工商行政机关的级别为依据划分管辖级别的。但司法实践中并非这样执行，比如在广州市，基层法院并不受理破产案件，破产案件一律由中级人民法院受理。而《深圳经济特区企业破产条例》第5条明确规定："破产案件由债务人住所地人民法院管辖。外商投资企业的破产案件由深圳市中级人民法院管辖。"

（三）移送管辖

我国破产法没有规定移送管辖制度，但最高人民法院《关于审理企业破产案件若干问题的规定》对移送管辖作了规定。其第3条规定："上级人民法院审理下级人民法院管辖的企业破产案件，或者将本院管辖的企业破产案件移交下级人民法院审理，以及下级人民法院需要将自己管辖的企业破产案件交由上级人民法院审理的，依照民事诉讼法第39条的规定办理。"即上级人民法院有权审理下级人民法院管辖的第一审民事案件，也可以把本院管辖的第一审民事案件交下级人民法院审理。下级人民法院对它所管辖的第一审民事案件，认为需要由上级人民法院审理的，可以报请上级人民法院审理。省、自治区、直辖市范围内因特殊情况需对个别企业破产案件的地域管辖作出调整的，须经共同上级人民法院批准。

【资料链接】

一、英国破产署[1]

英国破产署成立于1884年，是官方接管人组织，其使命就是公平、高效地处理财务问题，实现工贸部"推广并提供企业破产活动的有效框架，以帮助投资者、企业树立信心"的目标。破产署虽是英国工贸部的下属机构，但在破产业务上是独立于政府的，债权人可以较为自由地参与破产程序。破产署在一定的法律框架下运行，其仅存在于英格兰和威尔士，在其他地区则有不同的法律。此外，公司的自愿清算活动不在其管辖范围内。

英国的破产署的官方管理人约有2000人，其有39个地区办公室，主要设置在大城市。其业务除处理破产案件外，还包括对破产企业董事追究刑事责任。官方管理人同时也隶属于一定的法院，需要就法院法令的执行与自身法律职责的履行事宜对法院负责。官方管理人执业不需要投保执业保险。

---

〔1〕　该材料来源于《MBA智库百科》，网址：http：//wiki.mbalib.com/wiki/%E8%8B%B1%E5%9B%BD%E7%A0%B4%E4%BA%A7%E7%BD%B2.

英国破产署下设有一个遣散费支付办公室，当破产的雇主应当为以前的雇员支付遣散费及其他款项而未支付时，该办公室负责使用"国家保险基金"为员工支付此类费用。该办公室每年需处理此类案件9万件左右，并动用约1.8亿英镑予以支付。在"国家保险基金"支付之后，由破产署代位作为债权人参加破产程序向雇主索赔。

实践中，英国也经常遇到债务人无足够资产支付破产费用的情况，这些案件由破产署指派官方破产管理人负责处理。原则上凡是私人管理人赚不到钱的案件就由官方管理人办理。政府从所有破产人的不动产中提取17%的收费作为破产和清算的不动产基金，用于管理无财产破产案件的支出，但这一政策不适用于依法院法令进行的IVA程序案件。此外，政府作为基金受托人还要从基金中收取一定的费用。

法院收到破产申请后，即指定一名官方管理人作为临时受托人（适用于个人破产案件）或临时清算人（适用于公司破产案件），以保护债务人财产或控制公司事务，等待申请召开听证会。在法院颁布破产令（个人）或清理令（公司）后，如未另行指定私营部门破产行业从业人员，官方管理人就成为受托人或清算人。此外，根据英国于2004年4月引入的新程序，官方管理人也可以在个人破产的自愿安排中担任监督人。在获取破产案件所需资讯和文件方面，法律赋予官方管理人广泛的权力，其甚至可以在法庭上展开公众调查。

根据英国《1986年公司董事资格取消法》规定，管理人必须向破产署报告董事的不正当行为，如果涉及公众利益，将决定对某一董事颁布资格丧失令。除非该董事保证在2年至15年期间内不参与公司管理，且保证被接受，否则将被宣布取消其董事资格。

二、美国破产法庭

美国成立了专门的破产法庭。美国破产法庭均纳入联邦法院系统，分三个等级。第一级为联邦最高法院，有专门分工处理破产事宜的工作项目；第二级为区域法院，全国共有13个，每个区域法院管辖一个至数个州或特别行政区，也有专门分工处理破产事宜的工作项目；第三级为地区法庭，或称破产法庭，专门处理破产事宜，全国共94个，分布在50个州和特别行政区。三级法庭系统上下级之间实行垂直领导。任何企业破产案件都只能由破产法庭专门受理，州、地方法庭无权过问。美国宪法还规定，在破产法庭处理破产事宜时，如果州、地方制定的法律与联邦破产法相抵触，则相抵触部分的州、地方法律条文均属无效。目前全美共有326个破产法官席位，破产法官均是联邦法官，由区域法院院长任命，任期6年。

【实务操作】　确定破产案件级别管辖的相关法律依据

1. 最高人民法院《关于审理企业破产案件若干问题的规定》第 2 条规定："基层人民法院一般管辖县、县级市或者区的工商行政管理机关核准登记企业的破产案件；中级人民法院一般管辖地区、地级市（含本级）以上的工商行政管理机关核准登记企业的破产案件；纳入国家计划调整的企业破产案件，由中级人民法院管辖。"第 3 条规定："上级人民法院审理下级人民法院管辖的企业破产案件，或者将本院管辖的企业破产案件移交下级人民法院审理，以及下级人民法院需要将自己管辖的企业破产案件交由上级人民法院审理的，依照民事诉讼法第 39 条的规定办理；省、自治区、直辖市范围内因特殊情况需对个别企业破产案件的地域管辖作调整的，须经共同上级人民法院批准。"

2. 《民事诉讼法》第 39 条规定："上级人民法院有权审理下级人民法院管辖的第一审民事案件，也可以把本院管辖的第一审民事案件交下级人民法院审理。下级人民法院对它所管辖的第一审民事案件，认为需要由上级人民法院审理的，可以报请上级人民法院审理。"

尽管我国新破产法未规定破产案件的级别管辖，但根据相关司法解释，破产案件的级别管辖，按如下原则确定：

（1）基层人民法院一般管辖县、县级市或者区的工商行政管理机关核准登记企业的破产案件。

（2）中级人民法院一般管辖地区、地级市（含本级）以上的工商行政管理机关核准登记企业的破产案件。

（3）纳入国家计划调整的企业破产案件，由中级人民法院管辖。

【案例分析】　破产案件中的管辖权异议[1]

［案情］　东莞市中级人民法院受理债务人广州市凤华资源开发总公司申请破产还债纠纷一案后，申请人广西信托投资公司在第一次债权人会议召开前对管辖权提出异议，认为债务人广州市凤华资源开发总公司住所地为广州市，该案应由广州市的人民法院管辖，因此，应移送有管辖权的人民法院管辖。

经审查，东莞市中级人民法院认为，尽管债务人广州市凤华资源开发总公司的工商注册登记地为广州市，但该公司的绝大部分财产在东莞，其主要经营场所也在东莞。依照《中华人民共和国民事诉讼法》第 38 条、《中华人民共和

---

〔1〕　本案例引自程春华：《破产救济研究》，法律出版社 2006 年版，第 157～158 页。

国企业破产法（试行）》第 5 条、最高人民法院《关于贯彻执行〈中华人民共和国企业破产法（试行）〉若干问题的意见》第 1 条之规定，裁定如下：驳回申请人广西信托投资公司对本案管辖权提出的异议。本裁定为终审裁定。

[分析]　　本案涉及管辖权异议的问题。

对当事人在破产案件中是否可提出管辖权异议，我国相关法律未作规定，实践中做法不一，有的法院允许，有的法院则不允许，对此在理论界也存在不同观点。[1]

一种意见认为：民事诉讼法有关管辖权异议的规定同样适用于破产案件，无论债权人还是债务人，均有提起管辖权异议的权利。如是债权人申请破产，债务人以及未提出破产申请的债权人均有权提出管辖权异议；如是债务人提出破产申请，则全体债权人均有提出管辖权异议的权利。法院在债务人或者债权人提出管辖权异议时，应当对管辖权异议作出裁定，当事人对裁定不服的，可以提出上诉。

另一种意见认为：对破产案件的管辖不应允许提出异议。原因在于：①破产案件当事人众多、情况复杂，涉及债务人、债权人、管理人、取回权人和破产企业职工等多方主体，异议人范围难以界定；②无法对提出管辖权异议的期限作出统一、合理的规定；③允许提出管辖权异议，必然增加审理环节，延长案件审理时间，增加破产费用，不利于维护债权人、债务人的利益；④允许提出管辖权异议，就可能出现移送管辖或指定管辖，会使破产财产的管理出现不稳定、不衔接的情形。

通说认为：当事人可以对破产案件管辖权提出异议，但应该严格限制管辖权异议的提出。就本案而言，确定破产案件的地域管辖，必须先确定债务人的住所地。对于"住所地"的理解，最高人民法院《关于适用〈中华人民共和国民事诉讼法〉若干问题的意见》第 4 条规定，法人的住所地是法人的主要营业地或者主要办事机构所在地。营业地是指企业从事生产经营活动的场所，办事机构所在地通常是指企业管理机构的办公地点，两者间是并列关系，不存在先后顺序问题。由于债务人的主要营业地与主要办事机构所在地可能并不在同一地方，因此，不同的法院对破产案件可能同时享有管辖权。

为了解决可能存在的不同法院就同一破产案件都享有管辖权而引发的管辖冲突问题，最高人民法院曾在《关于审理企业破产案件若干问题的规定》（以下简称《规定》）的第 1 条中规定："企业破产案件由债务人住所地人民法院管辖。债务人住所地指债务人的主要办事机构所在地。债务人无办事机构的，由其注

〔1〕　钱晓晨、刘子平："破产案件管辖权与管辖权异议研究"，载《中国法院报》2008 年 5 月 22 日。

册地人民法院管辖。"

就本案而言，如果按照相关法律规定，的确应当以债务人广州市凤华资源开发总公司的工商登记地广州市为该公司的住所地，因此，本案应当由广州市人民法院管辖。但是，确立破产案件管辖的唯一性，避免管辖冲突是非常必要的，而按照债务人主要办事机构所在地或者注册地确定管辖并不完全合理。[1]因为破产程序主要是围绕债务人财产进行的，所以破产案件由债务人的主要财产所在地或者利益中心所在地的法院管辖最为合理。这也符合国际通行做法，多数国家的破产法规定，破产案件专属于破产财团所在地法院管辖。

【评析】   我国管辖制度的完善

首先，为了因应商事交易中对信用和安全的保障要求，以及为谋求迅速而适当地处理和解、重整及破产事件，宜将该等事件集中于专门的法院或法庭处理，使法官能够累积处理破产事件的经验及知识、技能，成为专业人才。比如我国台湾地区就按照这种思路进行改革，其过去的破产案件由普通法院进行审理，而"债务清理法"的颁布改变了这种现状，该法第7条就规定："债务清理法院由司法院视省或直辖市地理环境及事件多寡分别设立。其组织，除法律有特别规定外，准用法院组织法有关地方法院之规定。债务清理事件，于前项法院设立前，由直辖市地方法院管辖，其辖区由司法院定之。"日本在最近的破产法改革中，对于大规模的破产案件，为了能专门在法院处理而实施集中管辖。债权人人数在1000人以上的，统一由东京地方法院或大阪地方法院管辖，并在这两个法院内建立专门的大规模破产案件处理体制。我国也应该因应这种趋势，借鉴各国经验，可以在各级法院专门设立破产法庭，处理与日俱增的破产案件。上海、深圳和佛山等地已经开始对破产案件实行集中管辖，即将一定地区内的破产案件集中起来，由当地中级人民法院管辖并成立专门的破产合议庭来进行处理。

其次，我国司法实践在认定地域管辖时，是以债务人所在地，即企业主要办事机构所在地为准。这种做法也为许多国家所采纳。比如英国法院采用登记地的原则。美国的破产案件不论是在州登记的公司还是在联邦登记的公司，都由联邦破产法院受理，从巡回法院的设置来看，也基本上采用登记地原则。但随着企业社会经济活动的扩展，这一规定渐渐不能满足实践的需要。因为一方面，企业登记地与主营地常常不一致，给法院的审判活动带来困难；另一方面，

---

[1]　钱晓晨、刘子平："破产案件管辖权与管辖权异议研究"，载《中国法院报》2008年5月22日。

主营地是企业主要民事活动所在地，企业与债权人的债务往往发生在企业的主营地，其账册文件、财产等也多在主营地，因此破产案件由债务人主营地人民法院管辖更为适宜。[1] 当然，也有人认为破产程序主要是围绕债务人财产进行的，所以破产案件由债务人的主要财产所在地的法院管辖更为合理。的确，不少国家的破产法也规定，破产案件专属于破产财团所在地法院管辖。

最后，关于级别管辖问题，最高人民法院的实施意见第 2 条有明确的规定。但这一级别管辖的弊端是容易助长地方保护主义，且与民事诉讼法关于管辖的基本精神不符。随着市场越来越开放，企业破产的影响面越来越宽泛，应当根据企业破产的影响范围确定其审级。县级企业在周边有较大影响的，应以中级人民法院为一审法院；县级或市级在全国有重大影响的企业，应以高级人民法院为一审法院。

第二节　破产申请

【基本理论】

一、破产申请的概念

所谓破产申请，是指当事人或利害关系人向法院提出的要求宣告债务人破产以清偿其债务的请求。作为破产程序开始的形式要件，破产申请的本质是一种意思表示，是当事人的意思自治行为。作为私法的领域，破产程序的启动应该由当事人自己做出，无破产申请，法院不得启动破产程序。

破产程序的启动机制，主要有申请主义和职权主义两种。所谓申请主义，即法院根据破产申请人的申请而开始破产程序；所谓职权主义，即法院在无破产申请的情况下根据其职权开始破产程序。早期破产制度一般采用职权主义，而现代破产法大多是采申请主义并兼顾职权主义。法国《破产法》第 1、131 条规定，债务人应当在停止支付 15 日内向法院申请破产。日本《民法典》、《商法》也规定清算人发现公司债务超过资产时，有代表债务人申请破产的义务。而我国台湾地区"破产法"第 60 条则规定："在民事诉讼程序或民事执行程序进行中，法院查悉债务人不能清偿债务时，得依职权宣告债务人破产。"

现代国家之所以采申请主义的原因，是由于各国在破产法的理念上，都摒弃了以前有罪破产、惩罚主义的观念而代之以无罪破产、免责主义的观念。由于将破产视为私法规范的对象，因此，尊重双方当事人意志的申请主义逐渐取

---

[1]　黄良军："论企业破产程序的完善"，载《南京经济学院学报》2001 年第 4 期。

得优先地位。

二、破产申请的主体

破产申请的主体是指依照法律规定，有权请求法院裁定对债务人适用破产程序的主体。当今各国的破产法大都将破产申请主体限定于债权人与债务人，但在特别法上，例如公司法或合伙企业法中，如公司或合伙企业因解散而进行清算时，清算人发现其财产不足以清偿债务的，也应向法院提出破产申请。我国新破产法第7条则规定，破产申请主体包括债务人、债权人以及依法负有清算责任的人。

（一）债务人

根据新破产法第7条第1款的规定，债务人不能清偿到期债务，并且资产不足以清偿债务或者明显缺乏清偿能力的，其可以向法院提出破产申请。需要注意的是，由于我国目前仅赋予企业法人破产能力，故除企业法人外的其他债务人并无提出破产申请的权利。而在实行一般破产主义，即广泛赋予包括商自然人在内的各种商事主体以破产能力的国家，则不存在此种限制。向法院提出破产申请，是债务人作为商事权利主体处分其全部财产以及集中清理其债务的一项权利。有学者指出："权利与义务相伴而生，从权利角度看，申请破产可为债务人带来破产后免责等利益。从义务角度看，在法定情况下要求债务人必须提出破产申请，可以防止债务人隐瞒破产情况，恶意膨胀债务，加重损害债权人的利益，影响社会经济秩序。"[1]

法律之所以赋予债务人破产申请权，主要是基于如下理由：①债务人最了解自己的财产状况和清偿能力，也最清楚自己是否能清偿到期债务，是否已达破产界限。在一般情况下，债务人的财产状况是不向社会公开的，债权人很难了解债务人的经营情况和财产状况，所以，债权人很难适时地提出破产申请。②债务人具有申请破产的动力。现代破产法区别于近代破产法的最重要的特征就是从债权人本位转变为对债权人与债务人双方利益给予平等保护[2]。基于此一理念，各国破产法大都规定了债务人的免责制度，这是对债务人提出破产申请的有利激励。一个诚实的债务人可以通过破产程序而获得免责的优惠，从而摆脱债务危机。正是这种利益驱动使得更多的债务人产生了申请破产的原动力。事实上，这种制度也间接地保护了债权人的利益。所以，在许多国家，大部分的破产案件都是由债务人而非债权人提出的。在我国的审判实践中，70%左右

〔1〕　王欣新：《破产法律专题研究》，法律出版社2002年版，第52页。
〔2〕　李永军：《破产法律制度》，中国法制出版社2000年版，第67~69页。

的破产案件也是由债务人提出申请的。一般情况下，债务人的破产申请，由债务人自主决定。但国有企业申请破产，必须经上级主管部门同意。

（二）债权人

根据新破产法第7条第2款之规定，当债务人不能清偿到期债务时，债权人可以向法院提出对债务人进行重整或者破产清算的申请。破产法的制度价值之一就是保护债权人利益，故申请债务人破产是债权人的权利。法律之所以赋予债权人此项权利，是由于债权人是根据约定或法律规定对债务人享有财产请求权的人，其有权要求债务人履行法定或约定的义务。当债务人不履行义务时，除有法定或约定免责事由外，债权人可以请求法院强制债务人履行。债权人向法院申请债务人破产，是债权人请求法院保护其权利的一种救济手段。新破产法将债权人申请破产的条件仅规定为债务人不能清偿到期债务，而没有要求债权人必须在债务人完全具备新破产法第2条规定的破产原因的情况下才可以申请债务人破产。之所以如此规定，是考虑到债权人只知道债务人是否清偿了到期债务，而让其证明债务人的资产状况则是十分困难的，这对于债权人是不公平的，也不利于保护其合法权益。再者，不能清偿到期债务也是债务人丧失偿债能力的客观表现之一。当然，债务人可以通过举证证明自己并未丧失偿债能力来进行抗辩。在实践中，债权人申请债务人破产是为满足其债权而不得已为之的策略，若能以民事执行程序满足其债权，债权人一般不会提出申请，故以债权人的申请开始破产程序的较少。一般来说，债权人申请破产的目的是想从破产程序中得到民事执行程序不能得到的利益。但一般认为，债权已经超过诉讼时效的债权人不能提出破产申请。[1]

一般认为，债权人的债权应当具备以下条件：[2]

（1）须为具有给付内容的债权请求权，排除了基于物权或人身权的无给付内容的请求权。特定物的原物返还请求权原则上无破产申请权，但因原物返还不能而转化为损害赔偿请求权的则有破产申请权。

（2）须为法律上可强制执行的债权请求权，排除了丧失了申请执行权的债权。对于生效法律文书确定的给付内容，申请执行人在《民事诉讼法》第215条规定的申请执行期限内未申请执行的，丧失请求法院强制执行的权利。

（3）须为已到期的债权请求权，排除了未到期的债权。未到期的债权因不具有强制执行性，因而权利人不具有申请破产的资格，但破产程序开始后，未到期债权视为已到期，从而享有参加破产程序的权利。

---

[1] 李永军主编：《商法学》，中国政法大学出版社2004年版，第570页。

[2] 王卫国：《破产法》，人民法院出版社1999年版，第57~58页。

相反，以下几种情况的债权人不得提出破产申请：

（1）基于物权或人身权提出的给付内容的请求权。比如特定物的原物返还请求权，原则上无破产申请权，内容为排除妨害、赔礼道歉，消除影响等人身性质的义务不得提出破产申请。

（2）已超过诉讼时效期间的债权。

（3）丧失了申请执行权的债权。

（4）未到期的债权。

（三）清算人

新破产法第7条第3款规定，企业法人已解散但未清算或未清算完毕，资产不足以清偿债务的，依法负有清算责任的人应当向法院申请破产清算。所谓依法负有清算责任的人，根据公司法的规定，是指因公司章程规定、股东会决议、依法被吊销营业执照、责令关闭或被撤销等而解散的，有限公司的清算组由股东组成；股份有限公司的清算组由董事或者股东大会确定的人组成。清算组在进行清算时，应当对企业法人的债权债务进行清理，编制资产负债表和财产清单，若发现该企业法人资不抵债的，就应立即向法院申请该法人破产。

这里需要注意的是，对于债权人来说，只要企业不能清偿到期债务，就可以向法院申请对债务人进行重整或者破产清算，没有义务去了解企业是否资不抵债。清算人提出申请时，由于企业法人已解散，不存在重整或和解，只有破产清算。

三、破产申请的效力

1. 时效中断。破产申请无论是否被法院所受理，均发生债权时效中断的效力。

2. 相关法律行为的自动停止。提出破产申请后还会产生相关法律行为自动停止的效果，如任何人均不能对债务人或者破产财团的财产采取任何行动。自动停止除了禁止对债务人或破产财团财产进行转让、执行等法律行为之外，同时也禁止以非正式的法律行为来收取债务，例如催债信或讨债电话等。在某些特定情形下，债权人可能可以被排除在自动停止的范围外，但自动停止主要的效果，是要规定所有的偿债行为都必须要透过破产法院来进行。自动停止在破产程序中的地位相当重要，通常债务人提出破产申请的主要目的，就是为了要获得自动停止所带来的好处。

四、破产申请不予受理的补救和处理

法院经过审查，如果认为破产申请不符合破产受理的法定条件，但可以补救的，应当给申请人补救的机会；不能补救的，应当裁定驳回申请。对此，在审判实践中应当注意分情况进行处理：

1. 对不具备形式要件，但可以补救的破产申请，人民法院可以责令申请人限期补救。例如，人民院经审查认为破产申请需要更正、补充材料的，可以责令申请人限期更正、补充材料；申请人按期更正、补充后，人民法院再根据对实质要件审查的结果依法决定是否受理；申请人未按期更正、补充的，视为撤回申请。

2. 对不具备形式要件，且不可补救的破产申请，人民法院应当劝告申请人撤回破产申请并应告知申请人正确的处理方法。例如，管辖不符时，应告知申请人向有管辖权的人民法院申请。如果申请人不愿撤回申请，人民法院应裁定驳回其破产申请。

3. 对于不具备实质要件的破产申请，人民法院应劝告当事人撤回申请，并告知申请人正确的处理方法。例如，按普通程序起诉或者申请仲裁、执行等。申请人不愿撤回申请的，人民法院应裁定驳回其破产申请。如果人民法院受理企业破产案件后，发现有不符合法律规定的受理条件和情形的，应当裁定驳回破产申请。人民法院在受理债务人的破产申请后，发现债务人巨额财产下落不明且不能合理解释财产去向的，也应当裁定驳回破产申请。

4. 人民法院关于驳回破产申请的裁定，是对破产案件作出的所有裁定中唯一可以上诉的裁定。法院对破产案件作出的裁定，一般来说不准上诉，当事人对裁定有异议的，可以向作出裁定的原审法院申请复议，但复议期间不能停止裁定的执行。而破产申请人对不予受理破产申请的裁定不服的，可以在裁定送达之日起 10 日内向上一级人民法院提起上诉。

【资料链接】

一、破产申请人的扩张与限制

在国外立法中，破产申请人的范围比较广泛，除了债权人、债务人、破产清算人之外，对破产申请主体也作了开放性的规定，允许准当事人如债务公司的股东、企业法人的理事、清算人、和解及重整程序中的监督人提起破产申请。有的国家还规定一定的国家机关如检察机关，可作为一种社会利益的代表提出申请。如英国《1967 年公司法》规定，贸易部、官方接管人享有破产申请权；意大利《1942 年破产法》规定，检察官享有破产申请权。而日本《破产法》规定，两种特殊主体可以提起破产申请：①破产和解或破产重整程序中的"监督人"；②依破产和解协议计划负担实体法律义务的第三人。

破产申请后，不论是法院还是债务人都有成本的支出，因此，为了防止债权人滥用破产申请权，有的国家对债权人行使破产申请权规定有申请人数或最低债权数额的限制。如英国破产法规定，债权人无财产担保的债权额必须达到破产水平即 750 磅；美国破产法规定，债权人总数在 12 人以上的，必须有 3 名以上债权人，其无担保的债权总额在 5000 美元以上时，才可提出破产申请。另外，英国破产法还规定，债权人提出破产申请应交纳 200 英镑的保证金，以担保破产申请错误时，赔偿债务人因财产权利受限制而造成的经济损失。

二、破产申请费用的确定

债权人申请债务人破产，应交纳破产案件受理费用。破产案件的受理费，应当从破产财产中优先拨付，但在司法实务中，原则上由破产申请人预交。破产申请人不按期交纳破产案件受理费的，人民法院将不予立案。破产案件受理费用与诉讼费用不同：①诉讼费用是按整个案件情况确定收费标准的，而破产申请时所交的费用，应是以人民法院受理破产案件前的支出标准为基础确定的。因人民法院受理破产案件后所发生的费用均属破产费用，所以应从破产企业的财产中优先拨付。②破产申请费用是申请人为债权人共同利益代为支出的破产费用，只要人民法院作出受理破产案件的裁定，该项费用便应从破产企业的财产中优先拨还。此项费用在债务人被宣告破产的情况下，实际上是由全体破产债权人共同分担，在债务人因和解、重整而清偿债务，未经破产宣告时，则由债务人承担。当然，如果申请人的破产申请未被人民法院受理，该费用就只能由申请人承担了。[1]

破产费用缴纳的标准，我国新破产法未作明确规定。在司法实践中，我国法院是按照《人民法院诉讼费用收费办法》来执行的，即破产案件的受理费，以破产企业破产财产的总额为基础，按照破产企业财产总额依照财产案件收费标准计算，减半交纳，但最高不超过 10 万元：①不满 1000 元的，每件交 50 元；②超过 1000 元至 5 万元的部分，按 4% 交纳；③超过 5 万元至 10 万元的部分，按 3% 交纳；④超过 10 万元至 20 万元的部分，按 2% 交纳；⑤超过 20 万元至 50 万元的部分，按 1.5% 交纳；⑥超过 50 万元至 100 万元的部分，按 1% 交纳；⑦超过 100 万元的部分，按 0.5% 交纳。

法院在受理破产案件时所计算的破产案件受理费用是以企业账面记载的财产总值计算。在宣告破产后，如果清算组最后清算的财产总值小于或大于原来

---

[1]　王新欣："破产申请的提出与受理"（上），载 http://www.civillaw.com.cn/article/default.asp? id = 12601.

记载的财产总值时，应以清算组的清算结果为准。

但上述做法受到了学者的批评，他们认为，破产案件受理费用的计算以破产企业的财产总值为基础，在实践上存在一些问题。首先，人民法院受理破产案件时，并不注定要宣告债务人破产，因此，不存在以"破产企业的财产总值"为基础的案件受理费问题。特别是当企业经过重整而复苏时，以"破产企业的财产总值"为基础征收案件受理费，显失公平。其次，如果以企业财产总值为基础征收破产案件受理费，那么，债权人申请法院宣告企业破产，法院予以受理但经查明债务人不应被宣告破产的，法院已经预收的案件受理费是否应比照民事诉讼原告败诉由原告承担受理费的原则而由破产申请人负担呢？[1]

【实务操作】

一、债务人申请破产的程序

关于提出破产申请的具体方式，各国破产法的规定并不一致。例如，根据1898年《德国破产法》第104条的规定，债务人提出破产申请应以书面为之；而《日本破产法》第114条规定，破产申请既可以用书面为之，也可以口头提出；根据我国新破产法第8条第1款规定，向法院提出破产申请时应当提交破产申请书和有关证据。我国新破产法第8条第2款规定，破产申请书应当载明下列事项：

（1）申请人与被申请人的基本情况。在这一部分应当写明申请人和被申请人的姓名或名称、地址、法定代表人的姓名和地址、联系方式等情况。如果是债务人申请破产，还应当写明企业主要负责人的名单。

（2）申请目的。这里的申请目的是指申请对债务人开始破产程序还是和解程序，或者重整程序。

（3）申请的事实和理由。也就是说，债务人提出申请时必须说明自己具备破产原因。

（4）法院认为应当载明的其他事项。

根据我国新破产法第8条第3款规定，债务人提出破产申请时还应当提交财务状况说明、债务清册、债权清册、有关财务会计报告、职工安置预案以及职工工资的支付和社会保险费用的缴纳情况等材料。

根据最高人民法院《关于审理企业破产案件若干问题的规定》第6条的规定，债务人申请破产时，应当向人民法院提交下列文件：①书面破产申请；

---

〔1〕　邹海林：《破产程序和破产实体制度比较研究》，法律出版社1995年版，第104页。

②企业主体资格证明；③企业法定代表人与主要负责人名单；④企业职工情况和安置预案；⑤企业亏损情况的书面说明，并附审计报告；⑥企业自破产申请日的资产状况明细表，包括有形资产、无形资产和企业投资情况等；⑦企业在金融机构开设账户的详细情况，包括开户审批材料、账号、资金等；⑧企业债权情况表，列明企业的债务人名称、住所、债务数额、发生时间和催讨偿还情况；⑨企业债务情况表，列明企业的债权人名称、住所、债权数额、发生时间；⑩企业涉及的担保情况；⑪企业已发生的诉讼情况；⑫人民法院认为应当提交的其他材料。

二、债权人申请破产的程序

债权人申请破产的程序相对简单一些。根据新破产法第 8 条第 1、2 款的规定，债权人申请破产应当向有管辖权的人民法院提交破产申请书和有关证据，破产申请书应当载明下列事项：①申请人、被申请人的基本情况；②申请目的；③申请的事实和理由；④人民法院认为应当载明的其他事项。除此之外，债权人还应当提交的证据一般包括如下几项：①债权发生的事实与根据；②债权的性质、数额、有无担保；③债务人不能清偿到期债务的事实和证据。

【案例分析】

[案情]　　2008 年 12 月 10 日债权人某银行分行向市中级人民法院申请雅光葡萄酒厂破产。经查：雅光葡萄酒厂仅有资产 73.7 万元，债务为 159.7 万元，亏损额达 86 万元，资产负债率为 46.1%。

法院立案，在规定时间内通知了债权人，并于 2009 年 1 月 5 日在报上公告要求债权人申报债权，规定 2 月 10 日召开第一次债权人会议。

有些债权人担心自己的债权得不到全额清偿，就通过各种途径抢先清偿。例如从债务人的仓库中提走产品抵债。

2 月 10 日法院主持召开了第一次债权人会议，确认了 24 家债权人，各种债务累计 159.7 万元。银行的部分债权是有抵押权的。

2 月 11 日法院裁定破产。3 月 9 日成立破产清算组。清算组提出财产分配方案，债权人会议通过：所有财产集体拍卖，全体债权人按比例受偿。

清算组委托拍卖公司公开拍卖。最终，包括手续费以 59.7 万元成交。

银行提出异议，不同意将含有抵押债权的财产加入整体拍卖，要求优先受偿。

法院裁定异议不成立，扣除破产费，按原方案分配后，裁定终止破产程序。

[问题]　如果是作为债务人的雅光葡萄酒厂提出破产申请，应向法院提交的材料包括什么？债务人申请破产是否要得到他人同意？

[分析]　关于第一个问题，作为债务人的雅光葡萄酒厂提出破产申请，应向法院提交的材料包括①书面破产申请；②企业主体资格证明；③企业法定代表人与主要负责人名单；④企业职工情况和安置预案；⑤企业亏损情况的书面说明，并附审计报告；⑥企业自破产申请日的资产状况明细表，包括有形资产、无形资产和企业投资情况等；⑦企业在金融机构开设账户的详细情况，包括开户审批材料、账号、资金等；⑧企业债权情况表，列明企业的债务人名称、住所、债务数额、发生时间和催讨偿还情况；⑨企业债务情况表，列明企业的债权人名称、住所、债权数额、发生时间；⑩企业涉及的担保情况；⑪企业已发生的诉讼情况；⑫人民法院认为应当提交的其他材料，包括财务状况说明、债务清册、债权清册、有关财务会计报告以及职工工资的支付和社会保险费用的缴纳情况等材料。

关于第二个问题，破产申请是否提出是当事人意思自治的范畴，应该由当事人自己做出选择，其他人不得干涉。

【评析】

一、破产申请的属性：权利抑或义务

企业法人濒临破产，受损失者肯定是债权人，债权人为了维护其利益，可以向法院申请债务人破产，因此，破产申请对于债权人而言纯粹是一种权利。所谓"权利可以放弃，义务必得履行"，债权人有向法院申请或不申请债务人破产的自由。在一定程度上，破产程序能够给债务人带来免责的好处，申请破产可被认为是债务人的权利。但这里需要注意的是，由于债务人的破产与否直接关乎社会公共利益，所以，有些国家规定破产申请是债务人的一项义务。如法国《1967年破产法》规定，不得不停止支付的债务人应在15天内向法院申请开始破产程序。[1] 德国《1877年破产法》也规定，公司在无力清偿债务时有义务申请破产。根据《日本民法典》第70条第2款、第81条第1款，《日本商法》第126、147、430条的规定，民法上的公益法人的理事、清算人或公司的清算人，当发现债务超过时，有申请破产的义务。我国台湾地区"民法典"第35条，"公司法"第89、115、108、113条等分别规定了法人的董事、公司清算人的破产申请义务。因此，有学者认为，为了更加重视对社会利益的保护，破产

---

〔1〕　沈达明等：《比较破产法初论》，对外贸易教育出版社1993年版，第234页。

法应当规定企业法定代表人在企业具有破产原因时的破产申请义务。[1] 这对于企业，特别是国有企业颇有益处。否则，国有企业在法律上将无破产压力，不利于保护投资者与债权人的利益。[2] 我国新破产法显然部分采纳了这种观点。根据我国新破产法第7条第3款的规定，企业法人清算组的破产申请既是其所享有的一项权利，也是一项法定义务。

二、有财产担保债权人能否提起破产申请

在司法实践中，提起破产申请者通常为无财产担保的普通债权人。因为无财产担保的普通债权人是针对债务人设立的，以债务人的一般责任财产为清偿财产的债权。由于这种债权没有财产担保，就不能具有优先受偿性，也没有其他的途径使债权得以实现，而只能通过破产程序受偿，所以无财产担保的普通债权人当然应享有破产申请权。有财产担保的债权人通常情况下很少申请债务人破产，因为他们有从抵押物中优先受偿的权利，如果他们有把握从抵押物中受偿，他们不会申请债务人破产。但是，有财产抵押担保的债权人有无权利提出破产申请呢？对此问题，国内学界存在否定说与肯定说两种观点。否定说认为，有财产担保债权人可以通过行使担保物权获得清偿，没有清偿不能之虞，也就没有赋予其破产申请权的必要。肯定说认为，债务人的全部财产为全体债权人的债权受偿的责任财产，有担保债权人应当有权选择先就债务人的责任财产行使权利，而后行使担保权优先受偿的权利。[3] 比如英国《破产法》第4条第2款规定，有财产担保的债权人得为破产申请人者，其应当在破产申请书中明示愿为债权人全体利益放弃担保，或者其应当在破产申请书中声明，其未能受担保物足额清偿的债权余额。

我们认为，否定有财产抵押担保的债权人的破产申请权，在法律上并无根据。如果出现抵押权实现困难或不能由抵押物充分受偿的情况，有担保的债权人仍可提出破产申请，原因主要有以下几点：

（1）有财产担保的债权人具有债权人和担保物权人的双重身份，其债权上由于设定了财产担保而使其债权具有了优先受偿性，但并不因此使其丧失债权人的身份。这种债权人既可以担保物权人的身份行使别除权，也可以债权人的身份行使债权。如果债务人不能清偿到期债务，有财产担保的债权人当然可以债权人的身份申请开始破产程序。

（2）债权人提出破产申请时应提供有无财产担保的材料和证据，这实际上

[1] 柯善芳等：《破产法概论》，广东高等教育出版社1988年版，第77页。
[2] 邹海林：《破产程序和破产实体制度比较研究》，法律出版社1995年版，第78页。
[3] 邹海林：《破产程序和破产实体制度比较研究》，法律出版社1995年版，第74页。

就间接地承认了有财产担保的债权人是享有破产申请权的。依据该项规定，提供有财产担保的材料和证据的债权人和提供无财产担保的材料和证据的债权人均有权提出破产申请，因此，我国现行破产法是承认有财产担保的债权人享有破产申请权的。

（3）如果不承认有财产担保的债权人享有破产申请权，那么这对其他普通债权人并非有利。因为在这种情况下，意味着强迫有财产担保的债权人只能通过行使担保物权来满足自己的债权，这样将减小普通债权人可供分配财产的范围，对普通债权人反而不利。

（4）在实践中确实存在这种现象，即有财产担保的债权人由于可通过行使担保物权来满足其债权，很少有直接申请债务人破产的情形，但是我们不能因为这种现象的存在就在理论上否认有财产担保的债权人享有破产申请权。

第三节　破产的受理

【基本理论】

一、破产受理的意义

破产的受理，又称立案，是指人民法院在收到破产申请后，认为申请符合法定条件而予以接受，并由此开始破产程序的司法行为。

破产案件的受理具有以下特征：

（1）受理是人民法院收到破产申请后依职权进行的司法行为，而不是主动发起的司法行为。破产法属于私法，因此，应该贯彻私法自治的精神，由当事人来决定自己的权利是否应该获得救济。当事人一旦提出申请，法院就应该审查，然后通过审查看是否应该进行破产宣告。

（2）受理是破产程序开始的标志。当事人向人民法院提出破产申请，破产程序并不当然开始，收到申请的人民法院应在法定期限内进行审查，以决定是否受理。当人民法院正式立案受理破产申请，就标志着破产程序的开始。

二、破产申请受理的法律效力

由于我国法律以破产案件的受理为破产程序开始的标志，所以，在我国，破产申请的受理与其他国家破产宣告的效力有许多相同之处。破产案件的受理将产生一系列相当于其他国家破产宣告的法律效力，具体说来大致可分为以下几项：

（一）指定破产管理人

根据新破产法第13条规定，人民法院裁定受理破产申请的，应当同时指定管理人。由于我国实行的是破产受理主义，人民法院一旦受理破产申请，破产程序即为开始，债务人即丧失对其财产的管理和处分权，这时债务人财产（破产财产）[1] 将处于无人管理的状态，为避免该财产遭受损失，保护债权人利益，新破产法借鉴各国立法经验规定了破产管理人制度。破产管理人对破产财产的管理分为消极管理与积极管理两种。

1. 消极管理。对破产财产的消极管理是指对破产财产的维持性管理，主要包括对破产财产的整理、评估、登记，其中最重要的是对破产财产的评估和财产目录的制作。破产管理人在将财产转移到自己管理之下后，应及时对之进行评估，按评估结果制作财产目录和资产负债表等。

2. 积极管理。主要包括以下几个方面：

（1）债权及财产的收回。破产程序开始后，债务人对其他第三人的债权及由他人持有的债务人的财产构成破产财产的一部分，故债务人的债务人及财产持有人应向破产管理人履行债务或者交付财产，而破产管理人有接受的义务。如果第三人不履行义务或者不交付财产的，破产管理人应依法定程序收回债权或者财产。

（2）股东出资义务的履行。按照我国公司法的规定，股东应当足额缴纳公司章程中规定的各自所认缴的出资额，否则，应当向已经足额缴纳出资的股东承担违约责任。这属于出资的违约，共分为两种情况：①承诺出资而未出资；②未足额出资。因股东的出资是公司对外承担责任的基础，故股东未出资或未足额出资的，实际上构成了对债权人的损害。在公司破产的情况下，股东的出资实际上构成了破产财产的一部分，其出资义务必须履行。股东之间就出资义务向破产债权人承担连带责任。所以，在破产管理人请求出资义务的履行时，所有股东为连带债务人，且不受出资期限的限制。

（3）决定营业的继续与否。如果一项营业能够使债务人的财产增值，那么，经法院许可或者经债权人会议同意，可继续债务人的营业以使破产财产的范围

---

〔1〕 由于我国实行破产受理主义，破产程序始于破产申请的受理，且即使进入破产程序，债务人也不一定会被宣告破产。根据新破产法的规定，债务人及其所拥有的财产在破产宣告前分别称为"债务人"和"债务人财产"，在此之后则分别称为"破产人"和"破产财产"。而在大陆法系其他国家，由于其实行破产宣告主义，在破产申请被受理后债务人将立即被宣告破产，所以，债务人及其所拥有的财产在破产程序开始后就被称为"破产人"（破产债务人）和"破产财产"（破产财团）。前后两种称谓并无本质不同。故为更便于从比较法角度论述，本书有时会直接借用大陆法系的概念，将债务人称为破产人（破产债务人），将债务人财产称为破产财产（破产财团）。

扩大。根据新破产法的规定，在第一次债权人会议召开前，管理人可以决定继续或停止债务人的营业，但应经人民法院许可。

（4）债务人投资的收回。破产管理人应将债务人设立的分支机构和没有法人资格的全资机构的财产、对外投资所形成的股权和收益以及债务人的境外财产收回。

（5）追回被债务人高管侵占的财产及其非法收入。

（二）对债务人的效力

1. 债务人丧失对破产财产的管理处分权。新破产法第17条规定："人民法院受理破产申请后，债务人的债务人或者财产持有人应当向管理人清偿债务或者交付财产。债务人的债务人或者财产持有人故意违反前款规定向债务人清偿债务或者交付财产，使债权人受到损失的，不免除其清偿债务或者交付财产的义务。"

这是一种对债权人有利的保护措施。虽然在此时，债务人仍是破产财产的所有人，但因其具有现实的损害债权人利益的动机，故为防止其以所有人名义行使有害债权人利益的行为，不应再让其管理处分该财产。因此，第三人对债务人的权利主张或诉讼均应向破产管理人为之。剥夺债务人对其财产的管理处分权的目的在于保全破产财产，防止债务人实施有害于债权人的行为。故基于此一目的，对债务人丧失的破产财产管理权应作广义解释，即债务人不能以破产财产为责任财产实施任何法律行为，而不应限于处分行为。但这并不意味着债务人就破产财产实施的任何法律行为都是无效的，而应当认定为效力待定，即当破产管理人认为债务人的该行为对破产财产有利时，则可以主张该行为有效，反之则否认其效力，债务人以及相对人不能对抗破产管理人。但相对人为善意，即非因可归责于自己的过错而不知债务人已因法院受理破产申请而丧失对其财产的管理处分权时，相对人可以该行为对抗破产管理人。相对人只要不是故意在已知法院受理破产申请后向债务人清偿债务或交还财产，其行为就是有效的。

2. 不得对个别债权人进行清偿。破产程序是对债务人财产的概括执行程序，具有对全体债权人公平保护的立法目的，如果允许对个别债权人进行清偿，无疑会破坏破产法的这一制度价值，故不允许对个别债权人进行清偿。如果债务人违法进行个别清偿的，人民法院应当裁定清偿无效，追回所给付的财产。同时，人民法院还应当及时通知债务人的开户银行停止办理债务人清偿债务的结算业务。

虽然，原则上不允许债务人对个别债权人进行清偿，但债务人正常生产经营所必需的除外。对于何为"债务人正常生产经营所必需"？我国学者认为，在解释上应掌握三个要件：①债务人对部分债权人的清偿以继续进行生产经营为前提；②债务人对部分债权人的清偿，仅以债务人和债权人相互负对等义务为限；③债务人对部分债权人的清偿必须征得法院同意。[1]

3. 债务人的有关人员人身受到限制并应承担一定义务。即使债务人还未被宣告破产，但为保证破产程序的顺利开始并加强对债权人的保护，国外许多国家的破产法都规定了对债务人的人身自由等进行必要的限制。例如，根据德国新破产法第 21 条的规定，在破产宣告前，法院的其他目的不达时，可强制传唤债务人，并在听取其陈述后交付监禁。若债务人为法人时，此项规定适用于公司法定代表人。由于我国以破产申请的受理为破产程序开始的标志，故受理案件后应对债务人实行严格的限制措施。但由于我国现行破产法仅仅适用于企业法人，故实际上是对企业法定代表人的限制。人民法院还可以决定将法定代表人的义务扩大适用于企业的财务管理人员和其他经营管理人员。根据我国新破产法第 15 条的规定，自人民法院受理破产申请的裁定送达债务人之日起至破产程序终结之日，债务人的有关人员承担下列义务：①妥善保管其占有和管理的财产、印章和账簿、文书等资料；②根据人民法院、管理人的要求进行工作，并如实回答询问；③列席债权人会议并如实回答债权人的询问；④未经人民法院许可，不得离开住所地；⑤不得新任其他企业的董事、监事、高级管理人员。这里所说的有关人员，是指企业的法定代表人，经人民法院决定，可以包括企业的财务管理人员和其他经营管理人员。

（三）对债权人的效力

1. 所有债权视为到期。由于破产程序是对所有债权人之权利的概括执行制度，所以它不同于一般的民事执行程序。在一般的民事执行程序中，债权不到清偿期，债务人不负有清偿义务，债权人无权请求债务人履行债务。但破产程序则不然，其开始具有加速债权到期的效力，即使在程序开始时尚未到期的债权之债权人也有权申报债权，只是在计算债权额时应扣除期限利益。

2. 债权人对所接受的债务人的个别清偿无保持力。破产程序一经开始，所有债权人应服从破产程序而不得接受债务人的个别清偿。债权人对自己所接受的个别优惠清偿无保持力。新破产法第 16 条规定，人民法院受理破产申请后，债务人对个别债权人的债务清偿无效。

3. 债权申报。债权申报是债权人请求以破产程序满足其债权的意思表示，也是没有申请债务人破产的债权人参加破产程序的手段。在其他大陆法系国家，如日本、德国等，债权申报均是从破产宣告开始的，称为"破产债权的申报"，

---

[1] 邹海林：《破产程序和破产实体制度比较研究》，法律出版社 1995 年版，第 106 页。

而在我国，债权申报是从破产申请受理开始的，称为"债权申报"。

（四）其他效力

1. 破产程序优先。这主要是指破产程序相对于民事诉讼程序与执行程序的优先。破产程序对民事诉讼程序的优先主要体现在：破产程序一经开始，债权人即不得再提起满足其债权的民事诉讼而应申报债权，并以破产程序行使债权。这里的"民事诉讼"是指旨在执行债务人财产的诉讼，即满足债权的诉讼，并不是排除一切诉讼。实际上，即使在破产程序的进行过程中，也有其他民事诉讼出现，例如确定债权额以及确认财产归属的诉讼等。法院受理破产申请后，已经开始而尚未终结的民事诉讼或者仲裁则应当中止，在破产管理人接管债务人的财产后继续进行。这主要是为避免债务人恶意放弃财产或权利以损害债权人利益。

破产程序优于民事执行程序，是指破产程序一经开始，民事执行程序应当中止。如我国新破产法第 19 条规定："人民法院受理破产申请后，有关债务人财产的保全措施应当解除，执行程序应当中止。"这主要是因为，个别执行与破产法对债务人财产的概括执行相违背，故各国破产法均规定破产程序的开始具有中止民事执行程序的效力。具体来说，人民法院受理破产案件后，对债务人财产的民事执行程序尚未开始的，不得开始；已经开始而尚未执行完毕的，不得继续进行。破产案件的受理，只是引起民事执行程序的中止，而不是终结。当债务人不被宣告破产的时候，对债务人财产的民事执行程序又将恢复执行。

此外，在人民法院受理破产案件后，民事保全程序亦应予解除。因为民事保全程序妨碍管理人对债务人财产的处分或利用。

2. 待履行合同继续有效。新破产法第 18 条规定："人民法院受理破产申请后，管理人对破产申请受理前成立而债务人和对方当事人均未履行完毕的合同有权决定解除或者继续履行，并通知对方当事人。管理人自破产申请受理之日起 2 个月内未通知对方当事人，或者自收到对方当事人催告之日起 30 日内未答复的，视为解除合同。管理人决定继续履行合同的，对方当事人应当履行；但是，对方当事人有权要求管理人提供担保。管理人不提供担保的，视为解除合同。"

需要注意的是，本条所称的合同仅限于双务合同且在法院受理时须依然存在。所谓均未履行完毕是指合同双方当事人均未履行完合同的主要义务。若一方已实质性地履行了合同义务，则不适用本条。因管理人解除合同而给对方当事人造成损失的，其有权要求管理人恢复原状、采取其他补救措施，并有权要求赔偿损失。依破产法原理，对方当事人要求恢复原状的权利属于共益债权，而要求赔偿损失的权利属于破产债权。双方当事人若约定违约金的，应区分其

第三章

性质作不同处理。属于补偿性违约金的，应作为破产债权；若属于惩罚性违约金，则只能作为劣后债权。

（五）破产受理后对相关的民事程序的影响

1. 中止有关债务人的民事诉讼或仲裁案件。新破产法第20条规定，人民法院受理破产申请后，已经开始而尚未终结的有关债务人的民事诉讼或者仲裁应当中止；在管理人接管债务人的财产后，该诉讼或者仲裁继续进行。中止此类案件的审理的目的在于避免债务人恶意放弃财产或权利而损害债权人利益。

2. 中止对债务人财产的民事执行程序。新破产法第19条规定，人民法院受理破产申请后，有关债务人财产的保全措施应当解除，执行程序应当中止。申请执行人可将生效判决书上需执行的清偿数额作为破产债权进行申报；解除保全措施的债务人的财产则被纳入破产财产。

3. 破产受理法院对债务人民事诉讼的专属管辖。新破产法第21条规定，人民法院受理破产申请后，有关债务人的民事诉讼，只能向受理破产申请的人民法院提起。如果债务人已经被起诉，受诉人民法院应当将案件移送受理破产案件的人民法院；如果利害关系人要起诉债务人，也应该向受理破产案件的法院提起。

【实务操作】 破产受理的程序

一、通知

法院受理破产申请后，应当及时通知债务人和破产申请人并发布公告。新破产法第10条规定："债权人提出破产申请的，人民法院应当自收到申请之日起5日内通知债务人。债务人对申请有异议的，应当自收到人民法院的通知之日起7日内向人民法院提出。人民法院应当自异议期满之日起10日内裁定是否受理。除前款规定的情形外，人民法院应当自收到破产申请之日起15日内裁定是否受理。有特殊情况需要延长前两款规定的裁定受理期限的，经上一级人民法院批准，可以延长15日。"

二、审查

法院在接到破产申请后，应在法定期间内进行形式审查和实质审查，以作出受理或不受理的裁定。形式审查主要是审查法院对案件有无管辖权、破产申请人是否合乎法律规定的条件以及申请形式是否符合法律规定。实质审查主要是针对被申请人是否具有破产能力、是否具有破产原因、债务人是否具有可分配的财产等进行审查。经审查认为符合法律规定的，应作出受理的裁定。

（一）形式审查

1. 接受申请的法院是否有管辖权。根据最高人民法院《关于审理企业破产案件若干问题的规定》第 1 条至第 3 条的规定，企业法人破产案件由债务人住所地的与核准其登记注册的工商行政管理机关同级的人民法院管辖。其中地市级以上工商行政管理机关核准登记的企业的破产案件一律由债务人住所地的中级人民法院管辖。对于需要移送管辖的破产案件按照《民事诉讼法》第 39 条的规定办理。

2. 申请人是否有破产申请权。适格的破产申请人是债务人、债权人。债务人申请破产的，还要审查其是否为企业法人，是否持有股东会的决议。申请破产的债权人是自然人的，要求其具有完全的民事行为能力；是法人的，要求其具有法定代表人的身份证明，代理申请人应当提交委托人的身份证明及授权委托书。当以上条件不具备时，人民法院不得受理破产申请。在多个债权人共同提出破产申请时，只要其中有一人适格即可，人民法院不得以部分申请人不适格为由驳回破产申请。

3. 破产申请书及相关材料是否齐备。对于上文提到的债权人和债务人申请破产时应提交的相关材料，法院应当进行形式审查。如果材料有欠缺，人民法院认为需要更正、补充的，可以责令申请人限期更正、补充。

（二）实质审查

1. 债务人有无破产能力。根据我国新破产法的相关规定，只有企业法人才具有破产能力，自然人、个体工商户、农村承包经营户、个人合伙和其他组织均不具有破产能力。人民法院收到破产申请后要对债务人的主体资格进行审查，确定其是否有破产能力，债务人属非企业法人的，法院应当驳回其申请。

2. 债务人是否已达破产界限。破产界限是判断债务人是否具备破产原因的标准。由于在破产案件受理阶段人民法院无法对债务人的情况进行深入的调查，所以，法院对于这一内容仍然以初步审查为限。实践中，人民法院只需对债权人或债务人提供的不能清偿到期债务的证据进行初步审查，如果证据不够充分且又不能补足的，法院应当驳回破产申请。人民法院也可以依职权主动收集相关证据，以确定债务人是否达到破产界限。

三、处理

人民法院对破产申请的处理主要有以下四种情况：

1. 经审查认为破产申请符合有关规定的，人民法院应当作出受理破产申请的裁定，自裁定作出之日起 5 日内送达申请人。债权人提出申请的，人民法院应当自裁定作出之日起 5 日内送达债务人。债务人应当自裁定送达之日起 15 日内，向人民法院提交财产状况说明、债务清册、债权清册、有关财务会计报告以及职工工资的支付和社会保险费用的缴纳情况。

2. 经审查认为需要更正、补充的，人民法院可以责令申请人限期更正、补充；逾期未予更正、补充的，视为撤回申请。

3. 不予受理。按照最高人民法院《关于审理企业破产案件若干问题的规定》第 12 条规定，人民法院经审查发现有下列情况的，破产申请不予受理：①债务人有隐匿、转移财产等行为，为了逃避债务而申请破产的；②债权人借破产申请毁损债务人商业信誉，意图损害公平竞争的。经审查发现不符合法律规定的受理条件的，裁定不予受理，自裁定作出之日起 5 日内送达申请人并说明理由。破产申请人对不予受理的裁定不服的，可以在裁定送达之日起 10 日内向上一级人民法院提起上诉。但是，对于该条规定，有人指出："最高人民法院《关于审理企业破产案件若干问题的规定》第 12 条存在着强烈的法院职权主义色彩，尤其是第 1 款的规定，在新法诞生之后，显得很不协调，既不能体现彻底转型后的新破产法的精神，也与国际上其他国家的规定不一致。"[1]

4. 裁定驳回。按照新破产法第 12 条第 2 款规定，人民法院受理破产申请后至破产宣告前，经审查发现债务人不符合新破产法第 2 条规定的申请破产的条件的，可以裁定驳回申请。申请人对裁定不服的，可以自裁定送达之日起 10 日内向上一级法院提起上诉。

四、通知债权人并公告

新破产法第 14 条规定，人民法院应当自裁定受理破产申请之日起 25 日内通知已知债权人，并予以公告。通知和公告应当载明下列事项：

（1）申请人、被申请人的名称或者姓名。

（2）人民法院受理破产申请的时间。

（3）申报债权的期限、地点和注意事项。

（4）管理人的名称或者姓名及其处理事务的地址。

（5）债务人的债务人或者财产持有人应当向管理人清偿债务或者交付财产的要求。

（6）第一次债权人会议召开的时间和地点。

（7）人民法院认为应当通知和公告的其他事项。

公告的方式应当包括：①在法院公告栏上发布；②在国家、地方有影响的报纸上刊登。

---

[1] 沈旺迪："破产申请不予受理研究"，载《经济与法》2008 年第 3 期。

【案例分析】

[案情]　　A 铸材公司是国有企业，该公司成立之初，全部资产为 620 万元。A 铸材公司成立后，在激烈的市场竞争中，经营决策屡屡失误，加之公司内部管理混乱，至 2000 年公司即负债 80 万元，2001 年负债 620 万元，2002 年负债 800 万元，2003 年负债达 1300 万元，已出现严重的不能清偿到期债务的现象，经 B 市经济贸易委员会（简称经委）同意，A 铸材公司于 2004 年 3 月向某人民法院提出破产申请。

某人民法院受理本案后对本案如何处理争议较大，主要有两种观点：

一种观点认为，应宣告破产。理由是：A 铸材公司因经营管理不善，严重亏损，负债累累，而且政府有关部门拒绝资助以帮助清偿债务，该公司已丧失清偿到期债务的能力，故依法应宣告破产。

另一种观点认为，A 铸材公司不能宣告破产，应由 B 市经委承担连带清偿责任。理由是：A 铸材公司从 2002 年起，实际上已处于半停产状态，经营管理较为混乱，人心浮动，资不抵债，不能清偿到期债务，处于负债经营的状态。但该公司隐瞒企业经营状况，在大大超出其履行能力的情况下，继续与他人进行经济行为，其行为有明显的欺诈性，导致其他企事业单位遭受重大损失。作为其上级主管部门的 B 市经委对此明知，却放任其行为，听之任之，理应对此承担责任。故不应宣告破产。

[问题]　　根据我国新破产法的规定，人民法院应否受理申请人 A 铸材公司的破产申请？

[分析]　　根据我国新破产法的规定，法院应当受理申请人某铸材公司的破产申请。新破产法第 10 条规定："债权人提出破产申请的，人民法院应当自收到申请之日起 5 日内通知债务人。债务人对申请有异议的，应当自收到人民法院的通知之日起 7 日内向人民法院提出。人民法院应当自异议期满之日起 10 日内裁定是否受理。除前款规定的情形外，人民法院应当自收到破产申请之日起 15 日内裁定是否受理。有特殊情况需要延长前两款规定的裁定受理期限的，经上一级人民法院批准，可以延长 15 日。"

依照此条文规定，人民法院收到破产申请以后，应当进行审查，决定是否受理。当事人的破产申请只有得到法院的受理，才能正式地引起破产程序的开始。而在法院对破产申请的审查过程中，主要涉及的是破产申请的形式审查和实质审查两个方面。法院审查的具体内容如下：

1. 要审查申请人是否属于破产申请的主体。根据新破产法第 7 条的规定，债权人、债务人和对企业负有清算责任的人有权向人民法院提出关于某一债务人的破产申请。本案当中，A 铸材公司作为债务人向法院提出关于自己的破产申请，是符合法律规定的。另外，新破产法没有规定债务人是全民所有制企业的，其申请破产必须要提交上级主管部门（此案中为 B 市经委）的同意破产的书面文件。所以在本案当中，A 铸材公司作为国有企业向法院提出破产申请的时候，不需要提交上级主管部门 B 市经委的同意破产的证明。

2. 被申请破产的企业法人是否具有被申请破产的能力。根据新破产法的有关规定，所有的企业法人都具有破产能力。不管其是国有企业法人还是法人型私营企业、合作企业、合营企业以及我国境内的外资企业，也不管是上市公司还是非上市公司，不管是有限责任公司还是股份有限公司，或者是商业银行、证券公司、保险公司等金融机构，都有破产能力。本案当中的债务人 A 铸材公司是具有法人资格的国有企业，当然具有破产能力。

3. 被申请人是否具备破产原因。根据新破产法第 2 条的规定，企业破产的原因是"不能清偿到期债务，并且资产不足以清偿全部债务或者明显缺乏清偿能力"。本案当中，申请人 A 铸材公司由于经营决策屡屡失误，还有公司内部管理混乱等原因，导致公司从 2001 年以来，一直处于连续的负债状况，2000 年公司即负债 80 万元，2001 年负债 620 万元，2002 年负债 800 万元，2003 年负债达 1300 万元，根据最高人民法院《关于审理企业破产案件若干问题的规定》中的规定，债务人停止清偿到期债务，并且呈连续状态的，如果没有相反的证据，则可以推定为不能清偿到期债务。如此看来，该申请人 A 铸材公司已经达到了不能清偿到期债务的状态，并且资不抵债，符合新破产法关于破产原因的规定。

4. 申请人是否提交破产申请书和有关的证据材料，并且向有管辖权的法院提出。本案当中的申请人 A 铸材公司在向法院提出破产申请的时候，提交了破产申请书和其他有关的证据材料，并且向有管辖权的法院提出了破产申请。法院对于申请人提出的破产申请进行全面的审查后，应当在法定期限内对于符合破产申请受理条件的，裁定予以受理；对于不符合受理条件的，要裁定不予受理。本案当中 A 铸材公司的破产申请是符合法定受理条件的。因此，法院在收到其提出的破产申请以后，就应当按照新破产法第 10 条第 2 款的规定，从收到破产申请之日起 15 日内作出受理破产申请的裁定，裁定作出之日起 5 日内送达申请人。

第四节　破产申请的撤回与驳回

【基本理论】

一、破产申请撤回和驳回的概念

所谓破产申请的撤回，是指在法院受理破产案件前的撤回。在普通民事诉讼中，法院是允许原告撤回起诉的，因为撤回起诉是原告对自身权利的一种处分，法律不应禁止。然而由于破产程序是集体受偿程序，关乎多方债权人的利益，而非专一保护申请人的利益，故是否准许申请人基于其个人意思请求撤回申请，由法院依照破产申请的具体情况自由裁量，以避免当事人为实现自身利益的最大化而滥用破产申请权。由此可见，破产程序中的个人意思，其自治的范围依从于对多数债权人的利益保护的需要。

我国新破产法第9条规定："人民法院受理破产申请前，申请人可以请求撤回申请。"这是因为申请人提出破产申请是行使法律赋予自己的权利，而撤回申请则是处分自己权利的一种表现。我国采取的是破产受理主义，即法院受理破产申请后，破产程序就开始。根据民事诉讼法的规定，当事人可以撤诉，但破产案件与普通民事诉讼毕竟有所不同，无论是债权人抑或债务人提出申请，其所涉及的利益关系已远远超出了申请人的范围，故如果允许申请人撤回申请会产生如下不利影响，法院则应裁定不允许其撤回申请：①会损害债权人整体利益；②会造成较大的经济损失。由此可见，我国实行的是"法院许可主义"原则。

在我国台湾地区，为避免债务人恶意利用债务清理申请及保全处分，阻碍债权人行使权利，债务人的撤回权应限于法院裁定开始和解、重整程序或宣告破产前，或未申请保全处分时，方能行使。但若债务人的撤回如经法院认定并未阻碍债权人权利的行使或与公共利益无关，而许可撤回，便无限制的必要。

所谓破产申请的驳回，是指法院通过对破产申请的审查，认定其缺乏实质要件或形式要件而又无法补正后，所作出的不受理破产案件的司法裁定。破产申请的驳回有两种形式：①直接驳回，它适用于破产申请缺乏实质要件之时；②间接驳回，它适用于破产申请缺乏形式要件而又无法补正之时。

法院接到破产申请后，应对破产申请进行审查。经审查认为破产申请符合法律规定的，应当作出受理的裁定；否则，应当以裁定驳回其申请。根据我国新破产法第12条第1款之规定，人民法院收到破产申请后，可裁定不予受理。但该法并未明确规定法院不予受理的具体事由。此外，该法第12条第2款还规定人民法院受理破产申请后至破产宣告前发现债务人不符合该法第 2 条规定情形的，裁定驳回申请，即将驳回申请的事由限定于债务人不符合该法第 2 条规定的情形。

二、破产申请撤回和驳回的效果

当事人撤回破产申请的法律效果如下：

1. 破产申请撤回的直接后果就是导致破产程序的终结。但这里需要注意的是：①破产申请撤回只有经过法院审查并作出裁定后才生效；②因破产申请撤回而导致的最为直接的效果是破产程序的终结，这与破产法上讲的普通的破产程序终结有所区别：前者由于未经破产宣告环节，因此债务人的人格仍然存续，而后者所谓的终结往往会导致债务人人格的消灭。

2. 破产申请撤回视为自始未提起申请，即申请人仍然有权提出破产申请。我国《民事诉讼法》第 111 条第 1 款第 5 项规定："对判决、裁定已经发生法律效力的案件，当事人又起诉的，告知原告按照申诉处理，但人民法院准许撤诉的裁定除外。"最高人民法院《关于适用〈中华人民共和国民事诉讼法〉若干问题的意见》第 144 条第 1 款规定："当事人撤诉或者人民法院按撤诉处理后，当事人以同一诉讼请求再次起诉的，人民法院应予受理。"新破产法第 4 条规定，破产案件审理程序，本法没有规定的，适用民事诉讼法的有关规定。因此，破产申请撤回后，申请人仍然有提起破产申请的权利。但有人认为，再提起申请时，法院应该给予更为严格的审查。

法院驳回破产申请的法律效果如下：

1. 申请人有权提出上诉。当法院驳回破产申请时，许多国家法律均规定申请人可以上诉，例如德国新破产法第 34 条规定："破产开始的申请被驳回时，申请人有权立即上诉。"英国破产法第 105 条、日本破产法第 112 条也都规定了对驳回破产申请的上诉。我国新破产法第 12 条规定申请人对于不予受理以及驳回申请的裁定均可于该裁定送达之日起 10 日内提出上诉。

2. 对被申请人的赔偿责任。申请人若因破产申请而对被申请人的合法权益造成损害时，自应承担赔偿责任。这是因为，在现实生活中确有个别债权人为达到损害债务人的目的而恶意地申请债务人破产，以达到不正当竞争等目的，故应当规定恶意申请的赔偿责任。但我国新破产法对此并未作规定。

【法律链接】

一、破产申请撤回的立法例

关于撤回的条件，各国法律的规定不同，大体有以下几种立法体例：

1. 法院许可主义。即申请人提出申请后，在法院受理破产案件前，申请人可以请求撤回申请，但是否准许，由法院决定。我国采此标准。

2. 任意撤回主义。在法院受理破产案件前，申请人可以任意撤回申请。德国新破产法即采此立法主义，该法第13条规定，在破产程序开始前或申请被依法驳回前，申请人均可撤回申请。

3. 有限制的自由撤回主义。在一般情况下，申请人可自由撤回其申请，但在有法律规定的事由时，则不得撤回。例如在日本，通说认为，破产宣告前可以自由撤回申请。[1] 但参照日本《会社更生法》第44条的规定，如果法院根据利害关系人的申请或依职权作出财产保全处分的，未经法院许可，不得撤回申请。

4. 区别主义。即区分申请是由债务人提出抑或债权人提出而有不同。例如，根据1992年俄罗斯破产法第5条及第6条的规定，债务人提出破产申请时，在任何情况下均不得撤回；但如果申请是由债权人提出的，在法院受理前，可以撤回申请。

二、破产申请驳回的情形

根据法理以及各国立法例，法院驳回申请的事由一般可归结为以下几种：

1. 未预交诉讼费用。许多国家破产法均规定破产申请后应预交诉讼费用。如日本破产法第139条即有这样的规定。但破产案件受理费的预交是否应区别债权人申请与债务人申请而有所不同呢？对这一问题，各国立法及司法规定并不相同，例如，在日本，法律曾要求债务人自己申请也必须预交诉讼费，许多人对此提出批评，认为对无预付能力的人也要求预付费用是明显违法的，对在经营上困难的申请自己破产的人，应积极适用国库开支的方式。所以，现行日本破产法仅要求在债权人申请时才预交诉讼费，而在债务人申请时，由国库开支。而德国新破产法规定债权人提出破产申请时必须预先交纳费用，而在债务人申请自己破产时，法律并不要求其预先交纳费用，这一费用应从破产财产中优先拨付。但是，当法院认为破产财产不足清偿该费用时，将驳回申请，除非债务人能立即预先交纳费用。作者认为，德国法的规定值得赞同。因为债务人在破

---

〔1〕〔日〕伊藤真：《破产法》，刘荣军等译，中国社会科学出版社1995年版，第48页。

产之际，财产变现困难，资金紧张，若要求其预先交纳费用实有困难，若因其不能预先交付费用而驳回其申请，对债权人并非有利。所以，债务人申请时，不应要求其预先交纳费用。但是，如果其财产连基本的诉讼费用也不能清偿，当然也就没有开始破产程序的必要。

2. 债务人的财产不足以清偿诉讼费用。[1] 在债务人申请自己破产的情况下，若其财产不足以清偿诉讼费用，法院应驳回其申请，但债务人预先交纳相当金额的除外。

3. 申请人或被申请人不适法。各国破产法对于何人能够申请破产以及何人能够被申请宣告破产均有明确规定，如果申请人是无权提出破产申请的人，或者被申请人无破产能力，则法院应驳回其破产申请。

4. 无破产原因。法院经审查申请后认为债务人无破产原因的，应驳回破产申请。

5. 破产申请的形式不合法律要求。若破产申请的形式不合法律要求且在法院规定期间内没有补正的，法院应驳回其破产申请。

6. 破产申请的目的仅在于对抗一般民事执行程序。由于破产程序有优先于一般民事执行程序的效力，即破产程序一经开始，正在执行或尚未执行的民事程序必须中止。若债务人为对抗这种已取得执行名义的执行而申请破产的，法院应驳回其申请。

7. 债务人以逃避债务为目的而申请破产的。如果债务人是为了逃避债务而申请破产，法院应驳回其申请。

8. 债权人借申请破产毁损债务人名誉，意图损害公平竞争的，法院应当驳回其申请。

9. 已有和解或重整申请的。如果破产申请与和解或重整申请同时提出，法院应驳回破产申请。因为在破产申请与和解申请或重整申请并存时，和解申请或重整申请优先于破产申请。

10. 在已开始的和解或重整程序进行中，债务人无转换为破产程序的事由的。如果在和解程序或重整程序正在进行过程中，债权人申请法院废止和解序或重整程序而转换为破产程序，经法院查实，认为债务人不具备废止和解或重整程序的条件的，应驳回债权人的申请。

---

〔1〕 我国台湾地区"最高法院"1997年台抗字479号判决意旨："破产，对债务人不能清偿债务者，宣告之，为'破产法'第57条所明定。又依同法第148条规定之趣旨，除债务人之财产不敷清偿破产财团之费用及财团之债务外，尚难以认定无宣告破产之实益。是以法院就破产之声请，应依职权为必要之调查，倘债务人确系毫无财产可构成破产财团，或债务人之财产不敷清偿破产财团之费用及财团之债务，无从依破产程序清理其债务时，使得已无宣告破产之实益，裁定驳回声请。"

11. 债务人对债权人的债权有异议。在债权人申请债务人破产时，债务人对债权人的债权提出异议，法院认为异议成立的，应当告知债权人先行提起民事诉讼。

12. 接受申请的法院对案件无管辖权。

【案例分析】

一、破产申请的处理[1]

[案情]　1999 年 3 月，某国有塑料厂因经营管理不善，造成严重亏损，不能清偿到期债务，经其上级主管部门同意后，向某人民法院申请破产。该法院在审查了破产申请人提交的法定文件后，认为该塑料厂具备了法律规定的破产原因，予以受理，并在法定的期限内通知该塑料厂和该厂提交的债务清册中列明的债权人，并予以公告，在通知和公告中规定了第一次债权人会议召开的时间和申报债权的期限。在该厂提出破产申请后，法院予以受理之前，有某贸易公司和甲商场、乙商场、丙商场也向该法院申请该塑料厂破产，某贸易公司对该塑料厂享有债权，并享有该塑料厂某处房产的抵押权；甲商场对该塑料厂享有的债权按照民事诉讼法的规定，已经超过诉讼时效；乙商场对该塑料厂享有的债权为附条件债权，条件尚未成就。法院依法审查后决定，对甲商场和乙商场的申请裁定驳回，不予受理；某贸易公司的申请和该塑料厂的申请均予以受理；丙商场在法院受理申请前要求撤回申请，经法院允许后撤回。

[分析]　对于该案的处理可从以下几个方面进行分析：

1. 法院对甲商场和乙商场的破产申请裁定驳回的处理得当。因为甲商场拥有的是诉讼时效届满的债权，不应当享有破产申请权。关于诉讼时效的效力，最高人民法院的司法解释规定："当事人超过诉讼时效期间起诉的，人民法院应予受理。受理后查明无中止、中断、延长事由的，判决驳回其诉讼请求。"应当认为，我国法律和实务中所采取的是诉权消灭说。诉讼时效届满后债权人虽能有提出破产申请的行为，但并不具有申请的权利，在法院查实诉讼时效届满后即可依职权驳回申请，并不以债务人抗辩为必要。

乙商场享有的附条件债权在尚未满足条件时，法院可以驳回其破产申请。关于享有附条件债权的债权人能否提起破产申请有三种不同观点：一种观点认为，债权人享有的债权如果是附条件的，那么，必须要等到条件成就时才可以申请债务人破产；第二种观点认为，附条件或附期限债权的债权人可以提出破

〔1〕　王卫国等：《破产法——原理·规则·案例》，清华大学出版社 2006 年版，第 13 页。

产申请;第三种观点认为,附条件或附期限债权的债权人是否具有破产申请权,应根据该国破产原因的有关规定。若该国破产申请原因采用"债务超过",那么附条件或附期限的债权人有破产申请权;若该国破产申请的原因采用"债务人不能清偿到期债务"时,那么附条件或附期限的债权之债权人无破产申请权。但是,附条件债权可以进行申报并在一定条件下得到清偿。按照新破产法第47条的规定,附条件的债权,债权人可以申报。但是,该债权的清偿有一定限制。新破产法第117条规定,对于附生效条件或者解除条件的债权,管理人应当将其分配额提存。管理人依照规定提存的分配额,在最后分配公告日,生效条件未成就或者解除条件成就的,应当分配给其他债权人;在最后分配公告日,生效条件成就或者解除条件未成就的,应当交付给债权人。

在我国,通说认为附条件或附期限的债权人不是适格的债权人。因为我国现行破产法主要是以不能清偿到期债务为破产原因,附条件债权的债权人因其债权尚未到清偿期,无法证明债务人不能清偿到期债务。如果赋予其在未生效前就具有破产申请权,不符合我国立法精神,将会严重损害债务人的合法权益。附条件债权的条件尚未成就时,债务人可就此债务依法作出抗辩,从而使债权人的债权无法得到行使。

2. 贸易公司对该塑料厂的债权虽然由该塑料厂在其房产上设定抵押权而能得以保障,但是有担保的债权人并不因为受到特殊利益保障而丧失破产申请权,因此,法院应该受理贸易公司的破产申请。塑料厂作为债务人发现自己出现不能清偿到期债务的状况时,及时向法院申请破产,法院应该受理。

3. 新破产法第9条规定,人民法院受理破产申请前,申请人可以请求撤回申请。丙商场在法院受理申请前要求撤回申请,符合撤回要件,经法院允许后可撤回。

二、驳回破产申请案

[案情] 育华大酒家 1992 年 9 月开业,注册资金 20 万元。1992 年 10 月,育华大酒家与鑫兴公司签订承包经营协议。协议规定育华大酒家由鑫兴公司承包经营至 2002 年 10 月 31 日。鑫兴公司则书面全权委托邱天成负责经营管理。在邱天成负责经营期间,经营不善,管理混乱,财务收支严重不平衡。1995 年7 月,育华大酒家停业,10 月育华大酒家向法院申请破产。

根据育华大酒家向法院提供的 1995 年 6 月的资产负债表表明,育华大酒家的应收款为人民币 194 万元,但育华大酒家提供的应收款明细表中,应收款仅为人民币 62 万元,其余人民币 132 万元应收款无明细记载。

而在已知的应收款人民币 62 万元中,除去 7.4 万元是一些企业或个人就餐签单的餐费外，其余的人民币 54.6 万元全部是个人白条借款。其中邱天成一人白条借款就达人民币 20 万元，另一叫安睦旺的人竟达人民币 26 万元。

法院经审理认为：育华大酒家虽因管理混乱、经营不善而致亏损和资不抵债直至停业，但资不抵债并未考虑企业的信用因素，资不抵债并不必然导致不能清偿到期债务。而育华大酒家提供的材料数据不一致，尚不足以证明其已经不能清偿到期债务。另外，育华大酒家的应收款中，有 54.6 万元之巨的个人白条借款。这些白条挂账的个人借款，既未作销账处理，育华大酒家也未行使催款权利。这些个人占用的巨额资金，是什么性质尚未查明，不足以证明是一种正常的经营亏损。

综上所述，育华大酒家破产还债的申请，不符合法律规定的破产条件。因此，法院依照 1991 年《民事诉讼法》第 199 条的规定，裁定驳回育华大酒家破产还债的申请。

育华大酒家不服一审裁定，提出上诉。认为一审驳回其破产还债申请之裁定不符合有关法律规定。

二审法院经审理认为：根据上诉人目前状况及提供的材料，尚不能成为其申请破产还债的依据。原审对本案的处理并无不当，上诉人上诉理由不能成立。据此，二审法院依照 1991 年《民事诉讼法》第 154 条之规定，裁定驳回育华大酒家的上诉，维持原审裁决。

[分析]　法院驳回育华大酒家破产还债的申请，主要是基于以下两点考虑：

（1）根据新破产法破产还债程序的规定，企业法人不能清偿到期债务，并且资产不足以清偿全部债务或者明显缺乏清偿能力的，依照本法规定清理债务。

本案育华大酒家未对其经营状况及财务状况进行审计，而其提供的资产负债表和应收款明细表数据不一致。也就是说，育华大酒家提供的现有材料不足以证明其确属不能清偿到期债务。

另外，育华大酒家确是到了资不抵债的地步，但由于资不抵债并不是企业破产的要件，仅仅是无力清偿的原因之一，再说资不抵债未考虑企业的信用因素。因此，资不抵债并不必然带来无力清偿。故人民法院依法驳回育华大酒家破产还债的申请是正确的。

（2）本案育华大酒家的资产负债表的应收款和应付款明细表数字之间有一个 132 万元的差额，而在已知的应收款中，竟有 54.6 万元之巨额是个人白条挂账借款，既未销账，育华大酒家也不去追索。这笔款是什么性质未能查明。如是经营性借款，应报账冲销计入费用；如是个人借款，则应积极主动追索。在这些事实还未清楚地被揭示之前，贸然进行破产清算，对债权人也不公平。

【评析】 破产申请撤回的审查和异议

在民事诉讼活动中，法院是允许原告撤回起诉的，因为撤回起诉是原告对自身权利的一种处分，法律不应禁止。但破产程序为集体受偿程序，涉及多方债权人的利益，而非专一保护申请人的利益，故是否准许申请人基于个人意思请求撤回申请，由法院依照破产申请的具体情况自由裁量，以避免当事人为实现自身利益的最大化而滥用破产申请权。由此可见，在破产程序中，同时存在着国家干预和当事人处分的空间，破产申请的撤回，作为当事人的处分权来讲不具有绝对性而是需要经过法院的许可。也就是说，法院要对破产申请的撤回进行审查。

总体上而言，破产申请的撤回必须在破产宣告前提出。在法院受理破产案件之前，申请人当然有权撤回其破产申请，法院应当充分尊重当事人的处分权，不必对其撤回进行审查，应无条件准予当事人撤回。在法院受理破产案件后，作出破产宣告裁定前，破产申请人撤回破产申请的，并不会当然产生撤回申请的效果，法院应对其正当性、合法性进行审查。经过审查，如果当事人撤回破产申请存在损害相关利害人利益的情况，则应作出裁定，不准予撤回；当事人申请撤回是基于企业职工安置预案未落实，破产申请非经职工代表大会、董事会讨论通过等正当合法理由的，则应作出同意撤回的裁定。该准予撤回破产申请的裁定一经作出，破产程序随告终结。

对于申请撤回，当事人可以表达异议：[1]

（1）对债务人申请的企业破产还债案件，案件受理前后，债权人均应有权利对债务人撤回申请提出异议。异议如在破产受理前提出，按破产申请程序审查。法院应通知提出异议的债权人对企业破产申请的实质审查内容及形式审查内容负举证责任，经审查理由充分的，应补充破产申请，并预交企业破产案件受理费，重新立案审理；经审查理由不充分的，应裁定不予受理其破产申请。异议如在受理后、宣告前提出，按异议审查程序审查。经审查其对实质内容及形式内容的异议理由充分的，应裁定不准债务人撤回破产申请，所预交的案件受理费因属破产费用的一部分，不应退回债务人，不足部分债务人不能预付的，应通知异议债权人预付；如其理由不充分，则应裁定准许债务人撤回申请，在裁定中说明对债权人异议不予采纳的理由。

破产宣告裁定一旦作出，申请撤回的异议不能再提出。

---

[1] 刘富宇："撤回破产申请制度探讨"，载 http://www.hlbrcourt.gov.cn/Html/lilunyanjiu/960655.html.

（2）对债权人申请破产的破产案件，案件受理前后，其他债权人均应有权利对债权人撤回申请提出异议。异议如在受理前提出，按破产申请程序审查。法院应通知提出异议的债权人对企业破产申请的实质审查内容及形式审查内容负举证责任，经审查理由充分的，应补充破产申请，并重新预交破产案件受理费，重新立案审理；经审查理由不充分的，应裁定不予受理其破产申请。对于已提出申请的债权人，如其他债权人的异议不能成立，应准予其撤回申请；如其他债权人的异议成立，则应通知不准予其撤回申请，案件受理费应予退回，并应告知异议债权人重新预交案件受理费。异议如在受理后、宣告前提出，按异议审查程序审查。法院应通知提出异议的债权人对企业破产申请的实质审查内容及形式审查内容负举证责任，经审查理由充分的，应采纳其异议主张，不准予申请人撤回申请；经审查理由不充分的，应裁定准予申请人撤回破产申请，裁定书应说明异议不予采纳的理由。

破产宣告裁定一旦作出，申请撤回的异议不能再提出。

第五节　破产的宣告

【基本理论】

一、破产宣告的意义

所谓破产宣告，是指人民法院对债务人所作出的，确认其已具备破产条件，并使之进入破产清算程序的司法裁判行为。债权人或债务人向人民法院提出破产申请，并不必然引起破产宣告，只有人民法院认为债务人确实具备了破产宣告的条件，依法宣告其破产，才正式进入了实质性的破产程序。破产申请能否被法院认可并对被申请人进行宣告，要依靠申请是否真实以及当事人的申请是否符合法律要求。

破产宣告具有以下四个特征：

（1）破产宣告只适用于不能清偿到期债务的债务人，对能够清偿到期债务的债务人，不能适用破产宣告。我国台湾地区"债务清理法"第98条第1款明确规定："破产，对债务人不能清偿债务或有不能清偿之虞者宣告之。但债权人声请宣告债务人破产，以债务人不能清偿者为限。"

（2）破产宣告是审理破产案件的人民法院的司法审判行为，除法院之外的其他任何机构都不得作出破产宣告。法院对破产案件享有专属管辖权。

（3）破产宣告是开始破产清算的标志，是通过破产程序公平分配债务人财产的核心阶段。破产宣告最大的特点就是它的不可逆性。破产宣告是法院对债务人不能清偿到期债务的事实作出的法律上的判定，是破产转折性程序阶段。破产宣告前的整个程序是当事人及法院围绕各个破产要件进行主张、举证、审查、确认的阶段，破产宣告后，破产程序进入清算阶段，不可能再倒退回宣告之前的状态。

（4）破产宣告发生破产法规定的程序效力，主要体现对债务人、债权人及其他利害关系人在破产程序上的权利限制。破产宣告是普通民事执行程序中止的法定事由。

二、破产宣告的情形及其例外

根据新破产法的规定，宣告债务人破产的情形包括下列几种：

（1）债务人被申请破产，且债务人具备该法第 2 条规定的破产原因。

（2）债务人进入了破产重整程序，但在重整期间出现下列事项，由人民法院宣告其破产：①债务人的经营状况和财产状况继续恶化，缺乏挽救的可能性；②债务人有欺诈、恶意减少企业财产或者其他显著不利于债权人的行为；③由于债务人的行为致使管理人无法执行职务的。

（3）进入重整程序后，债务人或者管理人未能在法定期限内提出重整计划草案。

（4）重整计划未获通过，并且人民法院没有强制批准重整计划。

（5）债务人不能执行或者不执行重整计划，人民法院经利害关系人申请，裁定终止重整计划的执行，并宣告债务人破产。

（6）和解协议草案经债权人会议表决没有通过或者虽经通过，但未获得人民法院认可的，人民法院宣告债务人破产。

（7）和解协议是因为债务人的欺诈或者其他不法行为而成立的，该协议无效，人民法院宣告债务人破产。

（8）债务人不按或不能按和解协议规定的条件清偿债务，人民法院根据和解债权人的申请宣告债务人破产。

破产宣告前有下列情形之一的，人民法院应终结破产程序，并予以公告：①第三人为债务人提供足额担保或者为债务人清偿全部到期债务的；②对债务人已清偿全部到期债务的。

三、破产宣告的效力

破产宣告具有重要的法律效力。根据我国新破产法第 107 条的规定，债务人被宣告破产后，开始正式进入破产清算程序，债务人称为破产人，债务人财产称为破产财产，人民法院受理破产申请时对债务人享有的债权称为破产债权。

（一）对债务人的效力

就债务人而言，破产宣告并不能影响其人格的存续，但自破产宣告之日起应该停止与破产无关的活动比如生产经营活动。如果为债权人利益确有必要继续生产经营的，须经人民法院许可。"企业被人民法院宣告破产后，破产企业应当自人民法院宣告破产裁定之日起停止生产经营活动。但经清算组允许，破产企业可以在破产程序终结之前，以清算组的名义从事与清算工作相关的生产经营活动。清算组应当将从事此种经营活动的情况报告人民法院。如果破产企业在此期间对外签订的合同，并非以清算组的名义，且与清算工作无关，应当认定为无效。"[1]

债务人在破产宣告后，破产程序终结前，其人格是否存续，破产法并无无明文规定。但按照学理来解释，法人解散后至清算终结止，在清算之必要范围内，视为存续。同理，法人受破产宣告后，须依破产程序清理债务，为避免在清理债务程序中有关权利义务之归属失去依据，在依破产程序清理债务之必要范围内，债务人为权利义务主体之法人人格，仍有存续之必要，这样就可保护债权人及债务人的利益。

债务人财产在债务人被宣告破产后，称为破产财产。也就是说，债务人财产成为了一个完全为了实现破产清算为目的的财产集合体，除了管理人或者债权人会议认为确有必要继续生产经营的以外，破产企业应停止所有的经营活动。破产人因破产宣告，对于应属于破产财团的财产，丧失管理及处分权，所以，债权人行使债权的标的如为破产财团中的财产，其权利行使应以破产管理人为相对人，如以债务人为相对人则会出现当事人不适格问题。

（二）对债权人的效力

破产宣告使得有财产担保或者享有其他优先受偿权的债权人可以经由担保物或者特定财产获得优先清偿，对于其他的不享有特定财产优先受偿权利的债权人来说，只能依照法律规定的清偿顺序，通过法定程序来集体确定分配方案，从破产财产中获得清偿。法院对破产人作破产宣告后，为确保破产财产依平等方式返还破产债权人，原则上，破产债权人非但不能对债务人提起民事诉讼，也不得个别对债务人做强制执行。但有别除权或抵销权的债权人因此享有特别债权，可不依照破产程序行使权利。破产宣告前成立的有财产担保的债权，债权人享有就该担保物优先受偿的权利。债权人对债务人负有债务的，可以在破产清算前抵销。抵销的结果就是免除了债权人对债务人的给付义务。

---

〔1〕　参见最高人民法院《关于企业被人民法院依法宣告破产后，在破产程序终结前经人民法院允许从事经营活动所签合同是否有效问题的批复》。

附期限之破产债权未到期者，于破产宣告时，视为已到期。破产制度的目的在于使多数债权人依其债权数额与顺位，平等地获得满足。破产债权的种类繁多，为使破产债权人依其债权数额及顺位公平受偿，平等地获得满足，未到期的破产债权，无论有无担保物权或优先受偿权，均应将其视为已到期，使其得与其他债权等质化，并于破产程序终结前行使权利。

【实务操作】　破产宣告程序

人民法院经过审查，对符合破产条件的企业，应该宣告其破产。破产宣告应公开进行。由债权人提出破产申请的，破产宣告时应当通知债务人到庭。

破产宣告在我国采用的是裁定和公告的方式。根据新破产法第 107 条的规定，破产宣告应以裁定的形式作出。人民法院裁定宣告债务人破产后，应制作破产宣告裁定书，其内容包括破产人的基本情况；破产原因；宣告破产的法律依据；破产宣告应进行的其他事项；破产宣告日期。

这是需要明确的是，破产宣告的裁定不同于法院单纯地就破产程序问题作出的裁定，它直接产生变更利害关系人重要实体权利的效力，特别是债务人的地位由平等的民事主体转变为破产人，剥夺了其财产支配权，这已远远超出作为裁定仅针对程序问题进行判断的范围。破产宣告包含了大量的实体判断，与普通诉讼中的判决已没有什么质的区别，应具有与判决同等的效力。债务人被宣告破产后，债务人称为破产人，债务人财产称为破产财产，人民法院受理破产申请时对债务人享有的债权称为破产债权。

为了使破产债权人、债务人和其他利害关系人了解企业法人的破产情况，应当将人民法院宣告破产的裁定予以公告。依各国破产法的相关规定，破产之裁定，均以公告[1]为原则，送达为例外。按照我国新破产法第 107 条的规定，法院自裁定作出之日起 5 日内送达债务人和管理人，自裁定作出之日起 10 日内通知已知债权人，并予以公告。关于公告，最高人民法院《关于审理企业破产案件若干问题的规定》第 35 条有明确规定，人民法院裁定宣告债务人破产后，应当发布公告。公告内容包括：债务人亏损情况、资产负债情况、破产宣告时间、破产宣告理由和法律依据，以及对债务人的财产、账册、文书、资料和印章的保护、债权人重新登记等内容。公告一般应揭示于法院公告处、信息网络及债务人之住、居所、事务所、营业所或其他适当处所，并登载于公报、新闻报纸

---

[1]　法院应进行公告程序的文书的种类甚多，例如许可和解申请之裁定，认可和解与否之裁定，破产宣告，宣告破产终止或终结的裁定，破产债权之债权表、调协方案等均需进行公告。

或其他相类似之传播工具。除法律另有规定外，裁定自最后揭示及登载之次日起，对所有利害关系人发生送达的效力。

附：破产宣告裁定书

　　　　　　　　市中级人民法院民事裁定书
　　　　　　　　　（适用于宣告破产）
　　　　　　　　（＿＿）民破字第＿＿＿号

　　申请人（债权人）：河南省＿＿＿＿＿＿＿公司
　　法定代表人：＿＿＿＿＿＿　职务：董事长
　　住所地：＿＿＿＿＿＿＿＿＿＿＿
　　被申请人（债务人）：郑州市＿＿＿＿＿＿＿公司
　　法定代表人：＿＿＿＿＿＿
　　住所地：＿＿＿＿＿＿＿＿＿

　　河南省＿＿＿＿＿＿公司申请郑州市＿＿＿＿＿＿公司破产还债一案，经本院审理查明：＿＿＿年＿＿月＿＿日，郑州市＿＿＿＿＿公司由＿＿＿＿＿、＿＿＿＿＿和＿＿＿＿＿出资组建，取得由郑州市工商行政管理局颁发的＿＿＿＿＿号企业法人营业执照，注册资金为＿＿＿＿元。依据＿＿＿会计事务所作出的审计报告，截至＿＿＿年＿＿月＿＿日，郑州市＿＿＿＿公司的资产总额为＿＿＿＿万元，负债总额为＿＿＿＿元，所有者权益为＿＿＿＿万元，资产负债率为＿＿＿％。

　　本院认为：郑州市＿＿＿＿＿公司不能清偿到期债务，且已处于资不抵债的状态，符合法定破产条件。根据《中华人民共和国企业破产法》第2、107条的规定，裁定如下：

　　宣告郑州市＿＿＿＿＿公司破产还债。
　　本裁定自作出之日起立即生效。

　　　　　　　　　　　　　　审判长：＿＿＿＿＿
　　　　　　　　　　　　　　审判员：＿＿＿＿＿
　　　　　　　　　　　　　　审判员：＿＿＿＿＿
　　　　　　　　　　　　　　＿＿＿年＿＿月＿＿日

【案例分析】

一、企业重整期间宣告破产

[案情]　　得利食品公司是某市外贸部门的一下属企业，是一家国有企业。在 2006 年 3 月 6 日，该企业由于经营不善，不能清偿到期债务，被债权人申请破产。3 月 12 日人民法院受理了此案，并将有关消息通知了得利公司。2006 年 5 月 2 日，市外贸部门向人民法院申请对得利公司进行重整，6 月 20 日，得利公司与债权人达成了和解协议，6 月 28 日发布公告，中止破产程序。重整期间，债权人某公司发现得利公司不但经营状况没有好转，而且又负了一笔新债，于是某公司就向人民法院申请得利公司破产，法院审查裁定后于 2007 年 10 月 9 日宣告得利公司破产。2007 年 11 月 18 日，破产程序终结。但是 2008 年 8 月份，人民法院在审理其他案件时却发现 2006 年 11 月，得利公司曾放弃对某大商场的 20 万元的债权，条件是该公司职工在该商场购物时可凭员工证享有优厚待遇。于是人民法院依法追回了这笔 20 万元的财产。

[问题]　　重整期未满，可以宣告企业破产吗？原得利公司的 20 万元债权该如何处理？

[分析]　　关于第一个问题，破产法中规定了两种重整期未满而宣告企业破产的方式：

（1）利害关系人请求，如新破产法第 93 条规定，债务人不能执行或者不执行重整计划的，人民法院经管理人或者利害关系人请求，应当裁定终止重整计划的执行，并宣告债务人破产。

（2）法院依职权主动作出，如新破产法第 78 条规定：在重整期间，有下列情形之一的，经管理人或者利害关系人请求，人民法院应当裁定终止重整程序，并宣告债务人破产：①债务人的经营状况和财产状况继续恶化，缺乏挽救的可能性；②债务人有欺诈、恶意减少债务人财产或者其他显著不利于债权人的行为；③由于债务人的行为致使管理人无法执行职务。本案中，得利食品公司在重整期间由于财务状况继续恶化，不可能达到重整的目的，法院应当裁定终止重整程序，并宣告债务人破产。

对于第二个问题，原得利公司放弃的 20 万元债权，破产管理人可以行使撤销权。新破产法第 31 条、第 32 条或者第 33 条规定："人民法院受理破产申请前 1 年内，涉及债务人财产的下列行为，管理人有权请求人民法院予以撤销：……⑤放弃债权的。"第 34 条规定，因本法第 31 条规定的行为而取得的债务人的财产，管理人有权追回。本案中原得利公司在重整期间自愿放弃了自己对某大商场的 20 万元的债权，后被发现，该财产应该由破产管理人追回，作为破产财产重新分配。

二、企业宣告破产的条件

[案情]　　A 公司为全民所有制企业，该公司初期全部资产只有 200 万元。公司成立后，由于在激烈的市场竞争中其经营管理人缺乏经验，致使决策失误，管理混乱，生意日益萧条，到 1996 年 2 月公司即负债 90 万元，2004 年负债已达到 320 万元。经其上级主管部门同意，A 公司于 2007 年 1 月向人民法院提出破产申请。人民法院认为其上级主管部门负有连带清偿责任，不予宣告破产而建议重整。

[问题]　　A 公司的上级主管部门是否负有连带清偿责任？人民法院不予宣告破产而建议重整是否合法？

[分析]　　关于第一个问题，A 公司既然为全民所有制企业，则是具有法人资格的经济实体，独立核算，自主经营，以其所拥有的财产对外承担民事责任。其上级主管部门虽然是主管单位，但对其债务不负连带清偿责任，法院认为 A 公司的上级主管部门负有连带清偿债务的责任是缺乏法律依据的。

关于第二个问题，新破产法第 2 条第 1 款规定，企业法人不能清偿到期债务，并且资产不足以清偿全部债务或者明显缺乏清偿能力的，依照本法规定清理债务。新破产法第 2 条第 2 款规定，企业法人有前款规定情形，或者有明显丧失清偿能力可能的，可以依照本法规定进行重整。所以，当出现破产事由时，当事人可以选择破产申请或者重整，如果当事人没有选择重整而是选择破产申请，法院就应该尊重当事人的选择。本案中，A 公司由于经营管理不善而严重亏损，已经具备破产的实质要件，且经过当事人申请，人民法院不予宣告破产是不合法的。

【评析】

一、破产宣告的功能

破产宣告是破产清算中的第一步，在破产程序的通常状态中，它上承破产预防程序，下启破产清算程序，起着中介性和转折性的桥梁作用。[1] 因此，大多数国家在破产程序开始上采破产宣告主义，即一旦受理破产申请就宣告债务

---

[1]　　汤维建：《破产程序与破产立法研究》，人民法院出版社 2001 年版，第 5 页。

人破产，破产宣告是破产程序开始的标志。[1] 而我国则不然，破产程序的开始以破产申请受理为标志，但这并不意味着债务人必然会被宣告破产并进入破产清算程序。其还可能通过和解、重整等手段避免被宣告破产。所以，在采破产宣告主义的国家破产宣告的效力大致相当于我国破产申请受理的效力。之所以这样，是因为我国在破产方面还是致力于管制主义而非自由主义，我国法律赋予法院更大的职权，并层层设防，好让破产能够被加以控制。为了保护债权人以及第三人利益，可以将破产效力提前。新破产法在一定程度上将破产的实质性效力由破产宣告提前至破产受理，有其合理性。比如破产程序对对第三人的法律效力，新破产法已将旧破产法所规定的自"破产宣告之日起"的起算点提前至"法院受理破产案件后"。

二、破产宣告程序的申诉

在破产宣告程序中，一个重要的问题就是当事人对破产宣告不服后能否申诉的问题。在我国破产法的发展过程中，关于利害关系人对破产宣告不服能否申诉有一个从"无—有—无"的变化历程。早在 1991 年，最高人民法院《关于贯彻执行企业破产法若干问题的意见》第 75 条规定，破产宣告的裁定，不准上诉。当事人对裁定有异议的，可以向作出裁定的原审人民法院申请复议，复议期间，不停止破产宣告裁定的执行。由于复议程序的审查通常都是以人民法院原合议庭的审查为主，让原来的合议庭审查自己作出的裁定并加以推翻，往往比较困难，这不利于对当事人的保护。于是，我国在 2002 年 9 月最高人民法院《关于审理企业破产案件若干问题的规定》中创设了破产宣告的申诉制度。根据该司法解释第 38 条的规定，破产宣告后，债权人或者债务人对破产宣告有异议的，可以在人民法院宣告企业破产之日起 10 日内，向上一级人民法院申诉。上一级人民法院应当组成合议庭进行审理，并在 30 日内作出裁定。2006 年实施的最高人民法院《关于〈中华人民共和国企业破产法〉施行时尚未审结的企业破产案件适用法律若干问题的规定》第 13 条规定，债权人或者债务人对破产宣告裁定有异议，已经申诉的，由上一级人民法院依据申诉程序继续审理；企业破产法施行后提起申诉的，人民法院不予受理。可见，司法程序上正式取消了已施行了近 5 年的破产宣告申诉制度。不允许上诉的理由主要是看重破产宣告的稳定性和案件处理的及时性，但不允许上诉却极有可能牺牲程序的另一个重要价值目标，即程序的正当性和当事

[1]　我国台湾地区"债务清理法"第 98 条第 2 款明确规定："破产程序，因法院对债务人宣告破产而开始。"

人的利益保障。在新破产法中关于破产债务人、债权人对人民法院宣告企业破产的裁定有异议时能否申诉的问题没有明文规定，这显然是一个疏忽和缺憾，必然造成司法实践中破产债务人、债权人对破产的裁定有异议时，要申诉于法无据，人民法院对申诉受理与不受理也于法无据的尴尬局面。

虽然立法不支持当事人对破产宣告的申诉，但学者普遍支持允许利害关系人对破产宣告申诉，其理由是基于对利害关系人的利益保护。因为，破产宣告在破产程序中占有重要地位，宣告使得破产活动不可逆转地进入清算程序，直接影响了当事人的重要实体权利。这种单方信赖法院的公正性而无视当事人申诉权的做法有待商榷。国外破产法也都不同程度地允许上诉，比如德国破产法规定，对以债权人为破产申请人的破产宣告裁定，债务人可以提起抗告。日本破产法规定，对于破产程序之审判，除本法有特别规定者外，利害关系人可为即时抗告。"对破产宣告裁定如是由债权者提出申请的，那么破产者和其他债权者可以提出不服申请；如是在自己破产或准自己破产的场合，债权者可以提出不服申请，这是当然的事。"[1]

第六节　破产程序的终结

【基本理论】

一、破产程序终结的意义

破产程序的终结，又称为破产程序的终止，是指在破产程序进行过程中，发生法律规定的应当终止破产程序的事由时，由法院裁定结束破产程序。[2] 破产程序终结主要发生于两种情形之下：①当债权人的债权通过破产程序的实施得到了全部或部分清偿；②由于某种原因的发生使破产的继续已无意义，而由人民法院作出裁定，最终结束破产程序。

破产程序的终结与类似的破产程序的撤销和破产程序的中止有所区别：

1. 破产程序的终结不同于破产程序的撤销。破产程序的撤销是指在宣告债务人进入破产程序后，发现债务人不具备破产法规定的法定破产条件而停止执行的破产程序，它是由人民法院依法驳回破产申请，撤销破产程序，并予以公告的状态。

2. 破产程序的终结也不同于破产程序的中止。破产程序的中止是指在破产

〔1〕　［日］石川明：《日本破产法》，何勤华、周桂秋译，中国法制出版社2000年版，第48页。
〔2〕　邹海林：《破产程序和破产实体制度比较研究》，法律出版社1995年版，第382页。

程序中，由于出现某种法定情形，使正在实施的破产程序暂时性地停止的状态。

破产分配是破产程序进行的终极目的，如果破产分配完毕，程序进行就没有意义。所以，破产管理人于最后分配完毕时，应向法院提出关于分配完毕的报告，法院接到破产管理人的报告后，应立即作出终结破产程序的裁定。由于终止破产程序会影响利害关系人的权益，因此，法院在裁定终止破产程序时，应先听取破产债务人与破产管理人的意见，必要时，还应听取破产债权人的意见，综合以上这些人的意见后再作裁定。

二、我国破产程序终结的法定事由

根据我国新破产法的规定以及司法实践中的通常做法，人民法院裁定终结破产程序的法定事由有下列六种：

1. 破产财产不足以支付破产费用。新破产法第 43 条第 4 款规定："债务人财产不足以清偿破产费用的，管理人应当提请人民法院终结破产程序。人民法院应当自收到请求之日起 15 日内裁定终结破产程序，并予以公告。"根据新破产法的规定，破产费用由债务人的财产随时清偿，优先支付。如果债务人财产不足以支付破产费用，那就意味着债权人不能得到任何清偿，在此情形下，如继续进行无益的破产程序，对利害关系人不利，因此，法院因管理人申请或依职权裁定终止破产程序。

2. 破产程序因全体债权人同意废止而终结。破产程序因全体债权人同意废止而终结，是指破产程序开始后，破产人取得全体债权人废止破产程序的同意后，依法申请法院废止破产程序，法院许可申请的，破产程序因此而终结的制度。破产程序是为已申报债权的债权人之利益而进行的，如债权人全体决定放弃破产程序，而同意终止破产程序，此时已无继续破产程序的必要，债务人于申报债权期满后，经已申报债权之债权人全体同意，可以向法院申请裁定终止破产程序，此时法院应准许终止破产程序。

新破产法第 105 条规定："人民法院受理破产申请后，债务人与全体债权人就债权债务的处理自行达成协议的，可以请求人民法院裁定认可，并终结破产程序。"我们认为，首先，破产法作为私法，破产作为债权人保护的机制，债权人应该有自由决定破产程序是否终结的权利。其次，破产程序中的实际情况复杂多样，如果债权人得到破产人的某种承诺，愿意通过其他途径解决债务纠纷，或者得到第三人为破产债务作出总体担保时，对破产人提出的废止或停止破产程序的申请，法院应当予以允许。

3. 因债权得到全部清偿而终结。根据新破产法第 108 条规定，破产宣告前，第三人为债务人提供足额担保或者为债务人清偿全部到期债务或者债务人已清偿全部到期债务的，人民法院应当裁定终结破产程序。破产因债权人的债权得不到满足而产生，如果第三人为债务人提供足额担保或者为债务人清偿全部到期债务或者债务人已清偿全部到期债务的，破产程序的存在已无必要，法院应该裁定终结，以免破产成本的无谓支出。

4. 因债务人没有财产可供分配而终结。新破产法第120条第1款规定："破产人无财产可供分配的，管理人应当请求人民法院裁定终结破产程序。"

5. 因破产财产分配完毕而终结。新破产法第120条第2款规定："管理人在最后分配完结后，应当及时向人民法院提交破产财产分配报告，并提请人民法院裁定终结破产程序。"破产程序在进行过程中，如果没有成立和解，也没有其他特殊情形，通常以破产财产被分配完毕而结束，这是破产程序终结中最常见、最基本的方式。在破产财产最后分配完结后，清算组应当申请人民法院裁定终结破产程序，破产程序随人民法院的裁定而终结。

6. 因破产和解而终结。新破产法第105条规定："人民法院受理破产申请后，债务人与全体债权人就债权债务的处理自行达成协议的，可以请求人民法院裁定认可，并终结破产程序。"

三、破产程序终结的效力

1. 破产程序因不同方式终结，对债务人与债权人所产生的法律效果不尽相同：

（1）破产程序因破产财产分配完毕和破产财产不足支付破产费用而终结。由于我国现行的破产法律仅适用于企业法人，因此，破产程序因分配完毕和破产财产不足支付破产费用而终结，经人民法院裁定，并完成公告后，管理人即应当持法院终结破产程序的裁定，向破产人原登记机关办理破产人注销登记，至此债务人企业的法律人格彻底消灭，债务人所负剩余债务也当然免除。但破产程序终结后，又发现破产财产的情况除外。

（2）破产程序因和解和重整而终结。在这种情况下，破产程序的终结发生以下效力：①破产人重新获得对自己财产的处分权。自破产程序终结之日起，破产人恢复对其财产的占有和管理，对和解协议所免除的债务不再负清偿责任。②和解债权人在破产程序终结后，和解协议实现，和解债权人于达成和解协议时所免除的部分债权，在重整成功后也不得向债务企业再行索要。

（3）破产程序因全体债权人同意废止而终结。在这种情况下，破产程序的终结产生如下的效力：①破产人恢复对其财产的占有和管理处分权；②对债权人"不依破产程序不得行使债权"的限制被取消，债权人被允许对破产人个别行使权利，并可利用破产人未提出异议的债权表的记载作为有执行名义的债权，请求强制执行。破产宣告前开始的强制执行程序的中止恢复效力。[1]

　　这里需要注意的是，破产程序终结后，债权人对破产企业的保证人、连带债务人等享有的权利，原则上不受影响。新破产法第124条规定："破产人的保证人和其他连带债务人，在破产程序终结后，对债权人依照破产清算程序未受清偿的债权，依法继续承担清偿责任。"债务人破产时，罕有破产债权人的债权靠破产财产获得足额满足的情况，这时保证制度便可以保护债权人的利益。纵然债务人破产，也不能免除保证人的责任，债权人依破产程序未受全额清偿时，可以就不足部分向保证人主张权利。

　　2. 解除破产法关于破产企业法定代表人活动的限制及相关义务。

　　3. 终结清算组、债权人会议作为破产机关的活动，解散其机构。但如有关于破产财产的未完结的诉讼、债权确认诉讼或者对债权分配等异议之诉等遗留事务时，破产清算组仍须对破产财产进行管理和处分。

【实务操作】　破产终结的程序

　　破产人无财产可供分配的，管理人应当请求人民法院裁定终结破产程序，或者管理人在最后分配完结后，应当及时向人民法院提交破产财产分配报告，并提请人民法院裁定终结破产程序。

　　人民法院应当自收到管理人终结破产程序的请求之日起15日内作出是否终结破产程序的裁定。裁定终结的，应当予以公告。

　　管理人应当自破产程序终结之日起10日内，持人民法院终结破产程序的裁定，向破产人的原登记机关办理注销登记。

　　破产程序终结后，清算组应当向破产企业原登记机关办理破产企业注销登记，并将办理情况告知人民法院。破产清算组办理注销登记时，应当提交由破产清算组签署的申请注销登记的报告、人民法院终结破产程序的裁定书、破产企业的营业执照及其副本、营业用章等。企业被登记注销后，其法人资格宣告消灭，没有得到分配的债权即行消灭。

　　破产企业注销登记后，人民法院应宣布清算组撤销。新破产法第122条规定，管理人于办理注销登记完毕的次日终止执行职务。但是，存在诉讼或者仲裁未决情况的除外。

　　按照规定，破产程序终结后发现的破产企业的财产请求权，由破产企业的上级主管部门行使。追回的财产，由人民法院依照新破产法第113条（关于破

---

〔1〕　李永军：《破产法律制度》，中国法制出版社2000年版，第343页。

产财产的分配顺序）的规定进行追加分配。有前述规定情形，但财产数量不足以支付分配费用的，不再进行追加分配，由人民法院将其上交国库。

附：破产宣告裁定书

_____市中级人民法院民事裁定书

（用于终止破产程序）

（____）民破字第____号

申请人（债权人）：河南省_____公司

法定代表人：_____ 职务：董事长

住所地：_____

被申请人（债务人）：郑州市_____公司

法定代表人：_____

住所地：_____

河南省_____公司申请郑州市_____公司破产还债一案，本院已于____年___月____日作出（____）郑民破字第____号民事裁定书，裁定受理破产申请。

在审理期间，因为第三人为债务人提供了足额担保（或者第三人为债务人清偿全部到期债务，或者是债务人已清偿全部到期债务，或者经破产宣告后，破产人无财产可供分配的），本院裁定：

终止破产程序。

本裁定自作出之日起立即生效。

审判长：_____

审判员：_____

审判员：_____

____年___月___日

【案例分析】

一、破产终结案[1]

[案情] 被申请人上海埔申实业公司（下称埔申公司）由其主管部门上海华埔贸易公司于1994年3月18日申请开办成立，注册资金400万元人民币，企

---

[1] http：//www.lawtime.cn/info/pochan/pochanal/2008110743472.html.

业性质为集体所有制，经营范围为渣土运输、建筑材料、日用品等。该公司于1996 年下半年停止经营活动，法定代表人去向不明，公司财务及经营管理人员均离职自谋出路。该公司资产净值 300 万余元，被上海市第一中级人民法院另案查封。其主管部门上海华埔贸易公司的法定代表人亦下落不明。1997 年 1 月 6 日，埔申公司的债权人深圳新海工贸发展有限公司（下称新海公司）以埔申公司不能履行到期债务为理由，向上海市长宁区人民法院申请埔申公司破产还债。申请人新海公司向受案法院提供的"关于埔申公司 1996 年 8 月 31 日资产、负债、所有者权益的鉴证审计报告"表明，埔申公司账面资产总计 554 万元，负债 261 万元，所有者权益 293 万元；有 5 笔账外银行借款 1030 万元去向不明；账上既未反映债务情况，又未反映借入资金的使用情况。

长宁区人民法院立案受理后，经通知债权人申报债权，共有 20 余家债权人申报，申报债权总额为 2344 万余元，其中银行债权 1786 万余元（包括去向不明的 1030 万元在内），其他企业和个人债权 558 万余元。1997 年 5 月 21 日，长宁区人民法院主持召开了第一次债权人会议，有上海城市合作银行延安支行等 5 家银行在内的 12 家债权人参加会议。该 5 家银行债权数额占总债权额的 60% 以上。债务人埔申公司及其主管部门上海华埔贸易公司的法定代表人下落不明，其无法定代表人列席债权人会议。经申请人介绍埔申公司的审计报告、账外资金去向不明和埔申公司不能履行到期债务等情况，要求宣告埔申公司破产还债的理由陈述后，到会 12 家债权人中的 7 家（包括 5 家银行）认为，债务人埔申公司除审计报告中所说的 1030 万元借款去向不明外，尚有不少债务未列入审计报告，对这些情况应有个明确说法。如系非经营性亏损而挪作他用，则债权人的合法权益将得不到保护，国有资产将严重流失；现债务人及其主管部门既不出面清算债权债务，又无人对账外资金作出合法解释，故债务人埔申公司目前尚不具备破产还债的条件。该 7 家债权人建议法院终结破产还债程序，并通过公安部门追查账外资金的去向。债权人会议据此决议，不同意埔申公司破产。

据此，长宁区人民法院认为：占债权人会议有表决权的半数以上的债权人不同意债务人埔申公司破产还债。债务人去向不明的资金占其资产的相当比例，且其法定代表人至今下落不明。目前对债务人实施破产，不利于保护债权人的合法权益。根据有关法律规定，该院于 1997 年 7 月 31 日裁定如下：终结埔申公司破产还债程序，本案移送上海市公安局长宁分局处理。

[分析]　这是一起由债权人提起的申请债务人破产还债的案件。法院通过审理，裁定终结破产还债程序，并将案件移送公安部门处理，主要是基于以下几方面的考虑：

1. 债务人埔申公司破产的条件尚不具备。原因在于：①根据《民事诉讼法》第 201 条的规定，企业宣告破产，应成立清算组织，负责破产企业的财产保管、清理、估价、处理和分配，并依法进行必要的民事活动。清算组织中应有破产企业的上级主管部门。而本案债务人及其主管部门的法定代表人均下落不明，公司财务及经营管理人员均离职自谋出路，企业处于无人管理状态；且破产企业进行财产审计、评估所必须依据的财务账册、资料等均无从落实，即使法院组织有关部门和人员成立清算组织，亦无法开展正常的财产清算工作。②债务人资不抵债，无力清偿到期债务，是法院宣告债务人破产还债的根本依据。本案申请人新海公司向法院提供的审计报告表明，债务人有 1030 万元的账外资金去向不明，债务和资金使用情况均未能在账上得到反映，说明申请人提供的材料尚不足以证明债务人确属无力清偿到期债务。换言之，如果这些账外资金应收回而未收回，或者确被挪作他用，而使债务人目前确不能清偿债务，也并不因此而必然造成无力清偿的后果。

　　2. 审理破产案件，除了必须遵循公开、公平、公正的原则和切实维护全体债权人的合法权益以外，同时还应防止可能存在的经济犯罪，即借破产制度逃脱制裁的发生。本案中，法院在召开债权人会议基础上，听取了到会债权人的意见，在有表决权的半数以上债权人不同意债务人破产还债的情况下，依法裁定终结债务人破产还债程序，体现了切实维护全体债权人合法权益的原则；同进，对审理中发现的经济犯罪线索，及时和公安部门联系，将本案及时移送公安部门处理，防止了国有、集体资产的流失，体现了认真审查、严格把关的认真负责的态度，也避免了在破产的掩护下，侵吞国有、集体财产的犯罪分子逃避法律制裁的情况发生。

【评析】

一、追加分配

　　追加分配是指在破产程序终结之后，又发现破产债务人有可供分配的财产时，由人民法院按照破产分配方案对尚未获得完全清偿的债权人进行的补充分配。这种制度设计的价值在于保护债权人的利益。因此，为促使管理人在发现仍有可分配于债权人的财产时，继续办理追加分配，应课以其申请许可追加分配义务，即破产管理人负有义务在知道债务人仍有未分配的财产时，向法院申请对债权人进行追加分配。我国新破产法第 123 条也规定了追加分配。根据该规定，自破产程序终结之日起 2 年内，债权人可以请求法院追加分配。但如果新发现的财产不足以支付分配费用的，不进行追加分配，该财产上交国库。追加分配的财产的范围包括：

（1）人民法院受理破产申请前1年内，债务人有应当予以撤销的行为所涉及的破产财产。

（2）人民法院受理破产申请前6个月，债务人不能清偿到期债务，并且资产不足以清偿全部债务或者明显缺乏清偿能力，但仍对个别债权人进行清偿而转移的财产。但个别清偿使破产财产受益的除外。

（3）债务人的无效行为涉及的财产。

（4）债务人的董事、监事和高级管理人员利用职权从企业获取的非正常收入和侵占的企业财产。

（5）债务人有应当供分配的其他财产。所谓其他财产一般包括：①在破产程序中因纠正错误支出而收回的款项；②因权利被承认追回的财产；③债权人放弃的财产；④破产程序终结后实现的财产权利。

因追加分配是在破产程序终结后所为的分配，依据何种标准进行分配，就是一个重要的问题。根据许多国家破产法的规定，在采取多次分配时，应根据最后的分配方案进行追加分配，如果采取一次性分配，就以该分配方案进行分配。追加分配应根据破产法规定的顺序进行。

二、破产免责

所谓破产免责，是指在破产程序终结后，对符合法定免责条件的债务人未能依破产程序清偿的债务，在法定范围内予以免除继续清偿责任的制度。破产免责制度是在破产法发展到后来才出现的。德国破产法从1877年到1999年，一直采取非免责主义，直到1999年1月1日生效的新破产法才最终承认了破产免责制度。现代各国普遍的做法是：给予免责利益，同时规定一定的条件。因为人们发现，不给债务人免责的机会，使债务人不能从破产程序中得到利益，债务人就没有主动申请破产的原动力，而债务人最了解自己的财产状况和支付能力，如果其不能及时申请破产，致使其财产状况更加恶化，最终会给债权人造成损失。另外，债务人也不能积极地配合破产程序的进行。但如果给债务人以免责的利益，虽然可以避免这种弊端，但却又会对债权人的权利造成损害。如何平衡这两种价值的冲突，在立法上便形成了免责主义与不免责主义。[1] 所谓免责主义，是指债务人受破产宣告后，债权人就破产财团之财产已因分配而受清偿时，其债权未能受清偿的部分，于一定条件下，因破产程序的终结而得以

---

[1] 有不采破产免责制的国家，如乌克兰、保加利亚。有的国家虽有破产免责制度设计，但破产债务人却不易获得免责，如芬兰、瑞典。还有对个人破产采取极度正面、开放态度的破产免责国家，如美国、法国、德国。日本在二次世界大战之前奉行不免责主义，之后借鉴美国法，也改为免责主义。

免除。[1] 我国台湾地区"破产法"第 149 条规定："破产债权人依调协或破产程序已受清偿者，其债权未能受清偿之部分，请求权视为消灭。但破产人因犯诈欺破产罪而受刑之宣告者，不在此限。"故破产债权人就其未受清偿的债权，无法强制破产人为清偿。破产程序终结后，债务人则因此不需再负清偿责任，在经济上或许可以得到重生。不免责主义，则与免责主义完全不同。债务人于破产程序中所剩余的债权依然存在，不因破产程序的终结而消灭，债务人于日后经济能力恢复后仍需负清偿责任。有学者认为："随着破产利益平衡理念的萌生并应用于破产制度，免责制度的目的也从纯粹保护债权人利益发展为债权人和债务人利益并重，在实现债权的同时，帮助债务人摆脱债务负累，也就是将债务救济作为免责的一个目的。不同国家的免责制度在理念上也存在很大差异：一是以公平清偿债权人的债权为首要目标，将免责作为一种奖赏给予债务人，即债权保护模式；二是将对债务人的免责作为破产程序的目标之一，其目的在于使债务人获得再生，即债务救济模式"。[2]

在今天，采取不免责主义的国家已经十分罕见，但需注意的是，免责仅仅是对自然人破产而言的，在我国，仅有企业法人可被宣告破产，自然不存在免责问题，因为企业的法人资格已随着破产程序的终结而消灭。

对债务人的免责确定后，债务人对于免责范围内的债务免除继续清偿的责任。债权人对于已被免除的债权，不能再向债务人为履行的有效请求，即债务人不负继续履行的义务，不能申请对之强制履行。但如果债务人自愿履行的，视为对免责的抛弃，债权人据此而获得的清偿具有保持力。但免责的效力不及于破产人的保证人及连带债务人。

在免责生效后，发现债务人有不能免责的事由的，应由法院作出取消免责的决定。取消免责的事由根据国外立法一般有二：一为当破产人被判定犯有诈欺破产罪时，法院得依破产债权人的申请或者依职权，作出撤销免责的决定；二为破产人的免责是通过不正当的手段取得的，破产债权人在免责决定后的法定期限内提出撤销免责的申请的。免责取消后，由于免责所消灭的债权人的所有债权重新恢复效力，每个债权人均有权就破产程序没有清偿的剩余债权向债务人请求。

---

[1]　免责主义认为，破产免责制度具有强制性与不可抛弃性。所谓破产免责制度的强制性，是指破产法中免责制度的设计具有强行规定的性质，不容当事人主张私法自治原则而另以合同方式进行约定，有关免责规定的适用及其例外情形，一切皆须遵守破产法规范。而所谓破产免责制度的不可抛弃性，是指属于自然人的破产债务人不得抛弃破产免责规定的保障。

[2]　张晨颖："破产免责制度中的平衡理念"，载《浙江大学学报》2006 年第 2 期。

第4章

破产管理人

【内容摘要】　为了对债务人的财产实行有效的管理，避免债务人对财产进行恶意处分，在破产程序开始后应由专门的机构来管理、处分债务人的财产。管理人就是在破产程序中依法成立的负责对债务人的财产进行管理和处分的特殊机构。大多数国家破产法或商法典中，均规定了破产管理人制度。破产管理人在整个破产过程中起着核心作用，它作为独立职业人，代表破产企业和债权人、法院以及第三人进行各种破产法律关系，平衡着其中各方当事人的利益。

第一节　破产管理人的资格

【基本理论】

一、破产管理人的意义

破产管理人制度起源于罗马法，并为两大法系共同继受。但现代各国对此称谓并不尽相同。英美法系一般将其称为破产信托人，而大陆法系国家则一般称为破产管理人或破产财产管理人。我国旧破产法中称之为清算组，但这种称谓受到诸多学者的质疑，认为将破产管理人称为清算组并不恰当。因为在法律范畴中，人具有主体的含义，而清算组不具备这种含义，故新破产法改称之为管理人。这可能是基于和解、重整程序中也有财产管理人的考虑。[1]

选任管理人，首先面临的即是管理人的资格问题，即什么样的机构和人员可以担任破产管理人。由于破产管理人的能力与品行状况是破产清算程序顺利进行的重要条件，因此，许多国家的立法均规定只有具有专门知识与技能的人才能担任破产管理人。破产管理人的资格分为积极资格与消极资格。所谓积极

---

[1]　我国新破产法采纳的是广义破产的概念，既包括破产清算，也包括和解和重整。因此，使用破产管理人并不会引起误解。本书为论述的方便，有时亦将管理人称为破产管理人或破产财产管理人。

资格,是指何人可以担任破产管理人;消极资格则是指何人不能担任破产管理人。

对于破产管理人的积极资格,许多国家的法律均有规定。一般要求具有专门知识与技能的人才能充任。此处所指的专业知识一般应认为具有法律知识、经济知识或管理经验。根据国外管理人的任职情况,担任管理人的人选主要有两类:①有关专业服务机构,如律师事务所、会计师事务所、破产清算事务所、资产评估事务所等;②依法取得有关任职资格的自然人。对于破产管理人的消极资格,一般国家破产法的规定都较为原则。通常认为,与债务人或债权人有利益冲突的人不得为破产管理人。

二、新破产法关于管理人资格的规定

总结我国破产法实施经验,借鉴国外成功做法并充分吸纳讨论各种意见,新破产法分别规定了担任管理人人选的机构与人员的条件和不得担任管理人的情形。

(一)机构管理人人选

新破产法第 24 条规定:"管理人可以由有关部门、机构的人员组成的清算组或者依法设立的律师事务所、会计师事务所、破产清算事务所等社会中介机构担任。人民法院根据债务人的实际情况,可以在征询有关社会中介机构的意见后,指定该机构具备相关专业知识并取得执业资格的人员担任管理人。"根据这一规定,可以担任管理人的人选包括以下几种机构与自然人。

1. 由有关部门、机构的人员组成的清算组。即根据《公司法》、《商业银行法》、《保险法》等法律文件以及有关国有企业政策性破产文件设立的由有关部门、机构的专门人员组成的处理某件破产申请的清算组。例如根据《公司法》第 184 条的规定,公司因《公司法》第 181 条第 1、2、4、5 项(即分别为公司章程规定的营业期限届满或者公司章程规定的其他解散事由出现;股东会或者股东大会决议解散;依法被吊销营业执照、责令关闭或者被撤销;人民法院依照公司法的规定予以解散)规定而解散的,应当在解散事由出现之日起 15 日内成立清算组,开始清算。有限责任公司的清算组由股东组成,股份有限公司的清算组由董事或者股东大会确定的人员组成。逾期不成立清算组进行清算的,债权人可以申请人民法院指定有关人员组成清算组进行清算。由这类清算组担任管理人,有利于涉及多种关系,特别是涉及众多职工安置的国有企业破产申请的协调和处理。

2. 律师事务所。即由数名以上律师共同依法设立的律师执业机构。根据《律师法》规定,设立律师事务所应当具备下列条件:①有自己的名称、住所和章程；②有 10 万元以上人民币的资产；③有符合法律规定的律师。申请设立律师事务所，须经省、自治区、直辖市以上人民政府司法行政部门审核，符合规定条件的，自收到申请之日起 30 日内颁发律师事务所执业证书。律师承办业务，由律师事务所统一接受委托，与委托人签订书面委托合同。根据新破产法规定，律师事务所可以担任企业破产事务管理人，承办企业破产财产管理与破产事务等工作。

3. 会计师事务所。即由数名以上注册会计师依法设立的执业机构。根据《注册会计师法》规定，会计师事务所可以由注册会计师合伙设立，会计师事务所符合规定条件的可以是负有限责任的法人，设立会计师事务所，由国务院财政部门或者省、自治区、直辖市人民政府财政部门批准。审批机关应当自收到申请文件之日起 30 日内决定批准或者不批准。会计师事务所受理业务，不受行政区域、行业的限制。根据新破产法规定，会计师事务所可以担任企业破产事务管理人，承办破产企业财产管理与破产事务等工作。

4. 破产清算事务所。破产清算事务所即依法设立的专门从事破产清算事务的专业服务机构，属企业法人。随着企业深化改革，破产申请逐渐增多，一些地方开始设立专门的企业破产清算事务所，专门负责企业破产清算等事务。近十年来，全国这类机构已发展到上百家，有的地方还专门成立了有关协会组织。根据这类组织设立与开展业务的情况，新破产法在规定管理人任职人选时，与律师事务所、会计师事务所一并规定了企业破产清算事务所。根据这一规定，企业破产清算事务所可以根据人民法院的指定，担任企业破产财产及破产事务的管理人。

5. 其他社会中介机构。即依法设立的除律师事务所、会计师事务所、破产清算事务所以外的从事某种专业服务的机构，具体包括审计事务所、资产评估事务所等。

（二）自然人管理人人选

在企业破产申请中，有的破产企业规模较小，案情比较简单，对于这类破产事务，由律师事务所、会计师事务所等机构担任管理人可能费用较高，增加破产成本，不如由某个自然人担任管理人显得经济合理。对于自然人担任管理人问题在破产法起草中存在不同意见。有意见认为，根据我国《律师法》等法律中有关律师等职业承办业务由事务所统一接受委托的规定，应由事务所担任管理人，而不能由某个自然人担任管理人。对于任何破产事务，机构都要派出自然人律师、会计师承担，这也能解决一些中小企业破产的问题。但立法者考虑到以后随着我国专业服务机构与服务业务的发展，可能会出现一人制律师事务所等情况，遂允许自然人作为管理人，即新破产法第 24 第 2 款规定，人民法院可以在征询有关社会中介机构的意见后，指定该机构具备相关专业知识并取得专门执业资格的人员，如律师、注册会计师、资产评估师等人员担任管理人。

（三）不得担任管理人的人员

尽管新破产法对于担任管理人的人选作了规定，但在这些人选中，有少数人在道德上或者其他方面存在瑕疵，可能不适合担任某一破产案件的管理人，否则可能影响案件办理的公正性。为此，法律除正面规定可以担任管理人的资格外，还对不得担任管理人的情形作了规定。所谓不得担任管理人的情形，即指在有关专业服务机构中任职的人员因为具有某种法定情形不得担任管理人或者不得担任某案管理人的情形。对此，新破产法第 24 条第 3 款规定："有下列情形之一的，不得担任管理人：①因故意犯罪受过刑事处罚；②曾被吊销相关专业执业证书；③与本案有利害关系；④人民法院认为不宜担任管理人的其他情形。"根据这一规定，不能担任管理人的人员包括以下四类：

1. 因故意犯罪受过刑事处罚的。这里的犯罪是指律师、会计师等专业服务人员本人因故意犯罪而受到刑事处罚的，不包括过失犯罪，如因交通肇事而犯罪等。

2. 曾被吊销相关专业执业证书的。这种情形是指律师、会计师等专业人员因违反职业道德或其他违法行为而被有关监管机构或有权机构吊销本专业执业证书的情形。破产法在此并没有限制年限，即对这类人员只要是有过被吊销职业证书的，将终身不得再担任破产管理人，不得再从事管理人工作。

3. 与本案有利害关系的。即在某一破产申请中，拟担任管理人的人选与该案件有利害关系，如该人员的近亲属在债务人企业中担任高管人员，或与债务人存在某种交易关系等。

4. 人民法院认为不宜担任管理人的。即除上述三种不宜担任管理人的情形外，人民法院在指定管理人时认为某人不宜担任某案管理人的。根据最高人民法院的司法解释，该情形主要包括下列几项：①因执业、经营中故意或者重大过失行为，受到行政机关、监管机构或者行业自律组织行政处罚或者纪律处分之日起未逾 3 年；②因涉嫌违法行为正被相关部门调查；③因不适当履行职务或者拒绝接受人民法院指定等原因，被人民法院从管理人名册除名之日起未逾 3 年；④缺乏担任管理人所应具备的专业能力；⑤缺乏承担民事责任的能力；⑥人民法院认为可能影响履行管理人职责的其他情形。

（四）自然人担任管理人的执业责任保险

根据新破产法第 24 条第 4 款的规定，个人担任管理人的，应当参加执业责任保险。所谓执业责任保险，即保险机构针对某些专业执业人员由于工作失误对他人承担的赔偿责任予以承保的保险品种。在专业服务领域，有关律师、注册会计师等人员以自己的专业知识与技能向社会提供服务，收取报酬，由于从事这类服务的投资成本较低，收取费用不高（不排除有的收费也较高，但从整个行业收费来说不高），与可能存在的巨大风险不成比例。对于在这种服务中因工作失误或意外事件所造成的损失，仅以他们收取的费用是无法弥补的。针对这种情况，根据有关专业机构与人员提议，保险公司为之开设有专门的保险业务，这类机构或自然人投保相关保险后，一旦发生相关损害赔偿情形的，即可由保险公司予以赔偿。新破产法在规定自然人担任管理人的同时，要求自然人担任管理人的必须参加执业责任保险。

【法律链接】　各国破产法对管理人资格的规定

一、英国

根据英国 1986 年破产法，在各种破产程序中担任管理人的人选限于破产法承认资格的从业人员。不具备破产法要求资格而任职的，构成犯罪行为。要取得从业资格有两条途径：①要向工商部申请自然人营业执照；②参加政府承认的职业团体。申请人必须是达到 7 家指定的职业授权机构所要求的相关教育水准并已经通过所要求的专业考试，被授予这些专业机构成员资格的人。7 家指定的职业授权机构是：①注册会计师协会；②破产管理人协会；③英格兰威尔士特许会计师协会；④苏格兰特许各市地会计师协会；⑤爱尔兰特许会计师协会；⑥英格兰法学会；⑦苏格兰法学会。工商部在决定授予自然人营业执照前，应对以下事项进行审查：申请人是否具备必要的教育、训练或经验；有无因欺诈、威胁等行为受到刑事处罚的前科；在过去的工作中有没有违反英国的或外国的破产法规定。英国破产法严格规定，破产从业人员必须提供执行职务的保证金。破产从业人员须先提供 25 万英镑的总担保，以后还可以追加担保，但追加的金额不得超过 500 万英镑。这一制度对保证破产管理人以善良管理人的注意执行职务起到积极作用。其他国家法律对管理人人选也有类似规定或要求。另外，如果某人已经破产或财产被扣押，或依据 1986 年《公司董事资格取消法》而被取消资格，或完全丧失民事行为能力，则不能担任破产管理人。

二、德国

德国破产法规定，管理人由具有专业知识的自然人担任。在德国新破产法中，管理人先由法院临时指定，最后由债权人选任。德国《破产法》第 27 条规定，破产程序开始时，破产法院任命一名财产管理人；第 57 条规定，债权人在破产财产管理人受托后的第一次债权人会议上，可选任另外的破产财产管理人以代替法院的任命。法院仅在被推选者不适合担任此项职务时方可否认此项选举。对法院的否认，各债权人均可上诉。

三、法国

依据《法国商法典》"企业的重整和司法清算"编第 621 – 8 条第 5 款的规定，企业主或法人领导人的任何第四亲等以内包括第四亲等的亲属或者姻亲，不得被指定为担任司法管理人职务。

四、俄罗斯

俄罗斯《联邦破产法》第 20 条第 1 款规定："符合以下要求的俄罗斯联邦公民，可以成为仲裁管理人：①以个体经营者的身份登记注册；②具有高等教育学历；③从事管理工作的工龄，累计不少于 2 年；④通过仲裁管理人培训课程的理论考试；⑤经过至少 6 个月的实习期，在实习期间作为仲裁管理人的助手；⑥没有在经济领域的犯罪前科，也没有中等严重的犯罪前科、严重的犯罪前科、特别严重的犯罪前科；⑦是某一自律性组织的成员。"

五、美国

美国的破产管理人称为托管人（trustee），包括联邦托管人和私人托管人。联邦破产托管人为联邦政府官员，由美国司法部长任命，任期 5 年，联邦司法部下设常设机构——托管人办公室（现有 77 人）。目前全美设立了 21 个地区联邦托管人办公室，任命有 21 个联邦托管人。私人托管人是破产执业者，由债权人选择参加破产程序。担任私人托管人一般应向地区联邦托管人办公室申请，并得到批准。另外，按照美国破产法规定，私人托管人须在被选定后、开始执行职务之前，向法院提交一定数额的保证诚实履行职责并维护国家利益的保证金。《美国破产法》第七章规定的企业破产清算程序中，临时托管人一般由法院指定的联邦托管人或私人托管人担任，但正式托管人须由债权人会议选任。根据《美国破产法》，在企业清算程序中，托管人由债权人投票选出。有投票权的债权人，其债权额不能低于无争议无担保债权的 20%。在自然人破产清算程序中，由联邦托管人指定一个私人受托人或监督人。在美国破产重整程序中，一般没有管理人的介入，而由占有中的债务人负责继续经营企业，提出重整方案。依据《美国破产法》第 1104 条的规定，法院在占有中的债务人不诚信或管理不善的情况下，可以根据利害关系人的申请指定托管人，该托管人代替占有中的债务人继续经营。在大型企业重整中，联邦托管人办公室可以任命一位监督人（examiner）监督重整工作。

第四章

【实务操作】

破产管理人执业责任保险的主体为何？承保范围为何？责任如何确定？是否适用代位权？

一、保险合同主体

毫无疑问，破产管理人执业责任保险的被保险人是从事破产管理人职业的机构或个人，保险人则是开展责任保险业务的保险公司。该责任保险的受益人是因破产管理人的执业过错遭受侵害的人，范围相当广泛：包括破产企业的债权人，破产企业的债务人，破产企业的股东、高管、职工，拥有财产取回权的第三人等，难以完全罗列。破产企业即债务人本身也可以成为破产管理人执业责任保险的受益人。原破产管理人因不称职而遭到更换后，新的破产管理人可以代表破产企业向原破产管理人提出索赔要求，使债务人成为原破产管理人执业责任保险的受益人。

但究竟谁是破产管理人执业责任保险的投保人却常常引起争议。一种观点认为，以被保险人为破产管理人执业责任保险的投保人。理由主要是破产管理人执业责任保险为被保险人的执业过错行为承担了赔偿责任，使被保险人免受巨额赔偿，由被保险人为自身利益购买破产管理人执业责任保险合情合理。可以参照的是律师职业责任保险，由律师事务所或律师协会统一购买，无论是由律师事务所还是律协购买职业责任保险，其保费的最终来源都是执业律师个人。另一种观点认为，以破产企业为破产管理人执业责任保险的投保人。破产管理人可先行购买破产管理人执业责任保险，投保费用归为共益债务，由破产企业财产随时清偿。我们赞同后者，理由是：①破产管理人承接破产案件带有法律强制性色彩。破产管理人取酬按照债务人最终清偿的财产价值确定，许多破产案件，债务人根本没有多少财产可供清偿，破产管理人无论多么勤勉尽职，也是巧妇难为无米之炊。破产管理人对这类案件自然没有丝毫兴趣，在这种并非自愿承接破产案件的情形下，由其自费投保破产管理人执业责任保险有失公平，更会抑制破产管理人的从业热情。②破产管理人工作的最终受益人是债权人。破产管理人承担着高风险而履行职责，换来的是债权人的债权更为充分、更为迅速的清偿。将破产管理人执业责任保险保费作为抵抗风险的成本，归为共益债务，由破产企业的财产随时清偿，符合公平原则。③新破产法第42条第5项将管理人执行职务致人损害所产生的债务归为共益债务，那么转移（追偿、保险）该项债务的对价——破产管理人执业责任保险的保费，自然也应归为共益债务。

二、保险责任的范围

1. 关于破产管理人执业责任保险的保障范围是否涵盖破产管理人的职务行为致人损害而使债务人面临的赔偿责任。我们认为，虽然破产管理人是企业在特殊时期依特殊方式产生的管理人员，但其与债务人企业的关系应当准用雇员与雇主的关系。破产管理人执行职务致人损害而产生的责任是雇主责任，依法应由破产企业承担。事实上，新破产法第 42 条将管理人执行职务致人损害所产生的债务归为共益债务，也间接肯定了上述观点。因此，破产管理人在执行职务中因故意或重大过失而致人损害的，破产企业应当承担连带赔偿责任，破产企业承担连带赔偿责任后，有权向破产管理人追偿。故而破产管理人因无过失、一般过失或重大过失的职务行为致人损害而使债务人面临的赔偿责任，可直接规定为破产管理人执业责任，由破产管理人执业责任保险直接予以赔付。但对于破产管理人因道德危险（因故意不当履行职务）致人损害的，不属于承保范围，应由管理人自行承担责任。

2. 关于破产管理人执业责任保险是否涵盖合同责任问题。通常破产管理人执行职务需订立合同的，都会以破产债务人的名义为之，由此产生的合同责任都由破产债务人承担。在破产管理人需以自己名义与他人订立合同的特殊情况下，例如订购机票、车船票等，产生的合同责任可以直接归为破产管理人执行职务的费用。加之一般职业责任保险都会规定免赔额条款，以此求取保险金也不现实。因此，一般情况下破产管理人的执业责任鲜为合同责任。当然，凡事没有绝对，特殊情况下，破产管理人为执行管理人职务而以自己名义与他人订立合同产生的合同责任也应当归为破产管理人的执业责任，由破产管理人执业责任保险予以保障。

三、保险责任的认定方式

认定执业责任最明了的方式，首先，莫过于由破产管理人执行职务行为的受害人依法提起诉讼，并经法院生效判决确认；其次，是受害人与破产管理人在损害发生后，达成仲裁协议或依据合同仲裁条款申请仲裁，由生效仲裁裁决确认；最后，还可以由破产管理人与受害人协商，达成确定赔偿责任的协议确认。依生效判决或仲裁裁决确认执业责任的方式，优点是足够权威，便于保险人确定赔偿数额，而弊端在于过程较长且产生额外的诉讼或仲裁费用。这类经保险人书面同意而支出的诉讼或仲裁费用属于执业责任保险的理赔范围，从而增加了保险人的赔偿责任。依协议而确认执业责任方式的优点在于简便易行，且几乎没有什么费用，缺点在于保险人难以确定执业责任的合理范围，难以确定赔偿额是否合理。无论由以上三种方式中的哪一种认定执业责任，都必须经保险人参与并同意，否则保险人有权拒绝赔偿。这样是为了防止破产管理人与受害人串通，损害保险人利益。

四、保险人的代位求偿权

在一般的财产保险立法中，都设立有保险人的代位求偿权制度。它是指因第三人对保险标的的损害而造成保险事故，保险人赔偿保险金后，在赔偿金额的范围内享有的代位行使被保险人对第三人请求赔偿的权利。破产管理人执业责任保险依其性质，保险人在承担保险责任，赔付保险金给受益人后，并不能取得其对被保险人为责任人的赔偿权利。该险种设立的目的就是要将本应属于被保险人的赔偿责任根据保险合同转移给保险人。若保险人获得受益人的代位权求偿于被保险人，则责任保险的根本目的就会落空。但保险人可以代位被保险人——破产管理人——向造成被保险人承担保险责任而应承担责任的其他共同加害人要求赔偿。

【评析】

破产法是规范破产程序之法，而破产程序的首要问题就是加强对债务人财产的管理。破产程序对于债务人财产具有概括的保全效力，首先应当体现为控制债务人财产的占有、使用、收益和处分状态。这种状态并不会因为破产程序的开始而自动实现。是否应当由法院去实现这种状态呢？从理论上讲并无不可，但法院并非专业的债务人财产"经理人员"，事实上也不可能充分实现控制债务人财产的占有、使用、收益和处分状态的"价值最大化"目标。而基于债权人对债务人可能存在的巨大道德风险的担心，债权人一般也并不同意债务人履行这种职责。债权人由于人数众多，彼此之间可能存在利益冲突，况且债务人的合法利益也应该被保护——债权人若履行此种职责可能会危及债务人合法权益，因此其也并不合适担当此一任务。于是，一个中立的第三者——管理人——就应运而生。

从理论上讲，这个第三者至少应该具备以下几个特征：①应向法院负责或至少接受法院监督；②应与本案无利害关系；③应具有一定的法律、经济管理等专业知识，以更好实现破产财产价值最大化的目标；④应具有一定的财产或财产担保，在其出现过错时用以赔偿受害人。这就是管理人的资格。新破产法从积极与消极两方面对管理人的资格作出了规定，这是一个巨大的进步，其必将对解决我国破产实践中存在的问题发挥重要作用。但我国立法中存在的"宜粗不宜细"的倾向在新破产法中也有反映，事实上关于破产管理人资格仍有许多问题立法者未能给与回答，如法律规定作为管理人的一个前提条件是需购买执业责任保险，但需购买多少，即保险金额需达到多少并未有明确规定。这一规定的目的在于增加管理人的责任财产，保护债权人利益，但对保险金额不设最低限制就可能无法实现此一目的。更重要的是我国《破产法》与《保险法》存在潜在的冲突。我国破产立法者想通过强制管理人购买责任保险使管理人在因故意或重大过失造成破产财产损失时通过保险对受损财产予以填补，以免债权人"雪上加霜"，但根据我国《保险法》的规定，责任保险的标的并不包括"被保险人故意造成的损失"，在保险实践中，许多保险公司甚至规定重大过失也不属于承保范围，可以看出破产立法者的目的按照现行保险实践是无法实现的，这一切都需要立法者加以研究解决。

第二节 破产管理人的选任与变更

【基本理论】

一、关于管理人产生的两种模式

由于管理人在企业破产中的地位与作用，故对管理人的产生存有较大的意见分歧。从国外的做法来看主要有两大做法，即由法院选任或由债权人会议选任。

英美法系国家倾向于管理人由债权人会议选任，如根据《美国破产法》第701、702 条的规定，破产程序中的托管人是破产财产的代表。在企业破产清算程序中，临时托管人一般由法院指定的联邦托管人或私人托管人担任，但正式托管人须由债权人会议选任，即由有投票权的债权人同意，且其债权额不能低于已确定的无担保债权的 20%。在自然人破产清算程序中，由联邦托管人指定一个私人受托人或监督人。《英国破产法》第 286 条第 1 款规定："如果情况表明有必要保护债务人的财产，法院可以在破产申请提出之后以及破产令作出之前的任何时间任命官方接管人为债务人财产的临时接管人。"依据该法第 287 条第 1 款的规定，在作出破产令与破产财产归属受托人的时间之间，官方接管人是破产人财产的管理人。但依据该法第 292 条的规定，除特殊情况外，受托人由破产人债权人的全体会议任命。

与英美法系国家不同，大陆法系国家更倾向于管理人由法院选任，如《法国商法典》"企业的重整和司法清算"编第 10 条和第 18 条规定，在观察程序和重整程序中，由司法代理人作为管理人；第 12 条规定，法庭可以依职权或根据特派法官的建议抑或检察官的要求，更换司法管理人；根据第 148-1 条，在清算程序中，法院指定特派法官及一名司法代理人作为清算人。《日本破产法》第 142 条也规定破产管理人由法院选任，即在宣告破产的同时指定破产管理人。一般情况下管理人为一人，但法院认为必要时，可以选任数人担任管理人。破产管理人的工作由法院监督，同时接受监察委员的监察，管理人的报酬由法院决定。此外，《俄罗斯破产法》也采此种模式，其将破产管理人称为仲裁管理人，具体分为四种，即观察程序中的临时管理人、财务整顿程序中的行政管理人、外部管理程序中的外部管理人以及清算程序中的清算管理人。四种管理人均由仲裁法院任命。根据《俄罗斯破产法》第 45 条的规定，法院在收到破产申请后，要求仲裁管理人自治组织提供一个推荐名单，名单中要包括 3 个以上符合条件的候选人，债务人和债权人会议主席有权在 3 个候选人中各排除 1 个自然人，然后由仲裁法院在推荐名单中确认案件的管理人。

二、我国破产法的相关规定

在新破产法的起草与审议中，对于管理人的产生问题，有学者倾向于由法院指定，也有学者倾向于由债权人会议选任。前者的理由主要是，整个破产申请由法院负责审理，受法院主导，债权人会议虽然是债权人的利益代表，但它不是常设机构，而且难以承担相关责任，故对于管理人的产生，应由法院决定，债权人会议对于不能胜任工作的管理人可以申请人民法院解任，但不能将决定权交给债权人会议，否则可能产生管理人与法院工作上的矛盾，不利于破产的审理工作。持后一种意见的理由是，在企业破产申请中，债权人是债务纠纷的受害人，启动破产申请就是要通过法定的程序排解纠纷，使债权人的利益得到保护，故在破产申请中管理人的一个重要任务即是要保护债权人利益，为此对于管理人的选任最终应由债权人会议决定。在债权人会议成立前，可由法院指定临时管理人，待债权人会议成立后，即可对人民法院指定的临时管理人予以确认或改任。由于持此意见的人较多，故在《破产法》初次审议稿第 20 条第 2 款即作了这样的规定：人民法院指定的管理人，可以由债权人会议确认或者另行选任。

新破产法草案在全国人大常委会的几次审议中，委员们又提了一些新的意见。根据这些意见，为便于破产申请的统一审理并明确责任，在正式通过的破产法中对上述草案的规定作了修改，将最后决定权交由人民法院行使。新破产法第 22 条规定："管理人由人民法院指定。债权人会议认为管理人不能依法、公正执行职务或者有其他不能胜任职务情形的，可以申请人民法院予以更换。"即对于管理人的产生，均由人民法院在受理破产申请时指定，受指定的管理人当即就要接管债务人的财产与破产事务。在债权人申报结束，债权人会议成立后，如果债权人会议认为该管理人不能依法、公正履行职务的或有其他不能胜任职务情况时，可以请求人民法院对其进行更换。

这一规定从维护债务人财产的角度，将管理人的选任决定权交给了受理破产申请的法院。在此基础上明确了两层意思：①债权人会议对管理人的人选有异议权，可以根据自己的利益与破产事务的需要就管理人人选向法院提出更换建议；②债权人会议向法院提出解任管理人的理由必须是该管理人不能依法公正履行职务或者有其他不能胜任职务的情形。所谓不能依法即不能准确理解法律，没有足够的经验，以及在办理破产事务中故意不按法律规定的做法执行等；不能公正履行职务，即在破产事务中不能正确处理债权人、债务人或职工利益关系，或在重整、和解、清算中有偏向某债权人等行为，致使其他当事人的利益受到不公正待遇等的情况；其他不能胜任职务的情形包括在破产事务办理中各类影响案件办理的情形，如与本案有利益关联，不能妥善临机处理突发事件等。

【实务操作】　破产管理人的指定办法

一、编制管理人名单

根据新破产法与最高人民法院的司法解释，人民法院审理企业破产案件时应当指定管理人。除法律另有规定外，法院应当编制管理人名册，并从中指定管理人。编制名册时，由各高级人民法院根据本辖区律师事务所、会计师事务所、破产清算事务所等社会中介机构及专职从业人员数量和企业破产案件数量，确定是由自己还是由其所辖中级人民法院编制管理人名册。

法院应当分别编制社会中介机构管理人名册和个人管理人名册。由直辖市以外的高级人民法院编制的管理人名册中，应当注明社会中介机构和个人所属的中级人民法院辖区。编制管理人名册时，人民法院应当通过本辖区有影响的媒体就编制管理人名册的有关事项进行公告。公告应当包括以下内容：①管理人申报条件；②应当提交的材料；③评定标准、程序；④管理人的职责以及相应的法律责任；⑤提交申报材料的截止时间；⑥人民法院认为应当公告的其他事项。符合新破产法规定条件的社会中介机构及其具备相关专业知识并取得执业资格的人员，均可申请编入管理人名册。在已被编入机构管理人名册的社会中介机构中，具备相关专业知识并取得执业资格的人员，可以申请编入个人管理人名册。社会中介机构及个人申请编入管理人名册的，应当向所在地区编制管理人名册的人民法院提出，由该人民法院予以审定。人民法院不受理异地申请，除非该申请是由异地社会中介机构在本辖区内设立的分支机构提出的。

律师事务所、会计师事务所申请编入管理人名册的，应当提供下列材料：①执业证书、依法批准设立文件或者营业执照；②章程；③本单位专职从业人员名单及其执业资格证书复印件；④业务和业绩材料；⑤行业自律组织对所提供材料真实性以及有无被行政处罚或者纪律处分情况的证明；⑥人民法院要求的其他材料。破产清算事务所申请编入管理人名册的，应当提供以下材料：①营业执照或者依法批准设立的文件；②本单位专职从业人员的法律或者注册会计师资格证书，或者经营管理经历的证明材料；③业务和业绩材料；④能够独立承担民事责任的证明材料；⑤行业自律组织对所提供材料真实性以及有无被行政处罚或者纪律处分情况的证明，或者申请人就上述情况所作的真实性声明；⑥人民法院要求的其他材料。个人申请编入管理人名册的，应当提供下列材料：①律师或者注册会计师执业证书复印件以及执业年限证明；②所在社会中介机构同意其担任管理人的函件；③业务专长及相关业绩材料；④执业责任保险证明；⑤行业自律组织对所提供材料真实性以及有无被行政处罚或者纪律处分情况的证明；⑥人民法院要求的其他材料。

编制管理人名册的人民法院应当组成专门的评审委员会，决定编入管理人名册的社会中介机构和个人名单。评审委员会成员应不少于7人。评审时，人民法院应当根据本辖区社会中介机构以及社会中介机构中个人的实际情况，结合其执业业绩、能力、专业水准、社会中介机构的规模、办理企业破产案件的经验等因素制定管理人评定标准，由评审委员会根据申报人的具体情况评定其综合分数。最后，法院根据评审委员会的评审结果，确定管理人初审名册。初审名册确定后，法院应当将该名册通过本辖区有影响的媒体进行公示，公示期为10日。对于针对编入初审名册的社会中介机构和个人提出的异议，法院应当进行审查。异议成立、申请人确不宜担任管理人的，法院应将该社会中介机构或者个人从管理人初审名册中删除。公示期满后，人民法院应审定管理人名册，并通过全国有影响的媒体公布，同时逐级报最高人民法院备案。编制管理人名册的全部资料应当建立档案备查。人民法院也可以根据本辖区的实际情况，分批确定编入管理人名册的社会中介机构及个人。管理人名册确定后，人民法院可以根据企业破产案件受理情况、管理人履行职务以及管理人资格变化等因素，对管理人名册适时进行调整。新编入管理人名册的社会中介机构和个人按照上述的程序办理。人民法院事后一旦发现编入管理人名册的社会中介机构或者个人有下列情形之一的，应当将其从管理人名册中除名：①因执业、经营中故意或者重大过失行为，受到行政机关、监管机构或者行业自律组织行政处罚或者纪律处分之日起未逾3年；②因涉嫌违法行为正被相关部门调查；③因不适当履行职务或者拒绝接受人民法院指定等原因，被人民法院从管理人名册除名之日起未逾 3 年；④缺乏担任管理人所应具备的专业能力；⑤缺乏承担民事责任的能力；⑥人民法院认为可能影响履行管理人职责的其他情形。

二、管理人的指定

管理人名册确定后，受理企业破产案件的人民法院指定管理人，一般均应从本地管理人名册中指定。对于商业银行、证券公司、保险公司等金融机构以及在全国范围内有重大影响、法律关系复杂、债务人财产分散的企业破产案件，法院可以从所在地区高级人民法院编制的管理人名册中列明的其他地区的管理人或者异地人民法院编制的管理人名册中指定管理人。一般破产案件，法院应指定管理人名册中的社会中介机构担任管理人。但对于事实清楚、债权债务关系简单、债务人财产相对集中的企业破产案件，人民法院可以指定管理人名册中的个人为管理人。

企业破产案件有下列情形之一的，人民法院可以指定清算组为管理人：①破产申请受理前，根据有关规定已经成立清算组，人民法院认为符合最高人民法院《关于审理企业破产案件指定管理人的规定》第 19 条的规定（清算组为管理人的，人民法院可以从政府有关部门、编入管理人名册的社会中介机构、金融资产管理公司中指定清算组成员，人民银行及金融监督管理机构可以按照有关法律和行政法规的规定派人参加清算组）；②审理国有企业政策性破产案件；③有关法律规定企业破产时成立清算组；④人民法院认为可以指定清算组为管理人的其他情形。

在确定管理人时，法院一般应当按照管理人名册所列名单采取轮候、抽签、摇号等随机方式公开指定管理人。但对于商业银行、证券公司、保险公司等金融机构或者在全国范围有重大影响、法律关系复杂、债务人财产分散的企业破产案件，法院可以采取公告的方式，邀请编入各地人民法院管理人名册中的社会中介机构参与竞争，从参与竞争的社会中介机构中指定管理人。参与竞争的社会中介机构不得少于 3 家。采取此种方式指定管理人的，法院应当组成专门的评审委员会。评审委员会应当结合案件的特点，综合考量社会中介机构的专业水准、经验、机构规模、初步报价等因素，从参与竞争的社会中介机构中择优指定管理人。被指定为管理人的社会中介机构应经评审委员会成员 1/2 以上通过。采取竞争方式指定管理人的，法院还应当确定一至两家备选社会中介机构，作为需要更换管理人时的接替人选。对于经过行政清理、清算的商业银行、证券公司、保险公司等金融机构的破产案件，法院除可以按照上述的规定指定管理人外，也可以在金融监督管理机构推荐的已编入管理人名册的社会中介机构中指定管理人。

社会中介机构、清算组成员有下列情形之一，可能影响其忠实履行管理人职责的，人民法院可以根据新破产法第 24 条第 3 款第 3 项的规定，认定其与本案存在利害关系从而不得担任本案管理人：①与本案债务人、债权人有未了结的债权债务关系；②在人民法院受理破产申请前 3 年内，曾为债务人提供相对固定的中介服务；③现在是或者在人民法院受理破产申请前 3 年内曾经是债务人、债权人的控股股东或者实际控制人；④现在担任或者在人民法院受理破产申请前 3 年内曾经担任债务人、债权人的财务顾问、法律顾问；⑤人民法院认为可能影响其忠实履行管理人职责的其他情形。

清算组成员的派出人员、社会中介机构的派出人员、个人管理人有下列情形之一，人民法院可以根据新破产法第 24 条第 3 款第 3 项的规定，认定其与本案存在利害关系从而不得担任本案管理人：①具有认定社会中介机构、清算组成员与案件有利害关系的相同情形；②现在担任或者在人民法院受理破产申请前 3 年内曾经担任债务人、债权人的董事、监事、高级管理人员；③与债权人或者债务人的控股股东、董事、监事、高级管理人员存在夫妻、直系血亲、三代以内旁系血亲或者近姻亲关系；④人民法院认为可能影响其公正履行管理人职责的其他情形。

在进入指定管理人程序后，社会中介机构或者个人发现其自己与案件有利害关系的，应主动申请回避并向法院书面说明情况。法院认为社会中介机构或者个人与本案有利害关系的，不应指定该社会中介机构或者个人为本案管理人。社会中介机构或者个人有重大债务纠纷或者因涉嫌违法行为正被相关部门调查的，法院不应指定该社会中介机构或者个人为本案管理人。法院指定管理人应当制作决定书，并向被指定为管理人的社会中介机构或者个人、破产申请人、债务人、债务人的企业登记机关送达。决定书应与受理破产申请的民事裁定书一并公告。管理人一经指定，无正当理由不得拒绝，并不得以任何形式将其应当履行的职责全部或者部分转给其他社会中介机构或者个人。管理人一经法院指定即可凭指定管理人决定书按照国家有关规定刻制管理人印章，并交法院封样备案后启用。管理人印章只能用于所涉之破产事务。管理人根据新破产法第 122 条规定终止执行职务后，应当将管理人印章交公安机关销毁，并将销毁的证明送交法院。受理企业破产案件的人民法院也应当将指定管理人过程中形成的材料存入企业破产案件卷宗，债权人会议或者债权人委员会有权查阅。

三、管理人的更换

债权人会议根据新破产法第 22 条第 2 款（债权人会议认为管理人不能依

法、公正执行职务或者有其他不能胜任职务的情形）的规定申请更换管理人的，应由债权人会议作出决议并向法院提出书面申请。法院在收到债权人会议的申请后，应当通知管理人在 2 日内作出书面说明。法院如果认为申请理由不成立的，应当自收到管理人书面说明之日起 10 日内作出驳回申请的决定。若认为该理由成立，则应当自收到管理人书面说明之日起 10 日内作出更换管理人的决定。社会中介机构管理人（含清算组成员）有下列情形之一的，法院可以根据债权人会议的申请或者依职权径行决定更换管理人：①执业许可证或者营业执照被吊销或者注销；②出现解散、破产事由或者丧失承担执业责任风险的能力；③与本案有利害关系；④履行职务时，因故意或者重大过失导致债权人利益受到损害；⑤有最高人民法院《关于审理企业破产案件指定管理人的规定》（以下简称《规定》）第 26 条规定的情形即社会中介机构或者个人有重大债务纠纷或者因涉嫌违法行为正被相关部门调查的，人民法院不应指定该社会中介机构或者个人为本案管理人）。个人管理人有下列情形之一的，人民法院可以根据债权人会议的申请或者依职权径行决定更换管理人：①执业资格被取消、吊销；②与本案有利害关系；③履行职务时，因故意或者重大过失导致债权人利益受到损害；④失踪、死亡或者丧失民事行为能力；⑤因健康原因无法履行职务；⑥执业责任保险失效；⑦有《规定》第 26 条规定的情形。清算组成员的派出人员、社会中介机构的派出人员参照适用上述规定。

管理人一经指定，无正当理由不得辞去职务。所谓正当理由指管理人存在上述所列出的法院更换管理人的事由。法院决定更换管理人的，应将决定书送达原管理人、新任管理人、破产申请人、债务人以及债务人企业的登记机关，并予以公告。在破产程序终结前，原管理人应当随时接受新任管理人、债权人会议、人民法院关于其履行管理人职责情况的询问。法院对管理人申请辞去职务虽未予许可，但管理人仍坚持辞去职务并不再履行管理人职责的，法院应当决定更换管理人。此时，原管理人应当自收到决定书之次日起，在法院监督下向新任管理人移交全部资料、财产、营业事务及管理人印章，并及时向新任管理人书面说明工作进展情况。原管理人不能履行上述职责的，新任管理人可以直接接管相关事务。

管理人申请辞去职务未获人民法院许可，但仍坚持辞职并不再履行管理人职责，或者人民法院决定更换管理人后，原管理人拒不向新任管理人移交相关事务，法院可以根据新破产法第 130 条的规定和具体情况，决定对管理人罚款。对社会中介机构为管理人的罚款 5 万元至 20 万元人民币，对个人为管理人的罚款 1 万元至 5 万元人民币。管理人不服罚款决定的，可以向上一级人民法院申请复议，上级人民法院应在收到复议申请后 5 日内作出决定，并将复议结果通知

第四章

下级人民法院和当事人。编制管理人名册的人民法院可以决定停止其担任管理人 1 年至 3 年，或者将其从管理人名册中除名。

【评析】

综观各国破产法立法，管理人选任有两种基本模式：①由法院指定；②由债权人会议选任。两者各有利弊：法院指定的好处是效率高，弊端在于如果没有规范化的办法，很容易让法官犯错误。债权人会议选任的好处是能够充分体现当事人的意志自由，债权人与破产案件利益最为相关，债权人会议选任不会出现利益上的偏差，而弊端在于效率低下，或是管理人被大债权人操纵，出现不公正现象。

基于上述考虑，一些国家采取法院指定与债权人会议选任相结合的方法，也就是法院指定管理人后，债权人会议可以作出决议请求更换。当然，由于立法理念和法制传统的原因，各国法院对待债权人更换管理人的请求的态度有所差异。一些国家规定，债权人会议要求更换管理人的，法院应当更换。一些国家则规定，法院应当对债权人的请求进行综合考虑，如没有更换管理人必要的，法院就不予更换。比如德国新破产法第 27 条第 1 款规定："开始破产程序时，由破产法院任命一名破产管理人。"同时，该法第 57 条规定："在任命破产管理人之后召开的第一次债权人会议上，债权人可以选举一名另外的人取代所任命的破产管理人。除本法第 76 条第 2 款中规定的过半数外还获得参加投票的债权人的过半数票的人当选。只在该当选人有不适宜担任该职务的情形，法院方可不予任命。任何破产债权人均有权对不予任命提出即时抗告。"而我国破产法显然采取了第二种方式，即债权人会议有权对管理人人选提出异议，但最终决定权仍由法院掌握。

第三节　破产管理人的职责

【基本理论】

一、破产管理人的职责概述

管理人职责指法律规定管理人在破产程序中依法享有的权利与承担的义务。管理人是人民法院指定的负责破产事务与管理破产财产的法定机关。他们在破产程序中居中间人地位，与债权人和债务人都没有利害关系，为保证他们有效开展业务，法律对于管理人在破产事务中承担的职责作了明确规定。新破产法

第 25 条规定："管理人履行下列职责：①接管债务人的财产、印章和账簿、文书等资料；②调查债务人财产状况，制作财产状况报告；③决定债务人的内部管理事务；④决定债务人的日常开支和其他必要开支；⑤在第一次债权人会议召开之前，决定继续或者停止债务人的营业；⑥管理和处分债务人的财产；⑦代表债务人参加诉讼、仲裁或者其他法律程序；⑧提议召开债权人会议；⑨人民法院认为管理人应当履行的其他职责。本法对管理人的职责另有规定的，适用其规定。"根据这一规定，管理人职责的各项内容大致可分为以下几类：

（一）接管债务人的财产、印章和账簿、文书等资料

管理人首要的职责就是接管债务人的财产，将债务人的财产全面置于管理人的掌管之下，未经管理人同意，任何人不得管理和处分债务人的财产，其目的是防止债务人随意处置财产。接管债务人的财产，就要求债务人的法定代表人要向管理人办理移交手续。债务人的财产包括有形资产和无形资产。债务人的印章包括企业的行政章、合同章、财务章等在内的全套印章。债务人的文书主要包括企业的合同、章程等。另外还有其他的资料也需要移交给管理人，如企业的营业执照、房地产证、企业的人事档案、劳动合同档案等。

（二）清理、管理、处分债务人的财产

对债务人财产的清理，是破产管理人掌握债务人财产真实状况的重要手段，是拟定破产分配方案的重要前提。虽然在裁定开始破产程序前也让债务人提交财产状况说明书、债权债务清册等，特别是债务人主动申请时，这些文件是必备的文件之一。但是债务人所提交的以上文件往往同债务人的实际财务状况出入较大，仅凭债务人提供的文件难以辨明债务人真实的财产状况，故管理人必须清理债务人的财产。对债务人财产的清理，包括对积极财产的清理和对消极财产的清理。积极财产包括有形资产、无形资产与债权；消极财产主要是指债务人的债务。管理人对债务人的财产进行清理，应制作财产目录。如《美国破产法》第 1106 条第 2 款规定，受托人应提交财产清单。《日本民法典》第 185 条规定："破产财产管理人就任后，必须立即着手占有及管理属于破产财团的财产。"

破产管理人在清理债务人财产时，有权为下列行为：

1. 询问债务人、公司董事、经理或其他有关人员。破产管理人为清理债务人的财产，有权随时询问债务人。债务人对破产管理人的询问有如实陈述与回答的义务，债务人违反此义务时，应承担相应法律责任。如《日本公司法》第 98 条第 2 款规定："财产管理人得向公司的董事、监事和经理及其他人员索取有关公司业务和财产状况的报告。"

2. 接受第三人对债务人的财产给付。破产程序一经开始，破产债务人的债

务人不得再对破产债务人进行偿付，恶意清偿的，不得对抗破产管理人。例如《德国破产法》规定："破产程序开始的裁定应告知对债务人负有义务的人不得再向债务人而应向破产管理人履行义务。"《日本破产法》第143条也有类似规定。我国新破产法第17条第1款规定："人民法院受理破产申请后，债务人的债务人或者财产持有人应当向管理人清偿债务或者交付财产。"因而，破产债务人的债务只能向破产管理人为给付。接受第三人的给付，既是破产管理人的职权，也是其法定义务。如果因破产管理人迟延接受履行而给义务人造成损失的，义务人有权就此项损失作为破产债权而参加破产程序，但破产管理人对破产债务人负有赔偿责任。

3. 共有财产的分割请求权。当管理人在清理债务人的财产时，发现债务人与其他人就某一财产有共有关系时，有权请求就共有财产进行分割。

4. 管理人应不问债务人出资人的出资期限，而令其交纳所认缴的出资。我国公司法规定股东可以分期交纳其所认缴出资，但当破产程序开始时，其交付出资的义务即届履行期，股东有交纳的义务。

债务人的财产是破产程序进行的物质基础，在破产程序中占有举足轻重的地位。对债务人财产的管理，自然也是一项重要的职责。财产的管理意味着对财产的保全，其目的在于防止财产减损。为保管债务人的财产，管理人应尽善良管理人的注意，采取积极妥善的措施。若因管理人的过错而致财产受损的，应负赔偿责任。如有必要，管理人可聘任辅助的工作人员。

管理人对债务人的财产享有处分权。这里的财产处分权包括不动产物权的转让、存货或营业的转让、动产转让、债权以及有价证券的让与。此种行为因关系重大，破产管理人不宜擅自做主，应征得法院的许可或债权人会议、债权人委员会的同意。例如，我国台湾地区"破产法"第92条规定，破产人应征得监察人的同意或法院的许可，为不动产物权的让与，矿业权、渔业权、著作权、专利权的让与，全部存货及营业的让与，债权及有价证券的让与。破产管理人违反此义务而作的处分，不得对抗善意受让人，即不得对善意受让人主张无效或撤销。因此而给破产企业造成损失的，应负赔偿责任。我国新破产法第26条规定："在第一次债权人会议召开之前，管理人决定继续或者停止债务人的营业或者有本法第69条规定行为之一的，应当经人民法院许可。"第69条规定："管理人实施下列行为，应当及时报告债权人委员会：①涉及土地、房屋等不动产权益的转让；②探矿权、采矿权、知识产权等财产权的转让；③全部库存或者营业的转让；④借款；⑤设定财产担保；⑥债权和有价证券的转让；⑦履行债务人和对方当事人均未履行完毕的合同；⑧放弃权利；⑨担保物的取回；⑩对债权人利益有重大影响的其他财产处分行为。未设立债权人委员会的，管理人实施前款规定的行为应当及时报告人民法院。"

（三）经营管理权

各国法律均赋予破产管理人以经营管理权，如《法国商法典》"企业的重整和司法清算"编第31条规定："管理人可监督管理债务人的经营管理活动或协助债务人进行全部或部分经营活动或独立承担企业的全部或部分的管理。"《日本破产法》第192条规定："在第一次债权人会议前，破产财产管理人经法院许可，得让破产人继续营业。"我国新破产法第25条第5项规定了管理人的营业管理权，同时第26条规定："在第一次债权人会议召开之前，管理人决定继续或者停止债务人的营业或者有本法第69条规定行为之一的，应当经人民法院许可。"破产管理人在行使管理权时，可行使下列职权：

1. 决定债务人双务合同的解除或继续履行。各国法均给予破产管理人对是否履行双务合同以选择权，如《法国商法典》"企业的重整和司法清算"编第37条第1款规定："管理人有权单方面要求履行有效合同，同时他得执行债务人向对方当事人承诺的给付。"《德国破产法》第103条规定："破产开始时的双务合同，在债务人或者另一方当事人未履行完毕时，破产管理人可代替债务人履行合同并要求另一方履行合同。破产管理人拒绝履行的，另一方当事人仅得以破产债权人的身份主张其因未履行合同而生的债权。"我国新破产法第18条规定："人民法院受理破产申请后，管理人对破产申请受理前成立而债务人和对方当事人均未履行完毕的合同有权决定解除或者继续履行，并通知对方当事人。管理人自破产申请受理之日起2个月内未通知对方当事人，或者自收到对方当事人催告之日起30日内未答复的，视为解除合同。管理人决定继续履行合同的，对方当事人应当履行；但是，对方当事人有权要求管理人提供担保。管理人不提供担保的，视为解除合同。"

2. 决定是否继续营业。管理人接管债务人的事务之后，债务人仍然具有民事法律主体资格，但其活动已经受到制约。既然债务人仍然具有民事法律主体资格，其营业就可以继续。但营业活动从法律上讲，其结果无非是产生新的法律关系，即对外发生新的债权债务关系。而这直接关系到债权债务能否得到公平清理以及债权人利益能否得到有效保护。因此，管理人决定继续或者停止债务人的营业，应当经债权人会议许可。由于在第一次债权人会议召开之前，该机构尚未成立，无法作出决定，因而，此时如果需要继续营业，管理人可以根据情况作出继续营业的决定，但必须经法院许可。

3. 决定债务人的日常开支和其他必要开支。即在破产事务中，对债务人进行有关活动的费用开支进行决定或批准，例如决定继续生产所开支的有关费用，决定开支破产费用或共益债务等。

（四）行使撤销权并承认抵销权、取回权

撤销权是指对债务人在破产程序开始前法律规定的期间内所为的减少财产或其他有害于债权人的有关财产行为，请求法院予以撤销并使因该行为转让的财产或权益收归破产财产的权利。在破产程序中，撤销权的行使属于破产管理人。当管理人行使撤销权时，必须以诉讼的方式，请求法院予以撤销。

抵销权是指破产债权人在破产程序开始时，对债务人负有债务的，有权要求予以抵销的权利。与一般民法的抵销权不同的是，管理人一般不能主动向破产债权人主张抵销。但破产债权人欲主张抵销时，应向管理人为之。

取回权是指当破产债务人的财产中，有属于他人的财产或财产权利时，该权利人得请求取回的权利。取回权的权利人欲行使权利时，必须经过管理人的同意。

（五）代表债务人参加诉讼、仲裁或者其他法律程序

在破产事务处理过程中，有时对于某种债权债务纠纷，财产诉讼、仲裁或者调解等，需要债务人派代表参与。由于此时管理人已正式接手债务人的财产与事务管理，是债务人财产的现实占有者，故涉及这方面的诉讼或仲裁以及其他法律程序，如行政执法所涉及的程序、一些纠纷的调解程序等，都应由管理人代债务人参加。

（六）提议召开债权人会议

提议召开债权人会议，即根据债权申报情况或破产事务办理的需要，向人民法院或债权人会议提请召开债权人会议的议事会议，决定或讨论破产事务的有关事项。

【实务操作】　破产管理人对债务人企业的接管

接管债务人企业是指管理人接受人民法院的指定作为管理人，指派人员接收债务人企业，控制债务人企业的财产和经营管理权的行为。人民法院受理破产申请后，管理人应及时接管破产企业。

一、接管前的准备工作

1. 管理人接受指定后，应立即安排人员到法院查阅案卷，了解案件基本情况。阅卷范围主要包括破产申请书、财务状况说明、债务清册、债权清册、有关财务会计报告以及职工工资的支付和社会保险费用的缴纳情况。

2. 组成管理人团队。有关机构和个人接受人民法院的指定担任管理人后，

应立即根据案件的难易程度、规模大小和特点，确定管理人团队的人数、组成。管理人成员应包括具备法律、企业经营管理、财会、财产评估等方面专业知识的人员。管理人可根据履行职责的需要，在团队内部设立财务审计评估组、财产清收组、债权申报登记组、职工工作组、综合后勤组、安全保卫组或其他职能小组。实践中，管理人团队一般实行组长负责制，由组长负责组织、安排和协调管理人团队的工作，必要时还可以设副组长协助组长工作。组长根据债务人企业的实际情况，确定管理人工作计划，工作计划应包括管理人内部分工，各项工作完成的时间、思路、步骤和程序等，组长应负责与人民法院联络，并及时向人民法院报告工作；组长代表管理人对外签订合同、参加谈判、出席会议、授权相关人员代表管理人参加诉讼或者仲裁活动并以管理人名义向人民法院及债权人会议提交各类报告，出席债权人会议并代表管理人做工作报告；除此之外，组长的职权还包括掌管管理人印章、审批破产费用支出、召集和主持管理人工作会议，并形成工作会议纪要等。

3. 刻制管理人印章。管理人印章是管理人成立和开始运作的主要标志，印章的刻制管理由公安部门监督。按照最高人民法院《关于审理企业破产案件指定管理人的规定》，实践中，刻制管理人印章的程序是：管理人凭人民法院受理债务人破产的裁定书、指定管理人的决定书、人民法院致公安机关的函以及债务人企业的营业执照到公安机关办理。管理人印章只能用于所涉的破产事务。需要明确的是，按照现行体制，刻制公章需要企业通过年检，但一般来说，大部分的破产企业因为经营问题无法通过年检，因此，刻制公章以企业通过年检为条件是不合理的，在实践操作中只要管理人持有上述四个文件，公安机关就应当积极地予以配合，以保证管理人顺利执行职务。另外，需要注意的是，管理人印章应当在当地公安机关备案并交人民法院封样备案后才能启用。

管理人应当建立健全印章使用管理制度，印章应有专人保管，并设置印章使用登记记录。因印章损坏等原因需要更换时，应到人民法院交回原印章，按规定程序重新刻制。重新刻制的印章应与原印章有所区别。

4. 在银行开立账户。管理人接管债务人企业，必然要涉及财产的处理，需要对债务人财产进行统一管理，所以管理人应当开立自己的银行账户。但是，实践中，因为新破产法刚刚实施，银行业监管部门还没有配套的文件和机制，银行营业部门根本不知道如何为管理人开设账户，因此，需要银行业监管部门迅速出台相关措施保障管理人能够及时开设账户。在目前阶段下，只要管理人能够提供人民法院受理破产申请的裁定书、指定管理人的决定书、管理人的身份证明文件等相关材料，银行宜予以配合。

5. 进驻债务人企业。实践当中，在管理人正式接管债务人企业之前，需要全面、真实地了解债务人企业的情况。到法院阅卷是管理人了解债务人企业的一种方法，但是，由于这种方法的局限性，管理人仅仅是从表面上了解，无法从客观上全面掌握债务人企业的情况。因此，在全面接管债务人企业之前，管理人需要提前进驻债务人企业。

在进驻之前，管理人首先要组织好管理人团队，然后和债务人企业的法定代表人等相关人员进行商谈、沟通以了解情况，并需要债务人企业提供管理人办公室等相关办公条件。等时机成熟后，进驻债务人企业。管理人进驻后，需要和企业的法定代表人、财会人员、办公室人员以及留守人员等相关人员进行接触，向他们说明管理人的职责并告知其需要积极配合管理人的工作，对他们采取分别谈话和集中开会的方式，全面了解债务人企业，在必要的情况下，可对企业的财产等进行客观的查看等。

二、对企业的接管手续

管理人接受指定后，应及时接管债务人企业，凭人民法院指定管理人的决定书同债务人企业原法定代表人和有关负责人员办理交接手续。接管时，管理人最少应有 2 名工作人员在场，债务人企业最少要安排 1 名工作人员，同时还应当有 1 名以上的监督人。

接管的项目具体包括：实物财产、现金、有价证券、银行账户、商业票据；知识产权、对外投资、特许权、土地使用权等无形财产的权利凭证、印章，包括企业公章、财务专用章、合同专用章、各部门印章、法定代表人印章等各种印章；企业法人营业执照、税务登记、经营自治文件等与企业业务经营相关的批准、许可或授权文件；全部会计、审计、评估资料；公司章程文本、公司管理制度文本、股东名册、股东会、董事会、监事会决议和会议记录的档案文件；各类合同等法律文件及其他债权、债务文件资料；诉讼、仲裁案件及其案件资料；人事档案文件；电脑数据、并对接管的数据进行必要的备份和固化；企业其他各类技术及商业资料等。接管过程中，需要注意的是，所有资料应当是原件。如果是复印件，应当由移交人员写明原件的存放地点和理由。

管理人按企业原法定代表人提供的资产明细表、有形财产处所清册等逐一清点，接受所有的财产、账册、文书档案、印章、证照和有关材料。交接完毕，管理人应向对方出具移交清单，移交人、接收人、监督人在移交书和移交清单上签字确认。移交书和移交清单至少应一式四份。需要注意的是，在实践当中，管理人接收债务人企业的所有资料、财产等，都需要附交接单，并经移交人、接收人、监督人签字确认。针对重要的资料、证章、权利凭证等还需要移交人出具承诺书，保证移交标的的真实性、完整性和合法性。

管理人应将接收债务人企业的情况作成报告，并附有关材料，提交给法院和债权人会议。

根据接管工作的需要，管理人可以安排债务人企业的财会、统计、保管、人事管理人员、档案管理人员等作为留守人员。管理人应组织留守人员和管理人的其他工作人员协助接收企业，清点企业财产并登记造册。

管理人接管债务人企业后，依法开展各项工作，履行管理人的职责。

三、全面了解企业情况

管理人接管债务人企业后，应尽快熟悉被接管的企业，认真开展各项调查工作，全面了解企业的情况，包括但不限于：企业的生产经营状况，企业财产状况，重大合同及其履行情况，企业债权债务，企业所涉及的重大法律纠纷及行政处罚情况，企业职工基本情况，企业董事、监事和高级管理人员的行为等。管理人询问有关人员应有 2 名调查人员在场，并制作调查笔录，调查人员和被询问人员应在笔录上签字确认。管理人根据需要，可以安排对债务人企业的出资情况、财务报表等进行审计。

申请破产的企业在申请破产时，如果其资金中断，无法维持正常运转，管理人接管债务人企业时如何开展工作？一般来说，在这种情况下，企业没有任何流动资金，也没有存款可用，但是又有必须立即支付的款项，如果不及时支付将导致管理人工作无法正常运转，实践中，管理人在尽快了解债务人企业，完成接管的过程中，应尽快实现财产的变现，可以采取以下两种方式：

（1）对债务人财产变现。管理人可以对债务人财产中不是生产经营所必需的、可以变现的财产及时变现，以支付留守人员的工资、日常办公所需的资金等。

（2）借款。如果企业的财产都属于企业经营所必需的，那么管理人可以采取借款的方式，但是需要注意的是，该项借款属于垫付的性质，是必须在破产财产变现后及时支付的款项，而不可列入破产债权的范畴。

关于借款，现行法律没有规定，但是在实践当中又确实存在，法律应当赋予管理人为了支付留守人员工资、企业职工的保险费等必须及时支付的款项而采取借款方式的权利。但是在具体操作当中如果赋予管理人该项权利，可能又会出现无法控制的风险。因此，建议相关司法解释对此问题予以明确，对有关借款的目的、性质以及数额等作出必要的限制，以全面维护债务人、债权人的利益。

四、管理人接管债务人企业的注意事项

管理人接管后，要对债务人财产进行全面调查、管理，逐项核对点清，查明企业实有财产，做到账实相符、账证相符、账表相符。管理人应根据各类资产的不同性质，依法采取合理的管理措施，保障债务人财产的安全和价值的最大化。

（1）交接前如果成立清算工作小组的，在交接时应让相应的清算工作小组成员参与交接。如财务小组成员接受财务资料、资产小组成员接受财产等。这样有利于提高效率，避免交接人向管理人交接后，再由管理人和有关清算小组成员之间重复交接的工作。

（2）原法定代表人印章遗失，无法找出破产企业物品或资料的，应当书面说明。在移交中，往往出现交接人不能交出应交接的财产、物品或资料的情况，具体原因包括有关物品或资料遗失、被盗、毁损等。对于不能交接的情况，管理人应当要求法定代表人作出书面说明或提供有关证据、线索，以明确责任并有利于管理人向有关人员追索。

（3）土地、房屋等不动产的接管，主要是接管不动产权属证书及与不动产相关的协议（如租赁协议）。对于权属范围不清、可能存在权属争议或者未登记的财产，管理人应及时确权或登记。对于闲置的、具备对外出租条件的不动产，如果案件处理周期比较长，可以在不影响最终变价清算的前提下对外出租，以实现资产价值的最大化。

（4）对运输工具、机器设备、办公设备和用品、存货（包括企业的成品、半成品、原材料）等易于流失的动产，管理人应指定专人负责，进行盘点并编制上述财产的盘点表，也可以采取集中、封存等方法进行管理。对于季节性、易损、易腐、易跌价或者保管费用较高的财产以及其他不适合长期保管的商品，应当及时变卖。管理人的处理方案要向法院报告，以申请法院许可进行变现。

（5）管理人对所接管的印章、账簿、文书等资料应妥善保管，防止遗失。

（6）债务人的财产权利，如果不依法登记或者不及时行使将丧失权利的，管理人应当及时予以登记或者行使。

（7）对于现金等，可以由管理人确定的会计等专业人员负责保管和核算，并注意安全防范措施。对于银行存款，可以采取全面销户、集中存款的方式，划入管理人账户集中管理，并应当注意有无资金挪用、非正常支出和不明去向等情况。

（8）管理人应重视知识产权、专有技术、商业秘密、企业商号等无形资产

的管理，调查了解所有与知识产权有关的注册登记证明及协议，必要时应到相关主管部门进行核查，确定无形资产的权属情况，避免无形资产的流失。对于可能存在权属争议的无形财产，应当及时依法确定权属。

（9）对于出资形成的资产，管理人应当及时通知出资企业并依法行使其作为出资人的权利。

（10）管理人在接管债务人企业的证章、知识产权、对外投资、特许权、土地使用权等无形财产的权利凭证时，应当要求交接人出具《交接事务承诺书》，保证其对所移交资料等无遗漏，并对移交资料的真实性、完整性、合法性负责，同时要求其签名确认。

（11）为避免无法预见的损失，管理人可以根据需要，为有损失风险的财产购买必要的保险。

（12）管理人关于财产、资料、业务额的询问权。管理人对破产企业的接收仅仅是外在的现象，其目的是要清理资产、摸清债权债务，这就需要对破产企业有全面深入的了解，因此除接管企业外，还必须重视对原工作人员的询问。管理人在与破产企业的员工谈话前，必须确定询问目的并草拟好详细的询问提纲，突出重点，以便在谈话过程中能够有的放矢。询问完后，要双方签字。如果管理人员询问的人员拒绝回答，那么根据新破产法第126条，人民法院可以依法处以罚款。

（13）交接后管理人应该采取的紧急措施。一般情况下，企业在濒临破产期间，特别是接管期间，普遍会出现管理松散、混乱的现象，比如门卫擅离职守、仓库没有保管员等。因此，管理人接管企业后，对于一些急需采取措施的事项必须及时处理，如加强保卫；对临近保护期的专利、商标等知识产权及时申请延长权利使用期限；提起诉讼或仲裁，保护企业财产权利等。

【评析】

除上文介绍的管理人的职责外，新破产法第25条第2款还明确规定，新破产法对管理人职责另有规定的，适用其规定。即对上述内容未规定的但其他条文有规定，或者此处有规定，而其他条文的规定与此不同的，应按照其他条文的有关规定执行。同时，为了保证管理人更好地履行职责，新破产法第27条还要求，管理人应当勤勉尽责，忠实执行职务，即在任职期间应勤奋勉力，恪尽职守，以诚实信用和最大限度维护债权人与债务人利益的态度进行工作。一般来说，管理人在履行相关职责时是否尽到了勤勉忠实义务并不难判断，但对于"管理和处分债务人财产"时是否尽到勤勉忠实义务则需详加探讨，我们认为可

第四章

以从以下几方面来衡量判断：①管理人是否及时组成一个与管理和处分债务人财产相适应的团队或工作班子；②管理人是否对债务人的财产管理和处分及时地作出决定；③管理人对债务人的财产管理和处分行为是否符合债权人利益；④管理人对债务人的财产管理和处分行为是否具有关联交易的性质。

第四节　破产管理人的报酬

【基本理论】

一、管理人报酬的确定方式

我国新破产法第 28 条第 2 款规定："管理人的报酬由人民法院确定。债权人会议对管理人的报酬有异议的，有权向人民法院提出。"

国外确定管理人报酬通常有两种方式：一是按时计酬；二是按标的额计酬。两种方式各有利弊：①按标的额计酬的基础是负担能力，随标的额的大小而不同，总体而言比较有利于保障债权人获得分配财产，但是不利于促使管理人积极工作。当然，随着标的选取的不同，这种方式对管理人和债权人的影响会不同。比如，以可分配财产为标的就比以审计、评估的资产为标的更能促使管理人积极工作，更有利于保障债权人的利益。但是，以标的额计酬的弊端也是很明显的。②按时计酬的基础是按劳分配，随着管理人工作量的不同而不同，总体来说能够克服按标的额计酬的不足，有利于保障管理人获取应得报酬，维护管理人积极性，最大限度地保障债权人的利益。但是按时计酬可能降低工作效率，原因是管理人会浪费大量时间处理琐碎事务或将时间用于对债权人无实际作用的工作。按照新破产法的授权，最高人民法院制定了《关于审理企业破产案件确定管理人报酬的规定》，依据该规定，我国破产管理人的报酬原则上是以标的额计算的，此处的标的额是指债务人最终清偿的财产价值总额，但不包括担保权人优先受偿的担保物价值。

二、管理人报酬的确定标准

关于国外管理人的报酬标准，所见资料不多，规定也不一致。如依据《美国破产法》的规定，在托管人实施服务后，对托管人提供的服务支付合理的补偿，该补偿依据托管人在案件中支付或移交给当事方（不包括债务人，但包括股权持有人）的所有款项而定，金额在 5000 美元以内的，不应超过其款项的 25%；金额在 5000 美元以上，5 万美元以下的部分，不应超过其款项的 10%；金额在 5 万美元以上，100 万美元以下的部分，不应超过其款项的 5%；金额在

100 万美元以上的部分则不应超过其款项的 3%。而根据最高人民法院的司法解释，我国破产管理人报酬由人民法院根据债务人最终清偿的财产价值总额，在以下比例限制范围内分段确定管理人报酬：①不超过 100 万元（含本数，下同）的，在 12% 以下确定；②超过 100 万元至 500 万元的部分，在 10% 以下确定；③超过 500 万元至 1000 万元的部分，在 8% 以下确定；④超过 1000 万元至 5000 万元的部分，在 6% 以下确定；⑤超过 5000 万元至 1 亿元的部分，在 3% 以下确定；⑥超过 1 亿元至 5 亿元的部分，在 1% 以下确定；⑦超过 5 亿元的部分，在 0.5% 以下确定。担保权人优先受偿的担保物价值，不计入上述规定的财产价值总额。高级人民法院认为有必要的，可以参照上述比例在 30% 的浮动范围内制定符合当地实际情况的管理人报酬比例限制范围，并通过当地有影响的媒体公告，同时报最高人民法院备案。人民法院可以根据破产案件的实际情况，确定管理人分期或者一次性收取报酬。

人民法院受理企业破产申请后，应当对债务人可供清偿的财产价值和管理人的工作量作出预测，初步确定管理人报酬方案。管理人报酬方案应当包括管理人报酬比例和收取时间。人民法院采取公开竞争方式指定管理人的，可以根据社会中介机构提出的报价确定管理人报酬方案，但报酬比例不得超出该规定的限制范围。上述报酬方案一般不予调整，但债权人会议异议成立的除外。人民法院应当自确定管理人报酬方案之日起 3 日内，书面通知管理人。管理人应当在第一次债权人会议上报告管理人报酬方案内容。法院确定或者调整管理人报酬方案时，应当考虑以下因素：①破产案件的复杂性；②管理人的勤勉程度；③管理人为重整、和解工作做出的实际贡献；④管理人承担的风险和责任；⑤债务人住所地居民可支配收入及物价水平；⑥其他影响管理人报酬的情况。最终确定的管理人报酬及收取情况，应列入破产财产分配方案。在和解、重整程序中，管理人报酬方案内容应列入和解协议草案或重整计划草案。

三、管理人报酬的调整

最高人民法院《关于审理企业破产案件确定管理人报酬的规定》规定了人民法院依职权主动调整管理人报酬方案的情形。

1. 人民法院可以依职权主动调整管理人报酬方案。人民法院最初决定的管理人报酬方案，是建立在对管理人工作量的预测上，如果案件实际情况与当初的预测有明显出入，不调整则显失公平的，人民法院应当予以调整。允许人民法院根据实际情况主动调整管理人报酬方案，是破产案件的客观需要。我国管理人报酬方案主要是依据标的额计酬法确定的，标的额计酬法中存在若干变量，当某一变量的突出变化可能会导致管理人报酬的变化时，人民法院应当依职权主动调整。

2. 人民法院主动调整管理人报酬的情形。一般情况下，人民法院要根据具体情况来决定是否主动调整管理人报酬方案，具体情况主要是参考确定报酬规定的第 9 条，主要包括：①破产案件的复杂性；②管理人的勤勉程度；③管理人为重整、和解工作做出的实际贡献；④管理人承担的风险和责任；⑤债务人住所地居民可支配收入及物价水平；⑥其他影响管理人报酬的情况。最终确定的管理人报酬及收取情况，应列入破产财产分配方案，在和解、重整程序中，管理人报酬方案内容应列入和解协议草案或重整计划草案。

实践中，在发生以下情况时，人民法院可以调整管理人报酬：①管理人更换的，原先预定的工作目标未能完成，因此亦不能按原定的报酬方案收取报酬；②破产程序发生转换，应视为管理人报酬方案的基础条件发生了"情势变更"，人民法院应主动调整；③其他导致破产案件出现重大变化的情况，包括在一些情形下将会引起管理人工作量的增加，但却可能与破产财产回收没有关系，无法从计酬标的额的变动中反映管理人工作量的增加。比如，破产案件中出现了危及社会稳定的债权人或者职工上访等情形，需要管理人耗费大量时间和精力去说服、平息等。实践中导致破产案件出现重大变化的情况，需要人民法院根据具体情形灵活掌握。

3. 人民法院调整管理人报酬时应保障管理人与债权人的知情权。人民法院应当自调整管理人报酬方案之日起 3 日内，书面通知管理人。管理人应当自收到上述通知之日起 3 日内，向债权人委员会或者债权人会议主席报告管理人报酬方案调整内容。需要注意的是，此时管理人报告的对象不再是债权人会议，因为债权人会议系非常设性机构，人民法院决定调整之时，债权人会议很可能并不在会议召开期间。债权人会议可以设立债权人会议主席或者债权人委员会，这些机构往往享有债权人会议的申请召集权利。因此，管理人可以向债权人委员会或者债权人会议主席作出书面报告，由其决定是否需要召开债权人会议讨论协商。

4. 人民法院主动调整管理人报酬时可征求管理人意见。因为管理人是与报酬问题最利害相关的当事人，所以应当允许管理人有机会反映意见，以便让法院及时而全面地了解实际情况。但是应当注意的是，管理人对人民法院调整其报酬并不享有异议权，人民法院也仅仅是听取其意见而已，征求管理人意见并非人民法院作出决定的必经程序。

5. 人民法院应当慎重调整管理人报酬方案。虽然说人民法院可以根据实际情况多次调整管理人报酬方案，但是，调整是建立在必要的基础上的，任意和不必要的调整都可能会严重影响管理人工作的积极性，也会隐蔽地削弱债权人会议的介入权，这与管理人报酬制度的整体价值相违背，因此，人民法院对于调整管理人报酬方案的问题应当采取十分慎重的态度。同时，人民法院在调整管理人报酬方案时，应当在送达给管理人的书面通知中说明调整的理由。

四、债权人会议的异议权

为了充分保护债权人的利益，新破产法赋予债权人会议对管理人报酬的异议权。实践中，尽管有关司法解释对管理人报酬的确定有比较详细的规定，人民法院在确定管理人报酬的时候还是有一定的裁量权。鉴于管理人的报酬是由债务人财产优先支付的，管理人报酬的高低会影响债权人的清偿利益，法律应当给予债权人以集体方式对管理人报酬表达不同意见的机会。赋予债权人会议这一权利，也有利于促使管理人尽快尽职尽责地履行管理职责和最大限度地维护债权人的合法权益。关于异议权的行使，最高人民法院在《关于审理企业破产案件确定管理人报酬的规定》（以下简称《规定》）第17条规定："债权人会议对管理人报酬有异议的，应当向人民法院书面提出具体的请求和理由。异议书应当附有相应的债权人会议决议。"

债权人会议对管理人报酬有异议的，应当向人民法院书面提出具体的请求和理由。异议书应当附有相应的债权人会议决议。人民法院应当自收到债权人会议异议书之日起3日内通知管理人。管理人应当自收到通知之日起3日内作出书面说明；人民法院认为有必要的，可以举行听证会，听取当事人意见；人民法院应当自收到债权人会议异议书之日起10日内，就是否调整管理人报酬问题书面通知管理人、债权人委员会或者债权人会议主席。

为了确保管理人与债权人之间的和谐关系，该《规定》第7条还规定："管理人、债权人会议对管理人报酬方案有意见的，可以进行协商。双方就调整管理人报酬方案内容协商一致的，管理人应向人民法院书面提出具体的请求和理由，并附相应的债权人会议决议。人民法院经审查认为上述请求和理由不违反法律和行政法规强制性规定，且不损害他人合法权益的，应当按照双方协商的结果调整管理人报酬方案。"

【资料链接】　管理人报酬的确定机关

管理人报酬由谁确定，就目前各国立法来看，有两种基本方式：①由法院确定，如德国、日本、韩国及我国台湾地区；②由债权人会议确定，如英国、俄罗斯、澳大利亚等。依据《德国破产法》第64条的规定，破产法院以裁定确定破产管理人的酬金和应向其归还的垫款，对于此项裁定，破产管理人、债务人和任何破产债权人均有权提出即时抗告。《日本破产法》第 87 条第 1 款规定："破产财产管理人可以接受预付的费用以及法院确定的报酬。"我国台湾地区"破产法"第 84 条规定："破产管理人之报酬，由法院定之。"《俄罗斯联邦无支付能力（破产）法》第 26 条规定："①仲裁管理人因履行其职权每月所得的报酬数额，由债权人（债权人会议）确定，仲裁法院批准，如果本联邦法律没有不同规定，该报酬数额应当不少于 1 万卢布。如果因未履行或未正当履行所承担的义务，仲裁管理人被仲裁法院停职，可以不支付该仲裁管理人的报酬。②破产债权人、被授权机关或债权人会议，可以确定仲裁管理人的额外报酬，该额外报酬由仲裁法院批准，由债权人的资金支付，并根据仲裁管理人的履职结果予以支付。③如果本联邦法律、债权人会议或债权人之间达成的协议没有不同规定，仲裁管理人聘用的协助其履行职务的人员的报酬，由债务人财产支付。"

【实务操作】　管理人报酬的领取

根据新破产法和最高人民法院《审理企业破产案件确定管理人报酬的规定》，管理人领取报酬主要涉及以下事项：

一、管理人收取报酬，应当向人民法院提出书面申请

人民法院应当按照管理人报酬方案中确定的报酬比例和收取时间向管理人支付相应报酬。但由于人民法院最初确定的管理人报酬方案只是提供了一个计算公式，其计算的基数即债务人最终清偿的财产价值总额是一个抽象的概念，而非具体的数字，所以管理人的报酬方案中并没有具体的报酬数额。在破产程序未进入最终分配阶段时，债务人最终的清偿数额一般是不确定的，管理人的报酬数额也是不确定的。为此，《规定》第 11 条规定管理人向人民法院申请收取报酬时应提交申请书，申请书的内容应包括：可供支付报酬的债务人财产情况；申请收取报酬的时间和数额；管理人履行职责的情况。

另外，需要注意的是，管理人申请报酬并非必须是一次性的，可以根据报酬方案分次提出申请，其每次提出申请都应当依据规定提交相应的材料。

二、人民法院对管理人的收取报酬申请应进行必要的审查

人民法院收到管理人收取报酬的申请报告后，应当进行审查，这种审查不仅是形式上的审查，还应是实质上的审查。因为管理人的报酬支付事关债权人的利益，不能简单的判断形式要件是否具备，而是应该进一步核实管理人申请

所载明的内容。为此，人民法院应要求管理人提交的申请书及所附材料尽可能地做到详细。如对可供支付报酬的债务人财产情况，应说明现有的资产情况，包括掌握的资金、固定资产等。同时还要列出负债情况，主要是认定的债权申报金额。对于管理人履行职责的情况，要说明管理人接管财产的情况、债权人会议召开情况、处理财产情况、催讨应收账款情况、聘用工作人员情况等。人民法院如果认为管理人的申请合理合法，应当自收到申请书之日起10日内确定支付管理人的报酬金额。关于如何审查管理人收取报酬的书面申请，我国的实践经验比较缺乏，可以借鉴其他国家的有益经验。在美国，对于要求中期或者最终确定管理人报酬制定了非常严格的程序性规定。美国托管人办公室针对破产受托人收取报酬颁布了指导原则，允许根据不同地区有所变动。具体在费用方面，美国联邦托管人作为美国司法部派驻于每个司法辖区的破产官员，审批案件中破产受托人的报酬与其他费用支出。根据指导原则的要求，破产受托人及其聘请的专业人员提出的报酬与费用申请必须符合《美国破产法》第330条要求的标准，申请书必须包含足够信息，使得法院、债权人、官方管理人无需查找其他相关文件就能对其加以审查。

三、管理人报酬的支付

破产程序是一种对债权人集体清偿的程序，在这一程序中，凡是有关破产财产的管理、保护、变价和分配的行为，以及管理人管理下的债务人财产，都是为全体破产债权人的共同利益而存在的。而这些行为的实施，往往需要从破产财产中优先支付必要的破产费用。破产财产在优先清偿破产费用和共益债务后才可以偿还其他债权。新破产法第43条规定："破产费用和共益债务由债务人财产随时清偿。债务人财产不足以清偿所有破产费用和共益债务的，先行清偿破产费用。债务人财产不足以清偿所有破产费用或者共益债务的，按照比例清偿。"法律赋予包括管理人报酬在内的破产费用以特殊优先的清偿地位是必要的，这也是世界各国的通行做法。首先，破产费用是为破产程序的进行和全体破产债权人利益而产生的，理应优先于个别债权清偿；其次，在破产程序中，债务人资不抵债，财产状况很差，如果不对破产费用优先支付，为破产财产管理付出劳动的管理人就只能与其他债权人一同参与破产分配，得到很低比例的清偿，甚至得不到清偿。显然，肯定无人愿意承担这种一定会发生的损失而去担任管理人，破产程序将无法进行。所以优先支付作为破产费用之一的管理人报酬，是符合全体破产债权人共同利益的。

当出现"无产可破"时，即在债务人财产不足以支付管理人报酬和管理人执行职务的费用时，管理人应当提请人民法院终结破产程序。但是，债权人、管理人、债务人的出资人或者其他利害关系人愿意垫付上述报酬和费用的，破产程序可以继续进行；由于利害关系人对管理人报酬和费用是垫付的性质，因此如果发现或者追回债务人的财产，则应当将垫付费用作为破产费用，从债务人财产中优先向垫付人即时清偿。

【评析】

管理人依法执行职务，有权获得相应的报酬，该报酬不仅为管理人所关心，对债权人及其他利害关系人也有重大影响，报酬太高会影响债权人利益，报酬太低则对管理人很不公平，不利于管理人队伍的健康发展。根据新破产法的规定，管理人的报酬由人民法院确定。为此，2007年4月4日，最高人民法院颁布了《关于审理企业破产案件确定管理人报酬的规定》，就管理人报酬的计算标准、收取方式以及债权人会议的相关权利等事项作了具体规定。按照该规定，人民法院应以案件财产标的为基础，结合破产案件的工作量大小、难易程度、破产财产规模等因素，具体确定报酬数额或者计算报酬的标准。由于管理人的报酬属于破产费用，须由债务人财产随时清偿，并且依法先行清偿，所以向管理人支付报酬的多少，直接与债权人的利益相关。因此，债权人会议应有权对管理人的报酬提出异议，异议应当向决定管理人报酬的法院提出，由该法院决定是否需要对管理人的报酬进行调整。从理论上说，有财产担保债权的债权人优先受偿的担保物价值，不计入上述规定的财产标的价值总额内。但管理人如对担保物的维护、变现、交付等管理工作付出合理劳动的，则有权向担保权人收取适当的报酬。管理人与担保权人就上述报酬数额不能协商一致的，法院应当参照该规定的方法确定，但报酬比例不应超出该规定限制范围的10%。此外，律师事务所、会计师事务所、破产清算事务所如果聘请本专业的其他社会中介机构或者人员协助履行管理人职责的，所需费用应从其报酬中支付。但清算组中有关政府部门派出的工作人员参与工作的不收取报酬，其他机构或人员的报酬根据其履行职责的情况确定。最后，如管理人发生更换的，人民法院应当分别确定更换前后的管理人报酬，但其报酬比例总和不得超出最高人民法院《关于审理企业破产案件确定管理人报酬的规定》第2条规定的限制范围。

第 5 章

破产债权人

【内容摘要】　破产程序的目的在于一揽子处理债务人与所有债权人之间的债权债务关系。而出于成本和力量聚合的考虑，债权人应该集合来行使权利，债权人会议的设立为每个债权人参加破产程序、行使权利提供了保障。本章的学习重点在于债权申报的程序规则以及债权人会议的法律地位、组成与职权、召开程序和议决规则。

第一节　破产债权的范围

【基本理论】

一、破产债权的意义

破产法集程序法与实体法于一体，因而，破产债权从不同的角度，便有不同的意义。从程序的角度讲，破产债权是依破产程序申报并依破产程序受偿的财产请求权，学理上称为形式意义上的破产债权。若从实体法的角度看，破产债权是在破产程序开始前成立的对债务人享有的金钱债权或得以金钱量化的债权，学理上称为实质意义上的破产债权。它反映了破产债权实质上是基于民法上的合同、侵权行为、无因管理、不当得利或其他法律上的原因而发生的财产请求权，而不是由破产法新承认的权利，也非基于破产法上的原因而生的债权。基于破产法上原因而生的债权为共益债权。程序意义上的破产债权体现了破产债权的外部特征与最终目标，即破产程序是债权实现的唯一途径。[1] 破产债权非依破产程序不得受偿。违反此规定而受偿者，不得对抗其他债权人。从破产债权的形态上看，实质意义上的破产债权反映了其静的形态，即债权的内容与本质，而形式意义上的破产债权揭示了其动的形态，即债权实现的方式。从范

---

〔1〕　根据我国新企业破产法的规定，有担保债权，即大陆法系破产法上的别除权亦属于破产债权范畴，在破产程序内就担保财产优先受偿。

围上看，实质意义上的破产债权概括了其全部，而形式意义上的破产债权是对债权的约束，即不依破产程序申报债权或申报被否认者，便不得行使。形式意义上的债权以实质意义上的债权为基础，实质意义上的债权以形式意义上的债权为实现途径，后者是前者依破产程序转化的结果。若实质意义上的破产债权不依破产程序转化为形式意义上的破产债权，则不能实现其权利，也就失去了在破产程序中的意义。[1]

二、破产债权的特征

1. 破产债权为财产请求权。破产程序的目的就在于将破产财产公平分配给破产债权人。因而，只有在债权人的债权是直接以金钱给付为内容或者虽不直接表现为金钱但得以金钱计算的情形下才可实现此目的。前者如价金给付请求权，损害赔偿请求权等；后者如请求交付货物的请求权。以债务人的特定作为为标的的债权只有在破产程序开始前因该债务的不履行而给债权人造成损害，或者由他人代为履行而产生履行费用的情况下，该损害赔偿额或代履行费用才可作为破产债权。而纯粹以不作为为内容的债权，不能作为破产债权。

2. 破产债权需于破产程序开始前成立。破产程序是一种概括性程序，其目的之一是对债权人进行公平地清偿，故必须划定一个时间界限，使破产债权的范围固定化。这一时间界限便是破产程序的开始。在此界限以前成立的债权为破产债权，否则不是破产债权。但作为一般原则的例外，法律承认某些成立于破产申请受理后的债权为破产债权，以期维护社会公平，如票据发票人或背书人的破产程序已经开始，但承兑人不知道该事实而承兑的，也为破产债权。而所谓"成立于破产程序开始前"是指债权的成立之原因于破产程序开始前已有效存在，而不论该债权在破产程序开始时是否已发生效力。故附条件债权及附期限的债权以及其他原因存在于破产程序开始前而生效于程序开始后的债权均为破产债权。

3. 破产债权必须是能够予以强制执行的债权。破产程序是一种概括的强制执行程序，参加破产程序的债权必须是受法律保护的且能够予以强制执行的债权。如果依请求权的性质，无法利用强制执行的方法予以执行时，则该请求权不能作为破产债权而依破产程序受偿。

4. 破产债权是必须依破产程序进行申报并行使的债权。破产债权必须在法律规定的期限内进行申报。若债权人未依法律规定申报债权，便不能行使表决权等程序上的权利，也不能依破产程序实现债权。除此之外，债权人不能请求

---

[1] 李永军主编：《商法学》，中国政法大学出版社 2004 年版，第 611 页。

法院对债务人之财产强制执行，也不得单独请求债务人清偿。债权人违反此规定所受的清偿，不能对抗其他破产债权人。但其实体法上的权利并不因未申报而消灭。

5. 破产债权是对债务人的请求权。破产债权属于债权，没有直接支配物的效力。债权人只能通过向破产管理人提出请求方可实现其权利。

三、我国破产法上的破产债权范围及其例外

根据新破产法的规定，人民法院受理破产申请时对债务人享有的债权属于破产债权，其大致包括如下几类：

（1）破产申请受理前发生的无财产担保的债权。

（2）破产申请受理前发生的有财产担保的债权。

（3）对票据出票人的破产程序开始后，付款人或者承兑人不知其事实而向持票人付款或者承兑所产生的债权。

（4）管理人或者债务人解除合同，对方当事人依法或者依照合同约定产生的对债务人可以用货币计算的债权，但是，定金与违约金仅仅在弥补实际损失的范围内计算，定金罚则不适用。

（5）债务人的受托人在债务人破产后为债务人的利益而处理委托事务所发生的债权。

（6）债务人所欠职工的工资、伤残补助、抚恤费用，所欠的应当划入职工个人账户的基本养老保险、基本医疗保险费用，以及法律、行政法规规定应当支付给职工的补偿金。

（7）债务人的保证人或连带债务人代替债务人清偿债务后依法可以向债务人追偿的债权。

（8）在破产申请受理前成立的附条件的债权，在破产程序终结前所附停止条件成就以及所附解除条件未成就的。

（9）在破产申请受理时诉讼、仲裁未决的债权，于破产程序终结后 2 年内确定的。

（10）债务人在破产申请受理前因侵权、违约给他人造成财产损失而产生的赔偿责任。

此外，我们认为债务人的保证人因债权人未申报债权，预先行使追偿权而申报的债权亦应列入破产债权。

下列债权不属于破产债权：

（1）行政、司法机关对破产企业的罚款、罚金以及其他有关费用。

（2）人民法院受理破产案件后债务人未支付的应付款项的滞纳金，包括债

务人未执行生效法律文书应当加倍支付的迟延利息和劳动保险金的滞纳金。

（3）破产受理后的债务利息。

（4）债权人参加破产程序所支出的费用。

（5）破产企业的股权，股票持有人在股权、股票上的权利。

（6）破产财产分配后向破产管理人申报的债权。

（7）超过诉讼时效的债权。

【实务操作】　债权范围的具体认定

根据债权的性质与特征，其范围主要包括以下类别：

1. 成立于破产程序开始前的无财产担保及有财产担保的债权。即所有成立于破产程序开始前的债权人对债务人所享有的财产请求权，包括所有的有担保或无担保的债权。在破产法中，对成立于破产程序开始前的无财产担保的债权作为破产债权，人们的认识基本一致。但对成立于破产程序开始前的有财产担保的债权是否属于破产债权，在学理上存在一定的意见分歧。由于这类债权可以从担保财产中优先得到清偿，故有人认为它不应属于破产债权。但根据我国新破产法的规定，有担保债权仍属于破产财产，其要受到破产程序的管理与约束，其只是享有在破产程序内就特定财产优先于无担保债权受偿的权利。

2. 税收债权。税收债权是一种特殊债权，它与一般债权的不同主要在于：①它产生的法律基础是公法而非私法，即税收债权是一种公法权利，它体现的不是平等主体之间的交易关系，而是税务机关与纳税人之间的征管关系；②权利主体的特殊性，税收债权的权利主体是国家；③从性质和用途上看，税收为国家行使社会管理职能所必需，具有公益性。关于税收债权在破产程序中的地位，各国法的规定有所不同，即使在同一国家也因不同历史时期而有区别。有的国家将其列为共益债权，如《日本破产法》（第47条）；有的国家将其列为优先破产债权，即承认其为破产债权，但优于一般破产债权，如我国旧破产法即是如此（旧破产法第37条）。德国旧破产法与我国旧破产法的作法一样，将其放在优先地位，但其新破产法仅将税收债权作为一般债权来对待。

3. 附期限债权。附期限债权，是指以将来确定事实的到来为条件决定债权的发生或消灭的债权。附期限债权可分为附始期债权和附终期债权。附始期债权于期限到来时发生效力，附终期债权在期限届满时失去效力。除此之外，学理上还将附期限债权分为附确定期限的债权与附不确定期限的债权。前者指债权发生或消灭的事实或时间是确定的；后者指债权发生或消灭的事实或时间之一不确定。

4. 附条件债权。附条件债权，指以将来不确定事实的成就或不成就来决定债权生效或消灭的请求权，包括附停止条件债权与附解除条件债权两种。前者指当条件成就时发生效力的债权，在条件成就前，债权虽已有效成立，但尚不发生效力。后者指所附条件成就时即告消灭的债权，即债权虽已发生法律效力，但因条件的成就而失去效力。附停止条件债权，在破产程序开始时，条件尚未成就的，属于期待权，因法律对期待权的保护，附停止条件的债权应作为破产债权。附解除条件的债权为已生效债权，故只要在破产程序开始时条件尚未成就，与一般不附条件的债权并无不同，故附条件债权应作为破产债权。

5. 债权人对连带债务人及保证人的债权。对连带债务人的债权是指债务人为具有连带关系的数人，各债务人均负有对债务进行全部清偿的义务，在此关系中，全部债权债务关系因一次全部给付而消灭。债权人对连带债务人的债权可以作为破产债权予以申报。在保证关系中，当被保证人破产时，对于连带债务人的求偿权同样适用于保证人。

6. 因票据关系所生债权。这种债权包括以下两类：

（1）因票据资金关系所产生的债权。在票据法上，资金关系指存在于汇票或支票的发票人与付款人之间的基础关系，又称票据资金关系。汇票或支票的发票人委托付款人付款，是因为他们之间有一定的约定。这种约定主要表现为：①付款人处有发票人的资金；②付款人对发票人负有债务；③发票人与付款人之间订有信用合同；④付款人愿意为发票人付款（无因管理）。在前两种情况下，不发生付款人向发票人追偿的问题。但在后两种情况下，付款人已向持票人承兑或付款后，便有权对发票人请求补偿。这种求偿权发生在破产程序开始前的为破产债权。发生在程序开始后，付款人承兑或付款时，按破产法规定，债权发生于破产程序开始后即不得作为破产债权，但在票据关系中，因开付票据的行为完成于破产程序开始之前，票据为流通证券，其债务人为特定，而债权人为非特定人，故有可能发生持票人随时要求债务人（付款人）承兑或付款。此时，若付款人已知发票人开始破产程序，除非其恶意为承兑或付款外，一般不会承兑或付款而自招损失。但在付款人不知发票人已开始破产程序而为承兑或付款的，若不允许其申报债权，即有失公允，不利于保护票据的流通，故法律允许付款人在不知破产程序已开始的事实而承兑或付款，因此产生的债权应为破产债权。

（2）因背书关系而发生的债权。在票据的背书关系中，背书人为债务人，被背书人为债权人。当背书人开始破产程序时，仅就票据关系而言，能对其行使的债权只能是追索权，该追索权无论发生于程序开始前或开始后，均得作为破产债权。但背书人在转让票据时已作了"禁止转让"之记载的，只有其直接债权人可对其行使追索权,而受转让的债权人无权对其行使追索权。

7. 因交互计算关系而生的债权。交互计算指当事人约定以相互间交易而产生的债权债务进行定期计算并相互抵销,仅支付其差额的契约。交互计算与票据制度一样,均为信用制度,既可免除当事人因现金交易带来的繁琐手续,避免资金呆滞,又可简化当事人间的交易关系,故为各国所采用。交互计算的一方当事人开始破产程序时,交互计算关系应当停止,对方当事人因交互计算而产生的差额债权,可以作为破产债权行使权利。

8. 因解除双务合同而产生的债权。根据各国破产法规定,在破产程序中,对于尚未履行的双务合同,管理人有权决定继续履行或解除,如管理人决定解除的,对方当事人因合同解除而受到的损失,可以作为破产债权。

9. 保证人破产时债权人被保证的债权。在保证人破产时,被保证的债权能否作为破产债权行使权利存在不同意见。日本学者认为,保证人被宣告破产时,其对债权人的先诉抗辩权消灭。债权人可以其在保证人被宣告破产时拥有的全部债权额作为破产债权行使权利。我国破产法对此没有规定。但从债法的一般原则看,债权人享有是否将其债权作为破产债权的选择权。债权人既不参加破产程序又不告知保证人的,保证人的保证义务即行终止。债权人参加破产程序的,债权人在破产宣告时所享有的债权额即为破产债权。

10. 其他债权。除以上所列债权外,在破产程序开始后,还会发生某些费用与债权,其中,除共益债权外,尚有破产程序开始后产生的利息,破产程序开始后债务不履行所产生的损害赔偿金及违约金,参加程序的费用及因破产程序开始后的原因而产生的对破产企业的不属于共益债权的财产请求权。此类债权能否作为破产债权,各国立法有不同的规定。有的将之称为劣后债权,意指在受偿位次上劣于一般债权,但尚有受偿机会;有的则将其排斥在破产法之外,称为除斥债权。我国破产法并没有此种规定,这种制度在实践上也并无多大意义。因为,如果连普通债权都能得到完全清偿的话,事实上就没有多大必要进入破产程序。

【案例分析】

[案情]   祥河大酒店于 2001 年 3 月 2 日申请宣告破产,在破产程序中债权人纷纷申报债权,提出如下给付请求:

(1) 某女士于 2000 年 5 月被该酒店保安人员殴打致伤,住院治疗 8 个月,要求赔偿医疗费 8730 元。

(2) 因该酒店歌舞厅从事色情营业被市公安局查处,市公安局于 2001 年 2

月 26 日对其做出处罚决定：罚款 1 万元，限 7 日内缴纳。

（3）某旅行社与该酒店签订的合同，因酒店被宣告破产而终止，旅行社要求赔偿由此造成的损失18 000元。

（4）该酒店经理以酒店名义借用某公司小轿车一辆供其亲属使用，现该公司要求返还。

[问题]　　如果你是管理人，你认为哪些能够成为破产债权？

[分析]　　下列两项是破产债权：①某女士于 2000 年 5 月被该酒店保安人员殴打致伤，住院治疗 8 个月，要求赔偿医疗费 8730 元；②某旅行社与该酒店签订的合同，因酒店被宣告破产而终止，旅行社要求赔偿由此造成的损失 18 000元。

新破产法第 44 条规定："人民法院受理破产申请时对债务人享有债权的债权人，依照本法规定的程序行使权利。"这一法条从程序上与实体上界定了破产债权的范围。从程序的角度讲，破产债权是依破产程序申报并依破产程序受偿的财产请求权，学理上称为形式意义上的破产债权。从实体法的角度看，破产债权是在破产程序开始前成立的对债务人享有的金钱债权或得以金钱量化的债权，学理上称为实质意义上的破产债权。成立于破产程序开始前是指债权成立之原因于破产程序开始前已有效存在，而不论该债权在破产程序开始时是否已发生效力。它反映了破产债权实质上是基于民法上的合同、侵权行为、无因管理、不当得利或其他法律上的原因而发生的财产请求权，而不是由破产法新承认的权利，也非基于破产法上的原因而生的债权。基于破产法上的原因而生的债权为共益债权。

本案中的第 1 项给付请求是一个侵权之债，该债权发生于破产程序开始之前，该债权性质上虽属于人身损害赔偿之债，但可以用金钱加以量化，且债权人已申报了债权，故该项债权依法属于破产债权，得依破产程序受偿。第 2 项给付请求不属于破产债权。从法理上讲，行政、司法机关对破产企业的罚款、罚金以及其他有关费用在破产宣告前如果没有执行，在破产宣告后即不得再执行，其不属于破产债权。因为，破产宣告后，破产财产即成为供全体债权人公平清偿的财产，此时如果继续执行这些处罚决定，则无异于让债权人代破产人受过，对因债务人实施违法行为而给予的罚款实际上变成了对无辜债权人的罚款。第 3 项给付请求属于破产债权。根据新破产法第 18 条的规定："人民法院受理破产申请后，管理人对破产申请受理前成立而债务人和对方当事人均未履行完毕的合同有权决定解除或者继续履行，并通知对方当事人。"第 53 条规定："管理人或者债务人依照本法规定解除合同的，对方当事人以因合同解除所产生的损害赔偿请求权申报债权。"第 4 项给付请求不属于破产债权，该酒店经理以酒店名义借用某公司小轿车一辆供其亲属使用，对该小轿车酒店应该返还。在这里汽车所有权并未移转，仍属于该公司所有，也就是说该公司对于汽车有的是物权而非债权。这里涉及取回权的问题，取回权是指从管理人接管的财产中取回不属于破产债务人的财产的请求权。取回权制度的法理依据是"只有债务人自己的财产能够纳入清算分配"的原则。新破产法第 38 条规定："人民法院受理破产申请后，债务人占有的不属于债务人的财产，该财产的权利人可以通过管理人取回……"实践中，作为取回权标的物的财产主要包括：①合法占有的他人财产。即有合法根据而占有的属于他人的财产，例如共有财产，委托管理的财产，租赁财产，借用财产，加工承揽财产，寄存财产，寄售财产以及基于其他法律关系交破产人占有、但未转移所有权的他人财产。②不法占有的他人财产。即无合法根据而占有的属于他人的财产。例如，非法侵占的财产，受领他人基于错误所为之给付而取得的财产，破产人据为己有的他人遗失财产。

如果破产债务人在破产宣告前，已将取回权标的物转让给他人，或因债务人的故意或过失，致使取回权标的物毁损灭失，取回权人不能行使取回权时，取回权人可以向破产债务人请求损害赔偿，该损害赔偿请求权构成赔偿债权。在破产宣告后，如果破产管理人将取回权标的物转让给他人，或由于破产管理人的故意或过失，致使标的物毁损灭失，取回权人依法享有的取回权也可以转化为损害赔偿请求权。该权利不是作为破产债权，而是作为共益债务，由破产财产优先受偿。故酒店应该从经理的亲属处取回借用某公司的小轿车，返还原主。

第二节　破产债权的申报

【基本理论】

一、债权申报的意义

债权申报，是指债权人或其代理人在破产程序开始后的法定期间内，向法院或法院指定的机关申报债权，以示参加破产程序的意思表示。债权申报是破产程序中的一项重要制度，是债权人参加破产程序并行使权利的前提。多数学者认为，即使是实质上的破产债权人，如果其未依法申报债权，也不能被视为程序上的破产债权人，从而无权依破产程序获得清偿。[1] 故法院在裁定开始破

---

〔1〕 邹海林：《破产程序和破产法实体制度比较研究》，法律出版社 1995 年版，第 112 页；李永军：《破产法律制度》，中国法制出版社 2000 年版，第 188 页。

产程序时，必须同时公告，对已知债权人还应送达通知，告知债权申报的期限与地点，以及逾期不申报债权的后果。新破产法第44条规定："人民法院受理破产申请时对债务人享有债权的债权人，依照本法规定的程序行使权利。"债权人要依据新破产法规定的程序行使权利，首先必须按规定申报自己对破产债务人所拥有的债权，然后方能依得到确认的债权主张权利。为此，债权申报是债权人行使权利的基础，只有依法及时申报的债权才能充分行使相关权利。未及时申报的债权虽然不会灭失，但其权利的行使要受到较大限制。

二、债权申报期限

债权申报期限，是法律规定或法院指定的债权人向法院或其指定机关申报债权的有效期间。由于这一期限决定债权人的权利行使，故系破产法的一项重要内容。各国破产法对此规定的做法也有所不同。

（一）债权申报期限的确定原则

各国破产法均有关于债权申报期间的规定，但期限的长短及决定期限的方式却有不同，从类别划分来说，大致有两类，即法定主义与法院酌定主义。所谓法定主义，指债权申报的期限是由法律直接规定的。目前采取法定主义的国家已为数不多。我国旧破产法采取的即是法定主义，根据旧破产法第9条规定，人民法院应当在受理破产申请后10日内通知债务人并发布公告。人民法院在收到债务人提交的债务清册后10日内通知已知的债权人。债权人应当在收到通知后1个月内，未收到通知的债权人应当在破产公告后3个月内向人民法院申报债权。所谓法院酌定主义，是指债权申报期限由法院根据具体情况加以确定的原则。美国、日本、法国以及我国台湾地区等均采取法院酌定主义。如《法国商法典》"企业的重整和司法清算"编规定，债权人在最高行政法院命令规定的申报期限内不申报，将不能参与财产的分配。《日本破产法》第142条规定："债权申报的期间由法院决定，但必须在破产宣告后2周以上4个月以下。"

（二）我国新破产法关于债权申报期限的规定

新破产法总结原破产法债权申报的实施经验，对债权申报做法进行改革，放弃了原来的法定主义，采用了法院酌定的原则。新破产法第45条规定："人民法院受理破产申请后，应当确定债权人申报债权的期限。债权申报期限自人民法院发布受理破产申请公告之日起计算，最短不得少于30日，最长不得超过3个月。"按照本条规定，法院在受理破产申请后，应当依法确定债权申报期限。而且在确定这一期限时应当符合以下要求：①具体的期限应当在30日以上，3个月以内；②期限的计算应当自人民法院裁定受理破产申请公告之日起。这一规定对债权申报期限的确定具有较大的弹性，即在30日至3个月内由法院自由裁量。在具体的司法实践中，法院应当根据具体案件的不同情况，如案件性质、债权人的人数与种类、所涉债权人的地域等因素来确定。对于案件复杂、涉及人数较多的破产申请应确定较长的申报期限，以充分保护债权人利益。

三、债权申报的有关事项

对于债权的申报事项，一般包括以下方面：

（一）接受债权申报的机关

接受债权申报的机关，即根据法律规定或法院指定具体接受债权人进行债权申报的机构。债权人申报债权，应向法律规定的机关申报，否则不发生效力。但对接受债权申报的机关各国立法却有不同规定，有的规定为法院，如日本、美国等；有的规定为债权人代表，如《法国商法典》"企业的重整和司法清算"编第50条规定："自程序开始裁定公告之日起，除雇员外，所有持有程序开始前发生的债权的债权人均应向债权人代表申报他们的债权。"还有的国家规定向破产管理人申报，如《德国破产法》第174条规定："债权人应向破产管理人书面申报债权。"

我国新破产法规定的接受债权申报的机关为管理人，新破产法第48条规定："债权人应当在人民法院确定的债权申报期限内向管理人申报债权。"

（二）债权申报方式

债权申报方式，指债权人向接受申报机关申报债权时所采取的方式，主要分为口头和书面方式。在国外的立法中，虽然对于债权申报方式有所区别，但出于对债权申报的重视，大多强调要以书面方式申报，如德国新破产法第174条第1款规定："债权人必须以书面形式向破产管理人申报债权。"有的国家法律虽未明文规定，但从立法精神看应理解为应以书面形式申报债权。例如日本破产法没有明确规定口头或者书面形式，但在实践中，口头申报不被允许。我国新破产法第49条规定："债权人申报债权时，应当书面说明债权的数额和有无财产担保，并提交有关证据。"这一规定表明，我国法律认可的申报形式也是书面的。

（三）债权申报内容

对于债权申报内容，各国立法规定大体相同，即要求有申报债权人的姓名、住址、债权的内容和原因、债权的性质，并提供有关证据。德国新破产法第174条规定债权人申报债权时应附上债权证明材料复印件。申报债权时应说明债权的理由及金额。我国新破产法第49条规定："债权人申报债权时，应当书面说明债权的数额和有无财产担保，并提交有关证据。申报的债权是连带债权的，应当说明。"法律要求申报人提供有关债权的有效证据，只是为以后的债权调查提供方便，并不要求申报人负举证义务，如债权人在申报债权时不能提供证据证明债权的存在，或所提出的证据不能充分证明债权的存在，或接受申报的机关对证据存有异议时，均不能以此拒绝申报。因为申报只是债权人要求参加破产程序行使权利的意思表示，这种申报对其他债权人并不构成当然的影响或损害，只有当债权人的申报得到审查确认，方能影响其他债权人，故任何人对债权申报都可以表示异议，但管理人不得以此为由对债权人的债权申报予以拒绝。当然，其他债权人对该申报有异议的可以在债权调查中提出，如产生纠纷的，由法院裁定。

四、未如期申报的处理

未如期申报即指债权人未能在规定的期限内申报自己对于债务人所享有的债权。对于未依规定如期申报的后果，各国立法与理念差别较大。一种观点认为，债权人未申报债权的，在程序法与实体法上的权利均归于消灭，即债权不复存在。我国 1986 年旧破产法即采取这一原则。旧破产法第 9 条规定："逾期未申报债权的，视为自动放弃债权。"《法国商法典》"企业的重整和司法清算"编也采用此原则，该编第 53 条规定："逾期不申报，又未准予恢复申报的债权归于消灭。"另一种观点认为，债权人逾期未申报债权的，只发生不参加破产程序的结果，即诉权的丧失，而不具有消灭民事实体权利的效力。大多数国家立法采用这一理论。两种理论相比，无论从法理上还是从保护债权人的角度看，后一种较前一种都更为合理。因为从实质上看，破产程序是一种特别程序，债权人申报债权，具有提起诉讼以保护其权利的效力，其实体权利并不因债权人没有要求保护而消灭。故债权人未申报债权的，只表明他放弃或丧失诉权，其实体法上的权利不应因权利人未申报而归于消灭。

由于债权申报是债权人自己行使权利的一种方式，因多方面的原因，总会发生有些债权人不能在申报期内予以申报的情况。对于未在法定或指定期限内申报债权的债权人，国外大多数破产制度均区别不同情况给予适当救济，即规定债权补充申报制度。债权人未于法律规定或法院指定的期限内申报债权，通常分为两种情况：①因可归责于债权人的原因而未申报；②债权人因不可归责于自己的事由而未于规定期间申报。各国立法对两种情况有不同的规定，大致有三种做法：第一种是规定只有当债权人因不可归责于自己的事由而未申报时，才允许申报。日本及我国台湾地区等采此做法。如我国台湾地区"公司法"第 297 条第 3 款规定："申报人因不可归责于自己的事由，致未依限申报者，得于事由终止后 15 日内补充申报。"第二种是只允许债权人在因不可归责于自己的事由而未申报时进行补充申报，但在补充申报前，必须以诉讼恢复自己的申报权，如《法国商法典》"企业的重整和司法清算"编第53条规定："债权人在最高行政法院指定的期限内不申报债权，将不能参与财产分配。除非法官监督人确认债权人逾期不申报属不能归责于他的原因，并恢复其权利。"第三种做法是无论债权人因何种原因未申报债权，均允许其申报。

经过反复讨论，并借鉴国外经验，新破产法第56条规定："在人民法院确定的债权申报期限内，债权人未申报债权的，可以在破产财产最后分配前补充申报；但是，此前已进行的分配，不再对其补充分配。为审查和确认补充申报债权的费用，由补充申报人承担。债权人未依照本法规定申报债权的，不得依照本法规定的程序行使权利。"

我们认为，未能如期申报有两种情形，应区别不同情况作出规定：①债权人有正当理由未如期申报；②债权人无正当理由未能如期申报债权。在前一种情况下，如债权人因不可抗拒的事由或者其他正当理由，未能如期申报的，可以向人民法院请求延展其债权申报期限。如经法院审查认为符合条件的，可以许可其请求，此前已进行分配的应对其进行补充分配。反之，如果债权人无正当理由未能如期申报的，法律虽允许在破产财产最终分配前补充申报。但此前已进行的分配，不再对其进行补充分配。如果债权人没有在法院规定的债权申报期限内申报债权，又没有正当理由，且没有在破产财产最终分配前进行补充申报的，不得再以破产程序行使债权。

五、债权申报后的处理

上文涉及债权人对债权的申报，只是从申报角度所作的规定。由于这种申报的目的是要对所有债权进行集中整理，以便集体行使权利并进行公平分配，故对于这种申报要进行汇总和登记造册。新破产法第57条规定："管理人收到债权申报材料后，应当登记造册，对申报的债权进行审查，并编制债权表。"

（一）对申报债权的登记、审查与制作债权表

当债权申报期满后，接受债权申报的机关应制作债权表，对于申报债权进行全面登记。债权表应记载债权人的姓名与住址、债权的数额和性质、债权发生的原因等。按照国外立法的做法，债权表由负责债权申报的机关制作。根据《日本破产法》第229、230条的规定，法院书记官必须制作债权表并按权利的性质适当分类。书记官必须将债权表抄件交付财产管理人（破产管理人）。债权表必须备置于法院，以供利害关系人查阅。《法国商法典》"企业的重整和司法清算"编第100条规定："债权人代表在征求债务人意见之后，整理出债权申报清册，并附上自己对债权认可、拒绝或移送管辖法院裁定的意见。债权人代表在拟定债权清册后，应及时交给法官监督人。"我国新破产法第57条明确要求

管理人收到债权申报材料后，应当登记造册，在对债权申报的真实性、有效性进行审查的基础上，编制债权表。

（二）申报债权的计算

破产程序的目的之一是依破产程序清理债权债务，而根据破产程序和一般做法，对债务的清偿要以金钱清偿与公平清偿为原则。由于在破产程序中，不仅存在非金钱债权，而且存在附条件、附期限债权，外币债权等多种债权形式。为求公平清偿，必须将非金钱债权转化为金钱债权，将未到期债权扣除提前受偿所得的期限利益转化为已到期债权，将外币债权换算为以本国货币表示的债权，以及确定附条件或附期限债权的数额等。这种将不同性质债权加以换算的工作即为对申报债权的计算，其标准一般包括两方面：①唯金钱标准，即将所有非金钱债权转化为金钱债权；②本国货币标准，即将非本国货币债权换算为本国货币。

对于债权数额的计算方法，我们认为，管理人编制债权表时，对于非金钱债权，应按照人民法院受理破产申请的裁定之日的债务履行地的平均市场价格计算债权额。对于以外币表示的金钱债权，按照人民法院受理破产申请裁定之日的人民币市场汇率的基准价计算债权额。因本国货币与外国货币的比价处于经常变化中，故对外币债权的计算应以法院裁定开始破产程序之日的外汇市场的中间价进行。

（三）债权表及申报材料的保管与备查

按照许多国家破产法规定，接受债权申报的机关制作的债权表，连同债权申报材料要交由法院或法院指定的其它机关，以供债权人查阅。债权表的制作仅依据债权申报资料，对于申报的债权是否存在或数额是否确定，制表人无审查决定权，故制表人对债权表汇总事项不得剔除或调整数额。对于债权表中的不实内容要待债权核查时，经异议人提出由法院裁定。对此，我国新破产法第57条也明确要求，债权表和债权申报材料由管理人保存，供利害关系人查阅。

管理人对破产债权的审查属于形式审查还是实质审查？对于新破产法中管理人审查破产债权属于形式审查还是实质审查，在新破产法颁布后仍然存在争议。有观点认为，新破产法规定破产债权应经债权人会议核查和人民法院裁定认可后才能得到确认。因此，管理人对破产债权的审查应是形式审查，具体工作就是审查申报人申报的材料是否齐全，至于申报债权的数额、性质、有无担保等实质内容应当登记造册，交由债权人会议进行核查。还有观点认为，关于债权审查，新破产法之所以区别于旧破产法，就是管理人具有对所申报债权享有实质审查的职权，如果继续延用旧破产法的形式审查的旧思维，还会落入破产债权由债权人会议这一单一主体进行审查确认的弊病中去，这与新破产法的立法宗旨是相悖的，不利于破产程序中公正、高效价值的体现。根据新破产法第57条的规定，管理人收到债权申报材料后，应当登记造册，对申报的债权进行审查，并编制债权表，然后将债权表提交第一次债权人会议进行核查。如果债权人、债务人对债权表记载的事项无异议，由人民法院最终通过裁定的形式予以确认；如果债权人、债务人对债权表记载的事项有异议，则可以向受理破产案件的人民法院提起确认债权之诉。由此来看，管理人编制债权登记表并非为确权行为，只有在债权人、债务人对债权表记载的债权无异议的情况下，由人民法院裁定的确认行为才是最终的确权行为，或在债务人、债权人对债权表记载的债权有异议的情况下，通过确认之诉由人民法院对债权作出裁判的行为才是确权行为。但管理人对申报的债权登记造册并编制债权表的过程是不是完全的形式审查，对于所申报债权的数额、性质、有无担保等情况是不是一概不予考虑，完全依靠申报的情况进行登记并编制债权表呢？我们认为，答案应是否定的。新破产法第57条规定了管理人的两个行为：对申报的债权登记造册和编制债权表。对申报的债权登记造册要求管理人按照债权申报人的申报材料如实登记所申报的债权情况，这一行为并不要求管理人对申报的债权进行任何实质审查，管理人收到什么就登记什么，管理人可根据申报债权所需材料，要求申报人补充相应材料；对于管理人编制债权表这一行为，就要求管理人对登记造册的申报材料进行调查、分析，并将审查结论载入债权表，而不能再机械的按照申报材料来编制债权表。所以说，管理人对所申报的债权进行审查，并不是完全的程序上的形式审查，还应包括对部分实体内容的实质审查。另外，债权表作为将由人民法院直接裁定确认的依据，其内容应当完整、具体，应当包括申报债权是否可予确认、可确认的数额、性质以及有无担保等事项，否则法院的裁定确认根本无法操作。如果管理人对所申报的债权不作实质审查，则显然无法达到上述目的。不过，管理人对破产债权的审查权并不是绝对的，结合新破产法的相关规定，我们也可以看出，管理人对破产债权的审查仅仅是整个破产债权审查确认程序的初始阶段，债权表记载的事项还要经债权人会议核查及人民法院最终确认，管理人在此具有的审查权仅仅是初步审查，其审查结果并不是最终结果。

综上所述，我们认为，新破产法中关于管理人对破产债权的审查，应该包括形式审查和实质审查两项内容。

【实务操作】　几种特殊债权的申报

除一般债权申报的规定外，新破产法对于一些特殊债权的申报也作了具体规定，这些特殊债权包括未到期债权、附条件与诉讼未决债权、连带债权、担保债权，以及连带债务人之债权。

一、关于未到期债权的申报

未到期债权即指该债权在案件受理前尚未到期，而在受理后某个时间才能到期的债权。对未到期债权的申报作出规定：①要对案件受理时债权未到期的视为到期债权而允许申报；②要明确这种债权的计算方式。按照民法的一般理论，债权尚未到期的，债务人不负履行的义务，债权人也无权请求债务人履行。如果将这一原则运用到破产法上，就会使未到期债权的债权人不能参加分配而要等其债权到期，这样不仅延误程序，也可能影响公平清偿。为避免这种情形出现，法律规定在债务人被宣告破产时其所有的债权视为到期，从而能使所有的债权以破产程序申报并参与分配。同时，允许未到期债权于期限届至前行使权利，但应在计算时减去债权人因提前受偿所得到的期限利益。未到期债权有附利息与不附利息两种。对附利息的未到期债权，破产程序开始后停止利息计算即可，其债权额为债权本金加上破产程序开始前的利息。对于未附利息的债权，则应当减去自程序开始后至债权到期时止的法定利息。对此，日本《会社更生法》第114条规定："附期限债权而无利息者，其期限于更生程序开始时尚未到来时，将自更生程序开始之时至期满前的法定利息从债权额中扣除。"我国旧破产法第31条也作了类似规定，即破产宣告时未到期的债权，视为已到期债权，但是应当减去未到期的利息。

二、关于附条件、附期限与诉讼未决债权的申报

附条件和诉讼未决的债权，在法律上统称为"或然性债权"，因为这种债权是否存在要取决于其他因素。根据新破产法第47条规定，附条件、附期限的债权和诉讼未决的债权，债权人可以申报。

1. 附条件的债权。附条件债权指以将来不确定事实的成就或不成就决定债权生效或消灭的债权。附条件债权包括附停止条件的债权与附解除条件的债权两种。附停止条件的债权是指当条件成就时发生效力的债权，于条件成就前债权虽成立但不发生效力。附解除条件的债权指当所附条件成就时即告消灭的债权，此时债权虽已发生效力，但因条件的成就而要失去效力，故称附解除条件的债权。附停止条件的债权在破产程序开始时，条件尚未成就的，因法律对期待权的保护，故应作为破产债权申报。附解除条件的债权为已生效债权，只要在破产程序开始时条件尚未成就，应与一般不附条件的债权相同，故附条件债权应作为破产债权申报。

2. 附期限的债权。附期限债权指以将来确定事实的到来为条件决定债权的发生或消灭的债权。附期限的债权分为附始期债权和附终期债权。前者于期限到来时发生效力，后者在期限到来时失效。学理上还将附期限债权分为附确定期限债权与附不确定期限债权。附不确定期限债权与附条件债权的最大不同在于期限是必然到来的，只是不知其何时到来，期限一旦到来债权就会发生或消灭，故附期限债权虽是一种期待权，但这种期待权较附条件债权更为确定。附有终期的债权在破产程序开始时所附的期限未至的构成破产债权，即使在程序开始后期限届满也不影响权利的行使。附始期的债权不论程序开始时所附期限是否到来，均为当然的破产债权，即使在程序开始时始期未至，但将来也会到来，故应为破产债权。

3. 诉讼或者仲裁未决的债权。这种债权指处于诉讼或仲裁过程中，尚未有处理结果的债权，它包括两种情况：①债权是否存在有争议并正在诉讼或者仲裁过程中；②对于债权是否存在没有争议，但对债权数额存在争议。根据上述规定，无论哪一种处于诉讼或仲裁中的债权，都允许申报，否则将来债权确定，债权人也将因为破产程序的终结而无法获得清偿。由于诉讼或者仲裁未决债权毕竟不同于一般债权，因此，这类债权的权利人在破产程序中行使表决权和接受分配时要受到一定的限制。

三、关于连带债权的申报

对于连带债权的申报，新破产法第50条规定："连带债权人可以由其中一人代表全体连带债权人申报债权，也可以共同申报债权。"

连带债权，指债权的当事人为数人时，各债权人均可请求债务人进行全部债务的履行，各债务人均负有全部履行的义务，并且，全部债权债务关系因一次全部给付而归于消灭。世界上大多数国家的立法，如德国民法、意大利民法、法国民法、瑞士债务法等，关于连带债权的规定都较为简单。但我国台湾地区的"民法"对此的规定却较为详细。连带债权在实践中因对债权人弊多利少，故少有发生。按照债法的一般原理，就债权人与债务人之间的关系而言，各连带债权人均有权要求债务人履行全部债务，每一个债权人都有权接受债务人的全部给付。一债权人受领债务人的全部给付后，全部债权债务关系归于消灭。也就是说，连带债权人可以单独也可以共同就全部债权行使对债务人的权利，但无论单独还是共同行使权利，其结果都归于全体债权人。在连带债权人之间，各债权人应按确定的份额享有债权，受领全部给付的债权人应扣除自己应有的份额后将剩余部分偿还给其他债权人。本条规定实际是债法一般原则在破产法上的反映。在债务人破产时，连带债权人可以共同申报债权，也可以由一人申报全部债权。因破产分配而得到的清偿，依照各自内部份额并按照分配比例进行分割。

四、关于担保债权的申报

对于担保债权的申报，新破产法第51条规定："债务人的保证人或者其他连带债务人已经代替债务人清偿债务的，以其对债务人的求偿权申报债权。债务人的保证人或者其他连带债务人尚未代替债务人清偿债务的，以其对债务人的将来求偿权申报债权。但是，债权人已经向管理人申报全部债权的除外。"

根据民法的一般原理，在连带债务中，负有连带义务的每个债务人均负有清偿全部债务的责任。履行债务的人，有权要求其他负有连带债务的人偿付其应当承担的份额。因而，当连带债务人中的一人或数人被裁定开始破产程序时，其他连带债务人可以以其代替破产债务人清偿债务的求偿权或将来代替其清偿债务的求偿权作为破产债权予以申报。但是，债权人已就其债权全额作为破产债权行使权利的不在此限。在保证关系中，当被保证人破产时，对于连带债务人求偿权的规则对于保证人同样适用。新破产法的上述规定即体现了这一精神，即债务人的担保人或者债务人的其他连带债务人，以其对债务人的求偿权申报债权。根据《担保法》规定，保证有两种：①连带责任保证；②一般责任保证。在连带责任保证的情况下，被保证人破产时，对于保证人适用连带债务人的求偿权是肯定的。即使在一般责任保证中，当被保证人破产时也应适用这一规则。在被保证人破产的情况下，保证人的求偿权应当作为破产债权。在被保证人被宣告破产前，保证人未替代被保证人清偿债务的，应区别以下两种情况：①债权人可以作为破产债权人参加破产程序，以其全部债权额作为破产债权申报，还可以就未受偿部分向保证人追偿；②保证人在申报债权的期限届满前得知债权人不参加破产程序后，可以其保证的债务数额作为破产债权申报。也就是说，如果债权人申报债权并参加破产程序的，保证人不得再以破产债权人的身份申报债权，反之保证人则有权以保证责任为限申报债权。

五、连带债务人的债权人的债权申报

连带债务人的债权人即对某债务负有连带责任的多个债务人所相对的债权人，这种债权人在某一债务人或全体债务人被申请进入破产程序后，为维护其债权，得以该债权进行申报。对此，新破产法第52条规定："连带债务人数人被裁定适用本法规定的程序的，其债权人有权就全部债权分别在各破产案件中申报债权。"

按照民法原理，连带债务人对债权人均负有清偿全部债务的责任，债权人

得要求任何连带债务人清偿其全部债务。在连带债务人破产的情况下，债权人当然可以其债权作为破产债权行使权利。当连带债务人中仅有一人被裁定开始破产程序时，债权人可以以其债权全额作为破产债权申报并行使权利，而其他连带债务人也可以以其对破产债务人的求偿权作为破产债权行使权利。然而，当连带债务人中有数人或全部被裁定开始破产程序时，债权人如何行使债权，即以何种债权额向哪个债务人申报就存在争论。对此，《日本破产法》第24条规定："在数人各自承担全部义务的情况下，其全员或其中的数人已受破产宣告时，债权人得就破产宣告时所有的债权全额，对各破产财团作为破产债权人行使权利。"其他一些国家也规定了相同的原则。当然，对于这里的"债权全额"，不同国家的法律却有不同的解释：瑞士法规定，债权全额指债权成立时的全额，不论其是否已受到清偿，以及已受到多少清偿，只要在其债权未受全部清偿之前，得以其成立时的全额行使权利。法国法认为只有任意清偿才能减少债权全额，故债权全额指债权成立时的全额减去已受连带债务人的任意清偿额，这里的"任意清偿"即指依一般民法方式所受的清偿。德国法认为，无论所受清偿为何种性质，均发生使债权额减少的效力，即债权全额指债权成立时的全额减去已受到的所有性质的清偿。显然以上三种立法例对债权人权利的影响有较大的差别。

我国破产法的上述规定采取的是与德国相同的原则，即规定连带债务人同时或者先后被申请适用新破产法规定程序的，其债权人有权就全部债权，分别在各破产申请中申报，以使债权人得到更多的清偿。因为从司法实践看，破产清偿率一般都很低，即使允许其以全额向每个连带债务人申报，最终也难以得到全部清偿。当然，如果分别申报得到的清偿超过债权实际数额的，应将多余部分返还破产财产，管理人或破产程序终结后的其他债权人也可以以不当得利要求其予以返还。

【案例分析】

[案情]　A公司于2007年12月申请破产，法院裁定受理了其申请。经管理人查明，该公司存在下述情形：

（1）A公司于2007年10月向B银行借款100万元，C公司承诺对此承担连带保证责任。

（2）A公司于2007年11月向D银行借款200万元，E公司以自己所有的3间房屋提供抵押担保。

（3）A公司承诺以自己所有的两辆高级轿车向F银行设定抵押权，担保G

公司向 F 银行所借的 100 万元。

（4）A 公司于 2007 年 9 月向 H 银行借款 2000 万元，A 公司以自己所有的两层办公楼提供抵押担保。

（5）A 公司截至法院受理破产申请时止共欠税 300 万元。

（6）A 公司截至法院受理破产申请时止共欠职工工资 800 万元。

〔问题〕　上述那些属于破产债权？那些无须向管理人申报？

〔分析〕　关于第一个问题，F 银行对 A 公司所享有的权利属抵押权，而非债权，其在破产法里又称做别除权或有财产担保债权。其余各项均属破产债权。

关于第二个问题，原则上，所有的债权人在破产程序开始后，均应当申报债权，无论该债权是否附有期限、是否附有条件，以及是否附有担保等，债权人均有申报的必要。但这里仍有两类债权是否必须申报需要讨论，即有财产担保债权与法定优先受偿债权。有财产担保的债权人，不受破产程序的约束，在破产程序之外享有就担保标的物优先受偿的权利，此类债权是否也必须申报呢？在理论界，有学者对此问题进行了否定回答，认为有财产担保的债权人，在破产程序开始后行使担保物权，不以申报为必要，若无意参加破产程序，则无需申报债权，反之应申报债权，并举《日本破产法》第 228 条的规定进行例证，"破产宣告后，破产债权人、有一般先取特权的债权人及有其他优先权的债权人，应当向法院申报债权；别除权人，应将其不能就别除权标的物受偿的债权额向法院申报"。我们认为，从学理上讲，有财产担保债权人有两种情形：①债务人以自己的特定财产对自己向债权人所负债务提供担保，如 A 公司向 H 银行借款；②第三人为债务人对债权人所负债务提供担保而使该债权人对该第三人的特定财产享有担保物权，如 A 公司向 D 银行借款。在第一种情况下，债权人兼有两种身份：他既对债务人享有人的请求权，又对债务人的特定物享有物的请求权。这两种身份既相互联系又相互独立，故其破产债权人的地位不应因其享有担保物权而受到影响，所以有财产担保的债权人也应该申报债权，这样即使其后担保物灭失或毁损，不能受优先清偿，或担保标的物不能足额清偿时，该债权人亦能参加破产程序而受偿。对于第二类债权人，我国新破产法第 49 条规定："债权人申报债权时，应当书面说明债权的数额和有无财产担保，并提交有关证据。申报的债权是连带债权的，应当说明。"第 59 条第 1 款规定："依法申报债权的债权人为债权人会议的成员，有权参加债权人会议，享有表决权。"可以看出，按照新破产法的规定，所有的有财产担保的债权都是破产债权，都应该按照破产法规定的程序申报债权，行使权利。

法定优先受偿债权一般有两类：劳动债权（如本案中 A 公司所欠职工工资）和税收债权（如本案中 A 公司所欠税款）。这两类债权是否也需要进行债权申报呢？为保护劳动者利益，许多国家将雇员的工资债权或雇佣人员的退职津贴请求权等与劳动者切身利益相关的债权，列为无需申报的债权，以免劳动者未依法律规定申报债权而失去受偿的机会。法国商法，日本破产法均有相应的规定，如《法国商法典》"企业的重整和司法清算"编第50条第1款规定："自程序开始裁定公告之日起，除雇员外，所有持有程序开始前发生的债权的债权人均应向债权人代表申报他们的债权。"在1985年法国破产法修改前，雇员应申报工资债权，但1985年修改后的法国破产法为避免雇员因不遵守申报期限而失权，取消了申报义务。这是由于劳动者在社会及经济上处于弱者的地位，对他们有特别保护的必要，如果因为其未能依法律规定申报或补充申报而失去依破产程序受偿的权利，会影响其生计，有违社会公平。在法国司法实务中，这类债权应由债权人代表在听取债务人陈述后，根据他所占有的书面材料以及管理人、职工和他们的代表所提供的信息，编制工资统计表，送交雇员代表审查。工资债权的全部或一部分没有被列入上述统计表的职工得申请处理劳资争讼的劳资争端委员会处理争端，并以债务人或管理人为被告。我国新破产法和最高人民法院在新法颁布前作出的司法解释亦将劳动债权列为优先受偿的债权，并对劳动债权的范围进行了界定。新破产法第48条第2款规定："债务人所欠职工的工资和医疗、伤残补助、抚恤费用，所欠的应当划入职工个人账户的基本养老保险、基本医疗保险费用，以及法律、行政法规规定应当支付给职工的补偿金，不必申报，由管理人调查后列出清单并予以公示。职工对清单记载有异议的，可以要求管理人更正；管理人不予更正的，职工可以向人民法院提起诉讼。"这里的职工工资，即指在破产程序开始前，债务人企业拖欠本企业职工的工资或其他劳动报酬；基本社会保险费用，即指企业依法应当向社会保险机构缴纳而未缴纳的职工基本社会保险费用，主要包括基本养老保险费用和基本医疗保险费用；法律、行政法规规定应当支付给职工的补偿金，即指企业关闭破产依照法律法规应当支付给职工的解除合同的补偿金。除此以外，涉及职工利益的债权还有一些其他方面。之所以作如此规定，是因为考虑到职工在企业的地位和在破产中的处境，为避免因职工未依法律规定申报或补充申报而失去依破产程序受偿的权利并因此影响其生计，且考虑对这种债权，债务人处有账目，有清楚的记载，所以新破产法在听取社会各界意见，参考国外立法经验的基础上作出了这样的规定，即将这类债权规定为不需申报，由管理人列出清单并予以公示并按此行使权利。此外，我们认为，税收债权也是无需申报的债权。一般来说，税收是指国家为实现其政治职能，凭借政治权利，按照预先规定的标准，强制地、无偿地向单位和自然人征收实物或货币所形成的特定分配关系。税收本身是一种强制性的债权债务关系，其中纳税人作为债务人有向作为债权人的国家缴纳税收的义务，这种债权债务关系的形成是由于国家法律的明文规定产生的，它依靠国家强制力得以实现。可见，税收一般是以满足公共需求为目的，是一种公益债权，在各国破产立法中位于劳动债权之后具有优先受偿地位，不需要进行债权申报即可获得清偿。所以，本案中最后两项债权的债权人无需申报。

【评析】

　　破产程序是债权人对于债务人财产的概括受偿程序，而要获得受偿资格，就必须被依法确认为对债务人享有适格的债权，因为并不是所有正常法律状态下的债权都能成为破产程序中的债权，在其他国家破产法里经常出现的所谓"除斥债权"就是例子。所以在破产实践中，依法申报债权就成为取得破产法意义上的债权的前提，同时，它也是债权人会议以及债权人委员会等机构得以成立与运作的前提。因此，对此一制度的设计直接关系到破产程序能否顺利进行。总体上看，新破产法对此制度的设计是比较合理的，其将接受申报机关规定为管理人（旧破产法规定为法院），从而将法院从繁杂的事务工作中解脱出来，使其能更好的行使裁判与监督职能。此外，其还规定未按期申报的债权可予以补报，如规定未在破产程序终结前申报债权仅是不得依破产程序受偿，而非旧破产法规定的"自动放弃债权"，从而保护了债权人的利益，也更符合法理。因为从实质上看，破产程序是一种特别程序，债权人申报债权，具有提起诉讼以保护其权利的效力，其实体权利并不因债权人未要求保护而消灭。故债权人未申报债权的，只表明他放弃或丧失诉权，其实体法上的权利不应因权利人未申报而归于消灭。一旦债权人通过和解或重整重生，债权人还有依自然债务制度受偿的可能。但新破产法仍然存在一些空白之处，如对于未到期债权的计算方法，管理人对破产债权的审查形式等都需要通过司法解释加以明确，以保证破产的顺利进行。

第三节　　破产债权的确认

【基本理论】

　　如上所述，管理人对债权人的债权申报不得拒绝，而在现实生活中，债权人的债权申报也确实存在误差或者不准确的情况，为此，对于债权人申报的债权是否为破产债权，其性质如何，数额多少，是否有表决权等，均不能以申报

第
五
章

为准，而须经法律规定的机关调查确认后，方获得破产债权的地位。故对申报债权的审查与确认是对债权人是否为破产债权人并有权参加破产程序，以破产程序行使权利的认可。新破产法第58条规定，依照新破产法第57条规定编制的债权表，应当提交第一次债权人会议核查。债务人、债权人对债权表记载的债权无异议的，由人民法院裁定确认。债务人、债权人对债权表记载的债权有异议的，可以向受理破产申请的人民法院提起诉讼。

一、债权核查机构

债权核查，是对破产程序中的债权表或有关当事人提出的债权异议所进行的审核确认行为。对于负责债权核查的机关，国外破产法的规定并不一致。《德国破产法》（第178条）及《日本破产法》（第241条）规定，负责债权调查的机关为法院。《法国商法典》"企业的重整和司法清算"编第50条规定，负责债权调查的机关为债权人代表和法官监督人。根据新破产法第58条的规定，我国负责债权核查的机关为债权人会议。这一规定实际上相当于其他国家破产法赋予债权人对申报债权的异议权。这种异议权仅为债权人的个体行为，而非债权人会议的集体意思表示，不能采用表决的方式确定异议。根据最高人民法院对1986年破产法的司法解释，对债权人会议确定的债权额有争议的，要由人民法院审查后裁定，并按裁定所确认的债权额进行计算。

二、债权核查的内容与日期

关于债权核查的内容，各国法律的规定基本相同，即要调查债权是否为有效债权，是否符合破产债权的条件，债权的数额、性质（如有无担保，是否为附条件或附期限的债权等），债权发生的原因，债权人的姓名，住址等事项。我国破产法对此并无详细规定，根据一般理解，与上述做法并无差别。

对于调查日期，各国法也有不同规定。《日本破产法》第234条和《德国破产法》第176、177条规定，债权调查由法院负责。法院首先应指定债权调查日期。对债权的调查日期又分为一般调查日期与特定调查日期。对于在法定期限内申报的债权及担保债权等，原则上应在一般调查日期内进行。法院也可对某些债权决定特定调查日期。对于补充申报的债权，当破产管理人、债权人无异议时，应在一般调查日期内进行；如有异议的，法院应确定特定调查日期。对补充申报债权另行调查时，由此产生的费用由补充申报人负担。法院确定调查日期及场所后，应以公告和通知的方式对当事人送达。在债权调查中，债务人必须出席陈述意见。管理人必须参加债权调查，已申报债权的债权人应在调查日参加调查或派代理人参加，对其他债权提出异议。法院应在破产债权表上记载债权调查的结果。对于无异议的债权即为确定，法院书记官应在确定的一般破产债权和担保债权上记载确定的内容并加盖法院印章。对调查有异议的债权，由法院另行裁定。根据法国破产法规定，申报债权由债权人代表作初步审查。当债权人代表对申报债权有异议时，书面通知相关的债权人要求其予以说明。债权人应在收到通知后30天内给予答复。债权人代表在征求债务人意见后，制作债权申报清册，并附上自己对债权认可、拒绝或应移送法院的初步审查意见，及时交给法官监督人。法官监督人根据债权人代表的意见，对债权作出认可、拒绝、有待审理或不属其管辖的决定。对法官监督人决定不服者可以提出上诉。

我国新破产法没有关于债权调查日期的规定，根据上述规定内容，对债权的调查日期应理解为第一次债权人会议召开期间。

三、对债权异议的处理

对申报债权的认可或拒绝，实质上是对债权人权利的承认或否定，不仅直接决定该债权人的利益，对其他债权人也有一定影响，各国法均允许债权人就对其债权的拒绝或数额、性质等认可的异议而向法院提起诉讼。《法国商法典》"企业的重整和司法清算"编规定，当事人对法官监督人承认或拒绝债权的决定不服时，当该争议按一般管辖原则属破产法院管辖时，可向上诉法院提起上诉。若法官监督人已宣告对该争议无管辖权时，债权人应在法官监督人宣告无管辖权决定之日起2个月内，请求有管辖权的法院确认，逾期将丧失诉权。法官监督人在听取债权人代表和当事人各方的陈述或按规定通知他们到场后，对异议进行裁定。不服法官监督人裁定的，可向上诉法院申诉。但是，当争议的债权额不超过程序开始裁定法院的管辖权限额时，法官监督人的决定为终审决定。《日本破产法》第244～248条及《德国破产法》第179条规定，在债权调查时，如利害关系人对债权的存在与否、性质如何、数额多少等提出异议的，应通过确权诉讼解决。我国破产法规定，管理人、债务人、债权人对债权表记载的债权有异议的，可以向受理破产申请的人民法院提起确认债权的诉讼。核查后，债务人、债权人会议若对债权表记载的债权无异议或异议经法院裁决后，债权即为确定。确定后的债权权利人可据以参加破产程序并行使法律赋予的各种权利。

【实务操作】

一、债权异议诉讼如何进行？

债权异议之诉在性质上应属确认之诉，目的在于使当事人请求法院确认争

第五章

议债权的存在与否（包括数额的大小、有无财产担保等事项）。因为，一旦相关利害人提出债权异议，该债权的存在与否就处于一种待定的状态，这种实体权利的有无只能通过国家审判机关的审理和判决方可确定。确认之诉正是当事人请求国家对其合法权益予以保护的一种司法手段。基于此，经过调查程序调查的债权，应经法院进一步审核，对在调查中无异议的债权，确认为可参与破产程序的债权，对于有异议的债权，可由立法规定或者由法院确定一定的期限，在此期限内由异议人或者受异议人向法院提起确认之诉，逾期未起诉的，可视为其异议不成立或异议成立。

　　但债权确认诉讼作为一种独立的诉，应由谁来充当诉讼的双方当事人呢？对此，日本破产法分两种情况作了规定。在债权申报人的债权已被生效法律文书赋予执行力（即有执行名义）的场合，由异议一方提起债权确认诉讼，只要没有获得确定债权不存在的判决，即确认该债权为破产债权；而在债权申报人无执行名义的场合，由被异议人提起债权确认诉讼，只要不能获得债权存在的胜诉判决，就不能进入破产程序。我们认为日本的上述做法值得借鉴。将债权申报人按有无执行名义分别规定不同的异议之诉的启动方式，其理由如下：执行名义是申报人享有破产债权的有力证据，因而对此有异议者，自然应当承担相应的证明此种执行名义无效或有瑕疵的举证责任，而由异议方提起消极的确认之诉，恰好可以实现这一立法意图。对于无执行名义的债权申报人而言，其债权遭受他人异议，通常即意味着对其债权的有无及数额的多寡等存在模糊不清之处，对于此种异议，债权申报人理应做出证明。具体言之，对于有执行名义的申报债权的异议，应以异议人为原告，对受异议人提起消极的确认之诉；在受异议债权无执行名义的场合，由受异议人以异议人为被告提起积极的确认之诉，如果异议人为多人时，多个异议人为共同被告。异议人若不自行提起确认之诉，就不得将这类债权人从破产程序中剔除。鉴于我国有执行名义的债权主要包括：人民法院制作的具有执行内容的法律文书以及其他机关制作的由人民法院执行的法律文书等，异议人提起确认之诉时，应根据债权人执行名义的性质和异议事由的不同，结合我国《民事诉讼法》的规定分别办理。比如前种消极的确认之诉又可区分为两种情况：对于申报债权人与破产人之间业已存在的生效判决等，异议人可根据我国《民事诉讼法》关于再审的条件提起再审之诉的申请；而对于其他可执行的法律文书，则可对申报债权人提起执行异议之诉。

二、债权人会议对债权表记载的债权如何核查？是否还需要进行表决？

　　有人认为，债权人会议对债权表记载的债权进行核查后，应当由债权人会议通过表决的形式予以确定；也有人认为，债权人会议对债权表记载的债权进行核查，不管是否存在异议，都不必再进行表决。笔者同意第二种观点，理由有三：①新破产法规定，人民法院具有破产债权的最终确认权，在破产债权被最终确认之前，所有参加债权人会议的债权人（代表）从严格意义上来讲，只是债权申报人，并不是破产债权人；并且，破产债权数额没有确认，债权人的表决权如何行使就成了问题，如果对债权表记载的债权进行核查，结果通过表决加以确定，则缺乏行使表决权的基础。②如果对债权核查结果进行表决，则不利于破产程序的顺利进行。新破产法第 64 条第 2 款规定，债权人认为债权人会议的决议违反法律规定，损害其利益的，可以自债权人会议作出决议之日起 15 日内，请求人民法院裁定撤销该决议，责令债权人会议依法重新作出决议。但如果债权人对重新作出的决议还存在异议，应当如何解决，是否还可以向法院提起请求，新破产法并没有明确规定。这样一来，如果债权人对决议存在异议，由于法律规定的不明确，将会使破产程序的时间被无休止的纷争所拉长，影响整个破产程序的顺利进行。③债权人会议核查债权是否需要表决，新破产法并没有明确规定，不过根据该法第 58 条的规定可以看出，不管债务人、债权人对债权表记载的债权有无异议，都要由人民法院最终确认，而不像过去旧破产法体系中规定的破产债权由债权人会议最终表决确认。综上，笔者认为，新破产法第 61 条规定的债权人会议行使核查债权的职权时，不必采用表决的形式。既然债权人会议核查债权不通过表决的形式进行，那么，如果债权人或其他利害关系人不认同债权表记载的债权，该如何处理？新破产法第 58 条对此作了规定，即当事人可以提起异议诉讼，请求人民法院来最终确认债权。不过，这样一来，在司法实践中就又产生一个问题：当事人提起异议诉讼的期限是多长？针对这个问题，新破产法并没有作出明确规定。有人认为，在新破产法没有作出明确规定的情况下，应当适用民法通则的相关规定，自知道或应当知道争议发生之日起 2 年，当事人应当向人民法院提起诉讼。我们认为，2 年的期限是指普通民事纠纷中的诉讼时效，在破产案件中不能适用，这其中最主要的一个因素就是期限太长，不利于破产程序的顺利进行。那么，在法律没有明确规定的情况下，异议诉讼提起的期限将如何确定，由谁来确定呢？我们认为应参照债权人会议决议的异议提起期限，将异议诉讼提起的期限确定为 15 日，并按所申报债权有无执行名义确定原被告，通过消极或积极确认之诉来解决债权争议。

【评析】

　　实际上，在破产程序中债权人与债务人之间的冲突并不激烈，反而是债权人之间的关系往往并不"和谐"，在确认债权是否存在与债权的数额时，每个债权人都知道，否认掉他人一份债权就意味着自己能获取部分利益，因此，债权人之间的冲突相当激烈，为此，必须设计相关制度——债权申报制度——以有效解决此一冲突。我国新破产法相比较于旧破产法在此问题上有了巨大进步，这主要体现为将破产债权的最终确认权收归法院行使。从法理上讲，这种权力本就属于裁判权，依宪法应归属法院行使。实践中，债权人会议由于上述提及的原因经常出现大债权人滥用多数决机制否认其他债权人合法债权的现象。可以说新破产法在此问题上作出了正确的选择。但其设计也有不尽如人意之处，如对管理人对破产债权的审查属于形式审查还是实质审查；债权人会议如何核查债权，是否应按照债权人会议的一般工作方式——表决来行使此职权；对于债权人提出的债权异议，法院如何进行审理，其当事人是谁这些问题都未作规定，这都需要最高人民法院作出司法解释。

第四节　债权人会议的组成

【基本理论】

一、债权人会议的概念

　　破产程序对于债权人有直接利害关系，因此，自应给债权人以参与决策相关事务的机会。但破产债权人人数众多，其意思的决定只能采取多数表决的方式，所以有必要设置债权人会议。

　　各国破产法关于债权人会议的立法例主要有以下几种情况：①仅设立由部分债权人组成的债权人委员会，意大利即采取这种体例；②既规定债权人会议作为全体债权人的议事机构，又设立类似债权人委员会的常设机构代表全体债权人行使对破产程序的参与权和监督权，美国、英国、德国、日本及我国采取此种体例；③不设立由债权人组成的任何机构，而是从律师、会计师、审计师等社会性、专业性组织中选定所谓的债权人代表，由其代表债权人参与破产程序，法国采取这种体例。

二、债权人会议的特征

　　债权人会议具有如下特征：

1. 债权人会议是全体债权人的自治性组织。债权人会议在整个破产程序的进行中，具有自治的权限和范围。破产程序中的所有重大事项，均应经债权人会议集体决议，如对破产财产的管理、变卖和分配，与债务人的和解等，特别是在和解或重整程序中，其可作为协议的一方当事人。破产财产管理人虽然不向债权人会议负责并报告工作，但却受债权人会议监督。

2. 债权人会议是代表全体债权人利益的特殊机构。债权人会议代表全体债权人的一般利益，而不是个别债权人的特殊利益。否则，也就不能理解为什么债权人之间也会发生利益上的矛盾与冲突，例如对具体债权人的债权的审查和异议等，这些冲突需债权人会议来调解。这也是债权人会议实行多数表决有效工作机制的原因。

3. 债权人会议不具有民事主体资格。这主要体现在：①债权人会议不像破产管理人那样，能够直接作为诉讼的原告或被告，即不具有民事诉讼上的诉讼能力。不能独立承担民事责任，即不具有民法上的权利能力和行为能力。②债权人会议就有关重大问题的决议不能直接发生法律效力，须经法院认可。例如，和解协议、重整计划、对个别债权人的否定、破产分配方案等决议，必须经法院批准方可生效。

三、债权人会议的组成人员

1. 出席人员。根据新破产法第 59 条规定，所有债权人均为债权人会议成员，包括无财产担保的债权人、有财产担保的债权人和代替债务人清偿债务后的保证人等。债权人会议中的债权人概念有广义和狭义两种。广义的债权人包括已按破产程序申报债权和未申报债权的债权人。狭义的债权人仅指依照破产法在破产受案法院公告规定的债权申报期限内完成债权申报手续的债权人。我国新破产法第 59 条规定："依法申报债权的债权人为债权人会议的成员，有权参加债权人会议，享有表决权。债权尚未确定的债权人，除人民法院能够为其行使表决权而临时确定债权额的外，不得行使表决权。对债务人的特定财产享有担保权的债权人，未放弃优先受偿权利的，对于本法第 61 条第 1 款第 7 项（通过和解协议）、第 10 项（通过破产财产的分配方案）规定的事项不享有表决权。债权人会议应当有债务人的职工和工会的代表参加，对有关事项发表意见。"

依照新破产法第 59 条第 4 款的规定，债权人既可以亲自出席债权人会议，也可以委托代理人出席债权人会议。债权人委托代理人代为出席的，应向法院或债权人会议主席提交由委托人签名盖章的授权委托书。授权委托书必须载明委托事项和权限。此外，根据《民事诉讼法》第 240 条的规定，境外债权人委

第五章

托代理人的，其授权委托书必须经该国公证并由中华人民共和国驻该国的使领馆认证，或者履行中华人民共和国与该所在国订立的有关条约中规定的证明手续后，才具有效力。涉港澳台债权人委托中国律师代理破产程序的，按照我国有关部门的规定执行。

2. 债权人会议主席。债权人会议主席是指负责主持和召集债权人会议的人。债权人会议设主席一人。在我国，债权人会议主席由人民法院于第一次会议召开时从有表决权的债权人中指定并宣布。债权人会议主席的职责为：在其认为有必要的时候召集债权人会议。在以后的债权人会议中，作为债权人会议的主持人，主持会议讨论事项、完成债权人会议内容。债权人会议主席履行其职务时应注意不能委托他人代理其履行职务。如果债权人会议主席因病或其他不可抗力的事由而不能出席债权人会议的，应及时向人民法院申请辞职，以便人民法院重新指定债权人会议主席。如果债权人会议主席在履行职务过程中，出现严重失职或不称职，或缺少必要的组织领导能力，不能保证债权人会议的正常进行等情形的，其他债权人也可以申请人民法院撤换债权人会议主席。

3. 债权人会议列席人员。债权人会议的列席人员系指不属会议正式成员并且不享有表决权的会议参加人员。依照我国新破产法规定，管理人应当列席债权人会议，向债权人会议报告职务执行情况，并回答询问。债务人的有关人员应当列席债权人会议并如实回答债权人的询问。这里的有关人员是指企业的法定代表人，经人民法院决定，可以包括企业的财务管理人员和其他经营管理人员。债权人会议应当有债务人的职工和工会的代表参加，对有关事项发表意见。

（1）债务人企业的有关人员列席。根据法律规定，债务人的法定代表人有义务列席债权人会议。因债权人会议所讨论事项，无论是债权审查、破产清算，还是和解、整顿，均与债务人企业有关，如果其法定代表人不在场，债权人不了解具体情况，不利于讨论事项的调查与表决，故债务人的法定代表人必须列席债权人会议，回答债权人的询问，说明有关事宜。如债务人的法定代表人拒不出席债权人会议，人民法院应当依据《民事诉讼法》的有关规定，对其采取拘传措施，强制其到会，还可根据情况对其采取罚款、拘留措施，以保障破产程序的正常进行。经人民法院决定，破产企业的财务管理人员和主要业务人员也有义务列席债权人会议，与债务人的法定代表人负有同样的义务，对他们的参会应由管理人或会议其他组织者提出建议。

（2）管理人列席。管理人作为在破产程序中负有重要职责的人也应当列席债权人会议，以便对破产程序的进行情况，破产财产的管理、处理、分配方案等加以说明。

（3）其他列席人员。旧破产法还曾规定，债务人为全民所有制企业的，其上级主管部门或开办人应当派员列席债权人会议。其他债务人企业的开办人或者股东会议代表也应当派员列席债权人会议。新破产法对此未作规定，但是如果在破产程序进行中需要这些出资人代表列席债权人会议的，人民法院可以作出相应决定。此外，在破产程序中如有负责财务审计、资产评估的中介机构，其人员也应按照人民法院的通知列席参加债权人会议，并就其负责的事项向债权人会议进行报告或说明。

通常，管理破产申请的人民法院也应当派员参加债权人会议，以便监督、指导、了解和掌握有关破产申请的进展情况

【资料链接】　　债权人会议的法律性质

关于债权人会议的法律性质，主要有以下几种学说：

一、自治团体说

我国台湾地区和祖国大陆学者多主张这种学说，认为债权人会议并非法人组织，而是法人性质的特殊团体，是表达债权人共同意志的一种自治性团体。

二、债权人团体机关说

日本的传统学说采此说，认为基于破产债权人对破产程序进行中的诸多事项，比如债务人财产的增加、破产费用和财团债务的减少等具有共同利益，主张全体债权人构成破产债权人团体，债权人会议则是该团体的机关。[1]

三、事实上的集合体说

日本学界目前的通说即为此说，主张债权人会议是由法院召集的临时性集合组织。认为债权人之间的利益存在不相一致的地方，法律也未规定债权人会议的法人主体性地位。

四、破产财团的最高权力机关说

此说认为，债权人会议是破产财团的最高权力机关，相当于公司未破产时的股东会。认为债权人会议本质上是一种特殊的权力机关，其行为在一定情形下能够支配和左右破产程序的进程和方向，此一机关以破产财团为基础。

---

〔1〕　〔日〕伊藤真：《破产法》，刘荣军等译，中国社会科学出版社 1995 年版，第 75 页。

五、法人说

此说认为，破产债权人在破产申请受理后即构成一个强制的、自动的法人组织，由法院指定的司法受托人充当法定代表人。此说强调破产债权人会议是一个完善的组织，有利于协调步伐，统一意志，提高效率，维护债权人共同利益。[1]

我们认为，债权人会议是指在破产程序中，债权人根据法院破产申请受理的通知或公告而组成的表达全体债权人共同意志、参与破产程序并对破产事项进行讨论和表决的临时性自治机构。债权人会议对内协调和形成全体债权人的共同意思，对外通过对破产程序的参与和监督来实现全体债权人的破产程序监督参与权。在破产程序中设立债权人会议，目的在于使全体债权人能监督、参与破产程序，保护其合法权益。债权人会议是一种临时性机构，它伴随破产程序的开始而产生，破产程序终结后，其使命也宣告结束。债权人会议同时又是一种自治性机构，在破产程序中，债权人会议具有独立的法律地位，它对有关破产事务的决议具有自主权。债权人会议是债权人参加破产程序，表达自己意志的形式。在破产程序中认可和设置债权人会议已为多数国家的破产法所确认。

【实务操作】　债权人会议组成的几个问题

一、对债务人的特定财产享有担保权或者法律规定的优先权的债权人（以下简称有财产担保债权人）应否为债权人会议成员

对破产债权人属于债权人会议成员是没有争议的，但对有财产担保债权人是否为债权人会议的成员，各国破产法规定则不完全一致。有的明文规定，有财产担保债权人不是债权人会议成员，仅限破产债权人有权参加债权人会议，如《日本破产法》第228条规定："破产宣告后，破产债权人、有一般先取特权的债权人及有其他优先权的债权人，应当向法院申报债权；别除权人，应将其不能就别除权标的物受偿的债权额向法院申报。"因其认为有财产担保债权人就担保财产享有优先受偿权，不受破产程序限制，债权人会议议决的破产分配等事宜与其无关，故其不必也不应参加债权人会议。如果立法不作此区别规定，就可能出现有财产担保债权人在不承担实际义务的情况下任意表决处置他人民事权利的现象，甚至可能与债务人合谋作弊，这是违背权利与义务对等原则和公平原则的。不过，在有财产担保债权人兼享有破产债权，或预计担保物价款

---

〔1〕　〔日〕石川明：《日本破产法》，何勤华、周桂秋译，中国法制出版社2000年版，第112页。

不足以清偿担保债权额的情况下，有财产担保债权人有权同时以破产债权人的身份参加债权人会议，并根据其享有的破产债权数额决定其相应的表决权。

有的国家破产法规定，有财产担保债权人与破产债权人均为债权人会议成员。其立法认为，有财产担保的债权性质也属于对破产人的债权，其基础权利与破产债权相同，只是债权人就担保物享有优先受偿权利，故不应将其排斥在债权人会议之外。但是，在债权人会议上，对于与有财产担保债权人权益无关的事项，有财产担保债权人无表决权，同时不受有关该事项的债权人会议决议的约束。有财产担保债权人如放弃优先受偿权，即与破产债权人在债权人会议上享有同等的权利及义务。

还有一些学者认为，有财产担保债权人不宜列为债权人会议成员。在通常情况下召开破产债权人会议，他们不能参加会议。但在法定情况下，即决定与有财产担保债权人权利、利益相关事宜时，应允许其作为债权人会议成员参加表决，或者单独召开有财产担保债权人会议议决相关事项。

我国旧破产法第30条第1款规定："破产宣告前成立的无财产担保的债权和放弃优先受偿权利的有财产担保的债权为破产债权。"第13条第1款规定："所有债权人均为债权人会议成员。债权人会议成员享有表决权，但是有财产担保的债权人未放弃优先受偿权利的除外。……"有财产担保债权人未放弃优先受偿权，对债权人会议的任何事项都没有表决权。这一对有财产担保债权人在债权人会议中地位的规定有不妥之处。首先，在这种情况下，有财产担保债权人参加债权人会议没有任何意义，因其在债权人会议上没有任何权利。其次，旧法一方面规定有财产担保债权人对债权人会议的议案无表决权；另一方面又规定债权人会议的决议对其有约束力，这显然对其权利与义务规定得不相对应，是对有财产担保债权人利益的一种损害。

在我国新破产法的立法中，学者一致认为，在将破产债权人与有财产担保债权人共同设置于统一的债权人会议中的情况下，有财产担保债权人对与其利益相关的事项应当享有表决权，如在对债权调查、决定是否继续债务人的营业等方面应享有表决权。立法的原则是权利必须与义务相对应。

根据上述论述，有财产担保债权人也属于债权人会议成员，但这种债权人未放弃优先受偿权利的，对于新破产法第61条第1款第7、10项规定的事项不享有表决权。如果有财产担保债权人放弃对破产人的优先受偿权，其就转化为破产债权人，在债权人会议中就可以充分享有表决权。如果有财产担保债权人的债权存在担保物价款不足清偿时，债权人便兼有有财产担保债权人与破产债权人双重身份，在债权人会议中享有表决权，但其行使表决权的数额仅限于从担保物价款上不能受偿的那部分债权。

第五章

二、债权申报确认与债权人会议成员资格的关系

旧破产法第 9 条规定，未在法定期限内申报债权的债权人视为自动放弃债权。其剥夺了一些债权人参加破产清偿的权利。所以，未在法定期限内申报债权的债权人虽然客观上享有对债务人的债权，但由于延误时效，无补救机会，故再也不能成为债权人会议的成员。根据本条规定，作为债权人会议成员的债权人，应当是依法申报债权的债权人。但是，在过去的司法实践中，存在债权人是否必须在其申报的债权得到确认之后才能作为债权人会议成员的不同观点之争。有人认为，债权人会议成员应当限于债权得到确认的债权人，权利未得到确认者不能作为债权人会议成员。有人认为，凡是申报债权的债权人均属于债权人会议的成员，并不要求其债权得到确认，权利未得到确认者，同样属于债权人会议成员。

多数人认为，这两种观点均不够全面。对债权人参加债权人会议的资格，应当根据其参加的是第一次债权人会议还是以后的债权人会议进行区别分析。一般而言，对债权的审查、确认是在第一次债权人会议上进行的。所以，凡是申报债权的债权人均有权参加第一次债权人会议，有权参加对其债权的审查、确认，并可依法提出异议。对于第一次债权人会议以后的债权人会议，便只有债权得到确认的债权人才有权参加。对那些债权尚存在争议的债权人，其能否参加债权人会议，应由法院裁定解决。需注意的是，法院的这一裁定仅具有程序法上的意义，即仅决定债权人能否成为债权人会议成员，有无表决权及行使表决权所代表的债权数额，并不具有确认债权是否存在以及数额多少的判决的效力。对其债权的确认，应当通过债权确认之诉解决。

在债务人的担保人等依法预先行使追偿权而申报债权时，其也属于债权人会议的成员，其是否享有表决权及行使表决权代表的债权数额，由法院裁定确定。债权因诉讼争议等原因尚未确定的债权人，除了法院以裁定方式确认其享有表决权，或为其行使表决权而临时确定债权数额之外，在债权人会议上不得行使表决权。

三、企业职工债权人和税收债权人是否属于债权人会议成员

根据新破产法第 59 条第 5 款规定，债权人会议应当有债务人企业的职工和工会代表参加，对有关事项发表意见。企业职工以及国家税收代表是否属于债权人会议成员，对此在新破产法立法中也曾有争议。对此，学术界有两种观点：一种观点认为，企业职工债权人和国家税收债权人虽属于债权人，但可不作为债权人会议成员。因为这两种债权的性质，一种是源于劳动关系，一种是源于

税收行政关系，与企业经营中因商事活动产生的债权有根本区别。根据新破产法第 113 条的规定，破产财产清偿顺序中的第一顺序为破产人所欠职工的工资和医疗、伤残补助、抚恤费用，所欠的应当划入职工个人账户的基本养老保险、基本医疗保险费用，以及法律、行政法规规定应当支付给职工的补偿金；第二顺序为破产人欠缴的除前项规定以外的社会保险费用和破产人所欠税款。这两种债权在破产清算时都要优先受偿于普通债权，其利益有所保证，破产财产最后如何处理与分配可能不会影响到他们的利益。也有的学者认为，企业职工债权人和国家税收债权人均属于债权人，他们的代表应作为债权人会议成员，参与有关事项表决。还有人认为，对企业职工债权人和国家税收债权人应否属于债权人会议成员问题，应根据具体情况加以分析。原则上，如果债权人会议的议决事项影响到企业职工债权人和国家税收债权人利益，或者破产财产不足以保证这些债权人优先受偿时，它们就应有权参加债权人会议并行使表决权。否则企业职工债权人和国家税收债权人不宜作为债权人会议成员参加债权人会议及表决，以保证当事人的权利与义务对等。

　　根据上述意见的讨论情况，新破产法出台时正式规定，债权人会议应当有债务人的职工和工会的代表参加，对有关事项发表意见（新破产法第 59 条第 5 款）。这一规定考虑了企业职工债权人人数众多，如果全部出席，债权人会议往往不具有可操作性，甚至可能影响破产程序的顺利进行的情况，因而规定的是职工债权人选派代表或由企业工会作为代表的方式参与债权人会议。此外，由于新破产法规定，债权人会议决议通过的标准之一是"出席会议的有表决权的债权人过半数通过"，如职工债权人均可参加债权人会议并进行表决，就可能构成对债权人会议决议的实质否决权，会影响破产程序的正确进行，影响其他债权人的利益，所以，规定债务人企业职工和工会的代表参加债权人会议，而不是规定所有职工参加债权人会议既是必要的，也是可行的。

【评析】

　　破产程序是将债务人的全部财产概括地执行给债权人的强制执行程序。在某种意义上，债务人在破产程序中财产清偿的对象是全体债权人，而不是单个的债权人。债务人与债权人之间的这层关系是整个破产制度基础的因素之一。显然，如果没有债权人会议，就会使债务人面对个别债权人之间的清偿关系，导致债务清偿程序的混乱。为了合理协调破产程序中相关主体的关系，对个别债权人进行必要的制约，保障破产清算程序的有序进行，破产清算程序中必须设立债权人会议。由于个别债权人利益的实现及其意志的体现是构建破产程序的一个基本目的，也是整个破产程序得以启动、进行的基础，因此，一方面要保护债权人的利益；另一方面又要面对债务人财产对全体债权人清偿的程序要求，所以必须设置债权人会议，以有效协调债权人之间的利益关系。既允许个别债权人充分表示其意志，又要合理限制其意志，通过制度化的路径，使个别债权人的意志，整合为债权人的共同意志，使债权人会议体现出全体债权人的共同利益。可见，债权人会议既是个别债权实现其利益的组织形式，也是个别债权人意志与集体意志分别体现的连接点。有鉴于此，我国新破产法规定债权人会议为破产程序中的必设组织，并对债权人会议的组成作出了较详细的规定，以期保护债权人的整体利益。但该法在设计上也存在一些问题需要解决，如其仅仅简单规定债权人会议应当有债务人的职工和工会的代表参加，对有关事项发表意见，但并未明确其人数为多少。再者，在破产债务人以自己的特定财产为其他人的债务担保时，该担保权人的地位如何界定仍不无疑问，因为此时，该担保权人事实上并不对债务人享有债权，他如何申报债权？在债权人会议的决议可能影响到该担保权人的利益时，其是否能加入债权人会议并行使表决权？这些问题都有待于最高人民法院进一步作出司法解释。

第五节　债权人会议的召集与决议

【基本理论】

一、债权人会议召集概述

我国新破产法规定，债权人会议的召集权属于人民法院和债权人会议主席，召集的依据或基于法律规定，或基于法院和债权人会议主席的职权，或基于管理人、债权人委员会或一定比例的债权人的要求。

1. 债权人会议召开方式。债权人会议是依会议方式开展活动的机关，其召集方式应以能保障债权人的破产参与权，有利于维护债权人的共同利益，保障破产程序的公正、顺利进行为原则。各国召集债权人会议通常有三种方式：①由法院召集，破产管理人、债权人委员会或一定数量的且持有一定数额债权的债权人可申请召开，如日本、德国；②由破产管理人召集，其他法定人员可申请召开，法院无召集权，如英美法系的一些国家；③由法院或债权人会议主席召集（第一次债权人会议由法院召集），破产管理人或持有一定数额债权的债权人有申请召开权，我国破产立法即采取此种模式。

2. 债权人会议召开的通知。除特别规定第一次债权人会议召开时间外，对其他会议的召开时间新破产法并未限定，但明确要求要提前通知，以便与会者进行充分准备，并安排工作日程。新破产法第 63 条规定，召开债权人会议，管理人应当提前 15 日通知已知的债权人。根据本规定，无论是依据谁的提议召开债权人会议，管理人均应当提前 15 日通知已知的债权人。而且这种通知应当采取书面通知形式。

3. 债权人会议召开的法定人数。为保护多数债权人的利益，使债权人会议不为少数债权人所控制，许多国家的立法特别规定出席债权人会议的债权人必须达到法定人数，才可以召开债权人会议。例如英国破产法要求债权人人数在 3 人以上时，3 人出席即符合法定人数，债权人为 2 人时，2 人均须出席。加拿大 1984 年破产法第 84 条规定："债权人会议必须有 3 人以上参加，在债权人总数不足 3 人时，必须全体参加。"我国新破产法第 64 条第 1 款规定："债权人会议的决议，由出席会议的有表决权的债权人过半数通过，并且其所代表的债权额占无财产担保债权总额的 1/2 以上。但是，本法另有规定的除外。"由此可见，我国立法对此并未明确规定。但从债权人会议的表决规则以人数和债权额占总债权额的多数来解释，应当认为债权人人数在 3 人以上时，3 人出席即符合法定人数，否则无法形成"过半数"，债权人为 2 人时，2 人均须出席，否则债权人会议应延期召开。基于出席债权人会议系债权人享有的权利而非义务，故其不出席会议时，不得强制其参加，并不得视为其放弃债权，也不得因其未出席会议而作出损害其利益的决议。

二、第一次债权人会议的召开

债权人会议的召开有第一次会议与其他会议（也称中间会议）之分。债权人会议召开的第一次会议，是人民法院受理破产申请后，在对债权人的通知和发布的公告中规定召集日期的债权人会议。以后的债权人会议便是中间会议。第一次债权人会议十分重要，许多有关破产的重大事项均要在此会议上决定。而此时债权人会议主席、债权人委员会等尚未产生，为此，新破产法第 62 条规定："第一次债权人会议由人民法院召集，自债权申报期限届满之日起 15 日内召开。以后的债权人会议，在人民法院认为必要时，或者管理人、债权人委员会、占债权总额 1/4 以上的债权人向债权人会议主席提议时召开。"

根据上述规定，人民法院不得在法定期限之前召开第一次债权人会议，也不得无故推迟召开会议，或者不召开会议。在过去的司法实践中，曾有个别法院为加快破产程序进行，在债权申报期限届满前就召开债权人会议，还有的法院以一般债权的清偿率为零为由取消债权人会议，这类做法剥夺了部分债权人参加第一次债权人会议的权利，是违背本规定精神的。规定第一次债权人会议的召开期限，既不能提前，也不能延期就是为了更充分地吸收债权人参加会议。

即使清偿率较低，除债务人财产不足支付破产费用而提前终结程序外，债权清偿率的高低并不能决定债权人会议是否召开。即便预计一般债权的清偿率为零，法院也应召开债权人会议就此加以说明。而且，在债权人会议上，债权人还可能提供依法应对债务人在破产宣告前的行为行使撤销权等的线索，促使清算组追回被非法转移的财产，使债权人获得一定分配。故对债权人这些权利均应依法予以保障。

第一次债权人会议不同于以后的会议，它要成立会议机构与有关制度，故对其讨论内容较以后会议的讨论内容要多，具体内容比较固定，根据最高人民法院《关于审理企业破产案件若干问题的规定》第42条的规定，第一次债权人会议讨论的内容一般包括以下方面：①宣布债权人会议职权和其他有关事项。②宣布债权人资格审查结果。③指定并宣布债权人会议主席。④安排债务人法定代表人或者负责人接受债权人询问。⑤由清算组通报债务人的生产经营、财产、债务情况并作清算工作报告和提出财产处理方案及分配方案。⑥讨论并审查债权的证明材料、债权的财产担保情况及数额、讨论通过和解协议、审阅清算组的清算报告、讨论通过破产财产的处理方案与分配方案等。讨论内容应当记明并作成笔录。债权人对人民法院或者清算组登记的债权提出异议的，人民法院应当及时审查并作出裁定。⑦根据讨论情况，依照企业破产法第16条的规定进行表决。以上第⑤至⑦项议程内的工作在第一次债权人会议上无法完成的，交由下次债权人会议继续进行。根据上述规定，第一次债权人会议应由人民法院召集并主持。为了开好会议，规定要求人民法院应当做好以下准备工作：①拟订第一次债权人会议议程；②向债务人的法定代表人或者负责人发出通知，要求其必须到会；③向债务人的上级主管部门、开办人或者股东会议代表发出通知，要求其派员列席会议；④通知破产清算组成员列席会议；⑤通知审计、评估人员参加会议；⑥需要提前准备的其他工作。

三、以后各次债权人会议的召集

除第一次债权人会议外，在破产程序的进行中，可根据实际需要，并应有关机构或人员的请求或法院依职权决定召开债权人会议。依照新破产法第62条第2款的规定，以后的债权人会议，在人民法院认为必要时，或者管理人、债权人委员会、占债权总额1/4以上的债权人向债权人会议主席提议时召开。这里所谓"必要"，一般是指进行破产程序，保护债权人团体利益的需要。破产管理人是破产财产的管理、处分及分配机构，其所进行的有关破产财产的行为，应当接受债权人会议和债权人委员会的监督，尤其是法律规定破产财产的变价和分配方案由债权人会议讨论通过的，遇此情形，破产管理人应当提请人民法院或者债权人会议主席，召开债权人会议。债权人会议是债权人团体利益的代表机关，应当允许债权人请求召开债权人会议充分发表意见，但是，召开债权人会议，必然增加破产费用，加重债权人团体的负担，因此新破产法第62条规定有权提请召开债权人会议的债权人代表的债权额应占债权总额1/4以上。债权人委员会代表债权人团体的利益，行使监督职能，依照新破产法第68条的规定，债权人委员会有权提议召开债权人会议。另外，新破产法第63条规定，召开债权人会议，由管理人负责通知已知的债权人。管理人作为由人民法院指定、并受人民法院领导、直接管理破产财产的专门机构，具备通知债权人参会的各种条件，应当承担起通知债权人参会的义务。这里所说的已知的债权人是指债权表上所记载的债权人。通知的内容一般包括会议的时间、地点、内容、目的等有关事项。通知的时间应在会议召开前15日，以便债权人就有关事项作好充分的准备。

四、债权人会议决议

债权人会议决议是债权人会议召开后就会议讨论事项所作出的决议，它代表了全体债权人的意愿。各国破产法立法确认债权人会议决议表决通过的判断方法有两类：①以出席债权人会议的债权人人数的多数同意通过，如法国（1985年前）、意大利等；②以同意决议的破产债权人所代表的破产债权额（即无财产担保债权）的简单多数或者绝对多数通过。如《德国破产法》第76条第2款规定："表示同意的债权人的债权金额总额超过参加表决的债权人债权总额一半的，债权人会议决议成立；对于有别除权的债权人，以债务人不对其负自然人责任为限，以别除权价值取代债权金额。"在这两个标准中，有的国家单独采用其中之一，也有的国家两者并用，由此形成实践中的三种做法：①以人数和债权额的双重多数为标准，英国、日本采取此规则；②以同意的债权人所代表的债权额占绝对多数为标准，德国采此标准；③以出席会议的人数的多数同意为标准，法国采取此标准。我国破产法采取第一种模式。采用这种做法的好处在于，可以在保证大多数债权人利益的同时，照顾到大宗债权额债权人的利益，它较之采用单一标准更为公平合理。

根据议决事项的重要性不同，债权人会议决议分为普通决议与特别决议。两种决议的区别在于通过决议时要求同意者代表的破产债权数额不同。通常，前者要求同意者代表的破产债权数额为破产债权总额的半数以上，后者则要求达到更高比例，如2/3以上或3/4以上。通过和解协议草案决议的表决均采用特别表决方法，因为和解协议对债权人存在因和解失败而遭到进一步损失的风险，且债权数额越高风险越大，所以在表决是否通过和解决议时，对同意者所代表的债权数额予以提高，以充分保障大额债权人的权益。

【**实务操作**】 新破产法对债权人会议决议的规定

　　新破产法第 64 条规定："债权人会议的决议，由出席会议的有表决权的债权人过半数通过，并且其所代表的债权额占无财产担保债权总额的 1/2 以上。但是，本法另有规定的除外。债权人认为债权人会议的决议违反法律规定，损害其利益的，可以自债权人会议作出决议之日起 15 日内，请求人民法院裁定撤销该决议，责令债权人会议依法重新作出决议。债权人会议的决议，对于全体债权人均有约束力。"在理解这一规定时，要注意法律对通过决议的人数要求是"出席会议的有表决权的债权人过半数"，未出席会议或者无表决权的债权人不计算在内，同意人数仅达到而未超过半数的也不为通过。在此项表决标准上，出席会议的债权人，无论债额多少，每人只有一票，如一人代理数人时，可按其代表人数计算票数。

　　法律对通过决议的债权额的要求是，必须"占无财产担保债权总额的 1/2 以上"，或者"2/3 以上"。它与对人数的要求有所不同：①它要求同意者所代表的债权必须占债权总额的半数以上，而不仅是占出席会议的有表决权的债权人所代表的债权额的半数以上；②它通过的标准是"1/2 以上"或"2/3 以上"，包括达到半数或 2/3 即可通过。因为在我国立法上，一般规定达到一定数目以上时，均含本数在内，而对人数的要求则是规定要超过半数，仅达半数尚不为通过。

　　上述对债权人会议通过决议标准的规定与旧破产法的规定有重大区别。根据旧破产法第 16 条规定："债权人会议的决议，由出席会议的有表决权的债权人的过半数通过，并且其所代表的债权额，必须占无财产担保债权总额的半数以上，但是通过和解协议草案的决议，必须占无财产担保债权总额的 2/3 以上。"这里规定同意的债权额是以无财产担保债权总额为标准，而新破产法则规定以债权总额，即所有的债权额为标准。这是因为根据新破产法对债权人在债权人会议上的权利设置，对债务人的特定财产享有担保权或者法律规定的优先权的债权人，未放弃优先受偿权利时，仅对于新破产法第 61 条第 1 款第 7、10 项规定的决议不享有表决权，对其他决议均享有表决权。

　　由于债权人会议通过决议，同意的债权额必须占"债权总额"的半数以上或 2/3 以上，如果出席会议的债权人代表的债权数额较少，决议的通过就较为困难，如果出席债权人会议的债权人所代表的全部债权数额本身就未达到通过决议所需的最低法定数额，则根本无法通过任何有效决议。实践中，法院应采取重新通知债权人，另定日期召开债权人会议的方式处理。

需要注意的是，有的国家立法规定，债权人会议表决实行回避制度，即在债权人会议议决的事项与某个债权人有特别利害关系时，该债权人应当回避表决，不得行使表决权，目前新破产法对此未作规定。在起草中，曾有学者提出我国也应采纳这一制度，如在债权人会议选举债权人委员会委员时，被选举人应当回避表决。因对此存有分歧，最后通过的法律暂未规定。

债权人会议对管理人提出的破产的财产处理和分配方案等，在讨论后也可能作出否定的决议，此时应如何处理，在旧破产法中无明文规定。一般而言，管理人在其所提方案被债权人会议否决后应向人民法院报告，并应在法律允许范围内根据债权人会议的建议对方案作必要的修改，然后再次提请债权人会议讨论通过。在司法实践中，可能出现债权人会议与管理人对破产财产的处理和分配方案（尤其是分配方案）存在严重意见分歧、多次讨论后仍拒绝通过的情况。为使破产程序能够顺利进行，新破产法第65条规定："本法第61条第1款第8项（通过债务人财产的管理方案）、第9项（通过破产财产的变价方案）所列事项，经债权人会议表决未通过的，由人民法院裁定。本法第61条第1款第10项（通过破产财产的分配方案）所列事项，经债权人会议二次表决仍未通过的，由人民法院裁定。"

由于新破产法规定，对于有些情况，当债权人会议不能通过决议时，可由法院裁定执行，这在实践中也可能造成损害债权人利益的情形，对此，为了给债权人以救济手段，新破产法第66条规定："债权人对人民法院依照本法第65条第1款（债务人财产的管理方案和破产财产的变价方案经债权人会议表决未通过的，由人民法院裁定）作出的裁定不服的，债权额占无财产担保债权总额1/2以上的债权人对人民法院依照本法第65条第2款（破产财产的分配方案经债权人会议二次表决仍未通过的，由人民法院裁定）作出的裁定不服的，可以自裁定宣布之日或者收到通知之日起15日内向该人民法院申请复议。复议期间不停止裁定的执行。"即债权人对裁定不服的，可依行政复议法规定向作出裁定的法院申请复议，但申请复议不影响裁定的执行。

【评析】

破产程序是将债务人的全部财产概括地执行给债权人的强制执行程序。可以认为债务人在破产程序中财产清偿的对象是全体债权人，而不是单个的债权人。因此，必须设计一个能代表全体债权人的机关，这就是债权人会议，否则就会使债务人面对个别债权人之间的清偿关系，导致债务清偿程序的混乱。对

于该机关的组成、召集、议决，法律必须加以形式上的规制，以求真实反映债
权人整体的意思，若违反相应规定，则以该机关名义作出的决议不应认定为是
债权人整体的真实意思表示。反之，作为债权人整体中一员的单个债权人均应
受制于债权人会议的决议，而不管其是否赞成该决议。因此，单个债权人一旦
发现债权人会议的组成、召集、通知、议决有违反法律规定的形式要件而侵犯
自己利益的情形，均可向法院提起诉讼，请求法院对决议予以撤销。如我国新
破产法第 64 条第 2 款规定："债权人认为债权人会议的决议违反法律规定，损
害其利益的，可以自债权人会议作出决议之日起 15 日内，请求人民法院裁定撤
销该决议，责令债权人会议依法重新作出决议。"此外，许多国家立法还规定，
即使债权人会议的决议符合法定形式要件，但当债权人会议的决议实质上违反
债权人的共同利益时，法院仍有权禁止执行该决议。《德国破产法》第 78 条规
定："债权人会议的决议与支付不能债权人的共同利益发生抵触的，应债权人或
破产管理人在债权人会议上提出的申请，法院应当取消债权人会议决议。债权
人取消债权人会议决议的申请被法院驳回的，申请人有权立即提出抗告。对法
院取消债权人会议决议的裁判，反对的债权人有权立即提出抗告。"《日本破产
法》第 184 条第 1 款规定："债权人会议的决议违反破产债权人的一般利益时，
法院可以根据破产管理人、监察委员或破产债权人的申请或者依职权，禁止该
决议的执行。"我国台湾地区"破产法"也有相似的规定。

　　从法理上讲，无论债权人会议的决议是违反形式要件还是违反债权人共同
利益，或侵犯少数债权人合法权益，法院都应当依申请裁定禁止该决议的执行。
然而，实务中何种决议违反债权人共同利益或少数人合法权益很难通过立法确
定其标准，只能交由法院自由裁量。

第六节　债权人委员会

【基本理论】

一、债权人委员会概述

　　债权人会议是以会议形式开展活动的机构，它只有在开会时方能行使职权，
在其闭会期间无法行使职权，也不可能对破产程序进行必要监督。当发生与债
权人利益相关事项需要决策时，也无法进行。为保障债权人会议职能的有效实
行，对破产程序和管理人执行情况进行必要监督，需要设立一个常设机构，代
其行使相关职能，这种常设机构即为债权人委员会。在不同国家的破产法立法
中，对债权人会议常设监督机构的称谓有所不同。有的称破产监督人；有的称

监察人；有的称监察人或监察委员；也有的称债权人委员会。鉴于我国新破产法中采用债权人委员会的名称，下文将在债权人会议中起破产监督作用之机构统一称为债权人委员会。

二、债权人委员会的法律地位

（一）国外有关债权人委员会地位的学说与评价

1. 债权人会议（集会）代表说。该说认为，债权人委员会系由债权人会议决议选任，债权人委员会代表债权人会议监督破产程序之进行，债权人委员会之法律地位，应认为系债权人会议之代表机关。法院既不能依职权选任债权人委员会，亦无将债权人委员会撤换之权，债权人委员会也没有受法院命令、指挥的义务。

2. 破产财团机关说。持此观点者认为，债权人委员会是以破产债权人作为受益者的破产财团的机关。破产宣告时，作为对破产履行债务的担保，以满足破产债权者债权的共同要求的破产债务人的总财产，称为破产财团。债权人委员会是为债权人利益从破产财团中争取权益的常设机关。

3. 管财人附随机关说。该学说认为，债权人委员会作为破产程序的机构，应是对破产财团实施管理、处分及分配的管财人，替破产债权者的利益进行申述、辅助和监督管财人的机构。

随着法治文明的不断推进和人类认识的进步，债权人委员会作为债权人会议代表机关的学说逐渐被立法者和人们所接受，也得到学者的普遍赞同。立法方面如《德国破产法》规定，支付不能法院可以在第一次债权人会议之前设置一个债权人委员会。英国 1986 年破产法规定，破产人的债权人全体会议可以根据规则成立委员会（债权人委员会）。泰国破产法规定，债权人会议可以通过决议选任债权人委员会，在破产法所定债务人财产的经营管理方面代表全体债权人。

（二）对债权人委员会法律地位的分析评价

我们赞同债权人委员会为债权人会议机关代表说的观点。现代破产法律制度在设计破产程序过程中，除了将法院作为最终的裁判机关外，普遍都设置债权人会议、破产管理人、债权人委员会三个特殊机构。债权人委员会这个特殊机构，从法律设定到职权范围都独立存在，平衡地保持着与债权人会议，破产管理人以及法院的关系，共同维系破产程序的顺畅进行。

1. 与债权人会议的关系。由于破产程序的私权性质，破产法一般都规定实行债权人自治。在现代破产程序中，债权人自治有两种设定形式：债权人会议和债权人委员会。债权人会议是在破产程序进行中，为便于全体债权人参与破产程序以实现其破产程序参与权，维护全体债权人的共同利益而由全体登记在册的债权人组成的表达债权人意志和统一债权人行动的议事机构。债权人会议对内协调和形成全体债权人的共同意志，对外通过对破产程序的参与、决策和监督来实现全体债权人的破产参与权。但债权人会议人数众多，是一种临时的议事机构，它是以会议形式开展活动的，只有在开会时方能行使职权，在其闭会期间无法行使职权，且其召集费时费力，无法对破产程序进行持续、及时、有效的监督。因此，为保障债权人会议职能的有效实行，需要设立一个常设机构，代行相关职能，这种常设机构即为债权人委员会。债权人委员会和债权人会议的关系，就其设立、功能、职责等各方面因素综合考虑，都是债权人的自治组织，类似于人民代表大会和人民代表大会常务委员会的关系，债权人委员会实际上是债权人会议的缩影，是在债权人会议闭会期间，完全代表债权人会议的常设机构。

2. 与管理人的关系。破产是一种对债务人全部财产的概括清偿执行程序。破产财产的管理和处分是整个破产程序得以顺利进行的关键。在管理和清算破产财产过程中，既要维护债务人和债权人双方的利益，又要减轻法院的负担，那么就必须在法院、债权人和破产人之间寻找一个平衡点，这就是设立一个专门管理破产财产的机构——破产管理人。破产管理人是所有利益的焦点，其行为涉及债权人、债务人以及有利害关系的第三人。债权人委员会是债权人会议的代表机关，在破产程序中代表债权人全体的利益监督破产管理人的活动。

债权人委员会与破产管理人的关系是一种监督与被监督的关系。这种监督不仅仅是对破产管理人行为的监督，而且还可申请法院撤销或更换破产管理人，也即对破产管理人人格的监督。债权人委员会与破产管理人起着对整个破产清算程序公正清偿的制衡作用。

3. 与法院的关系。在破产程序中债权人自治的基本形式为债权人会议，辅助形式为债权人委员会。债权人无论通过债权人会议还是债权人委员会实现自治，都只能在法律规定的活动范围内进行。尤其是债权人委员会可以在多大范围内实施对破产程序的有效监督，主要取决于破产法律的规定和制约。破产程序兼有清算和执行的特征，往往有众多利害关系人的参与。以债务人通常所剩无几的财产来满足众多利害关系人的权利请求，其利益关系的冲突与繁杂程度可想而知。因此，必须有法院加以介入，协调各方利益冲突，平衡各方利益。但破产案件的处理耗费时日较长，法院本身肩负着繁重的审判任务，只能对重大或有争议的破产清算事务作出决定，并通过此种方式实施对破产程序的监督。而且破产清算又有大量非法律事务渗透其中，要求法院对具体的法律和非法律事务实施详尽周到的监督已超出法院能力范围；同时仅靠法院对破产程序的公正与效率的监督，难免会有疏忽。债权人委员会制度正是起着一种弥补法院不能全视角监督破产程序不足的作用，与法院保持着一种共同维护破产程序公正的平衡关系。

三、债权人委员会的设立及资格

（一）我国破产法对债权人委员会设立的规定

债权人委员会是遵循债权人的共同意志，代表债权人会议在职权范围内负责对破产管理人的活动以及破产程序的合法、公正进行日常监督，处理破产程序中债权人会议授权其解决有关事项的常设机构。我国旧破产法没有关于债权人会议常设监督机构的规定。这种制度上的缺失影响到对债权人利益的保护，影响到债权人会议职能的行使，进而影响到破产程序公正目标的实现。针对这一缺陷，新破产法制定时，学者们一致要求增加这方面的规定。但破产申请有繁简难易之分，实践中未必都需要在债权人会议中设置债权人委员会。而且，设置债权人委员会还会增加破产费用的支出，使债权人的分配财产减少，所以对是否设置债权人委员会应由债权人会议决定。从国外的立法情况看，除了有的国家由于不设置债权人会议，而规定必须设立债权人委员会之外，其他国家通常采取由债权人会议意定设置的制度，即由债权人会议根据案件的具体情况自行决定是否设置债权人委员会。因此，在参考国外经验的基础上，并根据我国企业破产实践，新破产法第67条规定："债权人会议可以决定设立债权人委员会。债权人委员会由债权人会议选任的债权人代表和1名债务人的职工代表或者工会代表组成。债权人委员会成员不得超过9人。债权人委员会成员应当经人民法院书面决定认可。"这一规定对于债权人委员会的设立原则与组成作了规定。

实践中，债权人会议在决定破产申请中是否设置债权人委员会时，主要应考虑债权人人数多少，破产财产数额大小，破产财产估价、清理和处理活动的复杂程度等。一般而言，应在第一次债权人会议上决定是否设置债权人委员会，但债权人会议也可以在破产程序进行中随时视需要决定是否设置债权人委员会。

（二）债权人委员会的成员资格

各国对债权人委员会的成员资格采取了不同的态度，有的对债权人委员会的成员资格予以严格限制，有的则不予限制。对此，目前大致有四种模式。第一种是德国式，规定债权人和其他人员均可被选为债权人委员会成员。《德国破产法》第67条规定："在该债权人委员会之内应当有享有别除权的债权人、具有最高金额债权的支付不能债权人以及小金额债权人参加。雇员作为支付不能债权人具有非为不显著的债权的，在该委员会应当有一个雇员代表。也可以选任非为债权人的人作为债权人委员会的成员。"第68条规定："债权人会议可以不再选举由支付不能法院选任的成员担任职务，而选举债权人委员会的其他或附加成员担任职务。"第二种是英国式，规定所有的债权人委员会成员均须是债权人，只要债权人所提供的债权证明材料没有受到否定。第三种是法国式，规定债权人委员会成员不得为破产债权人，而仅能从一个上诉管辖区内的受托清理人名单中选任。第四种是美国式，规定任何对破产财团享有债权的人都有资格参加债权人委员会，包括根据集体合同谈判协议成立的债务人雇员的工会。这些债权人委员会或股权持有人委员会，通常由7名愿意承担此项职责的人士组成，一般是债务人的7个最大债权人或持有债务人股权数额最多的人士。但对参加无担保债权人委员会作了相应限制，必须符合下列情形才能担当债权人委员会成员：①自然人；②对破产财团享有债权；③债权无担保。但各国共同规定，破产管理人不得同时被选任为监督人，因其利益关系正好相反。根据我国新破产法第67条的规定，我国破产法上的债权人委员会由债权人会议选任的债权人代表和1名债务人的职工代表或者工会代表组成。债权人委员会成员不得超过9人。债权人委员会成员应当经人民法院书面决定认可。

四、新破产法对债权人委员会职权的规定

新破产法第68条以列举方式规定了债权人委员会行使的职权，概括起来说，包括以下三方面：

1. 一般职权。即债权人委员会正常行使的职权。对此，新破产法第68条规定，债权人委员会行使下列职权：①监督债务人财产的管理和处分；②监督破产财产分配；③提议召开债权人会议；④债权人会议委托的其他职权。

2. 要求管理人提供支持的权利。新破产法第68条第2款规定，债权人委员会执行职务时，有权要求管理人、债务人的有关人员对其职权范围内的事务作出说明或者提供有关文件。

3. 对管理人、债务人不接受监督的处理。新破产法第68条第3款规定："管理人、债务人的有关人员违反本法规定拒绝接受监督的，债权人委员会有权就监督事项请求人民法院作出决定"；对于债权人委员会的请求，"人民法院应当在5日内作出决定"。

一般而言，每个债权人委员会成员均可依法独立行使日常监督职权。但对重要事项应由债权人委员会以通过决议方式统一行使职权，债权人委员会的个别成员不得自行行使债权人委员会的职权。债权人委员会会议的有效召开应以过半数成员出席为条件，其决议应按照每人一票的方式进行表决，以债权人委

员会的过半数成员同意为决议通过的标准。

五、债权人委员会的义务及责任

债权人委员会在其履行职权的同时，依法亦应承担相应的义务。从各国立法经验看，债权人委员会执行职务应对债权人的共同利益尽到善良管理人的注意义务。如上所述，债权人委员会的主要职责在于监督临时财产管理人或破产管理人清理、保管、处分和分配债务人的财产，各债权人委员会不需以决议便可随时要求临时财产管理人或破产管理人报告关于债务人财产的状况、或直接调查债务人财产的状况。例如，加拿大破产法规定检查委员应当随时核证银行资金平衡、审查财产管理人员的账簿、确保财产管理人员所提供担保的充分及审核财产管理人员的收支报告和财产的变价报告；债权人委员会在履行职务时的每一行为都应从债权人的共同利益出发，对全体债权人（不是个别债权人）负责，尽到谨慎注意义务。我国台湾地区"破产法"规定，监察人既受债权人会议重托，负监督重责，且享有相当报酬，自应负较一般人更重的责任。监察人应以善良管理人之注意义务执行职务。

债权人委员会在破产程序中因履行职务有过失的，依法应承担相应的责任。《德国破产法》第71条规定："债权人委员会的成员因过失而违背其依新破产法所负担的义务的，其对享有别除权的债权人和支付不能债权人负有损害赔偿的义务。"值得注意的是，债权人委员会承担责任的要件是其在履行职务时存在主观故意，或有过失，而且实际造成损失。但是如何赔偿，采用何种程序赔偿以及赔偿的责任形式，各国的立法及我国新破产法均未涉及。我们认为，债权人委员会因履行职务的故意或过失行为造成债权人或债务人损失的，在程序上应当由破产管理人向债权人会议提出或报告，经债权人会议讨论决定。债权人委员会无异议的，由应承担责任的债权人委员会向破产财产管理人依债权人会议决议进行赔偿，所赔偿的金钱作为破产财产对待；若债权人委员会有异议的，债权人会议可以申请破产法院裁决，由法院裁定赔偿数额，债权人委员会不执行的，由破产管理人申请法院强制执行；若因造成的损失系债权人委员会成员数人行为所致，数个债权人委员会成员应共同承担连带赔偿责任。

六、管理人实施的应报告债权人委员会的行为

由于债权人委员会是债权人会议选出的日常监督机构，故在债权人会议闭会期间，要依法行使相关的监督权。当然，这只是从债权人委员会机构职权的角度作出的规定，如果仅有这样的规定，没有承担债务人财产与破产事务管理的管理人相配合，这一职权也是空的。必须同时规定管理人实施有关行为时及

时向债权人委员会作出报告的义务，才能使其监督权落到实处。当然，要求管理人向债权人委员会报告工作，也不是说管理人从事的所有行为都需要报债权人委员会，新破产法只要求管理人从事下列（即新破产法第 69 条限定的）行为，才需向债权人委员会报告：①涉及土地、房屋等不动产权益的转让；②探矿权、采矿权、知识产权等财产权的转让；③全部库存或者营业的转让；④借款；⑤设定财产担保；⑥债权和有价证券的转让；⑦履行债务人和对方当事人均未履行完毕的合同；⑧放弃权利；⑨担保物的取回；⑩对债权人利益有重大影响的其他财产处分行为。上述这些行为都是与处分债务人财产或者增加债务人债务有关的行为，都属于债务人财产管理的内容，直接影响债权人利益。故新破产法要求管理人实施这些行为时，都要报告债权人委员会，以便委员会对其行为进行监督。

同时，由于新破产法规定债权人委员会是企业破产申请中根据破产事务办理需要设立的监督机构，不是所有破产事务中的必设机构，故新破产法第 69 条第 2 款进一步明确，企业破产事务中未设立债权人委员会的，管理人实施上述行为应当及时报告人民法院。

【法律链接】

一、国外关于债权人委员会的设立规定

关于债权人委员会的机构设置及选任，各国法律均作出了不同的规定。目前世界各国对债权人委员会的设置分为两种类型：①法定制度。即法律规定债权人委员会是破产程序开始后必须设置的机关，该机关成员由债权人会议依法选任。债权人会议不能就是否设置债权人委员会作出决定，只能就债权人委员会的具体人选作出确定。一般情形下，在召开第一次债权人会议时，就应当选任债权人委员会，以利后续破产程序的顺利进行。此称之为债权人委员会必设类型。意大利等国家的立法例，采用债权人委员会法定制度。我国台湾地区"破产法"第 120 条第 1 项规定，债权人会议得决议选任监察人一人或数人，代表债权人监督破产程序的进行；第 123 条规定，债权人会议选任监察人时，应有出席破产债权人过半数，且其代表债权额超过债权额之半数者的同意。若债权人会议选任监察人决议结果未能得到第 123 条所规定的同意时，应再开会选任，不得免设（"司法院"25 年院字第 1529、1548 号解释）。②债权人委员会意定制度。即债权人会议在破产程序开始后有权决定是否设置债权人委员会，以及决定债权人委员会的人选。在召开第一次债权人会议时，债权人得根据破产案件的具体情况，以决议确定是否选任债权人委员会及其人数。例如，泰国破产法规定债权人会议可以通过决议选任

债权人委员会。根据日本破产法的规定，是否设置监察委员，必须在第一次债权者集会上作出决议，但在以后的债权者集会上也可以变更决议。监察委员与管财人不同，不是必须设置的机关。绝大多数国家的立法例，采用债权人委员会意定制度。这样做的好处在于，若破产案件的情形比较简单，召开第一次债权人会议足以决定债务人财产的经营管理的所有事项，或者参加破产程序的债权人人数不多，没有必要再选任代表监督破产程序进行的，债权人会议可以决定不设债权人委员会，法院不予干涉。为此，泰国破产法又规定，债权人会议可以决定不设债权人委员会，但是在破产程序进行中，债权人会议又认为存在选任债权人委员会必要时，仍然可以另为决议选任债权人委员会。德国新破产法对债权人委员会的设置更有特点，其新破产法规定，法院可以在第一次债权人会议之前设置一个债权人委员会。也即前置性债权人委员会。在进入破产程序后，是否应当设置一个债权人委员会，由债权人会议决定。法院已经设置债权人委员会的，是否应当保留该委员会，由债权人会议决定。由此可见，债权人委员会意定制度完全取决于债权人会议自治决议，较为灵活，具有较强的操作性，而且更符合破产程序中债权人自治的原则。

二、国外债权人委员会的职权

各国对债权人委员会的法律地位和设置条件、资格等规定不一，因此，在债权人委员会的职权范围方面各国规定亦不尽一致。德国新破产法规定的债权人委员会的职责为：债权人委员会的成员应当辅助并监督支付不能管理人执行事务，应当了解事务的进展情况、请人查阅账簿和营业文件、并请人审查金钱往来及存在情况。该法把债权人委员会的职权主要限定在辅助、协助、监督管理人的执行事务，同时应当了解这些执行事务进展情况等。修改了原来德国破产法相关条文中债权人委员会有权请求管理人对事务情况提出报告和有义务责成一名成员每月至少检查一次管理人现金的职权范围，将债权人委员会的辅助和监督管理人的职能更加突显出来。美国破产法亦以立法形式在第1103条中规定了债权人委员会的职权：正式组建的委员会可就案件的管理与债务人或托管人进行磋商；调查债务人的营业和财务状况；参与制订重整方案；就任何方案建议向其选民提出意见；请求任命监察员或托管人履行其职能。作为有利害关系人的当事人，委员会可以就任何破产问题申请召开并出席听证会；可以聘请会计师、律师和其他代理人以代表该委员会并帮助其履行相应的职责。美国破产法对债权人委员会的职权规定得比较广泛，同时也体现了美国破产程序的复杂性。日本破产法把债权人委员会的辅助和监督职能在法律上以条文形式加以区别和固定。《日本破产法》第167、168、173条规定，监察委员对管财人的监督性职务为：各监察委员在任何时候都可以要求管财人提出有关破产财团的报告及调查破产财团的状况；对于管财人的计算报告书可以附意见书。《日本破产法》在第 196、197、206、257、297、183、176 条规定，监察委员对管财人的辅助性职务为：管财人行使重要行为时须得到监察委员的同意；陈述提供给破产者的关于强制和议的意见；申请召开债权者集会等。日本破产法以立法形式把监察委员的监督职能和辅助职责区别开来，更加体现了债权人委员会在破产程序中的地位。

【评析】

　　债权人会议是保证债权人利益得以公正实现的重要机构，但它是以会议形式开展活动的机构，它只有在开会时方能行使职权，在其闭会期间无法行使职权，也不可能对破产程序进行必要监督。当发生与债权人利益相关事项需要决策时，也无法进行。为保障债权人会议职能的高效实行，对破产程序和管理人的执行情况进行必要监督，需要设立一个常设机构，代行相关职能，以切实有效地保护债权人利益，这种常设机构即为债权人委员会。可以看出，公正与效率正是债权人委员会得以产生和维持的理论基础。也就是说，破产程序中的公正与效率的价值取向正是债权人委员会理论上存在的必要性。早在新破产法颁布前，在国内破产案件审理中，亦已有不少法院实践了债权人委员会制度并取得良好的效果。广东省高级人民法院在审理广东国际信托投资公司破产案件时，针对债权人分布在国内外且人数众多（1999 年申报债权时共有 494 家境内外债权人）的实际情况，为了便于与债权人的沟通，加强债权人对破产清算工作的监督，提高破产清算工作的透明度，在第一次债权人会议上，就由法院指定债权数额最大的 9 家债权人组成债权人会议主席委员会，其职责是轮流主持债权人会议，定期或不定期召开债权人主席委员会会议，保持与清算组的联络，听取破产清算工作进度报告，讨论破产财产分配方案等，为公正、透明、高效的破产清算、分配提供了良好保障。福建省高级人民法院在审理福建汽车厂破产案件时，决定由全体享有诉权的债权人推选债权人代表，组成债权人会议主席委员会。法院在第一次债权人会议后向 129 位债权人发送"债权人代表推荐表"，并根据回函情况，确定工商银行永安市支行等 5 家债权人为债权人代表，监督清算组的工作，有效地落实了债权人的知情权和监督权。广东、福建高级人民法院的上述做法，已具有债权人委员会制度的色彩和雏形，证明了司法工作者已经在寻求、实践债权人委员会制度，并已取得了良好的成效。可以说，债权人委员会制度在我国司法实践中的运用也从实践上证明了新破产法建立此种制度的必要性和该制度本身的可移植性。因此，基于理论上的正当性与实践上的迫切性，新破产法欣然作出了债权人委员会的制度设计。但坦率地说，新破产法对债权人委员会的职权规定过于概括，缺乏可操作性，并且没有对债权人委员会义务与责任的规定，这些都需要司法解释加以明确。

第五章

第6章

破产财产的确定

【内容摘要】 破产财产随着破产程序的进行始终处于变化之中，因此，如何准确把握破产财产的范围是破产法中一个重要内容，更多的破产财产是债权人利益保障的基础。在破产过程中，为了相关利害人的利益考虑，首先有破产费用和公益债务的支出，除此之外，还有撤销权、取回权和抵销权的行使对于破产财产范围的影响，而对这些权利的认定和行使构成该章的主要内容。

第一节　破产财产概述

【基本理论】

一、破产财产的概念

破产财产是依破产程序进行债务清偿的债务人的总财产，是破产申请受理时和破产申请受理后至破产程序终结前债务人所拥有的全部财产的集合，用来清偿破产债务人的全部债务。新破产法第 30 条规定："破产申请受理时属于债务人的全部财产，以及破产申请受理后至破产程序终结前债务人取得的财产，为债务人财产。"新破产法第 107 条第 2 款规定："债务人被宣告破产后，债务人称为破产人，债务人财产称为破产财产，人民法院受理破产申请时对债务人享有的债权称为破产债权。"可见，我国新破产法规定的破产财产是处于清算程序中的债务人财产。由于我国新破产法囊括破产重整程序、破产和解程序和破产清算程序，没有对破产重整程序和破产和解程序单独立法，这导致仅存在于破产清算程序中的破产财产概念不能涵盖破产重整程序和破产和解程序中属于债务人的财产，"债务人财产"概念由此产生，其实债务人财产和破产财产概念的基本内涵一致，只是债务人财产不仅存在于破产清算程序，还存在于破产重整程序和破产和解程序而已。

破产财团是一些大陆法系国家在其破产法中使用的概念，在英美法系国家又被称为破产财产。我国破产法中未使用破产财团的概念，而称为破产财产。和破产财产相比，破产财团概念更强调集合性，即破产财团是由破产财产构成的集合，相对来说，破产财产则是破产财团的构成要素。[1] 破产财团在大陆法系国家有三种含义：

1. 法定财团。所谓法定财团，是指依照破产法的规定，应当由破产管理人占有、支配的属于破产债务人的全部财产的集合。大陆法系国家立法中有关破产财团的规定，多限于法定财团。法定财团具有不可变更性，须依法构成、依法管理。

2. 现有财团。所谓现有财团，是指由破产管理人代表破产债务人，现实接管的全部财产的集合。现有财团并不考虑破产管理人接管的财产是否真正属于破产债务人，所以，现有财团中往往含有不属于破产债务人的财产，需要加以排除，即对现有财团这个集合作减法；同时也会有新的属于破产债务人的财产并入，即对现有财团这个集合作加法。

3. 分配财团。所谓分配财团，是指破产管理人依破产程序公平分配给债权人的财产，分配财团是法定财团的一部分。通常，破产管理人清理现有财团，即对现有财团作减法和加法，使现有财团和法定财团划等号后，还要扣除法定财团中应优先拨付的破产费用和共益债务，此后，才能将剩余的财产集合用于破产分配，形成分配财团。如果现有财团经清理后所形成的法定财团尚不足以清偿破产费用和共益债务，那就不存在分配财团。此外，在自然人破产时，专属于破产人的自由财产，由破产人自由支配，也不属于分配财团。

简单地说，法定财团是现有财团的确认标准，分配财团的核心和基础。

二、破产财产的性质

对破产财产的性质，在学理上存在两派观点："权利客体说"和"权利主体说"。

1. 权利客体说。权利客体说主张破产财产在性质上属于权利客体，破产财产的所有权人，即权利主体是破产债务人，尽管破产债务人对破产财团的占有和处分权受到限制。我们认为，我国新破产法体现的是"权利客体说"。

2. 权利主体说。权利主体说认为破产财团本身就是权利主体，其理论基础是财团法人制度。"权利主体说"具体又有"财团法人说"，"无法人人格财团

[1] 国内学者有的认为这两个称谓实质含义相同；也有的认为二者性质不同，认为破产财团在性质上属于权利主体。参见李永军：《破产法律制度》，中国法制出版社 2000 年版，第 222 页。

言无所谓膨胀主义或固定主义。[1] 更有学者认为，在破产法仅适用于企业法人时规定破产财产包括将来取得的财产或权利是多余的，[2] 然而，破产企业在破产程序开始后，通过接受赠与或其他途径取得新财产并非全无可能。因此，膨胀主义不仅对自然人破产有意义，对企业法人破产同样有意义。[3] 我国新破产法第30条规定："破产申请受理时属于债务人的全部财产，以及破产申请受理后至破产程序终结前债务人取得的财产，为债务人财产。"同时新破产法第107条第2款又规定："债务人被宣告破产后，债务人称为破产人，债务人财产称为破产财产，人民法院受理破产申请时对债务人享有的债权称为破产债权。"由此可以认为，我国破产法采用的是膨胀主义。

四、自由财产的概念

自由财产又被称做破产财产的例外，指在破产程序中属于破产人所有，但被排除在破产财产之外，不分配给债权人的财产。自由财产伴随破产程序适用于自然人而出现，体现了破产法向社会本位回归的价值取向，使得破产程序在清偿破产债权人的同时，兼顾破产人的再生和社会秩序的平稳。破产法中规定自由财产的目的在于保障宪法中所规定的人的生活标准，保障破产人重新起步。现在，凡是规定自然人可以破产的国家，无一例外都将保障破产人及其家庭的生计的财产列入自由财产，以保障破产人的生活需求，自由财产制度以人道主义、公序良俗和社会伦理道德为其理论基础，自由财产缩小了破产财团的范围。

我国的新破产法只适用于企业法人，对自然人不能适用，因此在我国新破产法中不存在自由财产的概念。但综观世界各国破产立法，破产程序适用于自然人已成为大势所趋，可以说现在关于自由财产领域的热点问题已不是要不要规定自由财产，而是其范围究竟应如何划定，是将自由财产压缩至仅仅能维持破产人的基本生活，还是应考虑破产人的重新起步、自我重生，从而尽可能扩大自由财产的范围，从现在的主流立法趋势来看，赞同后者的居多。

【法律链接】　其他国家和地区立法对破产财产的具体规定

一、德国

原《德国破产法》第1条第1款曾规定："破产财团以破产宣告时归破产人

---

[1] 陈荣宗：《破产法》，三民书局1986年版，第197页。
[2] 李永军：《破产法律制度》，中国法制出版社2000年版，第231页。
[3] 叶林、黎建飞主编：《商法学原理与案例教程》，中国人民大学出版社2006年版，第313页。

所有且可以强制执行的财产为限"，但 1994 年德国重新颁布的《破产法》第 35 条却规定："破产财产包括债务人在破产程序开始之时所拥有的，和债务人在破产程序进行期间所取得的全部财产"，[1] 可以看出，原《德国破产法》采固定主义，新《德国破产法》采膨胀主义。

二、日本

《日本破产法》第 6 条规定："①于破产宣告时归破产人所有的一切财产，为破产财团；②破产人基于破产宣告前产生的原因而于将来可行使的请求权，属于破产财团；③不得扣押的财产，不属于破产财团。但是，《民事执行法》第 131 条第 4 项及第 5 项所载者、依同法第 132 条第 1 款规定许可扣押者以及于破产宣告后至可以扣押者，不在此限。"[2]

三、我国台湾地区

我国台湾地区"破产法"第 82 条规定："下列财产为破产财团：①破产宣告时属于破产人之一切财产，以及将来行使之财产请求权；②破产宣告后，破产终结前，破产人所取得之财产。专属于破产人本身之权利及禁止扣押之财产，不属于破产财团。"

四、美国

《美国破产法》第 541 条（a）规定："根据本法第 301、302、303 条，破产案件的开始形成了财团财产。该财团财产由下列财产构成，不论位于何处，由谁持有：①除非本条（b）或（c）②另有规定，财团财产包括破产开始时债务人依据普通法或衡平法的所有财产利益……⑤财团财产包括债务人在申请（破产）后 180 日内实际获得或重新获得的以下财产：其一、动产遗赠、不动产遗赠或其他遗产继承；其二、财产分割协议或离婚判决中确定的财产；其三、作为人寿保险单或死亡抚恤金的受益人可获得的利益。⑥财团财产还包括由财团财产转化而来的收益、产品、产物、租金或利润等财产利益，债务人在破产案件开始之后通过提供服务获得的收入除外。⑦破产案件开始之后，财团财产获得的收益属于财团财产。"[3]

---

〔1〕 李飞主编：《当代外国破产法》，中国法制出版社 2006 年版，第 26 页。
〔2〕 王书江、殷建平译：《日本商法典》，中国法制出版社 2000 年版，第 296 页。
〔3〕 李飞主编：《当代外国破产法》，中国法制出版社 2006 年版，第 556～557 页。

第六章

五、英国

《英国破产法》第436条规定："在本法适用于欧共体规定第3条中的程序时，所指财产是在该程序中可以处置的财产"，第436条规定："财产包括金钱、货物、无体所有权、土地以及无论处于何处的任何种类的财产，以及无论产生于或附属于财产的、目前或未来、既定的或或然的义务及每一种类的权益。"[1]

【实务操作】 我国法律对破产财产的具体规定

我国新破产法第30条规定："破产申请受理时属于债务人的全部财产，以及破产申请受理后至破产程序终结前债务人取得的财产，为债务人财产。"第107条第2款规定："债务人被宣告破产后，债务人称为破产人，债务人财产称为破产财产。"由此可见，我国破产法上的破产财产由两部分构成：破产申请受理时债务人所有或经营管理的全部财产和破产申请受理后至破产程序终结前债务人新取得的财产。

一、破产申请受理时债务人所有或经营管理的全部财产

《民法通则》第48条规定："全民所有制企业法人以国家授予它经营管理的财产承担民事责任。集体所有制企业法人以企业所有的财产承担民事责任。中外合资经营企业法人、中外合作经营企业法人和外资企业法人以企业所有的财产承担民事责任，法律另有规定的除外。"可是，国有企业法人以国家授权它经营管理的财产承担民事责任，非国有企业则以企业所有的财产承担民事责任。

另根据最高人民法院《关于审理企业破产案件若干问题的规定》第65～70条，下列财产属于破产财产：

（1）债务人与他人共有的物、债权、知识产权等财产或财产权，应当在破产清算中予以分割或被转让，债务人的分割所得属于破产财产；不能分割的，应就其应得部分转让，转让所得属于破产财产。

（2）债务人的开办人注册资金投入不足的，应当由开办人予以补足，补足部分属于破产财产。

（3）企业破产前受让他人财产并依法取得所有权或土地使用权的，即便未支付或未完全支付对价，该财产仍属于破产财产。

（4）债务人的财产被采取民事诉讼执行措施的，在破产申请被受理后，尚

---

〔1〕 丁昌业译：《英国破产法》，法律出版社2003年版，第334页。

未执行的或者未执行完毕的剩余部分，在该企业被宣告破产后列入破产财产。因错误执行应当回转的财产，在执行回转后列入破产财产。

（5）债务人依照法律规定取得代位求偿权的，依该代位求偿权享有的债权属于破产财产。

（6）债务人在被宣告破产时，未到期的债权视为已到期，属于破产财产，但应当减去未到期的利息。

根据最高人民法院《关于审理企业破产案件若干问题的规定》第71、81、82条，下列财产不属于破产财产：

（1）债务人基于仓储、保管、加工承揽、委托交易、代销、借用、寄存、租赁等法律关系占有、使用的他人财产；

（2）特定物买卖中尚未转移占有但相对人已完全支付对价的特定物；

（3）尚未办理产权证或产权过户手续但已向买方交付的财产；

（4）债务人在所有权保留买卖中尚未取得所有权的财产；

（5）所有权专属于国家且不得转让的财产；

（6）破产企业工会所有的财产；

（7）破产企业的幼儿园、学校、医院等公益性福利设施，按国家有关规定处理，不作为破产财产分配；

（8）破产企业的职工住房，已经签订合同、交付房款，进行房改给个人的，不属于破产财产。未进行房改的，可以由清算组向有关部门申请办理房改事项，向职工出售。按照国家规定不具备房改条件，或者职工在房改中不购买住房的，由清算组根据实际情况处理。

二、破产申请受理后至破产程序终结前债务人新取得的财产

破产申请受理后至破产程序终结前债务人新取得的财产具体包括：

（1）破产案件被受理后，债务人的债务人应当向管理人清偿到期债务。因债务人的债务人清偿债务而取得的财产是债务人取得的财产，属于破产财产。

（2）管理人决定要继续履行的合同，由合同的另一方当事人给付的对价是债务人取得的财产，属于破产财产。

（3）破产申请受理时，债务人所有的或经营管理的全部财产所生的孳息。

（4）破产申请受理前债务人所拥有的股权或债券，在破产申请受理后获得的投资收益。

（5）债务人开办的具有独立法人资格的企业，债务人仅以出资为限承担有限责任。管理人应当通过转让股权的方式清收债务人的投资和收益。

（6）破产申请受理后，债务人继续营业所取得的财产。

（7）债务人的出资人尚未完全履行出资义务的，破产申请被受理后，管理人应当要求该出资人缴纳所认缴的出资，而不受出资期限的限制，该出资属于破产财产。

（8）债务人的董事、监事、高级管理人员利用职权从企业获得的非正常收入和侵占的企业财产属于破产财产，管理人应当追回。

（9）管理人就人民法院受理破产申请前1年内，涉及债务人财产的法律行为，向人民法院请求予以撤销，从而追回的财产。根据新破产法第31条，管理人可以向人民法院请求撤销，破产申请受理前1年内涉及债务人财产的下列五种行为：无偿转让财产的；以明显不合理的价格进行交易的；对没有财产担保的债务提供财产担保的；对未到期的债务提前清偿的；放弃债权的。

根据新破产法第32条，管理人就人民法院受理破产申请前6个月内，债务人对个别债权人进行的清偿，有权向人民法院请求予以撤销；但是，若上述个别清偿使债务人财产收益，则管理人无权请求人民法院予以撤销。

根据新破产法第33条，管理人就涉及债务人财产的无效行为，有权向人民法院请求确认无效，包括：为逃避债务而隐匿、转移财产，虚构或承认不真实的债务。另外，我国《民法通则》第61条规定："民事行为被确认为无效或者被撤销后，当事人因该行为取得的财产，应当返还给受损失的一方。有过错的一方应当赔偿对方因此所受的损失，双方都有过错的，应当各自承担相应的责任。双方恶意串通，实施民事行为损害国家的、集体的或者第三人的利益的，应当追缴双方取得的财产，收归国家、集体所有或者返还第三人。"据此，管理人还可以就涉及债务人财产的无效或可撤销行为向有过错的一方请求损害赔偿。

【实务操作】　实践中对破产财产范围的界定

一、已设定担保的财产是否属于破产财产

我国旧破产法第28条第2款规定："已作为担保物的财产不属于破产财产；担保物的价款超过其所担保的债务数额的，超过部分属于破产财产。"最高人民法院《关于审理企业破产案件若干问题的规定》第71条也规定："下列财产不属于破产财产……②抵押物、留置物、出质物，但权利人放弃优先受偿权的或者优先偿付被担保债权剩余的部分除外；……"由此可见上述法条将担保财产排除在破产财产之外。需要指出的是，这种规定不仅没有理论依据，而且缺乏实践可操作性。因为物权法的一般原理告诉我们，在某物上设定担保物权并不影响物的所有权人继续保有其所有权，既然如此，破产财产当然应将债务人已设定担保的财产包括在内，只是在用破产财产清偿破产债权时，债务人已设定

担保的财产应被优先用来清偿别除权人的破产债权，即"别除权是就破产财团的特定财产，不依破产程序而优先被清偿的权利"[1] 实际上，国外破产立法从未有将债务人已设定担保的财产排除在破产财产之外的先例，比如《日本破产法》第 6 条第 1 项规定："于破产宣告时归破产人所有的一切财产，为破产财团。"[2] 考察外国立法，被排除在破产财产之外的只有"自由财产"，而"自由财产"仅存在于自然人破产的场合，企业法人破产不存在"自由财产"问题。另外在司法实践中，我国的上述规定十分不利于债务人已设定担保的财产的安全，因为据旧破产法第 24 条规定："清算组负责破产财产的保管、清理、估价、处理和分配"，清算组无法对债务人已设定担保的财产进行管理和处分，而债务人自身从人民法院受理破产案件时起，即丧失对其全部财产管理和处分的权利，这使得债务人已设定担保的财产实际上处于无人占有和管理的"权利真空"状态，也使清算组无法将担保物清偿别除权后的剩余部分分配给普通债权人。由于上述规定的先天缺陷，在司法实践中，大多数人民法院都赋予清算组职权，使其能够管理和处分债务人已设定了担保的财产。

我国新破产法第 109 条规定："对破产人的特定财产享有担保权的权利人，对该特定财产享有优先受偿的权利。"该条没有明确已设定担保的财产是否属于破产财产，但结合第 25、[3] 30 条，[4] 可以得出结论，设定担保的财产包含在债务人的财产之中。另结合新破产法第 59 条第 3 款，[5] 第 61 条第 1 款第 8、9 项，[6] 别除权人对"债务人财产的管理方案"和"破产财产的变价方案"享有表决权，所以管理方案下的债务人财产和变价方案下的破产财产都应包括设定担保的财产，但是别除权人对"破产财产的分配方案"没有表决权，因此分配方案中的破产财产不包括设定了担保的财产。

二、债务人的国有土地使用权是否属于债务人财产

债务人以划拨方式取得的国有土地使用权通常是债务人拥有的价值最大的财产，是否应将其纳入破产财产是人民法院审理破产案件的实际难题，而这一

---

[1] ［日］石川明：《日本破产法》，何勤华、周桂秋译，中国法制出版社 2000 年版，第 265 页。

[2] 王书江、殷建平译：《日本商法典》，中国法制出版社 2000 年版，第 295～296 页。

[3] 《企业破产法》第 25 条规定："管理人履行下列职责……⑥管理和处分债务人的财产……"

[4] 《企业破产法》第 30 条规定："破产申请受理时属于债务人的全部财产，以及破产申请受理后至破产程序终结前债务人取得的财产，为债务人财产。"

[5] 《企业破产法》第 59 条第 3 款规定："对债务人的特定财产享有担保权的债权人，未放弃优先受偿权利的，对于本法第 61 条第 1 款第 7 项、第 10 项规定的事项不享有表决权。"

[6] 《企业破产法》第 61 条第 1 款第 8、9 项规定："债权人会议行使下列职权……⑧通过债务人财产的管理方案；⑨通过破产财产的变价方案……"

第六章

问题的答案因债务人破产属于政策性破产还是非政策性破产而有所不同:

1. 在政策性破产中,破产财产包括债务人以划拨方式取得的国有土地使用权。政策性破产是我国经济转轨时期的产物,是我国为优化国有企业资本结构,而采取的特殊经济政策。政策性破产和破产法中的破产程序最大的不同在于,它将破产企业职工的利益置于首位,将破产财产首先用于安置职工,安置职工后的剩余破产财产才能用于清偿其他债权人。国有企业的最大债权人是各商业银行,在政策性破产中,由于破产财产被首先用于安置职工将导致银行债权不能实现,此时,国家采取配套措施对不能实现的银行债权进行呆坏账核销。政策性破产的意义在于,在不诱发大的社会震荡的前提下完成一系列国有企业的破产。但是,政策性破产牺牲了债权人利益,很多具体规定和现行破产法抵触,所以它只是我国在过渡时期采取的特殊经济政策。我国新破产法第 133 条[1]是政策性破产的具体规定。

国务院《关于在若干城市试行国有企业破产有关问题的通知》(1994 年)和国务院《关于在若干城市试行国有企业兼并破产和职工再就业有关问题的补充通知》(1997 年)等文件中,对破产国企职工的失业救济、安置费用等问题,规定了一套与破产法基本原则不同的政策性破产制度,在司法实践中与依法破产构成两个不同的破产实施体系。国务院还成立了全国企业兼并破产和职工再就业工作领导小组,制定了全国企业兼并计划,凡纳入该计划的国有企业破产,即使其土地使用权被抵押,亦应用土地使用权转让所得安置职工,不足部分,还应以企业其他财产支付。根据 1999 年 4 月 16 日国家经贸委员会、中国人民银行发布的《关于 1999 年全国企业兼并破产工作有关问题的通知》(国经贸企改 1999 第 301 号)规定,自 1999 年开始,无论在全国任何地区,只要是纳入国家兼并破产项目的国有企业破产,均适用破产企业财产首先用于安置职工等政策,即作为债务人的国有企业以划拨方式取得的国有土地使用权应当被依法转让或拍卖,转让或拍卖所得作为破产财产首先被用于安置职工,安置后的剩余部分和其他破产财产一同纳入破产财产分配方案,分配给其他债权人。

2. 在非政策性破产中,破产财产原则上不包括债务人以划拨方式取得的国有土地使用权。最高人民法院 2003 年 4 月 16 日发布的《关于破产企业国有划拨土地使用权应否列入破产财产等问题的批复》第 1 条规定:"破产企业以划拨方式取得的国有土地使用权不属于破产财产,在企业破产时,有关人民政府可以予以收回,并依法处置。"但是,若国有划拨土地使用权已经政府批准,作价入

---

[1] 《企业破产法》第 133 条规定:"在本法施行前国务院规定的期限和范围内的国有企业实施破产的特殊事宜,按照国务院有关规定办理。"

股,成为企业注册资本的一部分时,如果允许政府无偿收回,就等同于政府在帮助企业抽逃注册资本。所以,这类土地使用权在被转让或拍卖后,转让或拍卖所得价款首先用于支付土地出让金,剩余则应列入破产财产分配给债权人。另外,在政府无偿收回债务人的国有划拨土地使用权时,还应对债务人因开发土地而进行的投资,债务人的地上建筑物,债务人在取得划拨土地使用权时已经支付的安置补偿费等进行补偿,政府对债务人的补偿费用也属于破产财产。

如果企业将其国有划拨土地使用权进行了抵押,并且履行了法定的审批手续,即取得了具有审批权限的人民政府或土地行政管理部门的批准,办理了抵押登记,则抵押有效。但根据《城市房地产管理法》第 50 条[1]和《担保法》第 56 条,[2] 抵押权人只能就国有划拨土地使用权的转让、拍卖所得价款缴纳土地使用权出让金后的剩余部分享有优先受偿权。

三、执行中的财产能否作为破产财产

我国新破产法第 19 条规定:"人民法院受理破产申请后,有关债务人财产的保全措施应当解除,执行程序应当中止。"最高人民法院《关于审理企业破产案件若干问题的规定》第 68 条规定:"债务人的财产被采取民事诉讼执行措施的,在受理破产案件后尚未执行的或者未执行完毕的剩余部分,在该企业被宣告破产后列入破产财产。因错误执行应当执行回转的财产,在执行回转后列入破产财产。"由此可见,破产财产包括人民法院受理破产申请前被保全的财产,也包括人民法院尚未执行或尚未执行完毕的财产。但是"执行完毕"的标准如何界定却成为司法实践中的难题。归纳起来,存在两种标准,即"裁定说"和"财产所有权转移说"。

"裁定说"以人民法院作出执行裁定作为执行完毕的标准,执行裁定一经送达,执行财产的所有权即发生转移;"财产所有权转移说"则认为财产的所有权实际发生转移,即动产的实际交付,不动产的过户登记是执行完毕的标准。

最高人民法院于 1993 年 9 月 17 日发布的《关于人民法院受理破产案件后对以破产案件的债务人为被执行人的执行案件均应中止执行的批复》中明确规定,以破产案件的债务人为被执行人的执行案件,执行法院虽对债务人的财产已决定或已经采取了冻结、扣留、查封或扣押等财产保全措施或执行措施的,仍属

---

[1] 《城市房地产管理法》第 51 条规定:"设定房地产抵押权的土地使用权是以划拨方式取得的,依法拍卖该房地产后,应当从拍卖所得的价款中缴纳相当于应缴纳的土地使用权出让金的款额后,抵押权人方可优先受偿。"

[2] 《担保法》第 56 条规定:"拍卖划拨的国有土地使用权所得的价款,在依法缴纳相当于应缴纳的土地使用权出让金的款额后,抵押权人有优先受偿权。"

第六章

于未执行的财产，均应当依法中止执行。很明显，该批复采纳了"财产所有权转移说"，而并未采纳"裁定说"。

四、债务人对外投资的清理

债务人在经营过程中可能会全额投资或参股其他企业，由此形成的投资收益属于破产财产，应当予以收回。具体情况因债务人投资法人企业抑或非法人企业而有所不同。

当债务人投资于其他法人企业时，因为法人企业是拥有自己独立财产的法人，所以债务人出资设立其他法人企业后，其他法人企业成为债务人出资的所有权人，债务人只拥有因出资而形成的投资权益。所以，债务人在进入破产程序后，其对于其他法人企业的出资不属于破产财产，但出资形成的投资权益属于破产财产。管理人可以通过转让债务人投资权益，解散被投资法人企业的方式实现投资权益的变现回收，回收所得应列入破产财产。对此，可以参照最高人民法院《关于审理企业破产案件若干问题的规定》第 78 条："债务人对外投资形成的股权及其收益应当予以追收。对该股权可以出售或者转让，出售、转让所得列入破产财产进行分配。"

在债务人投资于非法人企业，即合伙企业或中外合作企业时，因为非法人企业并没有独立的财产，其财产仍属于出资人，所以债务人不仅享有投资权益还拥有投资本身，也就是说，债务人进入破产程序后，其破产财产包括投资和投资收益两部分。管理人可以通过转让债务人出资份额，退伙，或解散非法人企业的方式实现其投资和投资收益的变现回收，回收所得应列入破产财产。

【案例分析】

一、国有划拨土地使用权是否应列入破产财产？[1]

[案情]　　1995 年 6 月，某服装集团公司与某对外贸易公司及某省外贸纺织品进出口公司三方共同出资成立了某制衣有限公司。2003 年 3 月，制衣有限公司向人民法院申请破产还债，法院依法立案受理，并组成了破产清算组。清算组在清算的过程中发现，服装集团公司用以出资的土地使用权为国有划拨土地使用权。

[问题]　　是否应将该国有划拨土地使用权列入破产财产？

---

[1] 张路："以国有划拨土地使用权出资成立公司，公司破产时——该土地使用权可否列入破产财产"，载《人民法院报》2006 年 10 月 25 日。

　　[分析]　　对此有两种意见。一种意见认为：不应将该国有划拨土地使用权列入破产财产。理由是：根据最高人民法院发布的《关于破产企业国有划拨土地使用权应否列入破产财产等问题的批复》（法释［2003］6号）第1条规定："根据《中华人民共和国土地管理法》第58条第1款第4项及《城镇国有土地使用权出让和转让暂行条例》第47条的规定，破产企业以划拨方式取得的国有土地使用权不属于破产财产，在企业破产时，有关人民政府可以予以收回，并依法处置。纳入国家兼并破产计划的国有企业，其依法取得的国有土地使用权，应根据国务院有关文件规定办理。"制衣有限公司的破产不属于纳入国家兼并破产计划的政策性破产，所以其国有划拨土地使用权不属于破产财产，可由出资人收回；服装集团公司对制衣有限公司原作价300万的土地使用权出资视为出资不到位，应作为制衣有限公司的破产债权，由破产清算组负责向出资人清收。

　　另一种意见认为：应将该国有划拨土地使用权列入破产财产。理由是：我国《土地管理法》、《城镇国有土地使用权出让和转让暂行条例》及《公司法》均未规定不可以国有划拨土地使用权对外出资设立新的公司。因此，服装集团公司以国有划拨土地使用权出资并未违反法律规定，且土地行政管理部门已为制衣有限公司办理了国有划拨土地使用权证。三股东在设立制衣有限公司的过程中并没有违反法律规定。经会计师事务所验资，三股东的出资均已到位，制衣有限公司经工商行政管理部门核准成立，制衣有限公司的资产具有公示的效力，破产企业的债权人有理由相信该土地使用权为制衣有限公司所享有。如果以该土地使用权为国有划拨土地使用权为由，由出资人收回，不列入破产财产，将对债权人不公平。

　　最高人民法院发布的《关于破产企业国有划拨土地使用权应否列入破产财产等问题的批复》第2条规定："企业对其以划拨方式取得的国有土地使用权无处分权，以该土地使用权为标的物设定抵押，除依法办理抵押登记手续外，还应经具有审批权限的人民政府或土地行政管理部门批准。否则，应认定抵押无效。如果企业对以划拨方式取得的国有土地使用权设定抵押时，履行了法定的审批手续，并依法办理了抵押登记，应认定抵押有效。"照此推理，只要履行了法定手续并经具有审批权限的人民政府或土地行政管理部门批准，国有划拨土地使用权也可列入破产财产。法律既然不禁止以国有划拨土地使用权出资设立公司，制衣有限公司在设立的过程中又无任何违法之处，土地行政管理部门也为制衣有限公司办理了国有划拨土地使用权证，制衣有限公司就应该享有该国有划拨土地使用权。如果将该国有划拨土地使用权由出资人收回，不列入破产财产，则服装集团公司作为制衣有限公司的出资人就没有出资到位，因此，该部分出资应被列为破产企业的破产债权，由清算组负责向出资人清收，然而是否能完全清收到将是未知数,这样一来,破产程序对债权人的保护将变得相当脆弱。

该批复第 2 条还规定:"根据《中华人民共和国城市房地产管理法》第 50 条和《中华人民共和国担保法》第 56 条的规定,抵押权人只有在以抵押标的物折价或拍卖、变卖所得价款缴纳相当于土地使用权出让金的款项后,对剩余部分方可享有优先受偿权。"照此推理,破产清算组应将该国有划拨土地使用权拍卖或变卖,所得价款在缴纳土地使用权出让金后,应可以纳入按破产财产进行分配。这样,既可维护债权人的利益不受侵犯,又可保证国家的利益不受损失。

二、破产企业所属的学校、幼儿园、医院,是否应被列入破产财产?[1]

[案情]　裕安实业总公司始建于 1958 年,是以造纸为主的国有中型劳改企业,担负着重型犯的劳动改造任务。公司有职工 373 人,占地面积258 067平方米。自 20 世纪 50 年代以来,该厂生产规模不断扩大,至停产前,年生产机制纸 1 万余吨,但是由于其设备陈旧,工艺落后,成本高,产品销路不好,不能适应日益发展的文化用品市场的需要,在市场上的竞争力不断下降。1996 年以来,造纸行业形势严峻,产品价格逐步下滑,该企业亏损额不断增加,不能偿还到期债务。职工工资、养老保险、失业保险、电费大量拖欠,职工生活难以保障。至 1999 年底,企业总资产额为 7196 万元,负债总额为12 027万元,其中贷款 5750 万元,应付账款 831 万元,其他应付款 3924 万元,应付职工工资 22 万元,应交税金 322 万元,预提费用及其他费用 1178 万元,资产负债率达 167.13%。造成这种状况的主要原因是:①"八五"期间在上规模的同时,忽视了设备更新和技术改造的投入,使得造纸生产设备陈旧,工艺水平不高;②环保项目贷款数额较大,加重了企业负担;③由于环保工程不配套,无法使用,不能实现达标排放;④产品结构不合理,质量差,不适应市场需求;⑤原材料、水电费不断上涨,采购成本、生产成本过高等。根据该公司资产和生产经营状况,该公司被列入 2002 年全国企业兼并破产项目。该公司于 2002 年 12 月 1 日以公司生产经营连续出现巨额亏损,到期债务无法偿还为由,向开封市中级人民法院申请破产还债。

开封市中级人民法院经审查认为,裕安实业总公司生产经营难以为继,严重亏损,资不抵债,不能清偿到期债务,依照《企业破产法(试行)》第 3 条第 1 款和《民事诉讼法》第 199 条、第 200 条第 1 款,裁定宣告裕安实业总公司破产。

---

〔1〕 李国光主编:《新企业破产法案例评析》,人民法院出版社 2006 年版,第 255~256 页。

[问题]　裕安实业总公司所属的学校、幼儿园、医院等，是否应被列入破产财产？裕安实业总公司的职工宿舍是否应列入破产财产？

[分析]　关于第一个问题，最高人民法院《关于审理企业破产案件若干问题的规定》第82条规定："债务人的幼儿园、学校、医院等公益福利性设施，按国家有关规定处理，不作为破产财产分配。"国务院《关于在若干城市试行国有企业破产有关问题的通知》第3条规定："破产企业的职工住房、学校、托幼园（所）、医院等福利性设施，原则上不计入破产财产，由破产企业所在地的市或者市辖区、县的人民政府接收处理，其职工由接收单位安置。但是，没有必要续办并能整体出让的，可以计入破产财产。"债务人的幼儿园、学校、医院等福利设施是否被纳入破产财产实际上取决于这类福利设施本身的规模，如果该福利部门规模很小，依附于债务人企业，仅为企业内部职工服务，则应被纳入企业的破产财产，否则不属于破产财产。

关于第二个问题，存在两种观点：一种观点认为职工宿舍具有职工福利的性质，不应将其纳入破产财产；另一种观点主张职工宿舍是企业的不动产，企业是职工宿舍的所有权人和出租人，职工是承租人，应将职工宿舍纳入破产财产，用于清偿破产企业债务。我们认为后一种观点更可取。但是职工在破产企业变卖其房屋时，作为承租人享有优先购买权。原承租人未购买的，宿舍的新产权人作为房屋所有权人应与职工重新签订房屋租赁合同。

第二节　破产无效行为和破产撤销权

【基本理论】

一、破产无效行为制度和破产撤销权制度概述

破产程序最重要的一项宗旨即保护债权人的利益，一旦破产程序开始，债务人将丧失管理和处分其财产的权利，也就是说自破产程序开始至破产程序终结，债务人的财产处分行为受到破产程序的制约，债务人违反破产程序的规定处分财产将不能发生法律效力。简而言之，破产程序开始后破产效力及于债务人的财产处分行为。那么随之而来的问题是，破产程序开始前，债务人的行为，尤其是财产处分行为是否也应当受到制约呢？换句话说，就是破产程序对债务人在程序开始前的财产处分行为有没有溯及力呢？

针对这一问题，存在两种立法例，德国式的不溯及主义和英国式的溯及主义。

不溯及主义认为，破产程序只能规范债务人在破产程序开始后的行为，对

破产程序开始前债务人的行为没有影响力，不溯及主义对大陆法系各国的破产的立法影响较大。在不溯及主义之下，衍生了破产撤销权制度，即由管理人对债务人在破产程序开始前，法定时间内，损害债权人利益的行为，请求法院撤销，以否认该行为效力，但在法院撤销前，该行为有效。不溯及主义之所以衍生出撤销权制度，原因在于，不溯及主义利于债务人从事损害债权人利益的行为，为校正这种制度的缺陷，保护债权人，撤销权制度自然产生。

溯及主义认为，破产程序不仅使债务人在破产程序开始后的财产处分行为不发生法律效力，同样也使在破产程序开始前，法定期限内债务人的财产处分行为归于无效。溯及主义之下自然衍生出无效行为制度，破产法上的无效行为和民法上的无效行为本质相同，即行为具有违法性，具体来说，破产无效行为因损害债权人的清偿利益而违反破产法。破产无效行为自始无效、绝对无效、当然无效。破产管理人、债权人在破产程序中发现破产无效行为时可以向人民法院请求确认其无效，人民法院在审理破产案件的过程中发现破产无效行为时，也可以依职权确认其无效。破产无效行为的确认也不受时间限制，可以在任何时候主张。

破产无效行为制度和破产撤销权制度的宗旨都在于保护债权人的利益。而二者的区别在于：

（1）破产撤销行为在被依法撤销前，行为有效，管理人如不行使撤销权，请求人民法院撤销，行为将一直有效；至于破产无效行为，因破产程序的开始，而自始不发生法律效力。

（2）撤销权作为形成权，有其存续的法定期间，期间经过，撤销权人不能再主张撤销。比如《日本破产法》第85条[1]就规定，"否认权自破产宣告日起2年内不行使的，因时效消灭。自行为之日起经过20年，亦同。"遗憾的是我国新破产法对管理人撤销权的行使时效没有规定。而对于破产无效行为任何人任何时候均可以主张无效。

（3）两种制度的理论基础不同，破产撤销权的理论基础是德国式的不溯及主义；破产无效行为的理论基础是英国式的溯及主义。

二、我国破产无效行为和破产撤销权的具体规定

1. 破产无效行为的具体规定。我国新破产法第33条规定："涉及债务人财产的下列行为无效：①为逃避债务而隐匿、转移财产的；②虚构债务或者承认

---

[1] 该条中的"否认权"相当于我国《企业破产法》中的撤销权，参见王书江、殷建平译：《日本破产法》，中国法制出版社2000年版，第309页。

不真实的债务的。"第34条规定："因本法第31条、第32条或者第33条规定的行为而取得的债务人的财产，管理人有权追回。"

2. 破产撤销权的具体规定。我国新破产法第31条规定："人民法院受理破产申请前1年内，涉及债务人财产的下列行为，管理人有权请求人民法院予以撤销：①无偿转让财产的；②以明显不合理的价格进行交易的；③对没有财产担保的债务提供财产担保的；④对未到期的债务提前清偿的；⑤放弃债权的"。第32条规定："人民法院受理破产申请前6个月内，债务人有本法第2条第1款规定的情形，[1] 仍对个别债权人进行清偿的，管理人有权请求人民法院予以撤销。但是，个别清偿使债务人财产受益的除外。"

【法律链接】

一、德国

德国破产法采用概括主义和列举主义相结合的方式对破产撤销权作出规定。[2]该法第129条规定："在破产程序开始之前作出的损害破产债权人利益的法律上的行为，破产管理人可以依照本法第130条至146条的规定提出撤销。"第130条规定："向一破产债权人给予担保或清偿或使此种担保或清偿成为可能的法律行为，在下列情形，可以被撤销：①该法律行为在申请开始破产程序前的最后3个月内作出，以在行为时债务人无支付能力且债权人在该时刻知道债务人无支付能力为限；②该法律行为在破产程序开始申请之后作出，而债权人在行为时知道债务人无支付能力或知道已提出破产程序开始申请……"[3]该法的第131~147条，更是详细列举了各种破产撤销行为。总的说来，这些行为可以划分为三大类：没有对价付出的无偿或准无偿法律行为；故意损害债权人利益的诈害性有偿行为；在破产程序开始前，已陷入危机状态的偏颇行为。

二、日本

日本破产法以第六章整章（第72条~86条）对破产否认权作出规定。[4]

---

[1]　《企业破产法》第2条规定："企业法人不能清偿到期债务，并且资产不足以清偿全部债务或者明显缺乏清偿能力的，依照本法规定清理债务。企业法人有前款规定情形，或者有明显丧失清偿能力可能的，可以依照本法规定进行重整。"

[2]　本章所引德国破产法，特指1994年10月5日颁布、1999年1月1日生效、并于2004年12月9日最近一次修改的德国破产法。

[3]　李飞主编：《当代外国破产法》，中国法制出版社2006年版，第56~63页。

[4]　《日本破产法》中的"否认权"相当于我国《企业破产法》中的撤销权，参见王书江、殷建平译：《日本破产法》，中国法制出版社2000年版，第306~309页。

其中第72条规定："为破产财团计，可以否认下列行为：①破产人知有害于债权人而实施的行为。但是，因此而受利益者与其行为当时不知可损害破产债权人的事实时，不在此限。②破产人于支付停止或申请破产后所实施的提供担保、消灭债务的行为及其他有害破产债权人的行为。但是，以因此而受利益者于其行为当时知有支付停止或破产申请者为限。③前项行为且系以破产人的亲属或同居者为相对人。但当相对人于其行为当时不知有支付停止或破产申请时，不在此限。④破产人于支付停止或申请破产后或于其前30日内所实施的提供担保、消灭债务的行为，且其行为不属于破产人义务，或其方法与时期不属于破产人义务者。但是，债务人于行为当时，不知有支付停止或破产申请事实或不知有害破产债权人的事实时，不在此限。⑤破产人于支付停止或申请破产后或于其前6个月内所实施的无偿行为及可视同无偿行为的有偿行为。"第74条规定："①于支付停止或申请破产后，实施以权利的设定、移转或变更对抗第三人的必要行为时，其行为如系在权利的设定、移转或变更日后经过15日且系恶意为之者，可以予以否认。但是，关于登记及注册，于假登记或假注册后已进行正式登记或正式注册的，不在此限。②前款规定，准用于产生取得效力的注册。"第76条规定："否认权由破产管理人以诉讼或抗辩行使。"第77条规定："①否认权的行使使破产财团恢复原状；②第72条第5项所载行为被否认时，如相对人于行为当时系善意，则只偿还其先受利益即可。"

三、美国

《美国破产法》第548、549、550条是对破产撤销权的规定。[1] 其中第548条规定：

"（1）托管人可以取消提出破产申请之日前1年内债务人在财产上的任何利益的转让，或债务人招致的任何债务。如果债务人作出该转让或招致该债务的目的是故意阻碍、拖延或欺骗任何因此成为债务人的经济实体；或者债务人在交易过程中为该转让或债务接受了少于合理的等价值，而此时债务人正处于无力偿债状态或因该转让或债务而变得无力偿债。但是向具备资格的宗教人士、宗教团体或宗教组织的慈善捐款的转让在下列条件下不能被托管人撤销——捐款数额不超过捐款转让年度债务人年总收入总和的15%；或者债务人的捐款超过了15%的数额限制，但该转让与债务人做出慈善捐款的行为是完全一致的。

（2）合伙债务人的托管人可以撤销在破产申请提出之日前1年内，以债务人的一般合伙人为相对人的财产利益转移或引发的债务，如果该债务人在该债

---

[1] 李飞主编：《当代外国破产法》，中国法制出版社2006年版，第581～583页

务发生之日处于无力偿债状态，或由于该转让或债务而变得无力偿债。

（3）除非在这样的范围内：该转让的受让人诚信地认为该财产有价值并在该财产上拥有留置权，或保留有可转让的利益，或可以强制执行任何引发的债务，在该受让人或债权人与债务人用价值交换该转让或债务的范围内，本条项下的可撤销转让或债务根据本法第544、545条或第547条是可以撤销的。

（4）当转让是如此的完美，以至于可适用的法律允许完成该转让的债务人的正当购买不能优先获得已转让的利益，则托管人不能撤销，但是该转让如未能在破产案件开始之前完成，就必须在破产申请提出之前立刻完成。"

【实务操作】　司法实践中的疑难点

一、隐匿、转移财产作为事实行为何以无效

隐匿财产指债务人将其财产予以隐瞒和藏匿，隐瞒指对有关债务人财产的信息不予披露。藏匿指将财产或财产凭证置于未公开的处所，使其不能依破产程序被有效接管和处分。转移财产指将债务人财产转移至他处以减少财产。[1]这样说来，隐匿、转移财产只是一种事实行为，不属于表示行为，其中并没有欲发生法律效果的意思表示，自然也无所谓有效、无效。

其实，这里我们应将隐匿、转移财产看做是无效破产行为的结果，即凡是在结果上造成了债务人的财产被隐匿、转移的，则是破产法上的无效行为。比如：利用法人独立人格实施法人分立以转移财产，将法人成员的财产和法人的财产混同以隐匿财产等。[2]

二、无偿转让财产和公益捐赠

无偿转让财产，是以实质上无代价的方式将债务人的财产让渡于他人，无偿转让财产的表意形式是赠与合同。公益性质的赠与又被称作公益捐赠，指捐赠人出于自愿，无偿地向依法成立的公益性社会团体或事业单位捐赠财产，用于公益事业的行为。根据我国《合同法》第186条："赠与人在赠与财产的权利转移之前可以撤销赠与。具有救灾、扶贫等社会公益、道德义务性质的赠与合同或者经过公证的赠与合同，不适用前款规定。"

由此引发的问题是，破产企业在法院受理破产申请前1年内进行的公益捐赠能否由管理人请求人民法院撤销呢？

---

[1]　汤维建主编：《新企业破产法解读与适用》，中国法制出版社2006年版，第130页。
[2]　付翠英：《破解企业破产的10大法律难题》，中国法制出版社2008年版，第88页。

根据新破产法第 31 条的规定，我们有理由认为管理人可以请求法院撤销破产企业在破产申请前 1 年内进行的公益捐赠。因为该条只规定，破产申请前 1 年内的无偿转让财产行为，管理人可以请求人民法院撤销，不存在"法律另有规定除外"这样的但书条款。所以尽管《合同法》第 186 条规定公益捐赠不能被撤销，但是属于新破产法第 31 条规定的无偿转让财产的公益捐赠可以由管理人请求人民法院撤销，以追回破产财产。

【案例分析】

[案情]　　尚志市一面坡葡萄酒厂是以生产"紫梅"、"香梅"、"金梅"等品牌酒为主的全民所有制企业。该厂拥有职工 919 名，固定资产 880 万元，截止 1992 年末，亏损 1877 万元，此时企业破产适用旧破产法的规定，即国有企业破产应征得上级主管部门的同意。该酒厂征得其主管部门尚志市工业局同意后，向法院递交了破产申请书，法院审查相关材料后，于 1993 年 6 月 4 日裁定受理该酒厂破产案。之后，法院了解到 1990 年尚志市工业局为使该厂摆脱债务，重整旗鼓，从该酒厂分立出干酒分厂、啤酒分厂、白酒分厂、果酒分厂、药酒分厂等 5 个具有法人资格的分厂，同时该酒厂以总厂名义继续保留。5 个分厂分别都在工商管理部门领取了企业法人执照，5 个分厂通过向总厂租赁设备展开生产经营。为防止财产流失，使全体债权人得到公平清偿，应债权人之一——尚志市工商银行的申请，尚志市人民法院于 1993 年 5 月 21 日裁定查封该酒厂及其 5 个分厂的全部厂房、设备，冻结其银行存款。尚志市人民法院认为，该酒厂符合我国旧破产法第 3 条第 1 款规定的破产界限，即"企业因经营管理不善造成严重亏损，不能清偿到期债务"，于 1993 年 9 月 18 日裁定宣告其破产。同时，法院还认为，一面坡葡萄酒厂成立分厂时，没有清理企业的债权和债务，所有债务仍由该酒厂承担，分厂虽取得企业法人营业执照，但租赁该酒厂的设备，没有自己独立的财产，缺乏独立承担民事责任的能力，实际并不具备企业法人资格，如果分厂不破产将损害债权人的利益。法院在征得该酒厂上级主管部门的同意后，决定将 5 个分厂一并破产。

[问题]　　该酒厂分立出 5 个分厂的行为是否有效？

[分析]　　法人企业的分立是一个企业法人分立为两个或两个以上企业法人的行为。有派生分立和新设分立两种：派生分立中原企业法人继续存续；新设分立中原企业法人消灭。

从分立时间上看，一面坡葡萄酒厂分立于 1990 年，此时该厂已历经几次整顿，但依然亏损，之后在 1993 年，该酒厂向法院提起了破产申请，分立前的债务全部由继续存续的总厂承担，这显然是利用法人人格互相独立而逃避债务的"金蝉脱壳"之计。根据新破产法第 33 条，葡萄酒厂设立 5 个分厂的行为应当被认定为"为逃避债务而隐匿、转移财产"的行为，是无效行为。人民法院不应向本案当中的法院那样，宣告分厂破产，而可以直接裁定由工商局吊销其营业执照，并对分厂的财产进行查封、扣押，将其财产纳入该葡萄酒厂的破产财产，而分厂的债权人也应被认定为该酒厂的债权人。

需要指出的是，本案中尚志市人民法院将 5 个分厂一并依职权宣告破产的做法，是在旧破产法下所采取的不得已的做法，旧破产法第 35 条规定："人民法院受理破产案件前 6 个月至破产宣告之日的期间内，破产企业的下列行为无效：①隐匿、私分或者无偿转让财产；②非正常压价出售财产；③对原来没有财产担保的债务提供财产担保；④对未到期的债务提前清偿；⑤放弃自己的债权。破产企业有前款所列行为的，清算组有权向人民法院申请追回财产，追回的财产，并入破产财产。"依据该规定，本案中的葡萄酒厂的分立不属于无效行为，人民法院不能直接将分厂的全部财产并入葡萄酒厂，用以清偿葡萄酒厂的债权人，换句话说，分厂在形式上还是独立的法人，所以人民法院只能变通适用《民法通则》第 44 条第 2 款："企业法人分立、合并，它的权利和义务由变更后的法人享有和承担。"即主张葡萄酒厂分立前的对外债务，应由各分厂承担连带责任，以此宣告葡萄酒厂分立出的 5 个分厂也一并破产。

另外值得一提的是，5 个分厂的破产程序不能由尚志市人民法院依职权启动，这是因为旧破产法奉行申请主义，即破产程序只能因债务人、债权人的破产申请而启动，[1] 人民法院不得依职权启动破产程序。新破产法秉承了这一做法，在破产程序的启动上也奉行申请主义。

第三节　破产取回权

【基本理论】

一、破产取回权的意义

破产取回权指在破产程序开始后，财产权利人向破产管理人主张，取回不属于破产财产但由管理人占有或支配的财产的权利。

---

[1]　《企业破产法（试行）》第 7 条规定："债务人不能清偿到期债务，债权人可以申请宣告债务人破产。"

　　《企业破产法（试行）》第 8 条规定："债务人经其上级主管部门同意后，可以申请宣告破产。"

取回权具有下列特征：

1. 取回权的标的物不属于破产财产。破产程序开始，破产管理人即接管破产债务人实际控制的各项财产，这些财产在大陆法系也被称作现有财团，现有财团和破产债务人的破产财产并不完全吻合：现有财产中不属于破产债务人的财产，应由财产的权利人取回，即从现有财团中减掉；而那些本属于破产财产，但管理人并没有实际控制的财产，则应当由管理人追回，即加进现有财团。这些减法、加法做完后，现有的财团才能和破产财产划等号，也即和大陆法系的法定财团划等号。

这其中，从现有财团中减掉的即是取回权的标的物。因此，我们可以很清楚地看到取回权和别除权的区别：别除权的标的物属于破产财产，但取回权的标的物不属于破产财产。

2. 取回权本质上属于民法上的物的返还请求权。取回权人基于所有权、用益物权、担保物权或基于合同关系之上的合法占有，对特定的物享有物的返还请求权。

有学者认为取回权在性质上属于第三人对执行标的的异议权，即在个别强制执行中，在第三人对执行标的有足以排除强制执行的权利时，可在执行程序终结前提起针对债权人的异议之诉。这种观点实质是将破产程序等同于强制执行程序，使破产管理人成为该异议诉讼的被告，增加了破产程序的难度和费用支出，也增加了取回权行使的复杂程度。更多学者主张取回权属于实体法上物的返还请求权，是财产权利人在民法上自始享有的权利，而不是破产法新创设的权利。[1]

二、破产取回权的分类

依破产管理人是否实际占有财产权利人可以取回的标的物为标准，可以把取回权划分为一般取回权和特殊取回权两类。特殊取回权又分为出卖人取回权和行纪人取回权。一般取回权的标的物为破产管理人实际控制；特殊取回权的标的物尚未被破产管理人实际控制。我国新破产法第38条规定："人民法院受理破产申请后，债务人占有的不属于债务人的财产，该财产的权利人可以通过管理人取回。但是，本法另有规定的除外。"此条文规定了我国的一般取回权。第39条规定："人民法院受理破产申请时，出卖人已将买卖标的物向作为买受人的债务人发运，债务人尚未收到且未付清全部价款的，出卖人可以取回在运

---

〔1〕 参见李永军：《破产法律制度》，中国法制出版社2000年版，第236页。张卫平：《破产程序导论》中国政法大学出版社1993年版，第229页。陈荣宗：《破产法》，三民书局1986年版，第80页。

途中的标的物。但是，管理人可以支付全部价款，请求出卖人交付标的物。"此条文则是对特殊取回权中出卖人取回权的规定。

（一）一般取回权

如上所述，一般取回权指在破产程序开始后，财产权利人向破产管理人取回由其实际控制，但不属于破产财产的权利。财产权利人在破产程序开始前取回财产的不构成取回权。破产程序开始，破产财产由管理人接管，所以财产权利人的取回权只能向管理人主张。

1. 一般取回权的基础权利。取回权的基础权利主要是所有权，比如加工承揽人破产时，定作人取回定作物；承运人破产时，托运人取回托运物；承租人破产时，出租人收回出租物；保管人破产时，寄存人或存货人取回寄存物或仓储物；受托人破产时，信托人取回信托财产等。此外，担保物权、用益物权和合法的占有权都可以成为一般取回权的基础权利。

（1）所有权保留买卖中存在出卖人取回权。所有权保留买卖伴随买卖中的分期付款方式产生，指出卖人与买受人约定，由买受人占有、使用买卖标的物，但在买受人付清全部价金前，出卖人保留其对标的物的所有权。这不仅有益于出卖人的价金支付请求权的实现，而且也使买受人在付清全部价金之前，可以占有、使用与收益买卖标的物。在所有权保留买卖中，买受人一旦进入破产程序，出卖人是否可以取回买卖标的物？

对此，有学者主张，所有权保留买卖中出卖人享有的是担保物权，出卖人设定所有权保留的目的，在于保障其出卖物的价款得到全部受偿，所以，出卖人保留所有权就相当于动产抵押，在买受人未付清全部价款而开始破产程序时，出卖人基于其担保物权享有别除权。

台湾学者陈荣宗则认为，依德国通说，保留所有权之动产系附停止条件之移转所有权。于买受人破产之情形，出卖人因买卖价金尚未全部受偿而仍然为物的所有权人，故保留所有权之出卖人，得主张取回。惟破产管理人得清偿买卖价金，使停止条件成就而取得所有权。于出卖人破产之情形，出卖人仍然为物之所有权人，买受人尚未取得所有权，故买受人不能主张取回。惟买受人得清偿买卖价金而取得所有权。[1] 我国最高人民法院《关于审理企业破产案件若干问题的规定》第71条第7项规定，债务人在所有权保留买卖中尚未取得所有权的财产不属于破产财产，这意味着我国立法采取了德国通说。

（2）让与担保中是否存在让与担保权人的取回权？让与担保作为一种意定

____

[1] 出卖人破产时，虽买卖标的物的所有权属于出卖人，但买受人可以依留置权留置该买卖标的物，从而使其已向买受人支付的价金债权得到优先清偿。

的担保形式，起源于罗马法上的信托让与。指债务人或第三人为提供担保而转移物的所有权，债务人或第三人转移所有权时一般不发生占有的转移，债务人保留在债务得到清偿后，向债权人请求返还物的权利，但在债务没有得到清偿时，债权人可以就让与担保物优先受偿。[1]

在让与担保中如让与担保的设定人破产，让与担保权人能否享有取回权？

对此，有学者持否定态度，比如台湾学者陈荣宗先生主张让与担保权人在债务人进入破产程序后，仅能行使别除权。否定的理由在于，在信托让与中，受托人享有的是形式上的所有权，信托人仍是真正的所有人。所以信托人破产，受托人不享有取回权，但享有别除权。也有学者持肯定态度，比如史尚宽先生就认为让与担保权人享有取回权，理由在于，让与担保在性质上属于附条件的所有权转移，在债务人破产时，债权人，即让与担保权人可以基于其所有权享有对让与担保物的取回权。

我们认为前一种观点比较可取。即债务人破产，让与担保权人享有别除权但不享有取回权。

2. 一般取回权的行使。

（1）取回权的行使须有时间限制。破产法上的取回权在破产宣告后才能形成。在破产财产分配前，如未行使取回权的，视为放弃行使取回权。破产财产分配后，再行使取回权的，不发生法律效力。

（2）取回权的行使不受破产程序限制，也无需通过诉讼程序（无争议时），只能向管理人主张行使取回权。

（3）权利人在取回定作物、保管物等财产时，存在相应给付义务的，应向管理人交付加工、保管等费用后，方得取回。

（4）取回权的行使只限于取回原物。如在破产案件受理前，原物已被破产人卖出，就不能再要求取回价款，只能以物的卖价作为破产债权要求清偿。原物的售出或灭失，使取回权消灭，转化为破产债权。但是，如果原物是在破产宣告后被管理人售出，则取回权人有权要求管理人归还出售款，而不是将其作为破产债权接受比例清偿。[2]

---

〔1〕 让与担保的实现方式有：①归属清算，即担保人将标的物予以公正的估价，标的物的所有权确定地由担保人取得，从而使债权得到清偿；②处分清算，即由担保权人将标的物予以变卖，将出卖的价金清偿债权。换句话说，让与担保中担保权的实现必须经过对让与担保物的协议估价或拍卖、变卖程序。参见韩长印主编：《破产法学》，中国政法大学出版社 2007 年版，第 137 ~ 138 页。

〔2〕 最高人民法院《关于审理企业破产案件若干问题的规定》第 72 条第 2 款规定："前款财产在破产宣告前已经毁损灭失的，财产权利人仅能以直接损失额为限申报债权；在破产宣告后因清算组的责任毁损灭失的，财产权利人有权获得等值赔偿。"

（二）特殊取回权

特殊取回权不同于一般取回权之处在于，其取回权标的物没有被破产管理人实际控制。特殊取回权又包括出卖人取回权和行纪人取回权。

1. 出卖人取回权。出卖人取回权指买受人进入破产程序后，出卖人取回其已向买受人发运，但买受人尚未收到且未付清全部价款的买卖标的物的权利。出卖人取回权起源于英国，当时的英国衡平法院认为在隔地买卖中，出卖人将标的物发运后即丧失占有，而此时，如买受人尚未付清全部价款就陷于支付不能，若不准出卖人将运送中的货物停止送交买受人，则出卖人仅能按一般破产程序接受比例清偿，这无异于用出卖人的财产清偿买受人对他人的一般债务。故衡平法院赋予出卖人停止续送权。[1]

出卖人取回权有三个构成要件：①买受人在收到买卖标的物前进入破产程序。如果买受人在收到买卖标的物后进入破产程序，则出卖人只能就买卖价款享有破产债权，而不能就买卖标的物享有取回权。②出卖人已将买卖标的物发送完毕。如果出卖人尚未发送标的物，则无所谓出卖人取回权，出卖人只需依法定解除权解除买卖合同即可。③买受人尚未付清货款。如果买受人已付清货款，则买受人没有利益损失，无权取回标的物。这也正是我国新破产法第 39 条中所规定的："人民法院受理破产申请时，出卖人已将买卖标的物向作为买受人的债务人发运，债务人尚未收到且未付清全部价款的，出卖人可以取回在运途中的标的物。但是，管理人可以支付全部价款，请求出卖人交付标的物"的道理所在。

需要指出的是，出卖人取回权并不以买卖合同的解除为前提，出卖人取回权的基础是物权，而非买卖合同解除后产生的债权。[2]买受人进入破产程序后，在出卖人已向买受人发运了标的物且买受人未付清全部价款时，出卖人并不绝对拥有解除买卖合同的权利，因为如果破产管理人付清了全部价款，出卖人须依破产管理人的请求向买受人交付标的物，而不能解除合同。

2. 行纪人取回权。行纪人取回权指委托人进入破产程序后，行纪人向委托人发送其接受委托购入的货物，委托人尚未收到且未付清价款时，行纪人可取回该物的权利。行纪人取回权的原理和出卖人取回权基本相同，因此关于其构成要件，不再赘述。

（三）代偿取回权

代偿取回权指，当取回权的标的财产被非法转让时，财产的权利人从管理

〔1〕　陈计男：《破产法论》，三民书局 1992 年版，第 209～210 页。

〔2〕　李永军：《破产法律制度》，中国法制出版社 2000 年版，第 251 页。

第
六
章

人处取回与转让所得对等的财产的权利。[1] 代偿取回权最早见于德国、日本的破产法立法。《德国破产法》第48条规定："原本可以请求取回的标的在破产程序开始前被债务人或在破产程序开始后被管理人不正当出让的，以对待给付尚未履行为限，取回权人可以要求让与受领对待给付的权利。以对待给付可以从破产财产中分出为限，取回权人可以要求从破产财产中拨给对待给付。"[2]《日本破产法》第91条规定："①破产人于破产宣告前将取回权标的财产转让时可以请求转移对待给付请求权。破产管理人将取回权标的财产转让亦同。②于前款情形，破产管理人已接受对待给付时，取回权人可以请求给付破产管理人所受的对待给付。"[3]代偿取回权的价值在于保护取回权人的利益、维持公平。在我国，代偿取回权存在于下列两种场合：

1. 在破产程序开始前，如果破产债务人将不属于自己的财产，非法转让，但尚未接受转让对价的，财产权利人可以要求管理人转移其对价请求权以代替取回权。但如果受让人在破产程序开始前已支付对价，财产权利人则只能将其对破产人的不当得利返还请求权作为破产债权接受比例清偿。

2. 在破产程序开始后，如果破产管理人将不属于破产财产的财产非法转让，但尚未接受转让对价的，财产权利人也可以请求管理人转移其对价请求权。但如果管理人已经接受转让对价，财产权利人则可将该转让对价作为共益债权（也被称做财团债权）请求管理人全额赔偿。

此外，还有学者主张，若取回权标的物被非法转让，并且受让人已支付对价，只要该转让对价是可以和债务人破产财产相区别的财产，原财产权利人就应该享有取回该转让对价的代偿取回权；而如果该转让对价已不能和债务人破产财产相区别，则不存在代偿取回权，只存在破产债权或共益债权。具体来说：若非法转让发生在破产程序开始前，且转让对价和破产财产无法区别，财产权利人可将其对破产人的不当得利返还请求权作为破产债权，参与破产程序，接受比例清偿；若非法转让发生在破产程序开始后，且转让对价和破产财产无法区别，财产权利人可将其作为共益债权获得全额清偿。[4]

在破产申请受理后，破产程序终结前，代偿取回权人可随时向管理人请求取回财产。管理人收到取回权人的请求后，一经审核属实，即应予以返还。管理人拒绝权利人行使代偿取回权的，权利人可向受理破产的法院提起确认取回权之诉。权利人胜诉后可先行向管理人行使代偿取回权，管理人拒绝履行，其

〔1〕 王欣新：《破产法》，中国人民大学出版社2002年版，第196页。
〔2〕 李飞主编：《当代外国破产法》，中国法制出版社2006年版，第29页。
〔3〕 王书江、殷建平译：《日本破产法》，中国法制出版社2000年版，第310页。
〔4〕 韩长印主编：《破产法学》，中国政法大学出版社2007年版，第141页。

可向作出判决的破产法院申请强制执行。

三、我国的具体规定

我国新破产法第 38 条规定："人民法院受理破产申请后，债务人占有的不属于债务人的财产，该财产的权利人可以通过管理人取回。但是，本法另有规定的除外。"此条文规定了我国的一般取回权。

新破产法第 39 条规定："人民法院受理破产申请时，出卖人已将买卖标的物向作为买受人的债务人发运，债务人尚未收到且未付清全部价款的，出卖人可以取回在运途中的标的物。但是，管理人可以支付全部价款，请求出卖人交付标的物。"此条文规定了我国的出卖人取回权。遗憾的是我国新破产法没有规定行纪人取回权。同样我国新破产法也没有规定代偿取回权。

2002 年最高人民法院《关于审理企业破产案件若干问题的规定》第 71 条规定："下列财产不属于破产财产：①债务人基于仓储、保管、加工承揽、委托交易、代销、借用、寄存、租赁等法律关系占有、使用的他人财产；……⑤特定物买卖中，尚未转移占有但相对人已完全支付对价的特定物（特定物不太妥当，种类物也可）；⑥尚未办理产权证或者产权过户手续但已向买方交付的财产；⑦债务人在所有权保留买卖中尚未取得所有权的财产；⑧所有权专属于国家且不得转让的财产；⑨破产企业工会所有的财产[1]。"第 72 条第 1 款规定："本规定第 71 条第 1 项所列的财产，财产权利人有权取回。"第 2 款规定："前款财产在破产宣告前已经毁损灭失的，财产权利人仅能以直接损失额为限申报债权；在破产宣告后因清算组的责任毁损灭失的，财产权利人有权获得等值赔偿。"第 3 款规定："债务人转让上述财产获利的，财产权利人有权要求债务人等值赔偿。"该司法解释常常被学者们解释为我国的代偿取回权，但我们认为，该规定只表明在破产宣告前取回权标的财产灭失或非法处分的，取回权转化为破产债权；而在破产宣告后的取回权标的财产灭失或非法处分的，取回权转化为共益债权。最高人民法院上述规定的立法理由是，取回权针对的是特定的财产，特定的财产毁损或灭失将导致取回权消灭。如果财产毁损、灭失发生在破产程序开始前，财产权利人无法行使取回权，只能申报债权，这相当于债务人因财产毁损、灭失对权利人承担违约责任或者侵权责任一样，权利人根据债务人承担的违约责任或者侵权责任而享有破产债权。如果财产毁损、灭失发生在破产程序开始后，这相当于管理人因财产

---

[1]　破产企业拖欠的工会会费是比照取回权由工会取回，还是作为破产债权接受比例分配是一个值得探讨的问题。

毁损、灭失对权利人承担违约责任或者侵权责任一样，这属于共益债务，权利人据此可以获得全额赔偿。

【法律链接】

一、德国

《德国破产法》第47条规定："基于物上权利或人身权利可以主张一个标的不属于破产财产的人，非为破产债权人。该人取回该标的的请求权依照破产程序之外的法律确定。"第48条规定："原本可以请求取回的标的在破产程序开始前或在破产程序开始后被破产管理人不正当出让的，以对待给付尚未履行为限，取回权人可以要求让与受领对待给付的权利。以对待给付可以从破产财产中分出为限，取回权人可以要求从破产财产中拨给对待给付。"[1]

二、日本

《日本破产法》第七章整章（第87~91条）规定破产取回权。[2]其中第87条规定："破产宣告不影响从破产财团取回不属于破产人的财产的权利。"第88条规定："于破产宣告前向破产人让与财产者，不得以担保标的为理由取回其财产。"第99条规定："①于出卖人向买受人发送买卖标的物情形，如买受人于未全额清偿其价金，且未于到达地全部受领其物品期间受破产宣告，出卖人可以取回其物品。但是，破产管理人不妨支付价金金额而请求交付其物品。②前款规定不适用第59条[3]的规定。"第90条规定："前条第1款规定，准用于受委托购买物品的行纪人向委托人发送物品情形。"第91条规定："①破产人于破产宣告前将取回权标的财产转让时，权利人可以请求转移对待给付请求权。破产管理人将取回权标的财产转让亦同。②于前款情形，破产管理人已接受对待给付时，取回权人可以请求给付破产管理人所受的对待给付。"

【实务操作】 债务人占有的货币是否应被纳入破产财产？

第六章

---

[1] 李飞主编：《当代外国破产法》，中国法制出版社2006年版，第29页。

[2] 王书江、殷建平译：《日本商法典》，中国法制出版社2000年版，第309~310页。

[3] 《日本破产法》第59条规定："①关于双务契约，破产人及其相对人在破产宣告时尚未完全履行的，破产管理人可依其选择，或解除契约，或履行破产人的债务而请求相对人履行债务。②于前款情形，相对人可以对破产管理人定相当期间，催告其于期间内作出解除契约或请求履行债务的明确答复。管理人于该期间内不作明确答复时，视为解除契约。"

　　货币是一类特殊的物，货币的所有权归属一般遵循"持有即所有"的原则。但严格遵循这一原则，将得出以下推论：破产程序开始后，债务人持有的货币应全部被纳入破产财产，然而债务人占有的货币果真应全部被纳入破产财产吗？

　　对此，有三种观点。

　　有学者认为，应将法律或合同的特别规定视作"持有即所有"原则的例外。

　　有学者认为，如债务人占有的货币能够和债务人的其他财产相区别，则不应被纳入破产财产，而应由权利人取回；否则，应纳入破产财产。为进一步论证上述观点，该学者举例如下：债务人为证券公司，收到 A 股民的 10 万元保证金后，将该 10 万元保证金与其他股民的 500 万元保证金以及其自有资金 1000 万元一起存放在银行的基本账户上，该证券公司进入破产程序后，基本账户上只有 100 万元，此时 A 股民和其他股民一样不能取回其保证金，因为该 510 万元保证金已经和证券公司的 1000 万元自由资金无法区别。但若证券公司将该 510 万元单独开立账户存储，则 A 股民和其他股民可以取回该 510 万元。另外，假使证券公司在进入破产程序前使用了单独保证金账户上的 510 万元，致使破产程序开始时，该账户只剩下 205 万元，则 A 股民和其他股民可以取回这 205 万元，即 A 股民取回 5 万元保证金，其他股民取回 200 万元保证金，剩余无法取回的保证金，作为对证券公司享有的破产债权接受比例清偿。[1]

　　还有学者认为，只有法律的特别规定应被视作"持有即所有"原则的例外，合同的特殊约定不能视作例外。[2]

　　我们认为最后一种观点比较可取，也就是说，除非法律有特别规定，否则债务人持有的货币都应被视作债务人所有的财产纳入破产财产，分配给债权人。

【案例分析】

　　[案情]　　1999 年 1 月 11 日，广东国际信托投资公司以（下简称广东国投公司）以严重资不抵债、无法偿付到期巨额债务为由，向广东省高级人民法院申请破产。广东省高级人民法院经审理查明：广东国投公司原名为广东省信托投资公司，1980 年 7 月经广东省人民政府批准在广州市工商行政管理局注册成立，系全民所有制企业法人。1983 年经中国人民银行批准为非银行金融机构并

---

〔1〕　韩传华：《企业破产法解析》，人民法院出版社 2007 年版，第 142 页。
〔2〕　付翠英：《破解企业破产的 10 大法律难题》，中国法制出版社 2008 年版，第 174 页。

享有外汇经营权；1984 年 3 月经广东省工商行政管理局注册登记更改名称为广东国际信托投资公司，注册资金为 12 亿元。1992 年以来，广东国投公司由于经营管理混乱，存在大量高息揽存、账外经营、乱拆借资金、乱投资等违规经营活动，导致不能支付到期巨额境内外债务，严重资不抵债。1998 年 10 月 6 日，中国人民银行决定关闭广东国投公司，并组织关闭清算组对其进行关闭清算。关闭清算期间广东国投公司的金融业务和相关的债权债务由中国银行托管，广东国投公司属下的证券交易营业部由广东证券有限责任公司托管，其业务经营活动照常进行。自 1998 年 10 月 6 日至 1999 年 1 月 6 日为期 3 个月的关闭清算查明，广东国投公司的总资产为 214.71 亿元，负债 361.65 亿元，总资产负债率为 168.23%，资不抵债 146.94 亿元。1999 年 1 月 11 日，中国银行发布《关于清偿原省国投自然人债权的公告》，鉴于广东国投公司已严重资不抵债、无力偿还巨额债务，对自然人债权的清偿，只支付本金，不支付利息；中国银行清偿广东国投公司自然人债权后，中国银行广东省分行代广东省财政厅依法申报债权，以普通债权人的身份按破产清偿顺序受偿。广东省高级人民法院认为：《企业破产法（试行）》第 3 条第 1 项规定："企业因经营管理不善造成严重亏损，不能清偿到期债务的，依照本法规定宣告破产。"第 8 条规定："债务人经其上级主管部门同意后，可以申请宣告破产。"广东国投公司管理极度混乱，严重资不抵债，不能清偿境内外巨额到期债务，符合法律规定的破产条件，法院于 1999 年 1 月 16 日裁定：①广东国投公司破产还债；②指定清算组接管广东国投公司。

　　[问题]　股民的保证金是否属于破产财产？

　　[分析]　在该案中，广东国投公司下属的证券营业部代理所有在证券营业部开户的自然人和机构投资者，并在证券交易所交易时普遍存在挪用股民保证金的情况。当时广东高院内部有两种意见。

　　一种意见认为，被挪用的股民保证金属于侵权之债，即广东国投公司证券营业部与股民之间因挪用保证金形成了侵权法律关系，股民不能申请保证金取回权，只能作一般债权确认。

　　另一种意见认为，股民保证金属于股民，股民可以行使取回权。理由是股民保证金是股民委托证券机构代理买卖股票的结算资金，证券机构只是代管，证券机构应当将保证金设立专门账户进行管理，严禁挪用股民保证金。广东国投公司证券营业部，挪用股民保证金，用于对外贷款和透支后，造成损失，过错在于广东国投公司证券营业部，并且证券营业部挪用某特定股民保证金后，在该股民保证金账户上并无记录，所以证券营业部的这一过错不应导致股民保证金的所有权改变。股民保证金相当于信托关系中的信托财产，不应当遵循

"持有即所有"的原则被归入广东国投公司，成为其破产财产，而应当根据法律的特殊规定，即《信托法》第15、16条，[1] 归股民所有，由股民行使取回权。[2] 最后，广东高院采纳了第二种意见，准予被债务人挪用了保证金的股民行使取回权，清算组应全额支付。

第四节 破产抵销权

【基本理论】

一、破产抵销权的意义

破产抵销权指在破产程序中，破产债权人不依破产财产的分配程序，直接将自己对破产债务人享有的债权和自己对其负有的债务，向管理人主张抵销，以受偿其债权的权利。

新破产法第40条规定："债权人在破产申请受理前对债务人负有债务的，可以向管理人主张抵销。但是，有下列情形之一的，不得抵销：①债务人的债务人在破产申请受理后取得他人对债务人的债权的。②债权人已知债务人有不能清偿到期债务或者破产申请的事实，对债务人负担债务的；但是，债权人因为法律规定或者有破产申请1年前所发生的原因而负担债务的除外。③债务人的债务人已知债务人有不能清偿到期债务或者破产申请的事实，对债务人取得债权的；但是，债务人的债务人因为法律规定或者有破产申请1年前所发生的原因而取得债权的除外。"

破产抵销权是民法上债的抵销制度在破产法上的延伸，然而在破产法和民法上，其功能侧重却有所不同。民法上规定债的抵销制度主要是为了节约债的履行

---

[1] 《信托法》第15条规定："信托财产与委托人未设立信托的其他财产相区别。设立信托后，委托人死亡或者依法解散、被依法撤销、被宣告破产时，委托人是唯一受益人的，信托终止，信托财产作为其遗产或者清算财产；委托人不是唯一受益人的，信托存续，信托财产不作为其遗产或者清算财产；但作为共同受益人的委托人死亡或者依法解散、被依法撤销、被宣告破产时，其信托受益权作为其遗产或者清算财产。"

《信托法》第16条规定："信托财产与属于受托人所有的财产（以下简称固有财产）相区别，不得归入受托人的固有财产或者成为固有财产的一部分。受托人死亡或者依法解散、被依法撤销、被宣告破产而终止，信托财产不属于其遗产或者清算财产。"

[2] 我们认为，证券营业部挪用股民的保证金后，股民的所有权不应被转换为不当得利返还请求权，即破产债权。原因在于在法律有特殊规定的情况下，货币的所有人依据法律的特殊规定来确定。股民的保证金是货币，因此根据《信托法》第16条，股民保证金归股民所有，由股民从破产财产中取回。

成本，但在破产法上则主要是强调其债的担保功能，即在债务人进入破产程序后，使得本身对债务人负有债务的债权人优先于其他债权人获得清偿。所以破产法上的抵销权制度作为一种特殊的允许破产债权个别清偿的制度，不仅以民法上债的抵销制度作为其理论基础，还有其制度存在的特殊原因，即实现破产债权人和破产债务人之间的公平受偿。因为在破产程序开始后，如不允许破产债权人以债权抵销其对破产债务人负有的债务，将意味着破产债务人可以请求破产债权人全额清偿，但破产债权人只能请求破产债务人比例清偿，对破产债权人来说不公平。对此，日本学者石川明有一段精彩的阐释："如果不允许抵销，就会产生不公平的现象，即自己欠破产财团的债务被要求全面履行；与此相对，自己拥有的债权，作为破产债权，只能受到按比例的平均的清偿。"〔1〕也有一些国家禁止破产抵销，比如法国，禁止的理由主要在于，破产抵销违反了破产法将破产财产公平分配给全体债权人的立法宗旨，使享有抵销权的破产债权人较之于其他破产债权人得到的清偿更多。我们认为这种理由固然有其合理的一面，但这种合理是以牺牲个别债权人的利益为代价的，它带来一个严重的后果，即"法律强制能够抵销的债权人'自残'"，〔2〕使债权人虽明知债务人丧失偿债能力，但仍必须依法律的强制，清偿其对债务人负有的债务。因此，我们认为破产法规定的破产抵销权制度，相对来说更公平，更能体现公平和正义。

和民法上债的抵销制度相比，破产法上的抵销权有以下特征：

1. 破产法上的抵销权人只能是破产债权人，破产管理人不能主张抵销。破产法中用作抵销的债权被称为主动债权，主动债权只能是破产债权人享有的债权；被抵销的债权称作被动债权，被动债权只能是破产债务人享有的债权。不允许破产管理人以破产债务人享有的债权，作为主动债权，抵销破产债权。因为破产债务人所享有的债权属于破产财产，若由管理人将其作为主动债权来抵销破产债权，实际上就等于主动放弃应当划入破产财产的受偿利益，反而使破产债权避免了全部依破产财产分配比例获得清偿而遭受的损失。所以基于管理人必须为全体债权人利益考量的理念，不允许破产管理人以破产债务人享有的债权主张抵销。

2. 破产债权人可以就不同种类的债权主张抵销。破产抵销权不像民法中的法定抵销权那样，要求被抵销的债权种类相同，且均已届清偿期。因为伴随破产程序的开始，未到期的债权被视为已到期，〔3〕非货币财产债权也一律被折合

---

〔1〕　［日］石川明：《日本破产法》，何勤华、周桂秋译，中国法制出版社2000年版，第133页。

〔2〕　付翠英：《破解企业破产的10大法律难题》，中国法制出版社2008年版，第223页。

〔3〕　《企业破产法》第46条规定："未到期的债权，在破产申请受理时视为到期。附利息的债权自破产申请受理时起停止计息。"

为货币债权，甚至附条件债权、附期限债权和诉讼、仲裁未决债权也可以作为破产债权。[1] 换句话说，破产程序的开始意味着各类债权等质化。正因如此，有些学者强调只能就种类相同且均已届清偿期的债权主张破产抵销权。[2]其实这只是看问题角度不同罢了。

3. 破产法上抵销权的制度价值主要在于担保特定破产债权的实现，次价值在于节约债的履行成本，但民法上债的抵销制度则刚好相反。

二、破产抵销权的行使

（一）破产抵销权的适用范围

债权人主张破产抵销权时需要解决的首要问题是界定破产抵销权的适用范围，换句话说，破产抵销权能够适用于哪些债权？债权人对破产债务人享有的哪些债权可以主张抵销？破产债务人拥有的哪些债权可以被抵销？概括起来，债权人对破产债务人拥有的债权，大致有三类：①破产债权；②破产费用和共益债权；③除斥债权或劣后债权。这三类债权是否都可以作为主动债权，主张破产抵销权呢？破产债务人拥有的债权，概括起来，大致也有两类：属于破产财产的债权和属于自由财产的债权，这两类债权是否都可以作为被动债权在破产程序中被抵销呢？

1. 破产债权。破产债权是债权人于破产程序开始时享有的，在破产程序中经依法申报、确认后，依破产清算程序受偿的债权。[3] 破产债权和属于破产债务人财产的债权相抵销，破产债权将可能获得完全受偿，而如果不抵销，破产债权就只能在破产清算程序中接受比例受偿。这使我们清楚的看到破产抵销的主要功能，即担保债的实现的功能。与此相区别，民法上的抵销的主要功能则在于简化债的履行，节约履行成本。原因在于，民法上的债权即使不通过抵销而完全受偿，也会通过清偿而完全受偿。也就是说，破产债权作为主动债权，在破产程序中和属于破产债务人财产的债权相抵销，体现了破产抵销权独有的功能，它是破产抵销权的适用对象。

---

[1]　《企业破产法》第47条规定："附条件、附期限的债权和诉讼、仲裁未决的债权，债权人可以申报。"

[2]　付翠英：《破解企业破产的10大法律难题》，中国法制出版社2008年版，第224页。

[3]　叶林、黎建飞主编：《商法学原理与案例教程》，中国人民大学出版社2006年版，第318页。需要指出的是，该定义虽然符合《企业破产法》第107条第2款："债务人被宣告破产后，债务人称为破产人，债务人财产称为破产财产，人民法院受理破产申请时对债务人享有的债权称为破产债权。"但我们认为，破产债权不仅存在于破产清算程序中，也存在于破产和解程序、破产重整程序中，因此不应在破产债权的定义中强调破产债权在破产清算程序中受偿。

需要说明的是，能够在破产程序中主张抵销的破产债权，在时间上必须成立于人民法院受理破产申请前。并且新破产法第 40 条第 3 项规定："债务人的债务人已知债务人有不能清偿到期债务或者破产申请的事实，对债务人取得债权的；但是，债务人的债务人因为法律规定或者有破产申请 1 年前所发生的原因而取得债权的除外。"债权即使成立于破产申请被受理前，但如果取得债权的债权人明知债务人不能清偿到期债务或明知债务人有破产申请事实的，也不能主张抵销。这种对破产债权时间上的限定，目的在于防止债权人恶意利用破产抵销权，逃避债务，损害其他债权人利益。因为对破产债权人来说，主张破产抵销所实现的清偿额肯定要高于参与破产程序分配所获得的清偿额，所以破产程序中的债权人往往会挖空心思主张破产抵销权。因此，为了不给恶意债权人制造可乘之机，为了制止债权人借破产抵销权逃避债务，损害其他破产债权人的利益。新破产法第 40 条特别规定，成立于破产申请被受理前且取得债权时债权人没有恶意的破产债权方可主张抵销。

此外，依据最高人民法院《关于审理企业破产案件若干问题的规定》第 60 条第 2 款的规定："经确认的破产债权可以转让。受让人以受让的债权抵销其所欠债务人债务的，人民法院不予支持"，能够主张抵销的破产债权一旦被转让，即丧失破产抵销权。和新破产法第 40 条一样，该规定也是为了防止对债务人负有债务的人为逃避债务，恶意受让他人对债务人享有的债权。[1]

2. 破产费用和共益债务。破产费用是为了使破产程序顺利进行以及使破产财产得到管理、处分、分配所必须支付的费用；共益债务是为全体债权人的利益而共同负担的债务。破产费用和共益债务不受制于破产程序，它优先于破产债权，能随时、足额地得到清偿。以破产费用和共益债务作为主动债权在破产程序中主张抵销，是民法意义上的抵销。因为这种抵销不具备破产抵销权的主要功能，即担保债权完全得到受偿的功能，破产费用和共益债务即使不和债务人破产财产中的债权相抵销，也能完全受偿，是否和债务人破产财产中的债权相抵销，对其完全受偿没有影响。所以破产费用和共益债务不在破产抵销权的适用范围之内，以破产费用和共益债务作为主动债权主张抵销时，无需考虑破产抵销权的适用条件和行使程序。

3. 除斥债权。除斥债权，是破产法规定的不具有清偿资格的债权。我国破

---

[1] 举例来说：甲对破产债务人负有 1 万元债务，乙对破产债务人享有 1 万元破产债权，甲以 6000 元购买乙的 1 万元债权，之后向破产债务人主张抵销。假定破产程序中，破产债权的清偿比例是 20%，则由于甲主张破产抵销，破产财产损失了 8000 元，甲自己消灭了 4000 元的债务负担，乙通过转让债权，比在破产程序中多收益 4000 元，他们的收益加在一起，刚好是破产财产的损失，当然也是其他破产债权人的损失。

产法没有明确的除斥债权的概念，但新破产法第 46 条第 2 款规定："附利息的债权自破产申请受理时起停止计息。"这意味着，自破产申请受理之日起之后的债权利息不具有清偿资格，是除斥债权。我国台湾地区也有相应的立法例。我国台湾地区"破产法"第 103 条规定："下列各款不得作为破产债权：①破产宣告后的利息；②参加破产程序所支出的费用；③因破产宣告后的不履行所生的损害赔偿及违约金；④罚金、罚款及追征金。"

与除斥债权相类似的是劣后债权，劣后债权是指在破产债权受偿之后，尚有剩余财产时才可受偿的债权。《日本破产法》规定有劣后债权，其第 46 条规定："以下请求权后于其他破产债权：①破产宣告后的利息；②因破产宣告后的不履行所生的损害赔偿及违约金；③参加破产程序所支出的费用；④罚金、罚款、刑事诉讼费用、追征金及行政罚款等"。

除斥债权和劣后债权均使得相关债权被排除在破产分配之外，二者的区别在于，相关债权一旦被列为除斥债权，就不能在破产程序中得到清偿；而如果被列入劣后债权，则还可以在普通债权之后得到清偿。

我国新破产法将破产宣告后的利息排除于破产债权之外，实质是将其视为除斥债权。此外，根据最高人民法院《关于审理企业破产案件若干问题的规定》第 61 条，下列债权也属于除斥债权：①惩罚性质的费用，如行政、司法机关对破产企业的罚款和罚金以及有关费用，法院受理破产案件后债务人未支付应付款项的滞纳金；②债权人参加破产程序所支出的成本费用，如参加债权人会议的差旅费等；③因破产宣告而解除合同的违约金；[1] ④破产财产分配开始后才向清算组，即现《企业破产法》中的破产管理人，申报的债权；⑤超过诉讼时效的债权；⑥债务人开办单位未收取的管理费、承包费。

由于除斥债权是破产程序中不具备清偿资格的债权，所以，它不能和属于破产债务人财产的债权相抵销。与此不同，由于在破产程序中劣后债权是在破产债权受偿之后尚有剩余财产时可受偿的债权，所以在破产财产清偿破产债权后有剩余时，劣后债权可以和这部分剩余财产中的债权相抵销。

4. 属于破产债务人的自由财产。自由财产作为破产财产的例外，只存在于自然人适用破产程序的场合，如果一国的破产法只适用于企业法人，比如我国新破产法，则不存在自由财产的概念。属于破产债务人的自由财产在破产程序中能否被破产债权抵销？对此有三种观点：

---

[1]　最高人民法院《关于审理企业破产案件若干问题的规定》第 55 条第 1 款第 5 项和第 2 款规定："下列债权属于破产债权：……⑤清算组解除合同，对方当事人依法或者依照合同约定产生的对债务人可以用货币计算的债权；……""以上第⑤项债权以实际损失为计算原则。违约金不作为破产债权，定金不再适用定金罚则。"

一种观点认为，应当禁止，理由在于，自由财产专属于破产债务人，是破产债务人及其家属日常生活必需的财产。如果允许其被破产债权抵销，则违背公序良俗，违背建立自由财产制度的立法宗旨。

另一种观点认为，应当允许，理由在于，自由财产被排除在破产财产之外，是破产债务人可以自由支配的财产。破产债权和属于债务人的自由财产相抵销不应受破产程序约束，这种抵销不属于破产抵销，而属于民法上的抵销。只要其符合民法上抵销的条件，就应当允许。

还有一种观点认为，在破产债权人主张抵销时应不允许；但如果破产债务人主张抵销则应当允许。理由在于，自由财产既然是破产债务人可以自由支配的财产，则是否和破产债权相抵销，自然应当由破产债务人自己决定。破产债务人自愿主张抵销，是对其自身权益的自愿放弃，法律自应当允许。但如允许破产债权人主张抵销，则意味着破产债务人对其自身权益的被动放弃，显然应当禁止。相比之下，第三种观点更为可取。

（二）破产抵销权的适用条件

1. 只能以破产债权作为主动债权。前已述及，破产抵销权的主张一旦成立，一方面意味着破产债权在被动债权（即属于破产债务人财产的债权）的额度范围内获得清偿；另一方面则意味着破产财产的减少，以及其他破产债权人可获清偿比例的降低，这对其他破产债权人是极其不利的。所以，能够作为主动债权主张破产抵销的必须是破产债权，换句话说，管理人不拥有破产抵销权。如果破产债权人不向破产管理人行使抵销权，以其破产债权抵销对破产债务人负有的债务（也即属于破产债务人财产的债权），那么破产债权人就必须全额清偿其对破产债务人负有的债务，而其破产债权只能在破产程序中获得比例清偿。

2. 被抵销的债权都必须合法成立于破产申请被受理前。这是因为，如果被抵销的债权有任何一个成立于破产申请被受理后，都会对其他破产债权人不公。具体来说，如果对破产债务人的债权成立在破产申请受理后，则破产法推定，此时债权人已知该债权只能依破产程序获得清偿，所以此时如果允许其抵销，将使债权人不当获利。反之，如果对破产债务人的债务成立在破产申请受理后，则破产法推定，债务人取得债务时已知其债权只能依破产程序获得清偿，此时如果允许其抵销，也将使债务人不当获利。

3. 只能向管理人主张抵销。破产申请被受理标志着破产程序的开始，也标志着债务人丧失对其财产的管理权和处分权，而破产管理人获得对该财产的管理权和处分权。因此，债权人行使破产抵销权，只能向破产管理人主张。

4. 破产抵销权只能在破产程序开始后，破产财产的分配方案被提交债权人会议前主张。在破产程序中，破产债权人一旦主张抵销，在直接导致破产财产减少的同时，将间接导致破产管理人已拟定好的破产财产分配方案被修改，这无疑将影响破产程序的有效进行。所以，虽然我国新破产法第40条没有明确规定行使破产抵销权的起止时间，但有学者认为破产抵销权的行使期间，始于破产申请被受理后，止于破产管理人向债权人会议提交其拟定的破产财产分配方案前。[1] 其理由在于，如果在破产管理人向债权人会议提交其拟定的破产财产分配方案之后，破产债权人可以主张抵销，那么管理人将必须拿回其已提交的破产财产分配方案，并依据因破产抵销而减少的破产财产，重新修订分配方案，重新将分配方案提交债权人会议通过，这不仅耗时耗力，浪费司法资源，也将使破产财产分配方案无法确定下来。我们认为该观点值得肯定。[2]

三、禁止抵销的情形

1. 破产债务人的债务人在破产申请受理后取得他人对债务人的债权的，不得主张抵销。这种情况下，破产债务人的债务人本来只对破产债务人负有债务，并不拥有债权。但在破产申请受理后，他受让了第三人对破产债务人的债权。由于其受让破产债权发生在破产申请受理后，因此破产法推定，此时债务人已知其受让的债权属于破产债权，已知该债权只能依破产程序获得清偿，也就是说债务人在受让该破产债权时，并没有该破产债权能得到全部实现的预期。在这种情况下，如果允许该破产债权和债务人原来就对破产债务人负有的债务相抵销，就意味着破产债权能得到全部清偿，[3] 意味着债务人的不当获利。因此

---

〔1〕 此外韩传华先生还进一步认为，在重整、和解期间，破产债权人的抵销权也应得到保证，参见韩传华：《企业破产法解析》，人民法院出版社2007年版，第151页。

〔2〕 《企业破产法（草案）》第123条曾规定："债权人在破产案件受理前对破产人负有债务的，可以在破产财产分配方案公告前向管理人主张抵销。"这也能部分说明，行使破产抵销权应当在破产程序开始后，破产财产的分配方案被提交债权人会议前。

　　另外，有两种情况可以看做是对上述行使破产抵销权时间限制的例外：①在向债权人会议提交破产财产分配方案之后，终止执行职务之前，破产管理人又发现破产债权人对破产债务人负有债务的，破产债权人可以其未获清偿的债权主张抵销；②在破产程序终结后，又发现破产债权人对破产债务人负有债务的，在其他债权人向破产债权人主张清偿时，破产债权人可以其未获清偿的债权主张抵销。

〔3〕 确切地说，是获得抵销的部分债权的全部清偿。因为，没有获得抵销的破产债权将只能依破产程序获得清偿。

破产法对此予以禁止。[1]

　　需要指出，新破产法没有为这类禁止抵销规定例外条款，从而将使那些基于继承、保险代位权等法定原因发生的债权让与也被禁止抵销，这似乎不够周全。[2]

　　2. 债权人在破产申请被受理前，已知债务人有不能清偿到期债务或破产申请的事实而对债务人负担债务的，不得主张抵销。这种情况下，债权人本来只对破产债务人享有债权，并不对其负担债务，无从主张破产抵销，但在破产申请被受理前，债权人又受让了第三人对破产债务人负担的债务。如果此时，债权人对破产债务人不能清偿到期债务或被破产申请的事实并不知情，则可以肯定其受让债务时，不存在利用破产抵销使债务不获实际履行的主观恶意，所以此时应允许债权人主张破产抵销。但如果债权人已知债务人不能清偿到期债务或被破产申请的事实，却仍受让第三人对债务人负担的债务，则可以认为，债权人有利用破产抵销逃避债务实际履行的主观恶意，所以此时，禁止债权人主张抵销。

　　当然，如果债权人受让第三人对破产债务人负担的债务，是基于法律规定的原因或破产申请1年前的原因，则应当允许其抵销。这是因为，若受让债务是基于法律的规定，则不存在债权人利用破产抵销逃避债务实际履行的主观恶意；若受让债务发生在破产申请1年前，则可以认为债权人没有上述主观恶意。

　　3. 破产债务人的债务人在破产申请被受理前，已知债务人有不能清偿到期债务或破产申请的事实而取得对破产债务人的债权的，不得主张抵销。这种情况和上述第一种情况大致相同，都是本来只对破产债务人负有债务的人受让了第三人对破产债务人的债权，不同仅在于，后一种债权受让发生在破产申请受理之前，而且受让债权时，破产债务人的债务人已知破产债务人不能清偿到期债务或已知债务人被申请破产的事实，也就是说，已知该受让债权只能依破产程序获得清偿。在这种情况下，如果允许破产债务人的债务人以受让债权与其原债务相抵销，就等于使原来只能依破产程序获得清偿的债权，得到了全部清

---

〔1〕　最高人民法院《关于审理企业破产案件若干问题的规定》第60条第2款规定："经确认的破产债权可以转让。受让人以受让的债权抵销其所欠债务人债务的，人民法院不予支持。"将其和新破产法第40条的3种破产抵销权的例外情形相比较，你会发现，前者不考虑受让人的主观恶意，使转让后的破产债权绝对丧失抵销权的做法，太过绝对；相对而言新破产法第40条第3项："有下列情形之一的，不得抵销……③债务人的债务人已知债务人有不能清偿到期债务或者破产申请的事实，对债务人取得债权的；但是，债务人的债务人因为法律规定或者有破产申请1年前所发生的原因而取得债权的除外"的规定就周全很多。

〔2〕　韩长印主编：《破产法学》，中国政法大学出版社2007年版，第156页。

偿。这对于其他债权人来说显然不公平，因此破产法对此予以禁止。

当然，如果对破产债务人负有债务的人基于法律规定的原因或者在破产申请前1年，那么受让第三人对破产债务人的债权，则应当允许其抵销。原因和上述第2点相同，故此处不赘。

【法律链接】

一、德国

《德国破产法》第94条规定："破产债权人在破产程序开始时依法或依约定有权抵销的，此权利不因破产程序而受影响。"第95条规定："①在破产程序开始时，应予抵销的债权或其中之一尚附有延缓条件或未到期、或债权尚未指向同类型给付的，只在抵销前提成就时方可抵销。本法第41条和第45条不适用。应受抵销的债权在可以抵销之前无条件负担且已到期的，排除抵销。②债权以不同货币或计算单位表示的，以此种货币或计算单位在被抵销债权的支付地可以自由兑换为限，不因货币或计算单位不同而排除抵销。换算以抵销表示到达时当地的汇率牌价为准进行。"第96条规定："在下列情形，不准抵销：①破产债权人在破产程序开始之后始向破产财产负担某种财产义务；②破产债权人在破产程序开始之后始从另一债权人处取得其债权；③破产债权人系通过一项可撤销的法律行为而取得抵销权的可能性；④其债权应从债务人的自由财产中受偿的债权人向破产财产负担某种义务。以结算至迟于破产程序开始之日完成为限，本条第1款以及本法第95条第1款第3句不对抗《信贷业法》第1条第17款规定的关于金融担保的处分或由转账合同、支付合同或转让合同所产生的请求权和给付的结算，但此种处分或请求权及给付应已进入一个《信贷业法》第1条第16款规定的为实施上述合同所建立的体系。"第41条规定："①未到期债权视为已经到期；②未到期债权为无息的，应当以法定利率将其折现。未到期债权因此而减少至此数额，即债权的全部金额减去破产程序开始时起至程序到期时止的法定利息后所得的数额。"第45条规定："债权不以金钱为内容或其数额不确定的，应当以在破产程序开始时可以估定的价值主张。债权以外国货币或以某种计算单位表示的，应当按破产程序开始时支付地的市场价值换算为本国货币。"

二、日本

《日本破产法》第九章（第98～104条）整章规定了破产抵销权。[1] 其中

---

〔1〕 王书江、殷建平译：《日本商法典》，中国法制出版社2000年版，第311～312页。

第 98 条规定："破产债权人在破产宣告当时对于破产人负有债务者，可以不依破产程序而实行抵销。"第 99 条规定："破产债权人的债权，于破产宣告时如系附期限、附解除条件或第 22 条所载者时，亦无妨实行抵销。债务如系附期限、附条件或将来请求权时，亦同。"第 100 条规定："有附停止条件债权者或将来请求权者清偿其债务时，可以于债权额限度内，请求寄托其清偿额。"第 101 条规定："有附解除条件债权者实行抵销时，应就其抵销额提供担保或予以寄托。"第 102 条规定："①破产债权人的债权系无利息债权或定期金债权时，只能于扣除第 46 条第 5 项至第 7 项所载部分后的数额的限度内实行抵销；②第 22 条及第 23 条的规定，准用于破产债权人的债权。"第 103 条规定："①破产债权人为承租人时，只能就破产宣告时当期及次期的租金实行抵销。有押金时，关于以后的租金亦同。②前款规定准用于地租及佃租。"第 104 条规定："于下列情形，不得实行抵销：①破产债权人于破产宣告后对破产财团负担债务时；②破产债权人知有支付停止或破产申请而对破产人负担债务时。但是基于法定原因、基于破产债权人知道有支付停止或破产申请以前的原因或基于破产宣告 1 年前的原因而发生者时，不在此限；③破产人的债务人于破产宣告后取得他人的破产债权时；④破产人的债务人知有支付停止或破产申请后取得破产债权时。但是其取得是基于法定原因、基于债务人知道有支付停止或破产声请以前的原因或基于破产宣告 1 年前的原因而发生者时，不在此限。"

三、美国

《美国破产法》第 553 条是有关破产抵销权的规定。[1]　其内容如下："①除非本条和本法第 362、363 条另有规定，本法不会影响债权人向债务人抵销根据本法在破产案件开始之前针对该债权人的债权，除非针对该债务人的债权未被批准；或者在破产案件开始之后或提出破产申请之日前 90 天，该债权受让自某一经济实体而非债务人，并且此时债务人已处于无力偿债状态；再或者在提出破产申请之日前 90 天，债权人在已知债务人已处于无力偿债状态的情况下，以获得破产抵销为目的取得债权。②除了与本法第 362 条第 2 款第 6、7、14 项，第 365 条，第 546 条列明的抵销权有关，如果债权人在提出破产申请日或之前的90 天，抵销针对归属于债务人的共同债务，那么托管人可以恢复该债权人的抵销金额。"

---

[1]　李飞主编：《当代外国破产法》，中国法制出版社 2006 年版，第 587 页。笔者在引用该法条时，根据其原文略作修改。

【实务操作】　　司法实践中的疑难点

一、附条件的债权，附期限的债权如何行使破产抵销权？

1. 附期限而未到期的债权如何行使破产抵销权？依据新破产法第 46 条规定："未到期的债权，在破产申请受理时视为到期。附利息的债权自破产申请受理时起停止计息。"附期限而未到期的债权可以作为主动债权主张抵销，但抵销时应当扣除未到期部分的利息。

2. 附停止条件的债权如何行使破产抵销权？附停止条件的债权，又被称做附生效条件的债权，债权的生效依赖于债权人和债务人之间约定的、未来不确定发生的事实。因为附停止条件的债权将来是否能够生效，现在尚不能确定，所以在破产程序中，附停止条件的债权人不能直接以未生效的债权向破产管理人主张抵销，但他可以请求破产管理人提存他作为债务人向破产管理人已经履行的清偿。在破产财产最后分配前，若债权生效条件成就，以提存额抵销，即请求管理人交付提存额；若债权生效条件不成就，则提存额归入破产财产，分配给其他破产债权人。

3. 附解除条件的债权如何行使破产抵销权？附解除条件的债权，债权的失效依赖于债权人和债务人之间约定的、未来不确定发生的事实。因为附解除条件的债权在解除条件发生之前，是已经生效的债权，所以在破产程序中，其可以作为主动债权向破产管理人主张抵销，又因为解除条件一旦出现，债权将会失去法律效力，所以要求附解除条件的债权人在主张抵销时，应当向破产管理人提供充分的担保，或请求破产管理人提存其作为债务人向破产管理人已经履行的清偿。在破产财产最后分配前，若解除条件成就，附解除条件的债权人应返还被抵销的财产；若解除条件未成就，则或以提存额抵销或附解除条件债权人提供的担保失效，破产抵销有效。

二、超过诉讼时效的债权能否主张破产抵销，能否被抵销？

对债权人来说，债权一旦超过诉讼时效的，即丧失胜诉权；而对债务人来说，则取得了时效利益，只有在债务人放弃时效利益的情况下，债权人方可受偿。因此，超过诉讼时效的债权不能作为主动债权主张抵销，只能作为被动债权被抵销。

破产债权超过诉讼时效时，不能作为主动债权在破产程序中主张抵销。因为，此时破产债权人丧失了胜诉权，而相对的破产债务人则取得了时效利益，如果允许其作为主动债权主张抵销，就意味着破产管理人放弃了时效利益，这

第
六
章

将损害其他债权人的利益。[1]

属于破产债务人财产的债权超过诉讼时效时，如果破产债权人以其债权为主动债权主张抵销，则可以被抵销，因为，此时可以认为是破产债权人放弃了时效利益。

三、注册资本债务能否被抵销

在债权人同时是债务人股东，但注册资本没有到位的情形下，债权人因注册资本未到位而对债务人负担的债务能否被债权人的债权抵销？对此我们举例如下：甲是乙公司的股东之一，乙公司注册资本 200 万元，其中甲应当缴纳 40 万元，但甲实际并没有缴纳，由此甲对乙公司负有 40 万元的债务；之后，乙公司买走甲 30 万元的设备，没有付款，甲因此对乙公司享有 30 万元的债权。之后人民法院受理了乙公司的破产申请，乙公司进入了破产程序，此时，乙公司有资产 50 万元，债务 110 万元。如果注册资本债务不能被抵销，则甲应当向破产管理人履行 40 万元债务，而其申报的 30 万元破产债权只能依破产程序获得清偿；如果注册资本债务能够被抵销，则甲可将其申报的 30 万元破产债权部分抵销其 40 万元的注册资本债务，而只须向破产管理人履行 10 万元债务。该例清楚地说明：允许注册资本债务被抵销，将减少破产财产，降低破产债权的清偿比例，不利于其他债权人，但却能弥补抵销权人的损失；不允许注册资本债务被抵销，则刚好相反。那么根据我国现行相关的破产法律，注册资本债务究竟能否被抵销？

新破产法第 40 条规定："债权人在破产申请受理前对债务人负有的债务的，可以向管理人主张抵销。但是，有下列情形之一的，不得抵销：①债务人的债务人在破产申请受理后取得他人对债务人的债权的；②债权人已知债务人有不能清偿到期债务或者破产申请的事实，对债务人负担债务的；但是债权人因为法律规定或者有破产申请 1 年前所发生的原因而负担债务的除外；③债务人的债务人已知债务人有不能清偿到期债务或者破产申请的事实，对债务人取得债权的；但是，债务人的债务人因为法律规定或者有破产申请 1 年前所发生的原因而取得债权的除外。"注册资金债务不属于上述除外情形，应该能够被抵销。

需要说明的是，1995 年 4 月 10 日最高人民法院曾在《关于破产债权能否与未到位的注册资金抵销问题的复函》中规定："货柜公司被申请破产后，武汉公

---

[1]　另外依据最高人民法院《关于审理企业破产案件若干问题的规定》第 61 条第 1 款规定："下列债权不属于破产债权：……⑦超过诉讼时效的债权……"，债权人对破产债务人享有的债权一旦超过诉讼时效，将被列入除斥债权，不具有在破产程序中清偿的资格，所以也谈不上作为主动债权在破产程序中主张抵销。

司作为货柜公司的债权人同货柜公司的其他债权人享有平等的权利。为保护其他债权人的合法权益，武汉公司对货柜公司享有的破产债权不能与该公司对货柜公司未出足的注册资金相抵销。"我们认为该规定否定了此破产抵销权存在的合理性，和新破产法第 40 条存在冲突，应当失效。

【案例分析】

[案情]　1998 年 11 月 9 日，上海证券报与中信实业银行上海分行（以下简称中信上海分行）签订了借款合同，约定由证券报向中信上海分行借款人民币 3000 万元，借期至 1999 年 12 月 9 日。该借款合同签订后即办理了公证手续。为此借款合同提供抵押担保的是上海东方上市企业博览中心有限公司（以下简称博览中心）。同月，博览中心与中信上海分行签订抵押合同。博览中心以登记在其名下的华能大厦 36 楼（现价 1616 万元）、6 楼（现价 964 万元）为该借款合同提供抵押担保。抵押合同签订后，办理了合同公证及房产抵押登记。之后，中信上海分行向证券报发放了 3000 万元贷款。

2000 年 1 月 10 日上海市第一中级人民法院立案受理了上海东方上市企业博览中心有限公司申请破产案，2000 年 1 月 18 日，法院裁定宣告博览中心破产还债。

2000 年 8 月，中信上海分行因证券报未按期归还 3000 万元贷款，依据经公证的借款合同、抵押合同和抵押登记证明向上海市第一中级人民法院申请强制执行。通过执行程序，抵押物华能大厦 36 楼以 1600 万元价格被转让，转让款支付给中信上海分行以清偿其向证券报的贷款。博览中心破产清算组另向中信上海分行支付了 240 万元，作为交换，中信上海分行为此申请解除了对华能大厦 6 楼的抵押登记。由此，博览中心对证券报享有 1600 万元加 240 万元，即 1840 万元的追索债权。

在破产程序中，证券报向破产清算组申报债权 4100 万元，并向清算组和法院提出证券报由于博览中心对其可行使追索权而负担的 1840 万元债务应与博览中心在破产前原欠证券报的债务相抵销，证券报不用再向博览中心支付 1840 万元，实际可以 2260 万元计算其参加破产分配的债权。

[问题]　证券报行使抵销权的主张是否成立？换句话说，证券报对博览中心的 1840 万元债务发生的时间，是否符合破产抵销权的适用条件？

[分析]　对此有两种不同意见。

一种意见认为成立，原因在于，证券报对博览中心 1840 万元的债务成立于借款到期日 1999 年 12 月 9 日。由于担保合同是从合同，华能大厦 36 楼被设定为抵押物时，便受到借款主合同的约束。借期届满时，债务人未履行债务，抵押物即可折价抵偿，博览中心此时已享有对证券报的追索权，该债权成立于破产宣告前，故可以被抵销。

另一种意见认为不成立，原因在于，证券报对博览中心 1840 万元的债务成立于抵押物被执行时，即 2000 年 8 月。由于抵押物华能大厦 36 楼被中信上海分行申请强制执行，通过执行程序，以 1600 万元价格被转让，转让款用于支付中信上海分行向证券报的贷款，博览中心方才由抵押人转变为债权人，该债权成立于破产宣告后，故抵销权不成立。

破产程序中的抵销权有时间上的严格限制，仅允许破产宣告前成立的债权相互抵销。最高人民法院《关于审理企业破产案件若干问题的规定》第 60 条第 1 款规定："与债务人互负债权债务的债权人可以向清算组请求行使抵销权，抵销权的行使应当具备以下条件：①债权人的债权已经得到确认；②主张抵销的债权债务均发生在破产宣告之前。经确认的破产债权可以转让。受让人以受让的债权抵销其所欠债务人债务的，人民法院不予支持。"因此上海市第一中级人民法院裁定：证券报不得以其在博览中心破产前成立的 4100 万元债权抵销其对博览中心负有的 1840 万元债务。

第六章

第 7 章

破产财产的分配

【内容摘要】　破产财产的分配是指破产管理人在依法对破产财产实行变价的情况下，依法定清偿程序对破产人的破产债务实施的清偿。实现对破产财产的分配，是破产债权人启动或参与破产程序的根本目的。破产清算程序中，破产财产和破产债权的审查和确定，均是为了最终实现对破产财产的公平分配。破产财产的分配主要包括破产财产的变价，破产债务的清偿以及别除权人的优先受偿等相关法律内容。

第一节　破产财产的变价

【基本理论】

一、破产财产变价的意义

破产财产的变价（变现、换价），是指将非货币形态的破产财产通过折价、变卖、拍卖等措施而使其转变为货币形态财产的行为或过程。由于破产清算程序在本质上是一种公平清偿程序，故只有将破产财产同质化为货币形态的财产才可最大限度地实现对破产财产的公平分配；同样，采用货币分配方式也可实现破产财产的快捷分配，因而减少破产财产的分配时间，降低破产成本。

破产财产的变价，涉及破产财产变价方案的制订、变价方案的内容和变价的方式等问题。

二、破产财产变价方案的制订

破产财产变价方案是破产财产变价的依据。变价方案的制订主要涉及方案的拟订人、审批人、方案的执行人，以及方案的内容等问题。我国新破产法第111条规定："管理人应当及时拟订破产财产变价方案，提交债权人会议讨论。管理人应当按照债权人会议通过的或者人民法院依照本法第65条第1款规定裁定的破产财产变价方案，适时变价出售破产财产。"从该条规定可看出：①在我国，破产财产变价方案的拟订人是破产管理人。这是因为管理人的主要法定职责就是接管债务人（破产企业）及管理和处分债务人（破产企业）的财产。所以，拟订破产财产变价方案理应为其职责之一。②破产财产变价方案应当提请债权人会议表决通过或由人民法院裁定。因为变价方案直接关系着债权人的利益，所以变价方案应提交债权人会议讨论通过或者在债权人会议未表决通过的情况下由人民法院裁定。③管理人不仅为变价方案的拟订人，同时亦为变价方案的执行人。对已经通过或裁定的变价方案，管理人有"适时变价出售破产财产"的义务。

需要特别指出的是，我国新破产法第 111 条在规定管理人履行拟订破产财产变价方案和变价出售破产财产职责时，分别提出了"及时"和"适时"的要求。但何谓"及时"和"适时"？立法并未作出明确的规定。这里就要求管理人应恪守最大诚实信用原则，严格履行其勤勉尽责、忠实执行职务之义务。特别是在执行"适时"标准时，应将破产财产变现价值的最大化作为实施变现的唯一的目标，而不能一味追求"尽快变现"。

三、破产财产的变价方式

破产财产的变价方式，是破产财产变价方案的内容之一。因其不仅决定着破产财产能否快捷有效地实现变价，而且还影响着破产财产的变价价值，所以立法往往对其作出特别规定。我国新破产法第 112 条规定："变价出售破产财产应当通过拍卖进行。但是，债权人会议另有决议的除外。破产企业可以全部或者部分变价出售。企业变价出售时，可以将其中的无形资产和其他财产单独变价出售。按照国家规定不能拍卖或者限制转让的财产，应当按照国家规定的方式处理。"根据上述规定可以看出：

1. 除非债权人会议另有决议，破产财产的变价出售应当采取拍卖方式。根据我国《拍卖法》的规定，"拍卖是指以公开竞价的形式，将特定物品或者财产权利转让给最高应价者的买卖方式"。因为拍卖具有公开集中竞价和拍卖程序公开独立等特点，故在一般情况下，通过拍卖方式变价破产财产，可实现破产财产价值的最大化，可最大限度地维护破产债权人的利益。

但是，在实践中，破产财产并非一定都表现为有效资产，许多破产财产并不可以通过拍卖方式实现变价。另外破产财产变价的最终目的仍是为了实现对破产债务的有效清偿，故在破产财产变价方式上，亦应尊重债权人的意见。所以债权人会议也可就拍卖方式之外的其他变价方式作出决议。其他变价方式包括：①非货币资产折价定向出售方式；②破产企业主要出资人资产回购方式；

③破产企业主要债权人资产购买方式；④资产折价并充抵债权（部分债权）方式等。

2. 破产企业可以全部或者部分变价出售。在破产财产变价的具体方法上可采用全部变价、部分变价等方式。破产企业的全部变价出售，不仅单指破产企业全部资产的整体出售，它实际上还涵盖了构成破产企业的全部财产要素及非财产要素，甚至包括了破产企业的法律人格。所以，破产企业的全部变价出售，在法律性质上更接近于企业的并购。以企业并购方式实现破产资产的全部变价，不仅可最大限度地维护破产债权人的利益，而且还可避免社会财富的贬损，实现资源要素的重新配置和重新组合。

但作为实现破产清算目的的破产财产的变价，毕竟不同于破产和解和破产重整，其仍以实现破产债权人债权最大限度的受偿为直接目的。故如当破产企业无法全部出售或部分变价出售比全部变价出售更能增加破产财产的价值时，也可采取部分变价出售的方式。

3. 无形资产可以单独变价出售。无形资产虽然也属于破产企业的部分资产，但因其表现形式和价值形态特殊，且其往往具有特殊而广泛的价值意义，故当其单独变价出售更能实现其市场价值时，也可单独变价出售。

4. 不能拍卖或限制转让的"特殊财产"的变价方式应当按照国家规定的方式处理。所谓不能拍卖和限制转让的特殊财产，是指国家规定的禁止流通和限制流通的财产。这些财产依照我国现行立法，包括了土地、森林、草原、荒地、滩涂；武器、弹药、毒品、麻醉品；黄金、文物、走私物品等。除此之外，一些特殊的无形财产，如特许经营许可证、加盟经营许可证，以及一些特许经营业务所涉及的资产，如证券资产、保险资产、银行资产、军工资产、集体土地使用权等，其变现亦应按照国家规定的方式处理。

【**法律链接**】　国外立法对破产财产变价的规定

许多国家的立法均对破产财产的变价作出了专门的规定，并形成了各具特点的法律制度。

一、德国

《德国破产法》第四章专门规定了"破产财产的管理和变现"，将破产财产的变现作为破产管理人的一项重要职责加以规定。其主要内容为：

1. 将"毫不迟疑地变现"规定为管理人的义务。该法第 159 条规定："在报告期之后，以债权人未做出相反决议为限，破产管理人应当毫不迟疑地变现属于破产财产的财产。"德国的破产法并未对"破产财产变现方案"作出规定，而是将破产财产的变现规定为破产管理人管理破产财产的一项动态职责，并可依法随时行使。也就是说破产财产的变现并不以"破产财产变现方案"为前提条件。这样立法的目的是为了能及时变现破产财产，以最大限度地减少破产财产的贬损，更好地维护债权人的利益。

2. 规定破产管理人在实施破产财产变现的一些"特别重要的法律上的行为"时，应当征得债权人委员会（债权人会议）的同意。依据《德国破产法》第160条的规定，破产管理人在准备"出让企业或一项营业、出让整个仓库、直接出卖不动产标的、出让债务人在另一企业持有的股份——以持股系为同该企业建立长期联系为限、出让取得定期收入的权利"时，"应当征得债权人委员会的同意。未设立债权人委员会的，因当征得债权人会议的同意"。

3. 规定破产管理人可以将具有别除权的不动产标的予以变现。《德国破产法》第165条规定："即使在破产财产的一项不动产标的上存在别除权，破产管理人也可以向管辖法院申请对其进行强制拍卖或强制管理。"

4. 规定破产管理人有权将具有别除权的特定动产予以变现。《德国破产法》第166条规定："①动产上存在一项别除权的，以该动产处于破产管理人占有之下为限，破产管理人有权将其直接变现；②破产管理人有权收回或以其他方式变现债务人为保全一项请求权而让与的债权。"对于上述动产的变现，《德国破产法》第167、168条还同时规定了破产管理人的告知义务，即破产管理人经享有别除权的债权人要求，应当告知其"该动产"或"该债权"的情况，以及出让"该标的"的方式。

5. 对债权人变现破产财产的期限作出限定。依据《德国破产法》第3条的规定，债权人对破产管理人无权变现的存在别除权的动产或债权可自行变现。但"经破产管理人申请，并经听取债权人的意见，破产法院可以为债权人确定一个变现标的期限。期限届满之后，破产管理人即有权变现"。

从《德国破产法》的上述有关规定可以看出，立法在破产财产变现的有关规定上，在保证公正、公平的前提下，更注重强化破产清算的效率。立法突出强调破产财产的"毫不迟延地变现"，并将有别除权的不动产标的和动产标的的变现，也有条件的纳入了破产管理人的破产财产的变现范围，因此大大地提升了破产清算程序对债权人利益的公平保护。

二、日本

日本于2004年6月2日颁布的新破产法以专章（第七章）的形式规定了"破产财团的变现"，其主要立法内容有：

1. 将破产财产的变现确定为破产管理人的权限之一。破产财产的变现不仅仅是破产管理人的权利，亦是其义务。依据《日本破产法》第 78 条的规定，破产管理人在进行有关破产财产变现的一些重要行为时，必须取得法院的许可。这些行为包括：不动产的物权、应当登记的日本船舶或外国船舶的自主出售；矿业权、渔业权、专利权、实用新型权、外观设计专利权、商标权等的自主出售；营业或事业的转让；商品的整体出售；动产的自主出售；债券和有价证券的转让等。另外，立法还规定，破产管理人必须以善良管理人的注意行使其职权，如破产管理人疏忽其善良管理人的注意，那么其对利害关系人负连带损害赔偿责任。

2. 规定了破产财产的变现方法。依据《日本破产法》第 184 条的规定，对于不动产物权、应当登记的日本船舶或外国船舶的变现；矿业权、渔业权、专利权、实用新型权、外观设计专利权、商标权等的变现，除依据破产法的相关规定进行变卖之外，必须依照民事执行法及其他关于强制执行的程序进行。依照民事执行法及其他关于强制执行程序法律的规定，破产管理人可以进行别除权标的物的变现，在此情况下，别除权人不能拒绝该变现。在对别除权标的变现的情况下，如别除权人应当受领的金额尚未确定，则破产管理人应对变现的金额寄存（提存），而别除权就以被寄存的金额而存在。另外依据《日本民事执行法》第二章第二节"对于以支付金钱为目的的债权强制执行"的有关规定，对于不动产的强制执行应以强制拍卖和强制管理的方法执行（两者亦可以并用）。[1]

3. 确立了别除权人处分别除权标的的期限制度。依照《日本破产法》第 185 条的规定，在别除权人具有不依照法律规定的方法处分别除权标的的物的权利时，依据破产管理人的申请，法院可以确定别除权人应做出处分的期限。别除权人在规定的期限内未进行处分时，则失去可不依照法律规定方法处分别除权标的的权利。

4. 规定了担保权的消灭制度。依据《日本破产法》第 186 条的规定，在破

---

〔1〕 《日本民事执行法》第 45～92 条专门规定了"强制拍卖"问题；第 93～111 条专门规定了"强制管理"问题。按照《日本民事执行法》有关强制拍卖的规定，执行法院应作出强制拍卖开始的决定，当"决定"送达给债务人时，产生扣押效力。执行法院应选定评价人，令其评价不动产的价值。按照评价人所定的评价，执行法院应确定最低卖出价额。因不动产的卖出，存在于不动产的先取特权、规定不得使用及收益的质权及抵押权因此而消灭。而按照《日本民事执行法》有关"强制管理"的规定，执行法院要开始强制管理的程序，应作出强制管理开始的决定，在强制开始的决定中为债权人宣布扣押不动产，并且禁止债务人对收益的处分。执行法院在作出强制开始的决定的同时，应选定管理人。管理人有权对作出强制管理开始决定的不动产实行管理并收取收益及进行换价（变价）。

产程序开始时就属于破产财团的财产存在担保权的（包括特别优先权、质权、抵押权、或基于商法的留置权），当变卖该财产、消灭该担保权符合破产债权人的普遍利益时，破产管理人可以向法院提出通过变卖该财产并依照相关规定，将相应的金额交付给法院而消灭就该财产存在的全部担保权的申请。

从《日本破产法》的上述有关规定可以看出，日本立法为了追求破产清算的效率，突出了对破产财产变现的规定，将破产财产的变现作为破产管理人的一项重要职责加以规定。同时为了突出"变现"的效率和效果，日本并未对变现的时间再作出强制性的要求，也没有对"变现方案"作出规定。特别是 2004 年的日本新破产法"为了迅速、顺利地变价担保标的物，新设了担保权随自主出售而消灭的制度（破产管理人自主出售担保标的物后，经法院许可可以消灭该物存在的所有的担保权）"。[1]

三、法国

法国的破产立法主要体现在《法国商法典》第 6 卷"困境企业"的规定之中。该卷第二编第二章第二节中专门规定了"资产的变现"。其主要的立法内容有：

1. 不动产的变卖以不动产扣押规定的形式进行。但是，特派法官在收集监督员的意见，听取债务人和清算人的意见或者对其进行依法传唤之后，确定变卖基价和变卖的主要条件，并决定公告的形式。[2]

在司法重整或者司法清算程序开始之前，已经着手进行的不动产扣押程序，因司法重整或者清算程序而中止的，对实施不动产扣押的债权人已完成的行为，清算人可作为其代位人行使其权利，且债权人已实施的行为视为进行不动产变卖的清算人实施的。因此，不动产扣押程序可以宣布，进行司法重整或者司法清算程序中判决中止其程序时的状态继续进行。

在同样条件下，财产主要成份，所处的位置或者已收到的购买要约，有可能是现在最佳条件下进行协商转让的，特派法官可以准许变卖，按其确定的开拍价格以协商拍卖方式进行，或者按确定的价格与条件以自愿协商的方式进行。以协商拍卖方式进行的，变卖可始终以竞价方式进行。凡按照以上规定实现拍卖的，则抵押权消除。

2. 由全部或者部分动产或者不动产资产构成的生产单位可以整体进行转让。

---

〔1〕 李飞主编：《当代外国破产法》，中国法制出版社 2006 年版，第 711 页。
〔2〕 依据《法国商法典》第 621-13 条的规定，在破产重整和清算法律程序中，特派法官可以在提出申请的债权人中指定 1～5 名监督员。特派法官在指定若干监督员时，应保证至少其中 1 名从担保债权人中挑选，另 1 名从无担保债权人中挑选。

清算人发出购买要约，确定接受要约的期限，任何有意者均可以向清算人提出要约。在听取债务人、企业委员会（职工代表）、监督员等人的意见，并依法通知检察院之后，特派法官选择其认为最严肃并能以最佳条件保证长久就业和清偿债权人债务的要约。

3. 在听取债务人意见或者对其依法传唤，并收集监督员的意见之后，特派法官裁定进行公开拍卖或者以协商方式出卖企业的其他财产。

4. 经特派法官认可的清算人，在债务清偿时，可以取回由债务人出质的财产或者被留置的货物。未取回上述财产的，在宣告司法清算的判决作出后的 6 个月内，清算人应请求特派法官准许将其变卖。在清算人变卖财产的情况下，留置权自动转至变卖的价款之上。

由以上内容可以看出，法国破产立法突出了对不动产变卖的规定，并注重发挥特派法官在资产变卖中的核心地位和作用。另外，法国破产法在不动产的变卖中强调采用"拍卖"的变价形式，同时规定允许企业（生产单位）的整体转让，并把"能以最佳条件保证长久就业和清偿债权人债务"作为整体转让的重要评价条件。在破产财产变现方面，法国立法的一个重要目标，就是通过发挥司法扣押程序和特派法官的核心作用强化破产清算程序的效率，以实现对债权人利益的真正的公平保护。

【实务操作】　关于破产财产变现的有关规定和几种特殊财产的变价

一、最高人民法院关于破产财产变现的有关规定

最高人民法院在其 1991 年 11 月 7 日发布的《关于贯彻执行〈企业破产法（试行）〉若干问题的意见》中和于 2002 年 9 月 1 日起施行的《关于审理企业破产案件若干问题的规定》中，均对破产财产的变现作出了规定。其主要内容包括：

（1）在处理破产财产前，可以确定由具有相应评估资质的评估机构对破产财产进行评估。债权人会议对破产财产的市场价格无异议的，经人民法院同意后，也可以不进行评估。但是国有资产除外。

（2）破产财产的变现应当以拍卖方式进行。由清算组负责委托有拍卖资格的拍卖机构进行拍卖。依法不得拍卖或者拍卖所得不足以支付拍卖所需费用的，不进行拍卖。不进行拍卖或者拍卖不成的破产财产，可以在破产分配时进行实物分配或者作价变卖。

（3）破产财产中的成套设备，一般应整体出售。

（4）依法属于限制流通的破产财产，应当由国家指定的部门收购或者按照

有关法律规定处理。

从最高人民法院的上述司法解释可以看出，破产财产在变价前，一般应先对破产财产的价值进行评估。如债权人会议对破产财产的市场价格不存在异议，经法院同意也可以不进行评估。但考虑到国有资产的特殊性质，国有资产在变现前必须进行评估。对于评估后的破产财产，首先应当以拍卖方式进行变现，对于无法通过拍卖方式实现变现的破产财产，可以以作价变卖的方式变现，也可以以实物抵债。

二、几种特殊财产的变价

1. 共有财产的变价。如破产财产为共有财产，其要实现变价首先应对共有财产进行分割。当共有财产无法分割或分割变价会显著降低财产价值时，也可在共有人之间采用折价变现的方式。当采用分割变价方式，并对外出售共有财产时，其他共有人在同等条件下享有优先购买权。

2. 附带其他权益的资产的变价。附有租赁权、抵押权、留置权、质权等权利的破产财产，因在该财产上附带了其他权利，故当破产管理人在有权对此类破产财产实施变价时，应在保证其他权利人利益的同时，依法进行资产变价。这里主要涉及享有租赁权的承租人对变价资产的优先购买权问题和租赁权是否继续有效问题，以及担保物权人对担保物变价后的价款的优先受偿问题。我国新破产法第37条规定："人民法院受理破产申请后，管理人可以通过清偿债务或者提供为债权人接受的担保，取回质物，留置物。"依照此项法律规定，破产管理人有权在采取了及时清偿或者提供了债权人所能接受的替代担保的情况下，取回质物或者留置物而实现该类资产的变价。

3. 成套设备的变价。鉴于成套设备的整体变价的价值大多会高于该设备分拆变价的价值，故最高人民法院在其《关于审理企业破产案件若干问题的规定》的第86条规定："破产财产中的成套设备，一般应当整体出售。"

【案例分析】

一、变价方案的法律规定和执行条件

[案情]　甲公司为一国有独资企业，其主要业务为果品冷藏。后因经营管理不善和出资人主营业务发展方向出现变化导致该企业连续亏损和不能清偿到期债务，并被法院依法宣告破产。根据甲公司自身提供的审计报告显示，其资产总额为1089万元，负债为3714万元，净资产（所有者权益）为2625万元。其资产形式主要表现为厂房、仓库、成套制冷设备和国有划拨土地使用权。后

甲公司的破产管理人在向债权人会议提交的破产财产变价方案中，建议将甲公司的资产通过协议转让的方式进行整体转让。

[问题]　甲公司破产管理人提出的变价方案是否符合新破产法的规定？该变价方案要能得以执行须满足哪些实体性和程序性条件？

[分析]　关于第一个问题，破产管理人提出的变价方案符合破产法的规定。因为依据新破产法第112条第1款的规定，变价出售破产财产时，如债权人会议另有决议的，可以不采用拍卖形式。即债权人会议有权在拍卖形式之外选择其他资产出售形式，如协议转让形式等。同样依据该条第2款的规定，破产企业可以全部或者部分变价出售。特别是当破产企业整体出售更有利于维护债权人的利益和减少破产财产价值减损的情况下更应优先选择破产企业的整体出售。

关于第二个问题，该变价方案要得以执行须满足以下条件：①鉴于甲公司为一国有独资企业，故根据最高人民法院的相关司法解释，首先应聘请具有资格的评估机构对甲公司的资产进行评估；②甲公司的破产管理人应将其拟定的破产财产变价方案提交债权人会议表决通过；③依据新破产法第65条第1款的规定，如债权人会议未表决通过破产财产变价方案的，由人民法院裁定；④由破产管理人负责执行债权人会议表决通过的或由人民法院裁定通过的破产财产变价方案。

二、各种破产财产的处理方案

[案情]　某企业被法院宣告破产。该企业的资产主要包括了房屋、国有划拨土地使用权、机器设备、应收款、投资权益（股权）、无形资产（驰名商标）等。其中有部分房屋出租给他人尚未到期。该企业的破产管理人在拟定的破产财产变现方案里，拟将该破产企业变价出售，但该企业的无形资产和投资权益以协议转让的方式单独变价出售。后该方案经过了债权人会议表决通过。

[问题]　该企业的无形资产和投资权益可否以协议转让方式单独出售？该企业变价出售时，国有划拨土地使用权可否一并变价出售？未到期的房屋租赁协议应如何处理？

[分析]　关于第一个问题，该企业的无形资产和投资权益可以以协议转让方式单独出售。因为依据新破产法第112条第2款的规定，企业变价出售时，可以将其中的无形资产和其他财产单独变价出售。

关于第二个问题，该企业变价出售时，经有批准权的人民政府批准可将国有划拨土地使用权一并变价出售。但根据最高人民法院《关于破产企业国有划拨土地使用权应否列入破产财产等问题的批复》（〔2003〕6号司法解释）第1

条的规定，该无偿划拨的国有土地使用权的变价收入不能列入破产财产和用于债务清偿。依照现行有关法律规定，在破产财产的受让人依法交付了相应土地出让金后，可将该国有划拨土地转变为出让土地。

关于第三个问题，破产管理人对租赁物进行变价时，由于租赁物是在租赁期间发生所有权的变动，所以依照《合同法》第229条的规定，此种变价不影响原租赁合同的效力。但破产管理人为了实现破产财产变价的目的，可依照新破产法第18条的规定，有权将未到期的房屋租赁协议予以解除。但依照《合同法》第230条的规定，破产管理人应在出卖租赁房屋前的合理期限内通知承租人，承租人享有以同等条件优先购买的权利。破产管理人为了实施破产财产的变现而解除合同并给对方造成损害的，对方当事人可依照新破产法第53条的规定，以因合同解除产生的损害赔偿请求权申报债权。

【评析】　国有划拨土地使用权的变价问题

依我国现行土地使用权制度，国有土地使用权的取得主要有两种形式：土地使用权出让形式和土地使用权划拨形式。凡以出让形式取得的土地使用权，该使用权人在破产时，其所使用的土地可以依法变价和用于破产清偿。但国有划拨土地使用权人破产时，鉴于其土地使用权取得的特殊性，故其土地使用权的变现和清偿要受到一些法律的限定。

依照《城市房地产管理法》第23条的规定，所谓土地使用权划拨"是指县级以上人民政府依法批准，在土地使用者缴纳补偿、安置等费用后将该幅土地交付其使用，或者将土地使用权无偿交付给土地使用者使用的行为"。由此可以看出，国有划拨土地使用权的取得也存在两种形式：一种是完全无偿取得；一种是部分无偿取得（仅未交付土地出让金）。对于在国有划拨土地的使用权人出现破产情形时，其所拥有的国有划拨土地使用权如何处置，现行立法缺乏统一完整的规定。依照《土地管理法》第58条第1款第4项的规定，当出现"因单位撤销、迁移等原因，停止使用原划拨的国有土地的"情形的，由有关人民政府土地行政主管部门报经原批准用地的人民政府或者有批准权的人民政府批准，可以收回国有土地使用权。至于该条所规定的"单位"是否包括企业？"撤销、迁移"之外的"等原因"是否包括"破产"？立法并未给出说明。但国务院于1990年5月19日颁布的《城镇国有土地使用权出让和转让暂行条例》第47条第1款则明确规定，无偿取得划拨土地使用权的土地使用者，因迁移、解散、撤销、破产或者其他原因停止使用土地的，市、县人民政府应当无偿收回其划拨土地使用权，并可依照本条例的规定予以出让。另外依照国务院《关于在若干城市试行国有企业破产有关问题的通知》（国发［1994］59号文）第2条的规定，属于试点城市兼并破产计划内的国有企业破产时，不论其土地使用权的取得方式，土地使用权均得以变价用于安置职工，变价的土地使用权安置职工后有剩余的，按照破产财产分配方案清偿破产的国有企业的债权。由此可以看出，对于试点的国有企业破产时，国有划拨的土地使用权可以用来变价和用变价后的货币安置职工以及清偿债务。

2003年4月16日最高人民法院专门就湖北高级人民法院提出的破产企业国有划拨土地使用权应否列入破产财产等问题作出批复。该批复指出："破产企业以划拨方式取得的国有土地使用权不属于破产财产，在企业破产时，有关人民政府可以予以收回，并依法处置。纳入国家兼并破产计划的国有企业，其依法取得的国有土地使用权，应依据国务院有关文件规定办理"。按照上述有关法律、法规的规定和最高人民法院的相关批复，在国有划拨土地使用权变价问题上应按以下原则办理：①在企业破产清算时，其所拥有的国有划拨土地使用权原则上应收回，但经有批准权的人民政府批准也可变价出售。②在对破产企业进行整体变价出售时，经批准可将包括国有划拨土地使用权在内的企业全部财产一并变价出售，但土地变价部分不能列入破产财产。如果是计划试点破产的国有企业（政策性破产），则可将土地变价收入用于安置破产企业职工；如果是非政策性破产企业，则土地变价收入应优先补交土地出让金。在补交了土地出让金之后可将国有划拨土地依法变更为国有出让土地。③在对破产企业进行部分变价出售时，一般情况下国有划拨土地应当收回，而不能用于变价出售；但在该划拨土地与地上建筑物无法分割的情况下，也可将土地与地上建筑物一块变价出售，而土地变价收入不列入破产财产。

目前，我国的土地制度正面临着改革，相关的立法制度也面临着新的变化。

第二节　破产财产的清偿顺序

【基本理论】

一、破产财产的清偿顺序的意义

破产财产的清偿顺序也称破产财产的分配顺序或破产债权的受偿顺序，它是指将破产企业的破产财产分配给债权人的先后顺序；亦是破产财产用于破产债务清偿的先后顺序。破产财产的清偿顺序是破产财产分配的一个核心问题，它直接决定着不同性质的破产债权人在破产财产分配顺序中的地位，也直接决定着破产债权人的债权受偿的程度。破产财产的清偿顺序具有以下特点：

1. "清偿顺序"一律法定（顺位法定原则）。鉴于破产财产清偿顺序的重要性，各国的破产法立法对破产财产的清偿顺序无一例外的采取了法律强行规定的做法。即均确立了顺位法定原则。在此问题上，立法不允许债权人、管理人进行任意约定。

2. "清偿顺序"是国家社会公共政策的高度体现。虽然各国的相关立法均对破产财产的清偿顺序作出了明确规定，但各国立法规定的内容却不尽相同，这体现了各国立法对公共政策的不同选择。如在劳动债权和税收债权清偿顺序的先后关系上，不同国家的立法就有不同的规定。

3. "清偿顺序"体现了不同性质的债权在破产财产分配程序中的地位和作用。由于在破产清算程序中存在着对债务人的特定财产享有担保权的权利人和不享有担保权的权利人，存在着共益债权、劳动债权、税收债权、法定债权、合同债权等多种债权形式。所以不同性质的债权基于其法律性质的特点便在破产财产的清偿顺序中具有了不同的地位，即优先地位、普通地位和劣后地位等。

4. "清偿顺序"的内在关系具有一律性。这种一律性表现为：下一顺序的债权只有在上一顺序的债权受清偿后才可受偿；同一顺序的债权依照法律的规定平等受偿，或者依照法律的规定按比例受偿。

二、我国破产法立法规定的破产财产的清偿顺序

我国新破产法第 113 条规定："破产财产在优先清偿破产费用和共益债务后，依照下列顺序清偿：①破产人所欠职工的工资和医疗、伤残补助、抚恤费用，所欠的应当划入职工个人账户的基本养老保险、基本医疗保险费用，以及法律、行政法规规定应当支付给职工的补偿金；②破产人欠缴的除前项规定以外的社会保险费用和破产人所欠税款；③普通破产债权。破产财产不足以清偿同一顺序的清偿要求的，按照比例分配。破产企业的董事、监事和高级管理人员的工资按照该企业职工的平均工资计算。"由该条规定可以看出：

1. 我国新破产法共规定了破产财产的 3 个基本清偿顺序。在这 3 个基本清偿顺序之前有一个特别清偿顺序，即破产费用和共益债务的清偿。由于破产费用和共益债务均是为了保证破产程序的进行而发生的一种特别费用和特别债务。所以，如不能保证破产费用和共益债务的随时清偿和足额清偿，便无法保证破产程序正常进行。因此，破产费用和共益债务应首先获得特别清偿。

2. 将"破产人所欠职工的工资和医疗、伤残补助、抚恤费用，所欠的应当划入职工个人账户的基本养老保险、基本医疗保险费用，以及法律、行政法规规定应当支付给职工的补偿金"规定为第一基本清偿顺序。该清偿顺序主要包括了三个部分的内容：①破产人所欠职工的工资和医疗、伤残补助，抚恤费用。

这里的"职工"既包括了企业的工人，也包括了企业的职员；同样，这里的"工资"既包括了狭义的工资，也包括了所谓的薪金。②破产人所欠的应当划入职工个人账户的基本养老保险、基本医疗保险费用。目前，我国正在建立包括了养老、医疗、失业、工伤以及生育5项内容的社会保险制度。根据相关制度规定，养老保险实行社会统筹和个人账户相结合方式；医疗保险实行统筹基金和个人账户相结合方式。除职工个人应当为个人账户交纳一定比例的保险费用之外，企业亦应为职工交纳一定比例的保险费用，其中一部分应当划入职工个人账户。③破产人依照法律、行政法规的规定应当支付给职工的补偿金。补偿金在我国《劳动法》和《劳动合同法》中称为经济补偿金，其主要适用于劳动合同解除、终止等法定条件下对职工的补偿。我国《劳动法》第28条、《劳动合同法》第46条均对企业应支付经济补偿金的法定情形作出了规定。

3. 将"破产人欠缴的除前项规定以外的社会保险费用和破产人所欠税款"规定为第二基本清偿顺序。这里所谓的"除前项规定之外的社会保险费用"是指养老保险和医疗保险之外的失业保险、工伤保险和生育保险。立法之所以未将失业保险、工伤保险和生育保险列入第一清偿顺序，而是将其与税收并列于第二清偿顺序，这主要是考虑到该三项保险就实现国家的社会公共政策而言，其作用不如养老保险和医疗保险重要。国家税收则是国家实现其政权职能和社会公共职能的必不可少的财政收入保障。

4. 将"普通破产债权"规定为第三基本清偿顺序。普通破产债权是指不享有优先权的债权。具体来说也就是别除权、劳动债权、税收债权及其他优先权之外的债权。根据现行法律规定，普通破产债权包括了：①无担保物权担保的债权；②放弃了优先权的债权；③行使优先权以后未能完全受偿的残余债权。需要指出的是，无担保物权担保的银行债权，也为普通债权。

5. 当破产财产不足以清偿同一顺序清偿要求的，按比例分配。目前从各国的立法来看，当出现破产财产不足以清偿同一顺序清偿要求的情形时，有两种立法例可供选择：一是平等清偿；二是按比例清偿。后一种立法例由于更有利于实现公平受偿的立法目的，故被更多国家的破产法立法所采用。我国《破产法》也采用了该立法例。

6. 破产企业的董事、监事和高级管理人员的工资按照该企业职工的平均工资计算。破产企业的董事、监事和高级管理人员为公司的高收入阶层。在我国的许多企业中，公司的董事、监事除了有一份稳定的收入——工资（薪金）外，往往还领取董事、监事报酬。而公司的高级管理人员则往往实行年薪制。由于企业的破产往往和公司的决策层和管理层有直接的关系，所以本着公平和公正的原则，在立法中有必要对破产企业的董事、监事和高级管理人员的工资补偿

第七章

标准作出一定的限制。

【法律链接】 其他国家或地区关于破产财产清偿顺序的立法

国外关于破产财产清偿顺序的立法，体现了该国或该地区破产立法在破产财产分配方面的不同特点和不同价值取向。

一、日本

《日本破产法》第 193 条规定："在破产债权之间，以下列顺序进行分配；在第一项中的优先的破产债权之间，依照第 98 条第 2 款规定的优先顺序进行分配：①优先的破产债权；②前项、后项以及第 4 项所列部分之外的破产债权；③劣后的破产债权；④约定劣后的破产债权。对于同一顺序的破产债权，依照各占的比例进行分配。"由该条规定和参照其他法条可以看出：

（1）日本的破产法立法将破产财产清偿顺序规定为了四个基本顺序。但立法并未明确列明哪项债权在哪个顺序中受偿。而是将破产债权区分为：优先的破产债权、普通破产债权、劣后破产债权、约定劣后的破产债权四大类。

（2）依据《日本破产法》第 98 条的规定，"就属于破产财团的财产，具有一般优先权的破产债权优先于其他的破产债权"，"优先的破产债权的顺序，依照民法、商法以及其他法律的规定"。依照《日本民法典》第 306 条的规定，一般优先权包括了共益费用、雇员的报酬、丧葬费用和家庭成员的生活补贴费用。

（3）《日本破产法》第 99、97 条详细地列举了劣后的破产债权的种类。其主要包括：①破产程序开始后对于利息的请求权；②基于破产程序开始后的不履行的损害赔偿或者违约金的请求；③破产程序开始后对于滞纳税、利息税或者滞纳金的请求权；④与破产财团有关且是基于破产程序开始后的原因产生的，并且基于"国税征收法"或者"惯例"可以征收的请求权（租税请求权）；⑤加算税或者加算金的请求权；⑥罚金、罚款、刑事诉讼费用、追缴金或者罚款的请求权；⑦参加破产程序的费用的请求权等。

（4）日本的破产法专门规定了"约定劣后的破产债权"。依据《日本破产法》第 99 条第 2 款的规定，所谓"约定劣后的破产债权"是指在破产程序开始前，破产债权人与破产人之间达成就该债务人的破产程序一旦开始，在破产程序中其分配的顺序在劣后破产债权之后的协议的债权。

（5）立法对于同一顺序的债权，采用了按比例分配的立法例。

通过日本破产法的上述有关规定可以看出：在日本，破产财产的清偿顺序不仅涉及诸多不同性质的破产债权，而且不同性质破产债权在破产财产清偿顺序中的地位要受到破产法之外的民法、商法等多个相关法律的影响。因此，即使是属于同一顺序的"优先的破产债权"，其在实际受偿时的地位也并非一律相同。如依《日本民法典》第 306 条的规定，有特别先取特权的债权在破产法上享有别除权，而有一般先取特权的债权仅有优先权。有一般先取特权的债权按民法第 306 条规定的顺序接受清偿，但在共益费用与有特别先取特权的债权发生竞合时，共益费用的一般先取特权优先于有特别先取特权的优先债权。具有其他一般优先权的债权，其在破产程序中的分配顺位在一般先取特权之后。另外，《日本破产法》对劣后破产债权和约定劣后的破产债权的规定，最大限度地维护了破产债权人的利益，同时体现了当事人意思自治的私法原则。

二、德国

《德国破产法》第 209 条规定了"向破产财产债权人清偿债权"的顺序。依据该条规定：

（1）破产债务人应按下列顺序偿付债务：①破产程序费用；②在报告破产财产不足后成立但不属于破产程序费用的破产财产债务；③其他破产财产债务。[1]

（2）以下债务也包括在"在报告破产财产不足后成立但不属于破产程序费用的破产财产债务"：①由双务合同产生的债务（但依破产管理人在报告破产财产不足后选择履行该双务合同为限）；②由长期债务关系产生的债务（但以破产管理人在报告破产财产不足后可以预告解除的第一期日之后的时间为限）；③由长期债务关系产生的债务（但以破产管理人在报告破产财产不足后已为破产财产使用对待给付为限）。

（3）向破产财产债权人清偿债权时，顺位相同的，按各项款项的比例偿付。

从《德国破产法》的上述规定可以看出，立法在规定破产财产清偿顺序时，并未规定破产优先权制度，如税收优先权、劳动优先权等。这是因为，为了扩大破产财产，使更多的债权人能够尽可能地实现其债权，德国新的破产法立法（1999 年 1 月 1 日生效）废除了原有法律中关于优先权的规定。转而通过社会保障制度和建立劳动债权清偿基金以及其他立法（如《解雇保护法》）为雇员（职工）提供相应保护。[2] 其立法目的是为了简化破产财产的清偿顺序，提高破产清偿的效率。此点构成了德国破产法立法的特点之一。

---

〔1〕　依据《德国破产法》第 208 条的规定，所谓"破产财产不足"，是指破产财产能够抵偿破产程序所需费用，但不足以清偿到期的其他破产财产债务。

〔2〕　参见李飞主编：《当代外国破产法》，中国法制出版社 2006 年版，第 7 页。

三、我国台湾地区

我国台湾地区"破产法"并无对破产财产清偿顺序的总括性的规定,其有关规定散见于各相关条款之中。其基本立法内容包括:

1. 规定了"财团债权之优先清偿"地位。我国台湾地区"破产法"第97条规定:"财团费用和财团债务,应先于破产债权,随时由破产财团清偿之。"另外该法第11条对和解程序中的"监督辅助人之报酬"亦规定有优先受偿权。

2. 未规定劣后债权而规定了"除斥破产债权"。我国台湾地区"破产法"第103条规定:"下列各款债权,不得为破产债权:①破产宣告后之利息;②参加破产程序所支出之费用;③因破产宣告之不履行所生之损害赔偿及违约金;④罚金、罚锾及追征金。"

3. 将别除权的行使排除在破产财产的清偿顺序之外。我国台湾地区"破产法"第108条规定:"在破产宣告前,对于债务人之财产有质权、抵押权或者留置权者,就其财产有别除权。有别除权之债权人,不依破产程序而行使其权利。"

4. 规定了"优先权之受偿次序"。我国台湾地区"破产法"第112条规定:"对于破产财团之财产有优先权之债权,先于他债权而受清偿,优先债权有同顺位者,各按其债权额之比例而受清偿。"

通过上述规定可以看出,我国台湾地区的"破产法"实际上规定了三个破产财产清偿顺序,即财团债权优先清偿顺序;优先权受偿顺序;普通债权受偿顺序。但其对优先权的具体权利种类并未作出列举性的规定。这有赖于其他法律的规定,如"民法"、"海商法"、"工会法"等的规定。另外,我国台湾地区"立法"明确规定了除斥破产债权的种类。

【实务操作】　对税收债权的具体分析

破产法上的税收债权是一种特殊形式的债权。其特殊性表现为,税收债权并不完全等同于民商法上的私法性质的债权。这是因为其具有法定性、公益性、公法性等特点。关于税收债权的性质,在理论上存在着权力关系说、债务关系说和公法上的债务关系说等不同的理论解说。在现实的破产法立法上,首先面对的是如何确定税收债权在破产财产清偿顺序中的地位问题。在这方面,各国的立法所作的规定不尽相同,甚至同一个国家在不同的历史时期所作的规定也不相同。如日本的破产法将税收债权作为财团债权来对待,使其具有了比一般优先权破产债权还要优先的地位。《日本破产法》第148条在列举财团债权的法定情形时，将"属于基于破产程序开始前的原因而产生的租税等的请求权"也作为了财团债权之一。而德国、澳大利亚、奥地利等国在其新的破产法中，则把税收债权作为普通债权来对待，未赋予其任何优先性。美国的破产法则将税收债权列为具有优先权的债权的第 8 项，使其受清偿的顺位排在破产费用、工资、薪水或佣金等债权之后，排在无担保债权之前。但各国破产立法的趋势是越来越倾向于取消税收债权的优先权地位，而使其与普通债权处于同一顺位。这样做的主要目的是为了强化破产清偿的有效性，以能更好的保护普通债权人的利益。我国新破产法从税收债权的特殊性和我国的实际情况出发，在破产财产清偿顺序中，将税收债权的位置规定在破产费用、共益债权和劳动债权之后，规定在普通债权之前，使其与其他"社会保险费用"共列于第二基本清偿顺序。

【案例分析】

一、破产财产的分配顺序

[案情]　某公司为一国有企业，因长期不能清偿到期债务被某市中级人民院宣告破产。后经破产清算组对其财产进行清理和变现，其变现后的货币资产为 2500 万元，其中应支付破产费用 70 万元，应支付劳动债权 130 万元，应补缴所欠税款 350 万元，应清偿有担保物权担保的债权 500 万元，应清偿普通债权 5000 万元。破产清算组在拟将破产财产分配方案提交债权人会议时，某债权人提出，其所持有并已进行了债权登记的 500 万元债权应享有优先权。理由是该笔债权系破产人拖欠的工程款，其有权根据《合同法》第 286 条的规定就该工程折价或拍卖的价款优先受偿。

法院在其判决中认定，某债权人不能就破产人拖欠的工程款优先受偿。判决理由是，根据我国新破产法的规定，可不依破产清偿程序优先受偿的债权仅为对特定财产享有担保权的债权，也就是对破产人的特定财产享有抵押权、质权或留置权的债权。新破产法第 109 条规定："对破产人的特定财产享有担保权的权利人，对该特定财产享有优先受偿的权利。"从该条规定可以看出，我国新破产法所规定的优先权并未包括对特定财产享有担保权的债权之外的其他法定优先权。这些法定优先权包括了《海商法》规定的船舶优先权，《城市房地产管理法》规定的国有划拨土地出让金优先权，和《合同法》规定的建设工程款优先权等。

[问题]　法院对某债权人不能就破产人拖欠的工程款优先受偿的判决是否合法？为什么？如何确定上海某公司的破产财产的分配顺序？

[分析]　关于第一个问题，法院对某债权人不能就破产人拖欠的工程款优

先受偿的判决不符合我国的立法。因为虽然我国的新破产法对别除权之外的其他法定优先权是否可优先受偿未作出规定，但并不能因此就否定其他法律所确定的优先权的适用。需要指出的是，我国新破产法对优先权的规定，已受到了学者的批评。①破产优先权如仅包括对特定财产享有担保权的债权，而不包括其他法定优先权，这不利于我国法制的统一。另外，其他国家破产立法所规定的优先权也大都包括了破产法之外的其他法律所规定的优先权。在这一点上我国破产立法也应和国际惯例接轨。②最高人民法院《关于审理企业破产案件若干问题的规定》第 71 条在列举不属于破产财产的情形时，采用了"依照法律规定存在优先权的财产，但权利人放弃优先受偿权或者优先偿付特定债权剩余的部分除外"的表述（该条第 4 项）。这里"依照法律规定存在优先权的财产"当然包括了破产法之外的其他法律所规定的优先权。③需要说明的是，最高人民法院于 2002 年 6 月 20 日曾经以法释［2002］16 号文专门对上海市高级人民法院"关于建设工程价款优先受偿问题的请示"作出批复。该批复指出，工程承包人的优先受偿权优于抵押权和其他债权，不过，行使优先权的期限为 6 个月，自工程竣工之日或约定竣工之日起算。由此看来，其他法定优先权在破产财产清偿顺序中的地位问题还有待于我国未来的有关立法（特别是民事立法）加以明确和解决。

关于第二个问题，上海某公司的破产财产的分配顺序应为：①在法定清偿顺序之外优先清偿破产人拖欠的工程价款 500 万元和对特定财产享有担保权的 500 万元债权；②支付破产费用 70 万元；③支付劳动债权 130 万元；④补缴所欠税款 350 万元；⑤将剩余的 950 万元按照债权比例向普通债权人进行分配。

二、破产财产的债务清偿问题及其清偿之序

［案情］　某国有重型机械厂被法院依法宣告破产。破产清算组对破产财产清理的结果为：破产财产总额 38 800 万元，其间发生清算费用 6000 万元。因本案为政策性破产，故根据国务院有关规定，破产企业的财产应首先用于职工安置和转移，为此共支付职工安置费用 21 000 万元。扣除上述两项费用后，可供分配的破产财产为 11 800 万元。经破产清算组核实确认的其他有关债权为：破产企业拖欠的职工工资、保险费用 2000 万元；拖欠某市地税局税款 3000 万元，拖欠该局税款滞纳金 6000 万元；拖欠行政罚款 200 万元；拖欠其他欠款 50 000 万元。

［问题］　某重型机械厂所欠各项债务哪些应依破产清偿顺序清偿？哪些不用清偿？为什么？

［分析］　某重型机械厂拖欠的职工工资、社会保险费用、税款及其他普通

债权应依破产清偿顺序清偿。其所拖欠的税款滞纳金和行政罚款不需清偿。因为依照我国新破产法第 113 条的规定，可依法定破产清偿顺序受偿的债权包括了破产企业所欠职工的工资，所欠的应当划入职工个人账户的基本养老保险、基本医疗保险费用，以及其他社会保险费用；破产人所欠的税款和普通破产债权。新破产法并未将所欠税款的滞纳金、罚款列入清偿范围。另外，最高人民法院《关于审理企业破产案件若干问题的规定》第 61 条中亦明确规定，行政、司法机关对破产企业的罚款、罚金和人民法院受理破产案件后，债务人未支付应付款项的滞纳金不属于破产债权。也就是说最高人民法院的该项司法解释将行政、司法机关对破产企业的罚款和破产人应付的滞纳金未列入破产债权的范围，而是将其列入了除斥破产债权的范围。

需要指出的是，我国新破产法对破产清算中的除斥债权问题并未作出明确规定，这似有不妥。在这个方面有两种立法例可供选择：①将罚款、罚金、滞纳金、破产宣告后的债务利息，以及债务人参加破产程序所支付的费用等债权归入除斥债权；②将前述的各项债权归入劣后债权。有学者认为"我国未来立法不妨确立劣后债权制度"[1]。

【评析】　劳动债权的性质及其受偿

所谓劳动债权是指劳动者（职工、雇员）基于劳动关系而对雇主形成的劳动报酬及与劳动报酬相关的其他请求权的统称。许多国家的破产法立法都有或都会涉及对劳动债权的规定。如依据《美国破产法》第 507 条的规定，劳动债权包括了工资、薪水或佣金（包括个人获得的休假、解雇和病假工资）等。又如根据澳大利亚破产法的规定，劳动债权（称为雇员利益）则包括了：工资、损害赔偿、假期报酬、有酬缺勤报酬等。而根据 1992 年国际劳工组织颁布的《保护工人债权（雇主破产）公约》第 6 条的规定，工人享有的劳动债权包括了：①工资债权；②有酬缺勤报酬；③假日报酬；④工人因其终止雇佣而应得到的离职金。我国新破产法则将劳动债权明确界定为：职工的工资和医疗、伤残补助，抚恤费用，应当划入职工个人账户的基本养老保险、基本医疗保险费用，法律、行政法规规定应当支付给职工的补偿金，其他社会保险费用。

劳动债权在破产财产清偿顺序中的地位决定于劳动债权的法律性质。一般认为，劳动债权应属于民事优先权范畴。目前，许多国家的立法均确立了劳动债权作为民事优先权的地位。目前，我国民事立法尚无对优先权的明确规定，

---

〔1〕　参见韩长印主编：《破产法学》，中国政法大学出版社 2007 年版，第 215 页。

在满足劳动债权优先受偿的问题上，主要涉及劳动债权和担保债权的关系问题，即劳动债权是否可优先于担保债权受偿。在此问题上存在着不同的意见。其主要原因就是，在我国大量的国有企业破产过程中普遍存在着职工安置问题。在现实中，如选择担保债权优先于劳动债权，那么大量因企业破产而失业的工人的基本生活将无法得到保障。而如果选择劳动债权优先于担保债权，则担保债权所具有的优先受偿性将很难体现。

针对此问题，我国新破产法采取了变通的立法方法。①我国新破产法将有对特定财产享有担保权的债权排除在了破产财产的清偿顺序之外，也就是说有担保债权的债权人享有可不依破产财产清偿顺序而优先受偿的权利。②依据新破产法 133 条关于"在本法施行前国务院规定的期限和范围内的国有企业实施破产的特殊事宜，按照国务院有关规定办理"的规定，同时根据国务院《关于在若干城市试行国有企业破产有关问题的通知》和《在若干城市试行国有企业兼并破产和职工再就业有关问题的补充通知》的有关规定的精神，国有企业破产时，劳动债权可优先于担保债权受偿。③依据新破产法第 132 条的规定，在新破产法施行后，破产人在该法公布之日前（2006 年 8 月 27 日）所欠职工的工资和医疗、伤残补助，抚恤费用，所欠的应当划入职工个人账户的基本养老保险、基本医疗保险费用，以及法律、行政法规规定应当支付给职工的补偿金，依照法定清偿顺序清偿后不足以清偿的部分，以破产人的特定财产优先于对该特定财产享有担保权的权利人受偿。也就是说我国新破产法确立了有条件的劳动债权优先于担保债权的制度。上述有关内容构成了我国破产财产清偿顺序的独有特点。

第三节　破产别除权

【基本理论】

一、别除权的意义

别除权是指债权人可不依破产财产清偿程序，而从破产人的财产中的特定财产单独优先受偿的权利。别除权是大陆法系国家破产法上的特有概念，"它是由破产人特定财产上已存在的担保物权或法定优先权之排他性优先效力沿袭而来的，并非破产法所创设。别除权的名称是针对这种权利在破产程序中行使的特点而命名的"[1] 德国、日本等国的破产法以及我国台湾地区的"破产法"

---

[1] 王欣新：《破产法》，中国人民大学出版社 2004 年版，第 285 页。

均规定了别除权制度。

别除权具有以下法律特征：

1. 别除权以担保物权和法定优先权作为基础权利。作为别除权的基础权利主要是担保物权。所谓担保物权，是指为了确保特定债权的实现，债务人或者第三人以自己的动产、不动产或权利为标的而设定的"担保物权人在债务人不履行到期债务或者发生当事人约定的实现担保物权的情形，依法享有就担保财产优先受偿的权利"（参见《物权法》第170条）。担保物权不仅具有作为一般物权所具有的支配权、绝对权的特征，而且其还具有一个重要的特征，那就是以担保主债权的实现为目的。担保物权的上述特征，使得有担保物权担保的债权和无担保物权担保的债权，在破产财产受偿的地位上出现了本质上的不同，前者具有法定的优先地位。这种优先地位表现出来的优先权利，便构成了别除权的基础权利。

作为别除权的基础权利，在一些大陆法系国家的立法中不仅仅表现为担保物权，还表现为一些其他的法定优先权。如日本破产立法中的先取特权、共有关系优先权；德国破产立法中的合伙或共有关系的别除权等。我国现行的有关立法，也确立了船舶优先权、民用航空器优先权、国有划拨土地使用权出让金优先权、建设工程款优先权等"法定优先权"。

2. 别除权是针对破产人的特定财产行使的权利。由于担保物权必须存在于债权人以外的人（债务人或第三人）的物或者权利上，所以担保物权的客体即担保财产必须是既存的、特定的。由此可以看出，别除权只能是针对破产人的特定财产而行使的权利。别除权的这一特征使得别除权不仅区别于取回权，而且也区别于破产债权、破产费用及共益债权。因为破产债权、破产费用及共益债权，是针对一般破产财产行使的权利。

在这里有一点要特别说明，即别除权所针对的特定财产虽然是破产人的财产，但不一定是破产财产。因为已设定了担保的财产是否属于破产财产在各国的立法中有所不同。如美国的立法规定设定了担保的财产也属于破产财产。我国的《破产法（试行）》第28条第2款也规定："已作为担保物的财产不属于破产财产；担保物的价款超过其所担保的债务数额的，超过部分属于破产财产。"而我国的新破产法只是将设定了担保的财产列入了"债务人财产"（新破产法第30条），并未明确规定设定了担保的财产属于或不属于破产财产。我们认为，设定了担保的财产不应属于破产财产。因为破产财产是指可供破产债权人分配的那部分破产人的财产。而依我国破产法立法，设定了担保的财产可不依破产财产分配程序而获得优先清偿。所以即使是在破产财产不足以支付破产费用的情况下，也不能从设定了担保的财产中予以支付。只有在两种情况下，别除权所针对的特定财产才计入破产财产：一是别除权人放弃优先权；二是别除权行使后有剩余财产。

3. 别除权是一种可不依破产财产清偿顺序行使的优先权利。别除权作为一种优先权，其优先性并不是表现在破产程序之外，而是表现在破产程序之中。也就是说，别除权作为破产法规定的一种优先受偿权利，其行使必须受破产程序的约束；其优先受偿性只是表现为可不依破产财产清偿顺序优先受偿，而不是在破产程序之外自由受偿。在这个问题上，一些学者的表述似乎存在差错，他们往往将别除权表述为"可以就破产人的特定财产不依破产程序优先就担保标的受偿的权利"。[1] 这种表述容易让人理解为别除权人可以在破产程序（包括破产清算程序、破产和解程序和破产重整程序）之外随意行使其权利。实际上，在破产程序开始之后才涉及别除权的问题，在破产程序开始之前只有民法或商法上的民事或商事优先权。也就是说别除权是与破产程序开始后破产人财产的分配密不可分的。别除权的行使只有在破产程序之中才能成为现实的可能。依照我国新破产法第75、96条的规定，别除权人不仅应当进行破产债权的申报并接受债权的调查，而且还应在法院裁定和解以及重整期间暂停别除权的行使。而一些国外的立法还对别除权的行使规定了许多限制性的条件，如：规定破产管理人可以要求别除权人提示其权利标的物的财产；别除权人不得拒绝管理人对别除权标的物财产的评估；法院可对别除权的行使规定期限等。

二、我国立法关于"对破产人的特定财产享有担保权的权利人"的规定

我国1986年的旧破产法和新破产法均未采用大陆法系国家所普遍采用的"别除权"概念。1986年的旧破产法采用的是"有财产担保的债权"；而新破产法则采用的是"对破产人的特定财产享有担保权的权利人"。如旧破产法第32条第1款规定："破产宣告前成立的有财产担保的债权，债权人享有就该担保物优先受偿的权利。"而新破产法第109条规定："对破产人的特定财产享有担保权的权利人，对该特定财产享有优先受偿的权利。"立法之所以作出这样的调整是因为：①如仅采用"有财产担保的债权"，则无法解决破产债务人单纯为债权人之外的第三人提供担保而导致的第三人担保物权的行使问题。而"享有担保权的权利人"则解决了破产债务人以自己的财产为自己的债务设定担保和为第三人的债务设定（提供）担保的问题。②"有财产担保的债权"不仅仅包括了抵押、质押和留置三种物权担保形式，而且也包括了订金担保形式，所以"有财产担保的债权"模糊了担保物权的法律范畴。③将"有财产担保的物权"表

〔1〕 参见刘德璋：《新企业破产法理解与操作指南》，法律出版社2007年版，第248页。

述为"享有担保权的权利人"同时也为将来立法将"法定优先权"列入别除权留下了立法空间。

但无论是"有财产担保的债权"还是"享有担保权的权利人"，立法在确立其优先权地位时，均是将担保物权作为了其最基本的基础权利。所以说，我国破产法立法所确立的"别除权"，其权力范围只限于担保物权。而按照我国《物权法》的规定，担保物权则包括了抵押权、质权和留置权。

至于我国《合同法》第 286 条规定的建设工程款优先权，《海商法》第 21 条规定的船舶优先权，《民用航空器法》第 18 条规定的民用航空器优先权，《城市房地产管理法》第 51 条规定的国有划拨土地使用权出让金优先权等"法定优先权"的内容，在破产程序的实施中亦应保证其法定优先权地位。

三、我国担保物权的主要内容

在我国，担保物权的具体内容主要体现在《担保法》和《物权法》的有关规定中。按照《物权法》第四编的规定，担保物权主要包括了抵押权、质权和留置权。

（一）抵押权

抵押权，是指债权人对于债务人或者第三人不转移占有而担保的财产，于债务人不履行债务或者发生当事人约定的实现抵押权的情形时，依法享有的就该财产变价并优先受偿的权利。[1] 抵押权作为一种担保物权，其权利人是通过支配抵押物的交换价值来确保债务人清偿债务的。抵押权由于不转移占有担保的财产，所以属于优先受偿性担保物权。其优先受偿性主要表现在两个方面：一方面，与债务人的普通债权人相比，抵押权人有权就抵押物卖得的价金优先于普通债权人优先受偿。另一方面在同一财产上存在两个以上抵押权的，则：①抵押权已登记的，按照登记的先后顺序清偿；同一顺序的，按债权比例清偿；②抵押权已登记的先于未登记的受偿；③抵押权未登记的，按照债权比例清偿（《物权法》第 199 条）。抵押权人所能够优先受偿的范围仅限于抵押财产拍卖、变卖所得的价金。假如抵押财产折价、拍卖、变卖所得的价金不足以清偿其所担保的债权时，则债权人无权对债务人的其他财产主张优先权。依据我国《物权法》的有关规定，在破产程序中处理以抵押权为基础权利的别除权时，应注意以下几个问题：

1. 抵押权的登记问题。抵押权登记是指依据财产权利人的申请，登记机关将于该财产上设定的抵押权相关事项载于登记簿上的事实。依照我国《物权

---

〔1〕　王利明等：《中国物权法教程》，人民法院出版社 2007 年版，第 439 页。

法》第 9 条第 1 款规定："不动产物权的设立、变更、转让和消灭，经依法登记，发生效力；未经登记，不发生效力，但法律另有规定的除外。"也就是说，我国《物权法》对于抵押权登记，原则上采取的是登记生效要件主义，例外采取登记对抗要件主义。具体来说：

（1）不动产抵押权和某些不动产物权设定的抵押权采取登记生效要件主义。依据《物权法》第 187、180 条的规定，"建筑物和其他土地附着物"，"建设用地使用权"，"以招标、拍卖、公开协商等方式取得的荒地等土地承包经营权"，"正在建造的建筑物"只有办理了抵押登记，抵押权才依法设立。也就是说，上述不动产和不动产物权只有在办理了抵押权登记后，抵押权才设立和产生效力。以该类不动产和不动产物权的抵押权作为基础权利的别除权在破产程序中才享有合法的优先受偿权。

（2）动产抵押权和动产浮动抵押权采取登记对抗要件主义。浮动抵押权是指抵押权的客体在抵押权设定之时并不确定，其既包括了抵押人现有的财产也包括了将有的财产，只有当抵押权实现时或者发生其他法律规定的事由时，抵押财产才能被特定。我国《物权法》第 181 条专门规定了动产浮动抵押权。依照《物权法》第 188 条、第 189 条第 1 款的规定，以"生产设备、原材料、半成品、产品"，"交通运输工具"，"正在建造的船舶、航空器"抵押的；和企业、个体工商户、农业生产经营者"将现有的以及将有的生产设备、原材料、半成品、产品抵押"的，抵押权自抵押合同生效时设立，未经登记，不得对抗善意第三人。这里的第三人，"首先应限于对同一标的物（即被抵押的财产）享有物权的人，而不包括一般债权人。至于债权与未登记的抵押权之间，由于不属于同一性质的权利，无法发生冲突。具体到动产抵押权中，对同一标的物享有物权的第三人包括：该抵押动产的所有权取得人、该抵押动产上的其他没有登记的抵押权人、就该抵押动产享有某种具有物权性质的权利的人如动产的租赁人等"。[1] 也就是说以动产抵押权和动产浮动抵押权为基础权利的别除权，如存在抵押权未登记情形的，该抵押权仍然有效。抵押权未经登记只是不能对抗善意第三人，而且这里的第三人也只是对被抵押的财产享有物权的人。如此说来，一般的破产债权人不能以某债权人的动产抵押权和动产浮动抵押权未经登记而拒绝该抵押权人行使别除权。

2. 租赁权与抵押权冲突问题。由于抵押权是抵押人不以转移抵押物的占有为内容的担保物权，所以在实践中就可能会出现别除权人在行使别除权时，别除权标的存在租赁权的问题。即出现抵押人可能将已抵押的财产用于出租（先

〔1〕 王利明等：《中国物权法教程》，人民法院出版社 2007 年版，第 456 页。

抵后租）或将已出租的财产用于抵押（先租后抵），而在同一财产上同时存在抵押权和租赁权的情形。这样就会形成所谓租赁权和抵押权的冲突问题。由于抵押权属于物权范畴，而租赁权属于债权范畴，根据物权优于债权的原理，所以传统的立法在"先租后抵"的情况下采取了"买卖击破租赁"的原则。但随着社会商事生活的日益发达，维护商事交易安全和交易稳定逐渐成为商事立法的重要目标。所以现代各国民商事立法都逐渐采取了增强租赁权效力，使其呈现物权化特征的立法方法。在相关立法上开始采取"买卖不破租赁"的原则。所谓"买卖不破租赁"的原则，是指租赁关系先行确立后，出租人即使将后已设立了租赁权的出租物转让，原租赁关系也不因出租物的转让而解除。我国现行立法亦确立了"买卖不破租赁"的原则。我国《担保法》第48条规定："抵押人将已出租的财产抵押的，应当书面告知承租人，原租赁合同继续有效。"《合同法》第229条规定："租赁物在租赁期间发生所有权变动的，不影响租赁合同的效力。"《物权法》第190条规定："订立抵押合同前抵押财产已出租的，原租赁关系不受该抵押权的影响。抵押权设立后抵押财产出租的，该租赁关系不得对抗已登记的抵押权。"由上述立法，特别是《物权法》的规定可以看出：①在"先租后抵"的情形下，别除权人在行使以抵押权为基础权利的别除权时，无论任何人取得或受让了抵押财产，原已存在的租赁权仍然存在于该抵押财产之上；承租人和抵押财产的取得人或受让人之间仍然存在着租赁合同关系。②在"先抵后租"的情形下，已登记的抵押权可以对抗后成立的租赁权；未登记的抵押权，则不能对抗后成立的租赁权。也就是说，以已登记的抵押财产出租的，不适用"买卖不破租赁"的原则。而以未登记的抵押财产出租的，则抵押权不具有对抗善意承租人的效力。

3. 最高额抵押问题。最高额抵押是指抵押人在最高额的限度内，以抵押财产对将来一定期间内将要连续发生的不特定债权提供的抵押担保。最高额抵押属于一种特殊抵押形式，我国《担保法》和《物权法》对这种抵押形式均作了规定。由于最高额抵押是对将来一定期限内将要发生的不特定债权提供的抵押担保，所以：①最高额抵押权成立在先，而债权可能成立在后；②最高额抵押权并不随着某一具体债权的转让而转让，而随着基础法律关系的转让而转让；③最高额抵押权只对特定债权人或者特定交易关系中连续发生的债权发生担保作用，其在行使条件成就之前（最高债权额确定之前）不从属于那一笔债权。由于最高额抵押权具有上述特征，所以在以最高额抵押权作为别除权的基础权利时，别除权的行使应以约定的最高额为限，超出最高额的，超出部分的债权额则不受最高额抵押权的担保。另外，依据最高人民法院《关于适用〈中华人民共和国担保法〉若干问题的解释》第81条的规定，"最高额抵押权所担保的债权范围，不包括抵押物因财产保全或者执行程序被查封后或债务人、抵押人破产后发生的债权"。

（二）质权

质权是指债务人或第三人将特定的财产交由债权人占有，作为债权的担保，在债务人不履行债务时，债权人有权以该财产折价或以拍卖、变卖所得的价款优先受偿的权利。[1] 质权的特点为：其一，依照我国《物权法》的规定，质权可分为动产质权和权利质权两种。依照《物权法》第 223 条的规定，"债务人或者第三人有权处分的下列权利可以出质：①汇票、支票、本票；②债券、存款单；③仓单、提单；④可以转让的基金份额、股权；⑤可以转让的注册商标专用权、专利权、著作权等知识产权中的财产权；⑥应收账款；⑦法律、行政法规规定可以出质的其他财产权利。"其二，质权以转移标的物的占有或者登记为生效条件。债务人或者第三人将质权标的物交由债权人占有是质权不同于抵押权的一个重要特征。所以标的物的交付是质权成立的必要条件。由于质权以标的物的交付为成立的必要条件，故在动产质权取得制度中未包括登记制度。至于权利质权的设定，则需要交付权利凭证或者进行登记。其三，质权兼具留置权效力和优先权效力。由于质权以转移标的物的占有为成立条件，所以在质权所担保的债权获清偿前，质权人有权事实上留置该质物；而当债务人不能履行其债务时，质权人有权将质物变价并获优先受偿。基于质权的以上特性，以质权为基础权利的别除权在行使其优先受偿权时，可将质物排除在破产财产之外；即使作为质物的动产被查封和扣押，也不影响别除权人的优先受偿权。

（三）留置权

留置权是指债权人按照合同约定占有债务人的财产，在债务人逾期不履行债务时有权留置该财产，并就该财产优先受偿的权利。[2] 留置权的特点为：①留置权是一种担保物权。关于留置权的性质，存有两种立法例。一种是将留置权作为担保物权而将其规定在物权法中；另一种是将留置权区分为民事留置权和商事留置权而分别规定在民法和商法中。民事留置权属于债权而不具有优先权地位，商事留置权具有优先权地位。②留置权是以动产为标的物的法定担保物权。留置权是法定担保物权，而非约定担保物权。也就是说，留置权是依照法律的规定而产生的，是一种法定权利而非约定权利。我国《担保法》和《物权法》只规定了动产留置权。③留置权是具有二次效力的担保物权。留置权的二次效力是指留置权的留置效力和优先受偿效力。即留置权人在其债权未获

---

〔1〕 王利明等：《中国物权法教程》，人民法院出版社 2007 年版，第 504 页。

〔2〕 魏振瀛主编：《民法学》，北京大学出版社 2000 年版，第 284 页。

清偿前有权留置标的物的效力和当债务履行期限届满债务人仍不履行债务，留置权人有权就变价的标的物优先受偿的权利。

由于留置权的上述特征，有些国家的破产法立法排除了民事留置权的优先权地位，只是确定了商事留置权的优先权的地位。如日本的破产法立法。另外，由于留置权是一种法定担保物权，所以在留置权与质权、抵押权发生冲突时，应优先满足留置权。我国《物权法》第239条规定："同一动产上已设立抵押权或者质权，该动产又被留置的，留置权人优先受偿。"

我国《物权法》将留置权的性质定性为物权。我国新破产法亦将留置权作为有财产担保的权利来对待。另外，依据《物权法》第231条关于"债权人留置的动产，应当与债权属于同一法律关系，但企业之间留置的除外"的规定，表明在我国也肯定了商事留置权的存在。即在债权人和债务人均为企业的情况下，债权人留置的动产，不必与债权属于同一法律关系。作为商事留置权，只要求留置的标的物与被担保的债权有一般的关联性即可，并不要求两者间有直接的法律关系上的同一性。[1] 所以在破产程序中，具有商事留置权特征的别除权亦应享有合法的优先受偿地位。

【**法律链接**】　　大陆法系国家破产立法关于别除权的有关规定

大陆法系国家，如德国、日本等国家的破产立法均对别除权制度作了规定。由于别除权并不是破产法上独有的权利，其仅是担保物权和法定优先权在破产法上的转化形式，所以别除权的权利内容和权利行使主要不是依据破产法，而是依据民法（民事执行法）或物权法的有关规定进行。破产立法在确立别除权优先受偿权的法定地位的同时，更多的是从别除权的行使以及别除权与破产程序的关系方面作出规定。

一、德国

《德国破产法》在其第四章"破产财产的管理与变现"中以第三节专门就"具有别除权的标的"作出了规定。其主要内容为：

1. 规定在债权人名册中应列明别除权的情况。《德国破产法》第152条第2款规定，"在名册中，对于享有别除权的债权人以及后顺位破产债权人的各个顺位级别应当单独列明……对享有别除权的债权人，还应特别注明设定别除权的

---

〔1〕　黄有松主编：《〈中华人民共和国物权法〉条文理解与适用》，人民法院出版社2007年版，第678页。

标的物以及预计可能出现的缺额"。

2. 规定法院有权对别除权的不动产标的进行强制拍卖和强制管理。《德国破产法》第 165 条规定:"即使在破产财产的一项不动产标的上存在别除权,破产管理人也可以向法院申请对其进行强制拍卖或强制管理。"

3. 规定破产管理人有权对别除权的动产标的进行变现。《德国破产法》第 166 条规定:"①动产上存在一项别除权的,以该动产处于破产管理人占有之下为限,破产管理人有权将其直接变现;②破产管理人有权收回或以其他方式变现债务人为保全一项请求权而让与的债权。"

4. 规定了破产管理人变现别除权的动产标的的告知义务。依据《德国破产法》第 167、168 条的规定,破产管理人在依法变现一项动产标的或者收回一项债权时,经享有别除权的债权人要求,应当告知其该动产或该债权的状况或情况。应当告知享有别除权的债权人出让该标的的方式,并应当给予别除权人在一周内指示另一种对别除权人更为有利的变现方式的机会。

5. 规定了别除权人对变现收入的优先受偿权。依照《德国破产法》第 170 条的规定,"破产管理人在变现一项动产或债权之后,应当从变现收入中先为破产财产提取确定和变现标的的费用。剩余款项应当毫不迟延地向享有别除权的人做出清偿"。

6. 确立了别除权变现的期限制度。根据《德国破产法》第 173 条第 2 款的规定,"经破产管理人申请,并经听取债权人的意见,破产法院可以为债权人确定一个变现标的的期限。期限届满之后,破产管理人即有权变现"。

从德国破产法的上述有关规定可以看出,德国破产立法在确保别除权人可自主行使别除权或优先受偿权的同时,对别除权的行使亦作出了若干立法上的限制:①确立了别除权人依法行使别除权和破产管理人变现别除权标的两种并行的别除权标的变现制度。如德国破产法规定,"破产管理人无权变现存在别除权的动产或债权的,债权人的变现权不受影响"。(《德国破产法》第 173 条第 1 款)②破产管理人不仅有权变现其占有之下的别除权动产标的,而且可以向法院申请,要求法院对别除权的不动产标的进行强制拍卖或强制管理。③规定法院经破产管理人申请和听取债权人的意见后可以给债权人确定一个变现标的的期限。如债权人在该期限之内不能实施自行变现,则破产管理人就有权进行变现。德国破产法的上述特点,较好地处理了别除权与破产程序的关系,既保证了别除权人的优先受偿权地位,又兼顾了破产程序的公平、公正性的要求。

二、日本

日本 2004 年的新破产法与 1923 年的旧破产法相比,在有关别除权的立法内容上作了较大的修改。原旧破产法专设"别除权"一章（第一编第八章），该章对"别除权人"、"留置权人"、"共有人的别除权"、"别除权的行使"、"准别除权人"等内容均作了规定。新破产法取消了对"别除权"的专章规定。只是在第七章"破产财团的变现"部分，从别除权财产标的的变现方法、担保权的消灭、商事留置权的消灭等方面，就破产程序中别除权的行使及其约束作了规定。而将别除权的惯常行使交由民事执行法及其他关于强制执行的法律去规定。也就是说，日本新破产法侧重从别除权与破产程序的关系角度对别除权进行规定。其主要的立法内容有：

1. 规定破产管理人有权对别除权标的进行价值评估。《日本破产法》第 154 条规定："破产管理人可以要求别除权人提示其权利标的物的财产。破产管理人拟对前款的财产作出评估时，别除权人不得拒绝。"

2. 规定破产管理人可依法对别除权标的物进行变现。《日本破产法》第 184 条第 2 款规定："依照民事执行法和其他关于强制执行程序的法律的规定，破产财产管理人可以进行别除权标的物的变现。在此情况下，别除权人不能拒绝该变现。"该条第 4 款规定："在第 2 款的情形下，别除权人应当受领的金额尚未确定的，破产财产管理人必须寄存。在此情况下，别除权就被寄存的金额而存在。"

3. 确立了别除权变现的期限制度。《日本破产法》第 185 条规定："别除权人具有不依照法律规定的方法处分别除权标的物的权利，依据破产财产管理人的申请，法院可以确定别除权人应做出处分的期限。别除权人在前款的期限内未进行处分的，则失去前款的权利。"

4. 规定了担保权的消灭制度。依照《日本破产法》第 186 条的规定，在破产程序开始时，如破产财团存在着特别优先权、质权、抵押权或基于商法的留置权的，当变卖该财产消灭该担保权符合破产债权人的普遍利益时，破产管理人可以向法院提出通过变卖该财产和依法将变卖后的相应金额交付给法院而消灭在该财产上存在的全部担保权的申请（但是，被认定不当损害该担保权人利益的不在此限）。

5. 规定了商事留置权的消灭制度。依照《日本破产法》第 192 条的规定，在破产程序开始时，在破产财团所属的财产存在基于商法规定的留置权（商事留置权）的情况下，如该财产对于破产管理人继续破产人的事业（对于业务的持续发展）有必要，以及该财产的存在有利于破产财团价值的维持及增加，破产财产管理人可以对留置权人要求该留置权的消灭。但破产管理人行使该权利时，应当取得法院的许可和向该留置权人清偿与该商事留置权财产标的数额相当的款项。

第七章

从以上的有关立法内容可以看出，日本破产法立法有两个特点：①将"特别优先权"（特别先取特权）也作为担保物权的一种形式而加以确认。这一特定是与日本的民事立法紧密相关的。日本的民法典中有先取特权的专门规定。《日本民法典》第303条规定："先取特权人，依本法及其他法律的规定，就其债务人的财产，有优先于其他债权人受清偿的权利。"依据日本民事法的规定，把先取特权分为一般先取特权和特别先取特权。一般先取特权是指以债务人的一般财产为标的的优先权。特别先取特权是以债务人的特定财产为标的的优先权。依据《日本民法典》第306条的规定，一般先取特权主要包括：共益费用、雇员的报酬、丧葬费用和家庭成员的生活补贴费用。"一般的先取特权因为是可以从债务人的总财产中优先得到清偿的权利，所以被担保债权是优先性的破产债权，但是，它不能从特定的财产中获得清偿，就不是别除权。"[1] 而特别先取特权则是由民法典和其他民事法律所分别规定的，是债权人针对债务人的特定的不动产或特定的动产享有的优先权利。②仅将商事留置权作为别除权的一项内容加以规定。在日本的民商事立法中将留置权区分为民事留置权和商事留置权。《日本商法典》第521条规定："在商人之间，在因双方的商行为而发生的债权到清偿期时，债权人在未受清偿之前，可以留置因与其债务人之间的商行为而归自己占有的债务人所有的物品或有价证券。但是，另有意思表示时除外。"另外《日本商法典》还对代理商、批发商、运送管理人、陆上及海上的运送人的留置权的设立作了规定。而在日本法上，民事留置权仅仅具有留置效力而无优先受偿的效力。

【实务操作】 别除权的行使及行使中应注意的问题

一、别除权行使的范围

别除权行使的范围，是指别除权人基于别除权基础权利的性质，享有的可以向破产法债务人行使的各种请求权。由于我国破产法立法中所确定的别除权的基础权利仅为担保物权，所以别除权行使的范围即为担保物权担保的范围。我国《物权法》第173条规定："担保物权的担保范围包括主债权及其利息、违约金、损害赔偿金、保管担保财产和实现担保物权的费用。当事人另有约定的，按照约定。"在适用《物权法》上述规定时，有以下几个问题应注意：

1. 关于"利息"的性质及范围问题。我国《担保法》和《物权法》对"利息"是约定利息还是法定利息，是狭义的本金利息还是广义的本金利息加逾期

---

[1] [日] 石川明：《日本破产法》，何勤华、周桂秋译，中国法制出版社2000年版，第84页。

利息均未作出规定。在实践中如何确定是约定利息还是法定利息存在不同观点：一种观点认为，此处的"利息"应为约定利息，因为约定利息主要是债权人与债务人就主债权的履行而专门约定的"利息"。另一种观点认为，"此处的利息既包括约定利息，也包括法定利息。在当事人就利息有明确约定且该利息合法的情况下，该利息应为约定利息；在当事人未约定利息或者存在金钱债权不履行之时，该利息应为法定利息"。[1] 对此本教材认为后一种观点更为合理。至于是应采取狭义的利息概念还是应采取广义的利息概念，更多的理论认为应采取狭义的利息概念。其理由是："逾期利息"属于金钱之债被侵害转换而成的损害赔偿之债，其性质与功能应界定为"赔偿责任"。另外，根据我国新破产法第46条关于"未到期的债权，在破产申请受理时视为到期。附利息的债权自破产申请受理时起停止计息"的规定，别除权行使时所主张的"利息"，只能是主债权到破产申请受理时为止的利息，而不能是到别除权实现时为止的利息。

2. 关于"保管担保财产的费用"问题。保管财产的费用不同于实现担保物权的费用。前者是担保物权人为转移和实现对担保物的占有而支付的费用。该项费用大多产生于质押和留置权的行使过程中。而实现担保物权的费用，则主要是为了实现担保物的变价而发生的拍卖、变卖、诉讼费用等。在确定"保管担保财产的费用"的范围时，应将该费用限定在"必要费用"的范围内。

3. 关于当事人另行约定担保范围的问题。按照《物权法》第173条的规定，当事人有权在法定的担保物权担保的范围之外作出另行约定。也就是说如当事人对担保物权的担保范围另有约定，应从其约定；如无约定则从法定。

二、别除权行使的程序条件

在本节"基本理论"部分我们已指出，"别除权作为一种优先权，其优先性并不是表现在破产程序之外，而是表现在破产程序之中。也就是说，别除权的行使还需受破产程序的约束，其优先性只是表现为可不依破产财产清偿顺序优先受偿"。别除权的行使所受的程序性约束主要表现为：

1. 别除权人亦应申报债权。我国新破产法第48条第1款规定："债权人应当在人民法院确定的债权申报期限内向管理人申报债权。"第49条第1句规定："债权人申报债权时，应当书面说明债权的数额和有无财产担保，并提交有关证据。"从上述规定可以看出，别除权人亦应和其他债权人一样进行债权申报，如其未进行债权申报（包括补充申报）则其不能行使其债权，包括优先受偿权利。

---

[1]　黄有松主编：《〈中华人民共和国物权法〉条文理解与适用》，人民法院出版社2007年版，第508页。

第七章

2. 在重整期间别除权暂停行使。我国新破产法第75条第1款规定："在重整期间，对债务人的特定财产享有的担保权暂停行使。但是，担保物有损坏或者价值明显减少的可能，足以危害担保权人权利的，担保权人可以向人民法院请求恢复行使担保权。"按照上述规定，在重整程序中，别除权的行使适用"自动中止"制度，重整期间别除权被自动冻结。

3. 破产管理人有权取回质物、留置物。我国新破产法第37条第1款规定："人民法院受理破产申请后，管理人可以通过清偿债务或者提供为债权人接受的担保，取回质物、留置物。"此条规定表明，立法基于破产和解、重整，以及破产财产变价等需要给与了破产管理人通过清偿债务或者提供为债权人接受的担保而取回质物、留置物的选择权。而一旦管理人实施了该项选择权则债权人的债权性质或状态则可能发生改变。如管理人选择了"即时清偿"，则债权人与债务人之间的债权债务关系归于消灭，别除权也随之消灭。如管理人采取了"替代担保"，则债权人所享有的别除权的状态因此发生了改变。原质权或留置权可能被新的质物或留置物所替代，也可能被新的担保形式，如抵押权担保、第三人保证等所替代。

我国新破产法对别除权行使的程序和别除权行使中的程序约束，规定得还很不够。根据国外立法的经验和现在实践的需要，其还应规定以下几个方面的问题：

（1）确立别除权人行使别除权的期限制度。也就是说破产管理人经法院许可，可以为别除权人行使别除权规定一个行使期限。如别除权人不能在该期限内行使别除权，则管理人有权将担保财产予以变现，别除权人只可对变现后的价款主张优先受偿。这样可尽快确定别除权的受偿额，以加快破产清算程序的进行。

（2）在破产财产分配制度中规定别除权行使的除斥制度。即当债务人以自己的财产为自己的债务担保时，如别除权人不能就担保标的物行使优先权后不能得到满足的部分作出说明或证明，则不能参加中间分配或从最后分配中被除斥。[1]

（3）在破产程序中规定别除权纠纷的审判管辖原则。破产程序作为一种特殊的强制执行程序，其对别除权的保障比当事人的自力救济更有积极意义。因此将别除权纠纷的处理也纳入破产程序，可大大提高破产程序的效率。"如果管理人和担保物权人在实现担保物权时发生争议，属于执行程序中的问题时，在破产程序中直接由受理破产案件的合议庭予以处理；属于对担保物权的确认而

---

[1]　参见韩长印主编：《破产法学》，中国政法大学出版社2007年版，第105～151页。

发生争议时，应当通过审判程序解决；权利人需要向人民法院重新提起确权之诉，由人民法院通过审判程序对担保物权是否存在等作出判决。基于节约司法成本的考虑，该类案件由受理破产案件的法院专属管辖。"[1]

三、担保物权的物上代位性

担保物权的物上代位性，是指担保物因毁损、灭失、征收等原因而获赔偿或补偿时，该担保权及于该赔偿或补偿物。担保权不仅具有物权性，而且具有价值权性，即担保物权的实现建立在对担保物的交换价值之上。担保物权的物上代位性，是担保物权价值权利性的实际体现，其权利的实质是保证担保物权人对交换价值的不断支配力。我国《物权法》第174条规定："担保期间，担保财产毁损、灭失或者被征收等，担保物权人可以就获得的保险金、赔偿金或者补偿金等优先受偿。被担保债权的履行期未届满的，也可以提存该保险金、赔偿金或者补偿金等。"依照此规定，如构成别除权的担保物出现毁损、灭失或者被征收等情形，别除权人仍可就相应的替代物（保险金、赔偿金、补偿金等）行使优先受偿权。

四、别除权人未获完全清偿或放弃优先受偿的法律后果

别除权人未获完全清偿是指别除权人行使别除权后，其主债权从担保财产的变价中未获完全清偿的情形。而别除权人放弃优先受偿权则是指别除权人抛弃主债权的担保物权。由于担保物权是债权人的一项民商事权利，所以其有权自行处分该权利，即有权单方抛弃该权利。依据我国新破产法第110条规定，对破产人的特定财产享有担保权的债权人，"行使优先受偿权利未能完全受偿的，其未受偿的债权作为普通债权；放弃优先受偿权利的，其债权作为普通债权"。而依据《物权法》第194条第2款、第218条的规定，如果债权人放弃的是债务人以自己的财产提供的物权担保，那么其他担保人在担保物权人丧失优先受偿权益的范围内免除担保责任（但其他担保人承诺仍然提供担保的除外）。

【案例分析】

[案情]　甲公司的破产申请案被法院依法受理，在进行债权申报时，乙公司和丙公司均进行了有担保债权的申报，并提供了相关的证明。经破产管理人核查，甲公司先是将其开发的1号综合楼抵押给了债权人乙，然后又将其开发

〔1〕　王东敏：《新破产法疑难解读与实务操作》，法律出版社2007年版，第224页。

的 2 号综合楼抵押给了债权人丙，并且都办理了相应的抵押登记手续。破产管理人同时查明，甲公司还将 1 号综合楼和 2 号综合楼的商业部分分别出租给了丁公司和戊公司。但 1 号综合楼是先租赁后抵押，2 号综合楼是先抵押后租赁。后来 1 号综合楼和 2 号综合楼的抵押权人乙公司和丙公司在实施抵押物变卖时，均向原承租人提出了解除租赁关系的要求，但遭到了承租人丁公司和戊公司的拒绝。且承租人丁公司和戊公司均提出在同等条件下，它们将行使优先购买权。

　　[问题]　承租人丁公司和戊公司是否有权拒绝抵押权人乙公司和丙公司解除原租赁关系的请求？为什么？承租人丁公司和戊公司是否有同等条件下的优先购买权？

　　[分析]　关于第一个问题，承租人丁公司有权拒绝乙公司解除原租赁关系的请求；戊公司无权拒绝丙公司解除原租赁关系的请求。因为我国《物权法》第 190 条规定："订立抵押合同前抵押财产已出租的，原租赁关系不受该抵押权的影响。抵押权设立后抵押财产出租的，该租赁关系不得对抗已登记的抵押权。"从法理上来解析，由于抵押权追求的是标的物的交换价值，租赁权追求的是标的物的使用价值；并且在抵押期内抵押权并不改变抵押物的占有和所有权。所以抵押权和租赁权可以并存且并不发生冲突。在标的物先租赁后抵押的情况下，抵押人抵押已租赁的标的物的，不影响抵押物上既存的租赁关系。根据"买卖不破租赁"的原则，租赁关系成立后，即使出租人或抵押权人将租赁财产转让给第三人，承租人仍然可以向受让人主张租赁权。也就是说，受让人所取得的财产是负担租赁权的财产。在标的物先抵押后租赁的情况下，由于我国《物权法》在不动产抵押方面采取登记成立主义，在动产抵押方面采取登记对抗主义。所以，无论不动产抵押还是动产抵押，只要登记了便产生了对抗善意第三人之效力。据此，已登记的抵押权可以对抗后成立的租赁权；未登记的抵押权，则不能对抗后成立的租赁权。

　　关于第二个问题，承租人丁公司享有优先购买权，而承租人戊公司则不享有优先购买权。因为在先租赁后抵押的情形下，由于租赁权优先于抵押权，所以当抵押权实现时，承租人对抵押物（即出租物）在同等条件下享有优先购买权。我国《合同法》第 230 条规定："出租人出卖租赁房屋的，应当在出卖之前的合理期限内通知承租人，承租人享有以同等条件优先购买的权利。"而在先抵押后租赁的情形下，由于租赁关系不能对抗已登记的抵押权，除非抵押权人同意租赁权的存在，否则租赁权将不能存在。如果租赁权不能存在，因此也就不存在承租人享有优先权的问题。

第七章

【评析】　　关于我国企业破产法立法中别除权与破产程序的关系

　　别除权与破产程序的关系，主要涉及两个问题：①构成别除权的标的物是否属于破产财产；②别除权的行使是否与破产程序有关。在这里存在着三种选项：①构成别除权的标的物不属于破产财产，别除权人可不依破产程序而依照民事个别执行程序行使其优先受偿权，即别除权的行使与破产程序无任何关系；②构成别除权的标的物属于破产财产，别除权人须依破产程序行使优先受偿权，即将别除权的行使完全纳入了破产程序；③构成别除权的标的物属于"债务人财产"，但不属于"破产财产"，即别除权的行使与破产程序有关，与破产财产清偿程序无关。

　　关于上述问题，我国新破产法与旧新破产法做出了完全不同的立法选择。

　　旧破产法第 28 条第 2 款规定："已作为担保物的财产不属于破产财产；担保物的价款超过其所担保的债务数额的，超过部分属于破产财产。"第 32 条规定："破产宣告前成立的有财产担保的债权，债权人享有就该担保物优先受偿的权利。有财产担保的债权，其数额超过担保物的价款的，未受清偿的部分，作为破产债权，依照破产程序受偿。"从上述规定中可以看出旧破产法在规定别除权的标的物和破产程序的关系方面确立了以下几点立法准则：①构成别除权的标的物不属于破产财产；②将"有财产担保的债权"视同为别除权；③规定"有财产担保的债权"可不依破产程序优先受偿。而新破产法则在上述有关问题上做出了与《破产法（试行）》不同的立法选择。新破产法第 30 条规定："破产申请受理时属于债务人的全部财产，以及破产申请受理后至破产程序终结前债务人取得的财产，为债务人财产。"第 107 条第 2 款规定："债务人被宣告破产后，债务人称为破产人，债务人财产称为破产财产，人民法院受理破产申请时对债务人享有的债权称为破产债权。"第 109 条规定："对破产人的特定财产享有担保权的权利人，对该特定财产享有优先受偿的权利。"由此可以看出新《企业破产法》在与别除权有关的立法中确立了以下几点新的立法准则：①构成别除权的标的物属于"债务人财产"，但不属于"破产财产"；②将"享有财产担保权的权利人"视同别除权人；③别除权人应依破产程序但可不依破产财产清偿程序行使优先受偿权。

　　对新破产法所确立的上述几点立法准则还有进一步说明的需要：①虽然立法并未明确规定别除权的标的物不属于破产财产，但立法在对破产财产的清偿顺序作出规定时并未将别除权的标的物列入破产财产的清偿顺序之中（新破产法第 113 条）。也就是说立法将别除权的标的物排除在了破产财产之外。否则立法就应就别除权的标的物的分配作出规定。②虽然别除权人可不依破产财产清偿顺序行使其优先受偿权，但别除权人亦应受破产程序的约束。如须申报债权和应提供财产担保的证据；存在瑕疵的担保权可被法院依法撤销；在债务人重整期间暂停权利的行使等。即别除权人虽然可不依破产财产清偿程序获得优先受偿，但别除权的实现却应受破产程序的约束。也就是说，别除权作为破产法上的一项权利，其离开破产程序就无法完整实现；同样旧破产法如不把别除权的行使纳入破产程序，破产程序也无法顺利进行。③我国旧破产法之所以规定别除权可不依破产程序行使，是由当时立法的特定认知水平和别除权人大多为国有银行这一特定事实所决定的。在这方面，一些国家的立法也有过类似的经历。如1923年的《日本破产法》第95条规定："别除权不依破产程序而行使。"但日本在1924年的新破产法中就取消了上述规定，并且就别除权的行使规定了许多约束性的条件，包括规定了担保权和商事留置权的消灭制度。

最后应当指出的是，我国新破产法在别除权人与破产程序关系的立法方面还有许多问题有待进一步明确。这些问题包括：①破产管理人是否有权对别除权的标的物进行价值评估？②破产管理人是否有权基于破产财产整体变价的需要并经法院许可强行收回别除权标的物并将其变现？③对于怠于行使权利的别除权人是否可给其规定一个行使权利的期限？④如超过行使权利期限，别除权人仍不行使权利的，管理人是否有权变现该担保物？⑤破产管理人将别除权标的变现所产生的相关费用由谁承担？⑥在破产财产分配时如别除权人不能证明其已放弃优先受偿权利或说明其未受清偿额，其可否参与破产财产分配？在这方面，国外的立法已给我们提供了很好的借鉴。

第四节　破产财产的分配

【基本理论】

一、破产财产分配的意义

破产财产的分配是指破产管理人将变价后的破产财产，依照破产财产清偿顺序和破产财产分配方案在破产债权人之间进行债务清偿的行为或过程。破产财产的具体分配是破产债权获得受偿的最后手段，也是结束破产程序的一个最主要的法定原因。破产财产的具地分配涉及到破产财产的分配方案，破产财产的中间分配、最后分配和追加分配等相关法律问题。

二、破产财产的分配方案

破产财产的分配方案是载明破产财产如何分配的书面文件，是破产管理人分配破产财产的基础和依据，也是债权人的债权能否实现和能在何种程度上实现，以及以何种方式实现的具有约束性的文件。破产财产分配方案既表达了破产债权人的共同意志，也反映了法院的司法裁判意志。

1. 破产分配方案的内容。我国新破产法第 115 条第 2 款具体规定了破产财产分配方案应当载明的事项。这些事项包括：

（1）参加破产财产分配的债权人的名称或者姓名、住所。这里的"债权人"既包括了法人形式的债权人，也包括了法人之外的其他形式的债权人，如自然人债权人、合伙企业债权人等。同样"债权人"既可以是已确认了债权的债权人，也可以是诉讼、仲裁未决的债权人。

（2）参加破产财产分配的债权额。这里的债权额既包括了每一个债权人所拥有的债权额，也包括了全体债权人所拥有的债权总额。

（3）可供分配的破产财产数额。可供分配的财产数额既包括了各类形式的破产财产的总的数额，也包括了可用于破产分配的各种不同形式的财产的具体数额；既包括了货币形式的财产数额，也包括了非货币形式的财产数额。

（4）破产财产分配的顺序、比例及数额。按照破产债权性质的不同，依法确定各债权人的债权清偿顺序和同一顺序的债权清偿的比例和清偿数额。

（5）实施破产财产分配的方法。破产财产的分配方法包括了货币分配、非货币分配，一次性分配和多次分配，提存分配和非提存分配等内容。

上述有关破产财产分配方案内容的规定，是破产财产分配方案一般应具备的基本内容（条款）。

2. 破产财产分配方案的拟订、通过和认可。我国新破产法第 115 条第 1 款规定："管理人应当及时拟订破产财产分配方案，提交债权人会议讨论。"第 3 款规定："债权人会议通过破产财产分配方案后，由管理人将该方案提请人民法院裁定认可。"由上述规定可以看出：

（1）破产财产分配方案的拟订人为破产管理人。这是由破产管理人在破产清算程序中的地位和职责决定的。在这里管理人的诚信义务主要表现为"及时"拟订破产财产分配方案。

（2）破产财产分配方案应首先报经债权人会议讨论通过。为了强化对债权人利益的保护，我国新破产法对破产财产分配方案的通过采取了提交债权人会议讨论通过的方式，而未采取许多国家立法所采取的公告异议的通过方式。按照我国新破产法第 61 条第 1 款第 10 项的规定，债权人会议有权通过破产财产分配方案。

（3）债权人会议通过的破产财产分配方案由管理人提请人民法院认可。鉴于破产清算程序在本质上仍为一种司法程序，所以即使债权人会议讨论通过了破产财产分配方案，该方案也只有在人民法院认可后方可付诸于实际的执行。

3. 破产财产分配方案的裁定确认。依据我国新破产法第 65、66 条的规定，破产财产分配方案经债权人会议两次表决仍未通过的，由人民法院裁定。债权人对人民法院作出的裁定不服的，债权额占无财产担保债权总额 1/2 以上的债权人可以自裁定宣布之日或者收到通知之日起 15 日内向该人民法院申请复议。复议期间不停止裁定的执行。

法律的上述规定，在保证债权人意思自治的前提下，也体现了司法的最终裁判意志。

三、破产财产的中间分配、最后分配和追加分配

因破产人破产财产的形态、状况和债权人的债权性质、债权额等原因，破产财产的分配可能会出现需多次分配的情形。因此会形成破产财产的中间分配、最后分配和追加分配等分配形式。

1. 中间分配。中间分配是指在破产财产最后分配之前，就可供现行分配的破产财产进行的分配。中间分配应在破产债权调查、核实、确认之后才可进行，中间分配可以是一次分配也可以是多次分配。只要是在最后分配之前发生的分配均为中间分配。依照我国新破产法第 116 条第 2 款的规定，破产管理人如实施中间分配，须按照破产分配方案进行，而且应当公告本次分配的财产额和债权额。

2. 最后分配。最后分配是指在破产财产实施变价之后，对现存的破产财产实行的总的和完全的分配。最后分配完成之后，破产程序也因此终结。最后分配是债权人破产债权的最后的一次受偿。依照我国新破产法第 116、117 条的规定，破产管理人实施最后分配同样要依照法院认可或裁定的破产财产分配方案进行，亦应发布破产财产分配公告，并且在公告中明确指明本次分配是最终分配；同时，还应对附生效条件和附解除条件债权提存额的分配作出说明。说明的内容是：管理人依法提存的分配额，"在最后分配公告日，生效条件未成就或者解除条件成就的，应当分配给其他债权人；在最后分配公告日，生效条件成就或者解除条件未成就的，应当交付给债权人"。

3. 追加分配。追加分配是指在最后分配完成后和在破产程序终结之后的法定期限内，又发现可分配的破产财产时所进行的分配。追加分配是最后分配完成后的补充分配，是破产程序终结后的一项法定救济措施。依照我国新破产法第 123 条的规定，破产程序如因债务人财产不足以清偿破产费用而终结的，或因破产人无财产可供分配而终结的，或因最后分配完成后终结的，在破产程序终结之日起 2 年内，如出现下列法定情形的，债权人可以请求人民法院按照破

产财产分配方案进行追加分配。这些法定情形为：①发现有依法应当追回的财产的；②发现破产人有应当供分配的其他财产的。

【法律链接】

一、日本

《日本破产法》第八章专门对破产财产的分配作出规定。该章共计 6 节，分别规定了"通则"、"最后分配"、"简易分配"、"同意分配"、"中期分配"、"追加分配"。其主要的内容有：

1. 将破产财产的分配类型划分为：最后分配、简易分配、同意分配、中间分配、追加分配 5 种形式。即在原有立法所规定的最后分配、中间分配、追加分配之外，增加了简易分配、同意分配两种分配类型，因此强化了法定分配类型的多样性和适用性。所谓简易分配是指在具备法定分配情形的条件下（如可以作为分配的数额不足 1000 万日元时，法院在作出破产程序开始决定的公告中认定可以进行简易分配时等），所适用的一种简化分配程序。而同意分配则是指在提出申请的全部破产债权人都同意破产管理人所确定的分配表、分配数额、分配时期以及分配方法时所适用的另一种简化分配程序。

2. 对分配表的内容、更正及异议作出了明确规定。依据《日本破产法》第196、199、200 条的规定，分配表的内容包括了：①可以参加分配程序的破产债权人的姓名或者名称以及住所；②可以参加分配程序的债权的数额；③可以进行分配的数额。同时在分配表中必须区分优先的破产债权、劣后的破产债权以及约定劣后的破产债权和其他的债权。如在破产分配表公告后出现法定的更正情形，破产管理人必须立即更正分配表。已提出申请的破产债权人对于分配表不服的，以除斥期间经过后 1 周内为限，可以向法院提出异议，法院认为异议申请有理由的，须命令管理人更正分配表。

3. 规定了破产债权的除斥。依据《日本破产法》第 198 条的规定，破产债权人如不能履行下述程序性义务，其破产债权从破产财产中除斥：①有异议的破产财权，异议债权人应当在公告生效之日起 2 周内，必须向破产管理人证明该破产债权评估申请相关的评估程序，或涉及该破产债权评估异议之诉所相关的诉讼程序，或者存在继受的诉讼程序正在处理之中；②附解除条件的债权或者作为将来请求权的破产债权参加分配程序时，必须在公告生效之日起 2 周内行使；③别除权人在参加分配程序时，在分配的除斥期内，必须向破产管理人证明基于该别除权依法产生的担保权而被担保的债权的全部或部分在破产程序开始后不被担保，或证明通过行使该担保权而无法取得清偿的债权的数额。

4. 规定了分配数额的提存。依据《日本破产法》第 202 条的规定，破产管理人应在下列情况下将分配数额进行提存：①属于有异议的债权，在破产管理人发出分配数额通知之时，破产债权评估申请所涉及的评估程序正在审理中的分配数额；②破产债权评估异议之诉所涉及的诉讼正在审理中的分配数额；③被继受的诉讼程序正在审理中的分配数额；④针对属于租税等的请求权或罚金等的请求权，在破产管理人发出分配数额通知之时，审查要求、诉讼及其他不服申诉的程序尚未终结的部分的分配数额；⑤破产债权人不受领的分配数额。

由以上的立法内容可以看出，日本的破产立法对破产财产的分配规定得比较详细：①简易分配、同意分配形式的规定，比较好地适应了破产人及破产财产多样化的客观要求，可以提高破产财产分配的程序效力。②对破产分配表（即破产分配方案）取消了旧破产法（1923 年破产法）所规定的应经监察委员会同意和经法院许可的规定，而采取了公告异议更正的制度（2004 年新破产法所采用），这也更加体现了当事人意思自治的原则。③立法还对"分配数额的确定以及通知"、"对于附带解除条件债权的处置"等问题也作出了规定。

二、德国

《德国破产法》第五章第 2 节专门规定了破产财产的分配。其主要立法内容有：

1. 规定了破产财产分配的一般条件。根据《德国破产法》第 187 条的规定，这些条件包括：①只在一般审查期日之后才可以开始向破产债权人清偿；②只要破产财产中存在足够现金，便可向破产债权人分配。在实施分期分配时对后顺位的破产债权人不予考虑；③分配由破产管理人进行。设立债权人委员会的，破产管理人在每一次分配之前都应当征得债权人委员会同意。

2. 规定了分配表的编制、变更、异议。根据《德国破产法》第 188、193、194 条的规定：①破产管理人在分配前应对分配时应予考虑的债权编制分配表。分配表应当存放于法院文书处以供当事人查阅。破产管理人应当公告债权总额和可供分配的破产财产数额。②凡符合法定变更条件且确有必要对分配表进行变更的由破产管理人在规定的除斥期限届满后 3 天内作出变更。③在分期分配（中间分配）时，债权人对分配表的异议应当在法定的除斥期限届满后 1 周内向法院提出。

3. 规定了对受质疑债权、有别除权的债权、附延缓条件的债权在分配时的地位和处理。根据《德国破产法》第 189、190、191 条的规定：①债权未得到确认且不具有执行力和最终判决的债权人，至迟应于公告后 2 周的除斥期间内，向破产管理人证明其已经提出确认之诉以及诉讼的数额。及时提出证明的，在分配时可留置（提存）该项债权应得的财产数额；未及时提出证明的，该项债权在分配时不予考虑（予以除斥）。②享有别除权的债权人，至迟应于公告后的2周内向破产管理人证明其已经抛弃优先受偿，或证明其已经丧失优先受偿资格。未及时提出证明的，其债权在分配时不予考虑（予以除斥）。③对附延缓条件的债权在中间分配时全额予以考虑。即应在分配时留置（提存）该债权应得的份额。

4. 规定了中间分配、最后分配的程序条件。依据《德国破产法》第195、196条的规定：①债权人委员会有权根据破产管理人的建议确定中间分配的分配份额。未设债权人委员会的，破产管理人有权确定分配数额。②除定期收入外，一旦破产财产变现结束，即应进行最后分配，但最后分配须征得破产法院的同意。

5. 规定了追加分配。依据《德国破产法》第203条的规定，在结算期日（召开终结性债权人会议的期日）之后如出现法定情形的，破产法院经破产管理人或一名破产债权人申请或依职权可发布追加分配命令。这些法定情形包括：①所留置（提存）的款项可以用于分配；②从破产财产中支付的款项重新返还破产财产；③查明属于破产财产的财产标的。

由以上的立法内容可以看出，德国的破产立法规定了三种破产财产分配类型：中间分配、最后分配和追加分配。中间分配方案应报债权人会议认可，最后分配方案须获法院许可。另外立法还规定了除斥期间，有争议的债权、有别除权的债权如在除斥期间内，债权人不能及时证明其权利状况，则其权利将被除斥。

【实务操作】　几种特殊债权的财产分配

依照我国新破产法的有关规定，特殊债权的财产分配主要包括了附条件债权的财产分配、债权人未受领情况下的财产分配和债权未决情况下的财产分配三种情形：

一、附条件债权的财产分配

依照我国及世界各国的立法，附条件的债权也被认定为破产债权，债权人亦有权参与破产财产的分配。但鉴于附条件的债权是一种效力待定的破产债权，所以它是破产债权中的一种特殊债权，在破产财产分配中适用特殊的法律规定。我国新破产法第117条规定："对于附生效条件或者解除条件的债权，管理人应当将其分配额提存。管理人依照前款规定提存的分配额，在最后分配公告日，生效条件未成就或者解除条件成就的，应当分配给其他债权人；在最后分配公告日，生效条件成就或者解除条件未成就的，应当交付给债权人。"

二、债权人未受领情况下的财产分配

在破产财产分配过程中，由于各种原因也可能出现已经登记和确认的破产债权的债权人，不能或不能及时按破产财产分配公告要求领取其破产财产分配额的情形。对此，我国新破产法第118条规定："债权人未受领的破产财产分配额，管理人应当提存。债权人自最后分配公告之日起满2个月仍不领取的，视为放弃受领分配的权利，管理人或者人民法院应当将提存的分配额分配给其他债权人。"

三、债权未决情况下的财产分配

债权未决是指在进行破产财产的分配时，某项债权的存在与否或债权的数额尚存有争议，债权尚处于仲裁或诉讼之中，亦即债权的法律效力尚处于不确定状态。对待该类"未决债权"，立法既应保护债权人的利益，同时又应兼顾破产程序的效率。我国新破产法第119条规定："破产财产分配时，对于诉讼或者仲裁未决的债权，管理人应当将其分配额提存。自破产程序终结之日起满2年仍不能受领分配的，人民法院应当将提存的分配额分配给其他债权人。"由此看出，我国破产法对债权未决情况下的财产分配采取了提存债权额和限期受领的立法原则。

【案例分析】

一、破产债权的范围

［案情］　西安的某甲公司与乙公司签订了一份代理协议，规定由乙公司代理销售甲公司的产品，并规定如1年内代理销售额达到800万元，则甲公司应向乙公司增加支付30万元代理费用。另外，甲公司还与丙公司签订了一份设备购买协议（设备价值80万元），协议规定如丙公司提供的设备安装调试后检验不合格，则甲公司有权退货。后甲公司被法院宣告破产。根据破产分配方案，普通债权的清偿率为20%，破产分配分两次进行，每次清偿破产财产的10%。后在实施第一次财产分配的时候，乙公司的代理销售额尚未达到800万元，丙公司的设备安装调试尚未完成；在实施最后分配时，在最后分配公告日乙公司的代理销售额仍未达到800万元，但丙公司的设备安装调试已完成并检验合格。

［问题］　乙公司的30万元代理费用和丙公司的设备费用可否作为破产债

权来对待？在破产财产分配时应如何来处理乙公司的30万元代理费用和丙公司的设备费用？

[分析]　关于第一个问题，乙公司的30万元代理费用和丙公司的设备款可以作为破产债权来对待，它们分别为附生效条件的债权和附解除条件的债权。

关于第二个问题，在进行第一次破产财产分配时由于附生效条件和附解除条件的两项债权条件尚未成就，故应当根据我国新破产法第117条第1款的规定，管理人应将相应的分配额予以提存。在进行最后的破产财产分配时，由于在最后分配公告日乙公司附生效条件的债权条件仍未成就，而丙公司附解除条件的债权条件已成就，故应当根据新破产法第117条第2款的规定将第一次分配时乙公司债权的提存额（共计3万元）分配给其他债权人；将第一次分配时丙公司的债权提存额交付给丙公司。

二、破产程序终结后的有关破产财产问题处理

[案情]　甲公司在破产清算期间，债权人乙获得50万元破产财产分配额。但在最后分配公告日3个月后，债权人乙仍未受领其分配额。故管理人将乙未受领的50万元分配额分配给了其他债权人。在破产程序终结后，债权人丙发现甲公司在法院受理破产案件申请的前1年内曾放弃对乙的债权20万元，遂请求法院予以追回。法院向乙实施追回时，乙要求以其未受领的分配额抵销法院的追回额。并要求受领抵销后尚余的30万元分配额。

[问题]　债权人乙可否要求抵销并要求受领抵销后尚余的30万元未受领额？为什么？法院应否向乙实施追回？其追回的财产应如何处理？

[分析]　关于第一个问题，债权人乙无权要求抵销和受领其未受的分配额。因为依据我国新破产法第118条的规定，"债权人未受领的破产财产分配额，管理人应当提存。债权人自最后分配公告之日起满2个月仍不领取的，视为放弃受领分配的权利，管理人或者人民法院应当将提存的分配额分配给其他债权人"。本案的债权人乙在最后分配公告日3个月后仍不受领其破产财产分配额，故其已被视为放弃了受领的权利，管理人有权将其未受领的分配额分配给其他债权人。乙无权再要求受领其分配额和以抵销方式变相要求受领其分配额。

关于第二个问题，依据新破产法第123条的规定，自破产程序终结之日起2年内，出现包括有应当追回财产的法定情形的，债权人可以请求人民法院予以追回并要求按照破产财产分配方案进行追加分配。所以法院应当追回甲公司在破产申请受理前的1年内对乙所放弃的20万元的债权，并将追回的财产按照破产财产分配方案进行追加分配。

第七章

【评析】   破产财产的分配方式

破产财产的分配方式在实践中主要表现为三种形式：货币方式、实物方式、债权方式。在此三种方式中，货币分配方式为主要方式。因为只有货币形式才可以确定统一的分配标准，和实现快捷分配和公平分配，这也就是破产财产变价的意义所在。但鉴于实践中破产财产形态和财产价值的多样性，许多财产并非一定都能变价，所以非货币财产形式的分配就不可避免。另外在一些特殊情况下，基于债权人的某种需要，债权人也有可能将可以变现的财产不予以变现，而宁愿选择实物分配。在上述情况下，实物分配或者债权分配就难于避免。以实物形式进行分配，主要会涉及实物价值的评估与确认问题，以及实物的分割分配问题。因为所分配实物的价值和债权数额的对应是实物分配中必须解决的问题。债权分配是指将破产企业尚未收回的债权作为一种财产权益分配给破产债权人。债权分配存有一定的弊端，因为尚未获得清偿的债权是否最终可以获得清偿存在一定的不确定性；另外实现债权往往会产生一定的成本，所以在债权分配形式下，破产债权人利益的实现便存在一定的风险。实践中，在货币、实物、债权三种分配方式之外还可能存在股权以及无形资产权利分配的方式等。

我国新破产法第114条对破产财产的分配方式作出了规定。该条规定："破产财产的分配应当以货币分配方式进行。但是，债权人会议另有决议的除外。"另外最高人民法院《关于审理企业破产案件若干问题的规定》第94条专门对债权分配作出了解释。该条规定："列入破产财产的债权，可以进行债权分配。债权分配以便于债权人实现债权为原则。将人民法院已确认的债权分配给债权人的，由清算组向债权人出具债权分配书，债权人可以凭债权分配书向债务人要求履行。债务人拒不履行的，债权人可以申请人民法院强制执行。"由上述规定可以看出，除非债权人会议另有决议，破产财产的分配须采取货币形式。已由法院确认的破产企业的债权，如债务人拒绝履行清偿义务，则破产债权人无需再通过诉讼程序而可直接申请法院强制执行。

第七章

图书在版编目（CIP）数据

破产法理论与实务 / 王延川主编. 一北京：中国政法大学出版社，2009.3

ISBN 978-7-5620-3339-4

Ⅰ.破... Ⅱ.王... Ⅲ.破产法 - 中国 - 高等学校 - 教材 Ⅳ. D922.291.92

中国版本图书馆CIP数据核字(2009)第023222号

出版发行	中国政法大学出版社
经　　销	全国各地新华书店
承　　印	固安华明印刷厂

787×960　　16开本　　19.5印张　　350千字

2009年3月第1版　　2009年3月第1次印刷

ISBN 978-7-5620-3339-4/D•3299

定　价: 28.00元

社　　址	北京市海淀区西土城路25号
电　　话	(010)58908325（发行部）　58908285(总编室)　58908334(邮购部)
通信地址	北京100088信箱8034分箱　　邮政编码 100088
电子信箱	zf5620@263.net
网　　址	http://www.cuplpress.com　（网络实名：中国政法大学出版社）
声　　明	1. 版权所有，侵权必究。
	2. 如有缺页、倒装问题，由本社发行部负责退换。
本社法律顾问	北京地平线律师事务所